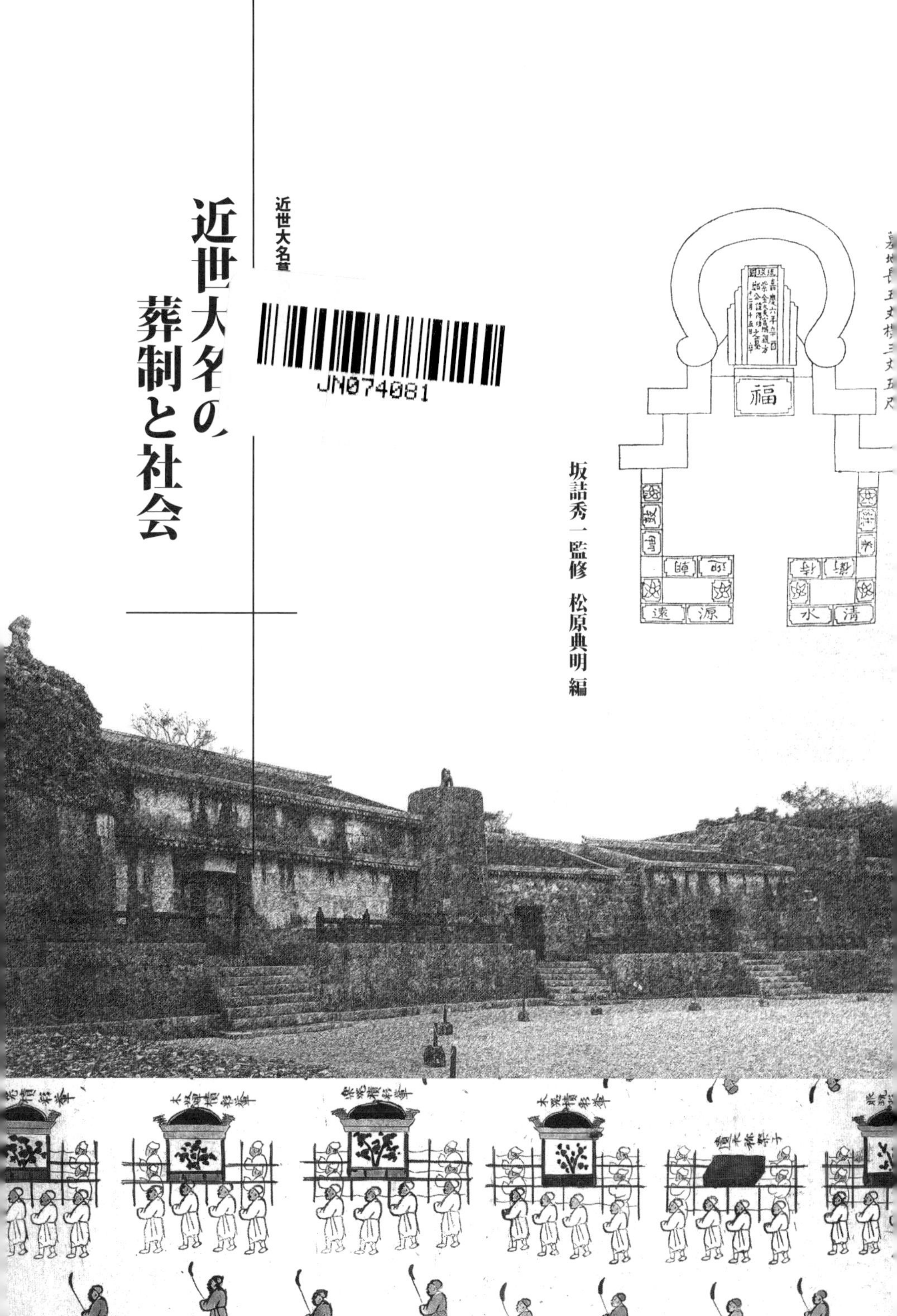

近世大名の葬制と社会

坂詰秀一 監修　松原典明 編

刊行にあたって

「近世大名墓の新視点」２は、「近世大名の葬制と社会」を主テーゼとし、加えて琉球及び朝鮮王室、さらに学際的研究として被葬者のＤＮＡ分析研究に関する近況を収めた。

１「墓からみた近世社会」は、大名墓と家臣家の葬墓とその周辺葬制の一斑を対象とした広範な論考が収録されたが、２は、近世大名墓・家臣墓の葬制と墓所の実相を解明する意欲的な論考を収録することが出来た。

近年、近世考古学の分野は、社会・経済・生産・交易などの諸分野にわたって研究が進展しているが、信仰に関する研究、とくに葬墓制についての実態究明が際立っている。

就中、近世大名墓所の調査は、往時を顧みるとき昔日の感がある。かつての徳川将軍墓（東京・増上寺）の改葬に伴う調査（一九五八〜六〇）、仙台藩伊達家当主家（政宗・忠宗・綱宗）墓所の発掘調査（一九七四〜八三）については浩瀚な報告書が刊行され（一九六七、一九七九・八五）、被葬者の人類学的調査研究を主宰された鈴木　尚博士の『骨は語る将軍・大名墓の人びと』（一九八五、東京大学出版会）により、それぞれの墓所について巷間に知られてきた。

他方、墓所の主体部調査については、岡山藩主池田忠雄墓所の調査（一九六四）などが試みられてきたが、移築・改葬など成り行き上の調査が主であり、必ずしも明らかにされることがなかった。しかし、一九八二年に移築に伴う長岡藩主・牧野家墓所（東京・済海寺）の考古学的調査は、主体部の構造、被葬者の人類学的調査が実施され、かつての伊達家墓所調査以来の画期的調査として考古学界に喧伝された。

近世大名墓の実態を考古学的な視点で総合的に調査し研究する組織として、中井　均教授を中心とする大名墓研究会（二〇〇九発足）は、各地で一〇回の研究発表会を開催し、また、『近世大名墓の成立』（二〇一四、雄山閣）

『近世大名墓の展開』（二〇二〇、雄山閣）を刊行し、研究の進展に寄与した。

一方、年を同じくして石造文化財調査研究所は、立正大学考古学研究室と協同して近世大名墓の調査を意図し、シンポジウム「近世大名家墓所調査の現状と課題」を開催した（二〇一〇・一〇）。蓋し、一九九七〜二〇〇七年に実施した池上本門寺（東京）における米沢藩上杉家墓所・熊本藩細川家墓所・鳥取藩池田家墓所、そして、二〇〇九年に着手された島原藩深溝松平家墓所（愛知・本光寺）、二〇〇七〜八年に実施した徳川将軍家御裏方墓所（東京・寛永寺）、二〇〇九〜一〇年に修築調査された彦根藩井伊家当主墓所（東京・豪徳寺）の各調査に参画した体験が参考となったのである。

『近世大名墓総覧』（二〇一〇、考古学調査ハンドブック4）『近世大名墓の世界』（二〇一三、『季刊考古学』別冊二〇）『近世大名墓葬制の基礎的研究』（二〇一八、雄山閣）『近世大名墓の考古学』（二〇二〇、勉誠社）などの編著、『近世大名葬制の考古学的研究』（二〇一二、雄山閣）の単著は、研究所の代表（松原典明）と関係者による研究の軌跡である。

石造文化財調査研究所は、『石造文化財』誌の編集と共に、「近世大名墓の新視点」シリーズの続刊を意図し、多くの識者の垂範と協力のもと関係者の「一視同人」により〝大名墓の調査研究〟を研究テーマの一つとしたいと思っている。各位の鞭撻を願って已まない。

二〇二二年一〇月

立正大学特別栄誉教授　**坂詰秀一**

近世大名の葬制と社会

Ⅰ　各地の大名葬制と親族形成

松原典明
北脇義友
清水慎也
水澤幸一
関口慶久
村上達哉
松原典明

各地の大名葬制と親族形成

松原典明

一〇年に及ぶ大名墓研究会の成果が、二〇一九『近世大名墓の成立』、二〇二〇年『近世大名墓の展開』として刊行されている。全国的視野に立った大名墓の考古学的な調査の到達点を示しているといっても過言ではない。しかし、一方では、主な大名墓の成果にその関心が若干偏っていたことは否めず、未だその歴史的価値や位置付けが認識されていない大名墓が各地に数多く遺っていることも確かである。この様な状況を踏まえて、昨年八月、坂詰秀一博士監修のもと、大名家墓所の他、家老家・各家臣・近世儒者・学者などの家職の違いによる墓所に限らず、近世の墓碑のあり方を注視し、墓碑制作側としての石工の動静に注視した論考など、幅広い視点から、近世社会の実態解明にアプローチしたのが、近世大名墓の新視点1『墓からみた近世社会』であった。

今回は、このシリーズ第二弾として、引き続き各地の大名家墓所の実相解明のために、地域の研究者に纏めていただいた。「墓」について、溝渕利博氏は、「墓は死の後の記念の遺構」であり、葬送は「死後の記念事業」であるとし、「人の死をどうとらえ、どう考えるか」が、当該期の社会構造や政治の仕組みを論じることに繋がるとした（「讃岐高松藩における「死の政治学」と幕藩制的社会秩序の維持強化（上・下）―服忌令等葬送儀礼関連法令の政治文化史的役割を問うなかで―」『研究紀要』六二・六三、二〇一五・一六）。今後の近世社会を読み解くための前提として示唆的であると考えている。そこで、今回は、「墓から近世社会を読み解く」ために、「葬制」「墓所造営」「親族形成」「習俗」をキーワードに、考古学的な視点からの読み解きの可能性と有効性を示すために、葬送儀礼、造営背景などとの関連についても注視して頂いた。また、「生」と「死」の境に継承される儀礼と習俗についても触れて頂いた。儒教的な思想や神道・仏教など宗教性との関係姓への指摘が「死」への対峙を示すものであり、秩序を示していると考える。多様な視点に立つ読み解きは、近世の社会構造構築時における思想形成の一端をも示し得たものと思う。

北脇義友先生には、特に四国・土佐藩主山内家の葬制を纏めていただいた。先生は、専門である文献史学から墓制を読み解き、儒葬研究の成果の他、遺骸の埋葬法や奉行・石工の動静とその変遷を明かにされてる。

清水慎也先生は、徳山藩主家墓所の詳細な調査を通じ、各墓標の銘文や形式など基礎的な情報を整理した。また、唐破風付の笠付方柱形墓標の法量に、被葬者の身分などによる顕著な違いが認められることなどを提示されている。これらの結果は、非常に重要で、これまで山口県の文化財として指定されている功山寺（曹洞宗）・笑山寺（曹洞宗）・覚苑寺（黄檗宗）と比較検討を可能にした成果と言えよう。長州支藩である徳山藩としての新たな位置づけを可能にした成果といえる。改めて周南に遺る徳山藩藩主家墓所の実態とその造営の変遷に視点を当た。なお、徳山藩毛利家の江戸における菩提寺は、瑞聖寺（港区）であり、江戸の黄檗宗の触頭寺院であり、その発展に大いに帰依をした。他の毛利家と信仰面において共通する黄檗宗への帰依の解明が、今後、大いに注視される。

北陸の大名家墓所と言えば、真っ先に挙げられるのが金澤藩前田家の卯辰山墓所や、富山藩前田家の菩提寺である高岡市の瑞龍寺墓所と思われるが、新発田藩溝口家もまた国替えがなく歴代藩主の墓所が遺る。一方、北陸の他の地域では、移封や幕府領となるなど変化に富む。今回は、前田家墓所の他、越後の高田藩の情勢とそれに伴って入れ替わった藩主家に関連した墓所（家臣墓や帰依をした僧侶）を取り上げて頂いた。

続いて、関口慶久先生には「水戸徳川家と家臣の葬制」を纏めて頂いた。二〇一二年（平成二四）から六か年かけて行われた東日本災害復旧事業に伴う整備の成果と、研究史に基づいた新たな大名墓研究の研究視点が提示下されており、家臣も含めた水戸藩独自の葬制について丁寧に纏めて頂いた。また、村上達哉先生には、飯能の領知に遺る中山家一族の墓所を読み解いて頂いた。付家老家は、周知のとおり尾張徳川家の成瀬・竹腰家と紀州徳川家の安藤・水野家があるが、これまで紀州水野家墓所だけが、二〇〇三年（平成一五年）に国指定史跡に指定されているが、今回取り上げた智観寺中山家墓所内に遺る中山信吉墓は、個人墓として規模の上では日本一の付家老家の墓所であり、各歴代藩主は、祖先祭祀を背景として墓所造営を行っており、その変遷を読み解いている。また、智観寺における一族墓の基礎調査は、既に飯能市によって行われており、付家老家墓所として一族墓全体の実態が把握されているという点では極めて重要な墓所と言え、近世遺産としても重要な墓所であると言える。今回、村上達哉先生は、分家信吉家の一族墓所の造営とその成立・造営背景に迫った論考であり儒教的な思想に言及されている点は新知見である。松原は、蝦夷に対峙した津軽家と分家・黒石津軽家の墓所造営と親族形成の実態について触れた。特に津軽本家四代信政と山鹿素行・吉川惟足との関係・神道と埋葬・墓所造営との関係、両家を存続するための相続の実態と墓所造営の関係に言及した。

以上、Ⅰでは、大名家墓所の葬制と墓所形成についての詳細な報告のほか、墓所造営の背景となる親族の形成についても、考古学的な方法論を駆使して親族形成と墓所造営の関係性や、思想・信仰背景の解明のための新たな視点を示していただいた。これらの各地の成果を踏まえて、今後も引き続き、各地域の武家の葬墓制と親族形成の実態の解明をさらに進め、近世社会を読み解くための歩みを続けたいと考えている。

様々な学問領域からのご叱正を賜りたいと思う。

土佐藩主の死と埋葬

北脇義友

はじめに

元首相の国葬が執り行われたが、民主国家においても為政者にとって、前の為政者をどのように祭るかは国内のみならず対外的にも重要な意味をもっている。封建社会において、藩主がどのように祭られたかを知ることは当時の社会を知る手掛かりになると考えた。

藩主の遺骸の埋葬については、考古学の立場から研究が進められているが、全国的に発掘例が少なく、研究の蓄積も未だ限られている。徳川将軍家の菩提寺である寛永寺・増上寺の発掘調査が行われ、将軍家の埋葬法が明らかになった[1]。大名家に関して、岡山藩主池田忠雄（一六三二年卒）、仙台藩主伊達政宗（一六三六年卒）・忠宗（一六五八年卒）・綱宗（一七一一年死）、島原藩主松平忠雄（一七三六年卒）、越後長岡藩主牧野忠敬（一七四八年卒）などで発掘調査が行われた。これらは、埋葬に関して全国的な研究が進んでいないことから個別の事例にとどまっている。その中で、松原典明は考古学の立場から埋葬において儒教の影響を指摘した[2]。

しかし、一部の藩主にとどまることから、藩の埋葬法がどのように変化していったかを知ることはできない。文献史学の立場から宇佐美孝は加賀藩の埋葬に関して述べている。[3]そこでは、幾つかの藩主の埋葬方法や棺を示しているが、事例が限られていることから全体像は見えにくい。筆者は岡山藩主池田家一族について文献調査や発掘例から約三百年の間でどのように埋葬されたかを明らかにした。[4]①一七世紀初頭では火葬もあったが、その後土葬になった。②一七世紀後半には、藩主の儒教政策により手厚く埋葬されるようになり、瀝青・三物が使われるようになった。また、あわせて墓誌が埋められた。③一八世紀初頭には瓶が用いられたが、次第に用いられなくなった。銅棺・樟脳など新たな資材が使われるようになった。④明治時代になると神葬になったが、実際の埋葬法は一七世紀後半の儒教の埋葬法をとっている。これらのことから、時代と共に変化しており幕府の埋葬法と異なっている。

土佐藩山内家の埋葬については『土佐藩主山内家墓所　調査報告書』（二〇一二年、土佐山内家宝物資料館）及び『土佐藩主山内家墓所　調査報告書』（二〇一五年、高知県）がある。また、県立高知城博物館による二〇一九年企画展『大名墓をめぐる世界』が開かれた。これらによって、藩主の死をめぐる全体像は明らかになったが、埋葬の詳細については未解明である。本稿では、上記の調査報告書を参考にしながら、山内家文書を基に土佐藩主山内家（二〇万石）藩主の死に伴って、どのように埋葬されたかを明らかにしたい。山内家文書では、普請方・作事方・穴太方など埋葬に関わった役人の文書が多数残っているのが特徴である。

一　藩主の死

（一）死から埋葬へ

初代一豊は慶長一〇年（一六〇五）に土佐で亡くなると、「円満寺大河原にて是より御葬送有之候」[5]ということから河原で火葬され、日輪山（筆山）に葬られた。忠義母妙玖院は元和四年（一六一八）に江戸で亡くなると、火葬された[6]。一豊の弟である康豊が寛永二年（一六二五）に亡くなると、火葬にされて遺骨は要法寺境内に奉納された[7]。

二代藩主忠義の側室寿性院は寛文元年（一六六一）に亡くなると、小高坂山に葬られた。忠義は寛文四年（一六六四）一一月土佐で亡くなると、土葬で葬られた。これ以降、藩主は土葬で葬られるようになった。儒教における冠婚葬祭の儀礼について書かれた「朱子家礼」では、火葬は身体を傷つけることから厳しく非難された。当時、土佐藩では家老野中兼山（傳右衛門）が実権を握っていた。野中は朱子学を儒者谷時中に学び、慶安四年（一六五一）に母が亡くなると儒教によって葬儀を執り行った。その当時の様子について「当国葬式の事、慶安三年迄ハ火葬也。其以前ハ水葬林葬も有しとなり。慶安四年野中傳右衛門主継主の母君秋田夫人の葬式に、初而悉く文礼家礼を用ひられしと、帰全山記に見へたり。誠に本朝に例なき大功他とぞ。野中氏火葬を禁止せられ城府にハ棺屋を定置れ、一国百里の中邊境迄も此令に従ハさるハなし。[8]」としている。火葬の禁は慶安四年「御国中火葬御制禁被仰出之[9]」を指している。その後、彼は寛文三年（一六六三）に失脚した。

三代藩主忠豊は寛文九年（一六六九）八月五日に江戸で亡くなり、九月一二日筆山に埋葬された。忠豊は寛文六年二月の覚書では「江戸にて相果候ハヽ、火葬に仕、骨を国へ取候へ[10]」と言っていたが、当時「大名を火葬と申事無之[11]」とされたことから本人の意に反して遺骸は国元に持ち帰り、土葬で葬られた。その室長光院は延宝三年（一六七五）八月五日に江戸で亡くなると、九月一〇日に国元で葬られた。

四代藩主豊昌は元禄一三年（一七〇〇）に江戸で亡くなると、筆山に葬られた。埋葬までの経過は次のようになる。九／一四死亡、九／一七納棺、九／二二江戸出棺、九／二五墓所絵図提出、九／二六墓所造営、一〇

／二小穴に取り掛かる、一〇／七松脂・三物を入れる、一〇／八楠御棺を据え三物詰める、一〇／九松脂詰める、一〇／一一甲浦到着、一〇／一六埋葬、一二／一八墓標建てる(12)。

五代藩主豊房は宝永三年（一七〇六）六月七日に高知で亡くなると、一八日に葬られた。

六代藩主豊隆は享保五年（一七二〇）四月一四日に江戸で亡くなると、五月一一日に筆山に葬られた。二四日に桐間宅へ御郡方・御山方を呼び寄せ、廟所を見分して決めるよう指示した。普請方・作事方・穴太方も加わり、詮議の上決定した。二五日樹木を伐採し、東西八間・南北四間半の地取を行った。一日地形築立・横手石垣が完成した。二日御穴堀口の縄張を行い、六日穴掘を行った。七日御穴に石槨・三物・松脂・楠御棺が納められた。一一日埋葬し楠御棺の上に野位牌を納めた。御石棺より上三尺土を入れ、誌石が納められた。葬夫は御普請方の手木定夫並び潮江村・朝倉村日雇、都合一六〇人で千本搗きが行われた(13)。

七代藩主豊常は享保一〇年（一七二五）九月二日に高知で亡くなった。三日に棺へ納められ、一〇日に葬られた(14)。

八代藩主豊敷は明和四年（一七六七）一一月一九日に高知で亡くなり、二八日に埋葬が行われた。二〇日には、仕置役・普請奉行三人が筆山を見分し、場所を決定した。絵図・夫役積等を作成し、翌日藩に提出することになった。あわせて、山奉行・穴太方二人・石切頭も見分した。二一日には普請奉行より「絵図夫役積目録」を藩に提出した。工事は二七日までとしたことから、それに間に合うようにその晩から工事にあたった。二一日には普請奉行市原弥左衛門は九ッ時まで、九ッ時から翌朝まで大座平九郎が詰めた。二二日には、石槨に合わせて、小穴を掘ることとした。城下の商人才谷屋八郎兵衛(15)が人夫・粥を出したいと申し出た。二四日には目途がついたことから、夜の普請は終わった。二五日には御穴が完成する。才谷屋がこの日も粥を出した。朝倉町越後屋・浦戸町福山屋からも濁酒・人夫を出したいと申し出た。二六日には石槨が完成した。才谷屋が人夫・粥を出し、越後屋・福山屋は酒・人夫を出した。二七日には三物・松脂が塗られた。二八日に埋葬が行われ、仮ろくろで棺が下ろされた。チキリで締めた後、松脂・三物が塗られ、最後に石槨の蓋がされた。土を二尺ほど入れ千本搗きでつき固めた。穴太方が誌石を置くと、再び土を入れて千本搗きでつき固めた[16]。左官方がまんじゅう形を作った。最後に穴太方が拝み石を据えた。翌年四月には石塔の石を東諸木村石場から切り出し、一二月には石塔を据えた[18]。

九代藩主豊雍は寛政元年（一七八九）八月二四日に高知で亡くなると、すぐに仕置役・普請奉行が筆山を見分し、場所を決定した。二五日晩より提灯の明かりの下で夜分も工事にあたった。二六日穴太方より石槨の図を受け取った。二七日穴周りが完成したことから、今晩より夜の工事は中止した。二八日石槨を据える工事に取り掛かった。二九日石槨が出来、松脂・三物が入れられ楠御棺を据えた。翌月二日埋葬された。仮ろくろで棺が下ろされ、楠の御棺に納められた。作事方よりちきり締めが行われ松脂・三物を詰めた。穴太方より石槨の蓋をした。普請方より土二尺入れて千本搗きをした後、穴太方より誌石を置いた。再び土を入れて千本搗きをした。左官が饅頭形を作り、穴太方が拝み石を据えた。

一一代藩主豊興は文化六年（一八〇九）三月二一日に江戸で亡くなると、五月二三日埋葬された。四月五日普請奉行・山奉行・作事奉行などが廟所見分する。一〇日再び見分する。一三日見分の上決定する。一四日から工事に取り掛かる。二〇日小穴を掘る。二一日小穴出来る。二二日石槨を据える。二五日松脂・三物・楠御棺を据える。五月二三日埋葬する[19]。石塔の石として東諸木村と甲殿村を見分したが、甲殿村百姓の林にある石が大きく場所もよく、「此所ニて相仕成之時は余程之御入目減ニも可相成[20]」と言うことから、この石を使うことに決まった。そして、翌年三月に据えられた。

一〇代藩主豊策は文政八年（一八二五）八月五日に高知で亡くなると、九月一三日に筆山に葬られた。亡くなる前の八月三日には、早くも普請奉行らが廟所を見分すると共に、頭取・道具方・穴太方など担当者を決めた。六日には再度見分し、正式に廟所が決定した。廟所の木を伐採するため潮江村から来るよう伝えた[21]。

一三代豊熈は嘉永元年（一八四八）六月一六日に江戸で亡くなったが、跡継ぎが決まっていなかったため秘匿された。弟（豊惇）に決まると、七月一〇日に死去したと公表した。七月二九日江戸を出て、九月四日に筆山に葬られた[22]。七月には穴太方が甲浦より石槨・誌石・拝石を手配した[23]。工事は八月になって取り掛かった[24]。墓壙に用意された楠の中に棺がろくろにて下ろされた。作事方により楠の棺を覆い、松脂が詰められた。穴太方により石棺の蓋がなされた。普請方により土が入れられ、千本搗きでつき固められた。二尺ほどつき固められると穴太方によって誌石を置かれ、さらに土が入れられた[25]。

一四代豊惇は、嘉永元年（一八四八）九月一八日に江戸で亡くなったが、跡継ぎが決まらず死は秘匿された。一二月二七日に豊信の跡継ぎが決まると、正月一二日には豊信が正式に藩主となり、二月一日に将軍謁見の儀礼が行われ、一三日には兵庫助と改名した[26]。二月一八日に死去したと公表し、二月二六日に棺が江戸を出発した。国元での動きを次に示す。二／五普請奉行廟所見分、三／二再び廟所見分し決定・図面及び仕様書作成、三／三工事開始・江戸より棺の大きさが知らされる、三／一四石槨完成、三／一七墓誌完成、三／二三埋葬される[27]。

一二代藩主豊資は明治五年（一八七二）一月四日に高知で亡くなると筆山に葬られた。山内家では明治三年に仏教から神道になったことから、葬儀も神式で行われた。九日には肌付の棺を別の棺へ納められ、一八日に埋葬された。

一五代藩主豊信は、明治五年六月二一日に東京で亡くなると、二八日に品川大井村の墓所に葬られた。棺を石槨に入れ、一尺ほど土をかけその上に墓誌が置かれた[28]。

二　藩主の埋葬

（一）棺・石槨

忠義の側室寿性院（一六六一年卒）の墓は、改葬に伴う立会調査が行われた。それによると、寝棺の箱式木棺と想定され、墓壙下層に大量の木炭が敷かれていた。そして、木棺を覆うように漆喰等が検出された(29)。忠義（一六六四年卒）の棺は「忠義公の御棺ハ五重にする由也。但内は杉にして、其外を松、其外をけやき、其外を楠、其外を石を伐ぬき、其内に入て上より石の蓋をする由也。又其棺の間々ハ、松脂又蝋（瀝青カ）(30)にて詰る由也。(31)」としている。このことから、打ち抜いた石棺の中に松脂・蝋を敷き楠の棺を入れ間に松脂・蝋を詰めた。そこに用意された杉・松・けやきの三重の棺を入れ、再び松脂・蝋を詰め石の蓋がされたと考える。楠は防虫効果があることから用いられたと思われる。藩主と側室の埋葬法では、木炭・石棺の有無など大きく異なるが、木炭・松脂の使用は「文公家礼」でみられる方法であり、儒教の影響が見られる。

忠豊室長光院（一六七五年卒）の埋葬法は夫と異なり、三物（石灰・細砂・黄土を混ぜたもの）を使用した。その埋葬法を図1、棺の大きさを表1に示した。(32)小穴に石槨を

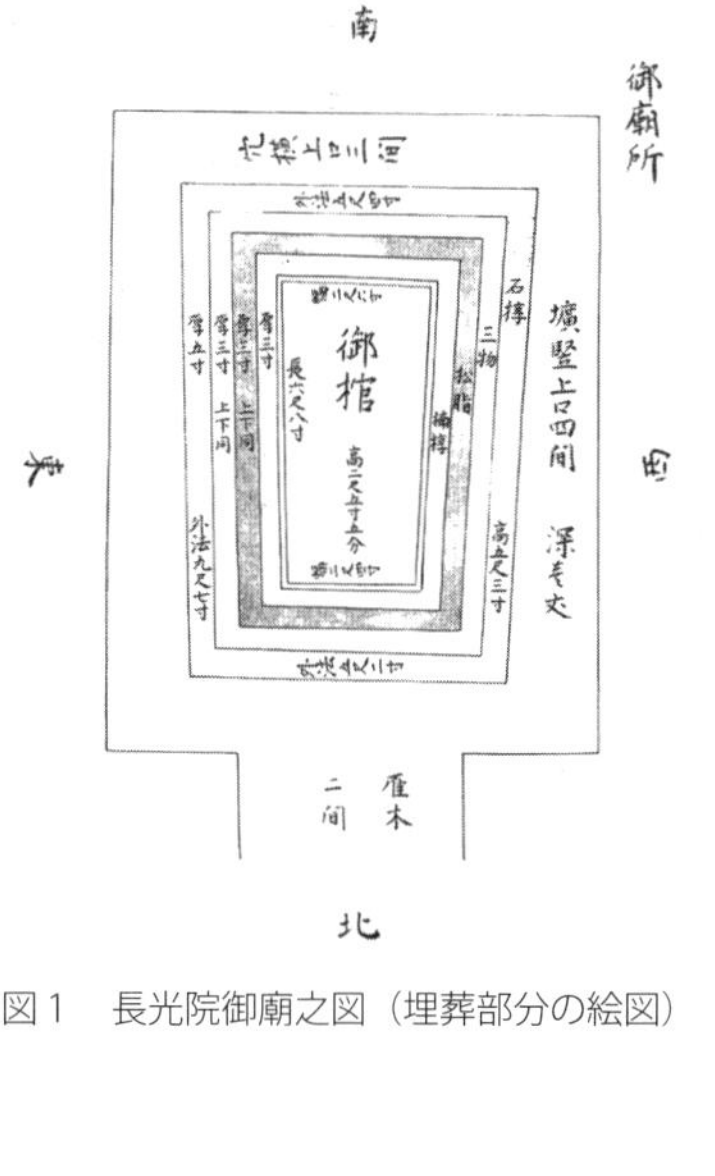

図1　長光院御廟之図（埋葬部分の絵図）

据え、内側にそれぞれ三寸ずつ三物・松脂で包み楠御棺を入れた。棺の形は上下の長さが異なり、台形状である。「文公家礼」では、棺の材料として油杉を上等とした。そして、墓壙には外側から炭末・三物を入れ、内側に瀝青を塗り、この中に棺を入れた。そのことで、石灰は石のように固くなり、虫や泥棒を防ぐことができるとしている。棺の形については、頭の方が大きく足の方が狭くするということから台形となる。さらに、藩主忠豊の墓石の背面には「孝子藤原朝臣豊昌謹造□□」と刻み、長光院も「孝子藤原朝臣豊昌謹造□□」と刻む。この孝子[33]という言葉は儒教に基づいた思想である。四代以降は「孝子」という言葉を墓石に刻むことは無くなった。忠義・忠豊は共に儒教の影響を受けて埋葬が行われた。

四代藩主豊昌（一七〇〇年卒）の棺の大きさを表2に示した。御棺については工事に当たって「長光院様御廟所仕成御棺長深」を調べると共に墓壙について「長光院様御葬送仕通御穴深サ一丈ニ申付」としている[35]。また表1のように、楠御棺や松脂御棺の厚さは同じことから長光院をモデルにして作られたことが分かる。

一一代藩主豊興（一八〇九年卒）の遺骸は表3のように江戸で銅御棺に納められた。その銅御棺の内側には隙間を埋めるためにチャン（瀝青）を塗った[36]。江戸では藩主の体形に合わせた御棺が作られると、その大きさは国元に知らされ、それに合わせて国元では楠御棺・松脂御棺・石槨が作られた。

表1　長光院の棺の大きさ

	外法長	高さ	上	下	厚さ
御棺	六尺八寸	二尺五寸五分	二尺六寸	二尺四寸	
楠槨					三寸
松脂					三寸
三物					三寸
石槨	九尺七寸	五尺三寸	五尺四寸	五尺二寸	五寸

表2　豊昌の棺（一七〇〇年卒）

	外法長	高さ	上	下	厚さ
内御棺（杉）	六尺七寸	一尺九寸	二尺四寸	二尺一寸	二寸
外御棺（桧）	七尺一寸六分	二尺三寸六分	二尺八寸六分	二尺五寸六分	一寸九分
楠御棺	七尺九寸六分	三尺一寸八分	三尺六寸七分	三尺三寸六分	三寸
松脂御棺	八尺五寸六分	三尺七寸六分	四尺二寸一分		三寸

表3　豊興の棺（一八〇九年卒）

	長	高さ	上	下	厚さ
杉肌付御棺	外法四尺六分四寸	一尺九寸四分	一尺八寸四分	一尺六寸九分	一寸二分
銅御棺	内法四尺七分七寸	二尺一寸二分	中二尺	一尺八寸五分	一分
同蓋	外法四尺九分		二尺九分	一尺九寸三分	
桧御棺	外法五尺二寸九分	二尺五寸四分	二尺五寸一分	二尺三寸二分	一寸六分
楠御棺	内法五尺七寸	内法三尺四寸四分	内法二尺九寸一分	内法二尺七寸二分	三寸
松脂御棺	内法六尺三寸	内法四尺四分	内法三尺五寸一分	内法三尺三寸二分	三寸
三物	内法六尺九寸	内法四尺六寸四分	内法四尺四寸一分	内法三尺九寸二分	三寸
石槨	内法七尺五寸	内法五尺二寸四分	内法四尺七寸一分	内法四尺五寸二分	五寸

表4　池田光政の棺

	厚さ（寸）
内板（杉）	一寸一分
外板（杉）	四寸七分
松脂	六分七厘
瀝青	二寸一厘
灰隔板	一寸
三物	二寸一厘
炭	二寸一厘

長光院以降内御棺・外御棺の大きさは個人によって異なるが、楠御棺・松脂御棺・三物・石槨の厚さは同じである。また、棺の上下比（上／下）は長光院一・〇八・豊昌一・一四・豊興一・〇八とほぼ一定である。これらのことから、その後の藩主は長光院と同様の埋葬形式をとったことが分かる。長光院以降、その方法を踏襲するようになったが、誰の埋葬を参考にしたのであろうか。その一つと考えられるのが長光院の母の埋葬である。長光院は岡山藩主池田光政の妹にあたり、母福照院（一六七二年卒）は江戸で亡くなると、光政は遺骸を国元の和意谷墓所に儒式で葬った。その棺は杉板を用い、厚さ一寸二分、高さ一尺二寸、横上一尺八寸・下一尺二寸（内法）であった。また、光政室円盛院（一六七八年卒）の墓壙の深さは一丈であった。光政（一六八二年卒）の棺を図2と表4に示した[37]。台形状の木棺をチキリを用い、包むように松脂や三物で包む方法は同じである。また木棺をと

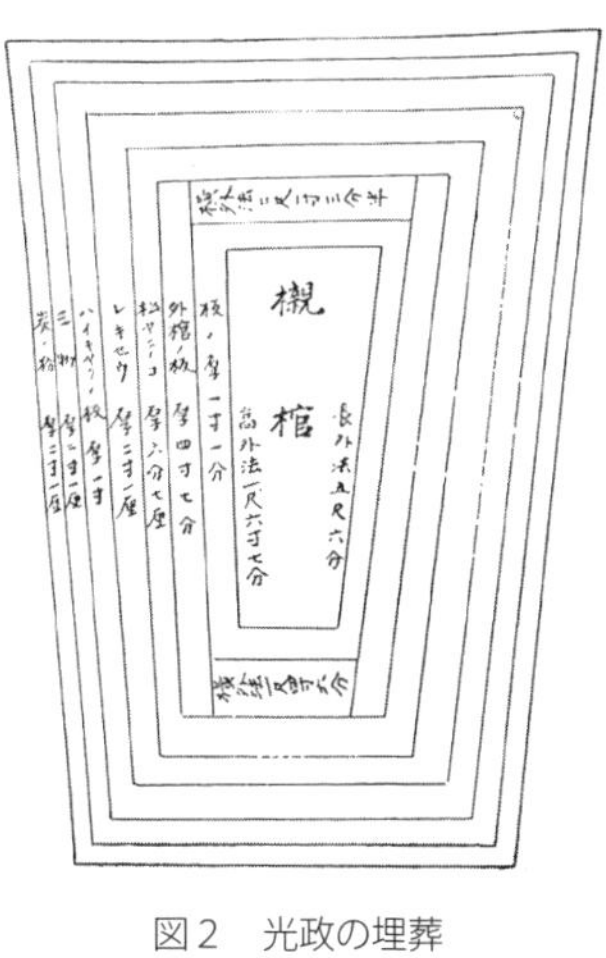

図2　光政の埋葬

めるのに釘でなくチキリでとめた。このように構造的には似通っている。しかし、石槨や木炭の有無の点で土佐藩とは異なっている。次に棺と墓壙の関係を見ていくことにする。

（二）墓壙

長光院の墓壙は上口四間×三間で掘り進め、深さ一丈（三・〇三m）まで掘り込んだ。豊昌は図3のように四間×三間から掘り始め、のり面を作りながら進めた。下段は棺に合わせて台形状の小穴を作った。藩主らの墓壙の大きさを表5に示した[38]。墓壙について「文公家礼」では、深く掘ることで盗賊が近づけにくくするため出来るだけ狭く深く掘ることを求めている。墓壙は二段で掘り進められた。上段は一間（約一・八m）まで掘り進められた。

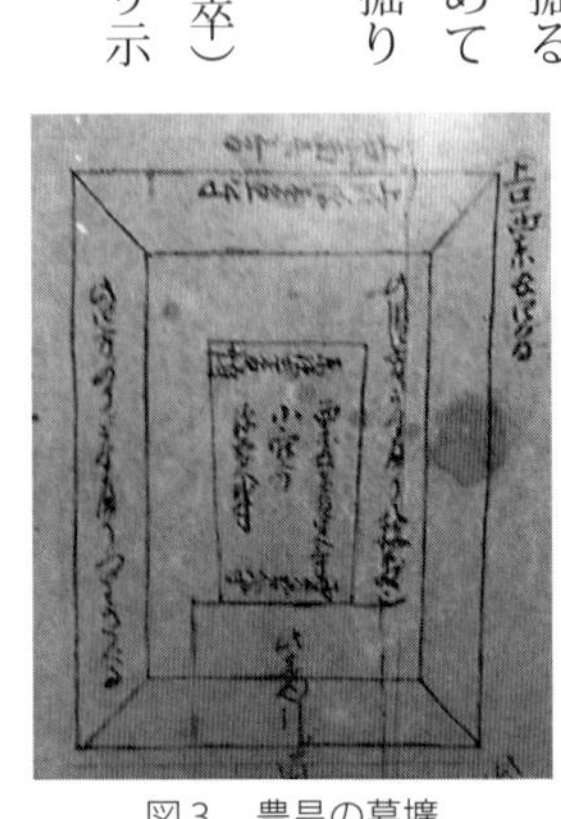

図3　豊昌の墓壙

小穴の深さは藩主の体形によって異なっている。豊敷（一七六七年卒）の掘り方工事では、「右之心得を以掘方致差配候様申付[39]」と穴太方より示された石槨の大きさに合わせて穴を掘るよう指示している。実際、小穴の深さは五尺（約一・五m）で、石槨の大きさは長さ外法一丈一寸五分×上六尺三寸下六尺×高さ五尺四寸であるこ

表5　藩主らの墓壙の大きさ

名前	死去年	上段		小穴		総深さ
		広さ	深さ	広さ	深さ	
長光院	一六七五年	四間×三間	不明	広さ・深さは不明		三・〇三m
豊昌	一七〇〇年	四間×三間	不明	一間四尺三寸×一間五寸五分・五尺八寸	五尺二寸	三・〇四m
豊隆	一七二〇年	四間×三間	一間	四尺五寸×一間	五尺五寸	三・四九m
豊敷	一七六七年	四間×三間	一間	一間×一間四尺二寸	五尺	三・〇九m
豊雍	一七八九年	三間一尺×二間半	一間	上六尺七寸・下六尺四寸×一丈六寸	五尺四寸	三・四六m
豊興	一八〇九年	三間一尺×二間半	一間	四尺六寸×一間七寸	一間	三・六四m
豊惇	一八四八年	三間×三間半	一間	一丈三尺一寸×九尺三寸	六尺九寸	三・九m

とから、小穴は石棺が入る大きさで掘られたことが分かる。江戸で亡くなった豊惇（一八四八年死）では、江戸より御棺の大きさ及び重量が知らされた。[40]

上段の広さは豊敷までは四間×三間であったが、豊雍（一七八九年卒）以降は三間一尺×二間半と狭くなっている。豊策（一八二五年卒）では、先に見たようになかなか適地が見つからず墓所に多くの時間を要している。このことから、次第に十分な広さを確保出来なくなったことが伺われる。

（三）墓誌

『朱子家礼』では、墓誌は二枚の石を用い、一つには「某官某公の墓」とし、もう一方には父母の生年月日・歴官遷次・死亡年などを刻むとしている。その二枚を合わせて、鉄束でくくり地下三～四尺のところに埋めることとした。

墓誌が確認できるのは藩主豊昌（一七〇〇年卒）からである。[41] そこには次のように書かれている。[42]

従四位拾遺補闕土州太守豊昌謚覆載院含弘周徳大居士山内氏賜松平姓考土州刺吏兼対馬守忠豊公妣松平武蔵守利隆之女寛永十八年八月廿九日生今茲四月述職江府忽以疾薨実元禄十三年九月十四日也享年六十以十月十六日反葬于封国日輪山先塋之次其夫人始娶松平河内守定頼之女生二女再娶轉法輪右府公富公之女生一女共皆前卒長適京極備中守高豊次嫁阿部対馬守正盛配于君民部大輔豊房公者轉法輪家之出也

石棺の上に土を三尺戻し、その上に置いた。つまり、地表から石槨の蓋まで六尺（一間）であることから、地表から深さ三尺となり、『朱子家礼』に合致する。豊昌以後墓誌は作られ、一五代藩主豊信（一八七二年卒）まで続けられた。また、豊房（一七〇六年卒）の墓誌には「従四位下行侍従土左守松平公之墓」としている。[43] 豊敷の室長姫（一七三五年卒）でも、墓誌が作られた。[46]

豊策（一八二五年卒）の墓誌は横四尺×幅一尺五寸×厚さ三寸で、二枚合わせになっている。それを図4に示した。石の表面は鏡のように磨いた二枚の石を銅の延がねで三ヶ所を巻き、銅のくさびをした。埋葬に当たっては石棺の上に土を二尺入れて、その上に誌石を置いた。

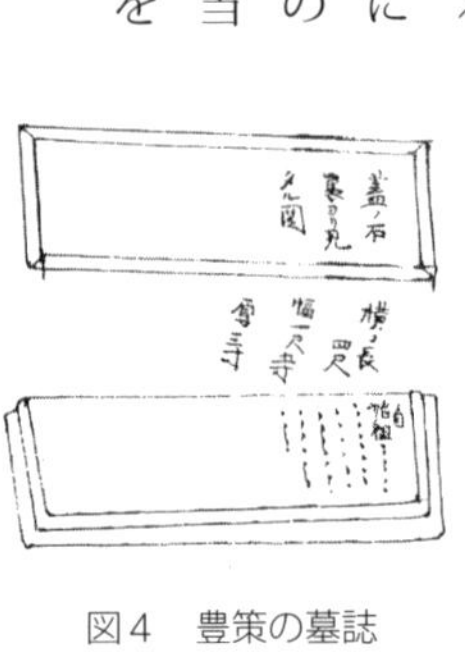
図4　豊策の墓誌

豊煕（一八四八年卒）の墓誌（図5）は豊策・豊興と同様に横四尺×幅一尺五寸である。蓋石は凹型で、もう一つは凸型で磨きをかけている。その二枚を銅で五カ所を巻き、くさび八本で固定した。

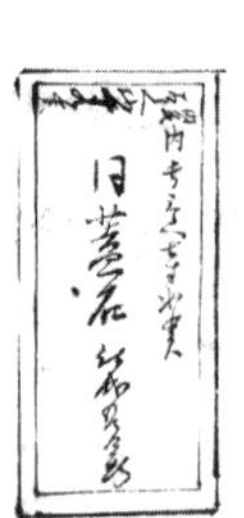
図5　墓誌

墓誌の形式・深さ・金属で縛るといった点で「朱子家礼」と合致している。さらに、墓誌の文を書いたのは藩の儒者たちである。緒方維文は豊昌（一七〇〇年卒）・豊房（一七〇六年卒）、中村宗次郎は豊隆（一七二〇年卒）、宮地藤弥は豊敷室（一七三五年卒）、宮地藤三郎は豊敷（一七六七年卒）、岡来蔵世は豊雍（一七八九年卒）、松野尾章行は豊策（一八二五年卒）・豊煕（一八四八年卒）の墓誌を書いた。緒方維文（一六四六-一七二三）は伊藤仁斎に学び、一六七九年から高知藩の儒者（二〇〇石）となった。中村宗次郎・宮地藤弥（一六七四-一七五三）・宮地藤三郎・岡来蔵世も藩の儒者であった。松野尾章行は藩士であったが、後に県庁に出仕し『皆山集』を執筆した。

（四）埋葬に携わった人々

豊敷（一七六七年卒）の死から埋葬までの工事に関わった役人の役割を見ていくことにする。まず、普請方

によって墓壙が掘られると、穴太方により石槨が据えられた。そして、作事方によって楠御棺が据えられ、松脂・三物を入れられた。埋葬時には、次のような手順で行われた。①作事方・・・棺を楠御棺に納める。②作事方・・・楠御棺のチキリしめをした後、松脂・三物を入れる。③穴太方・・・石槨の蓋をする。④普請方・・・土を入れ千本搗きで固める。⑤穴太方・・・誌石を置く。⑥普請方・・・土を入れ千本搗きで固める。⑦作事方・・・地表に饅頭形を作る。⑧穴太方・・・拝石を据える。この他に棺などに使う材木は、作事方が山方より仕入れた[47]。

このように埋葬工事は作事方・普請方・穴太方でそれぞれ細かく役割が決められていた。次に具体的な人物について見ることにする。

藩主豊昌（一七〇〇年卒）の埋葬では時には、御作事方役人・松脂役人・三物役人・御穴納方役人が関わった。松脂役人は横田喜右衛門・附光平次郎他手人六人で「御棺ちきりしめ松脂置迄」としている。御作事方役人は竹嶋勘右衛門・加藤武右衛門である。三物役人は伊部藤作で御指物人左官五人と手人六人で「三物仕廻迄」としている。御穴納方役人は角田儀右衛門・同忠大夫・岡村甚大夫で石切茂助・同茂平次と石切四人・定普請六人が加わっている。

石工事に携わった穴太方を表6に示した。ここで見られる北川家・角田家・宮崎家は代々藩士として穴太方を勤め

表6　藩主墓所造営に関わった穴太方

藩主名	死去年	穴太方
豊昌	一七〇〇	角田儀右衛門・同忠太夫、岡村甚大夫
豊隆	一七二〇	角田忠太夫、北川半五郎
豊敷	一七六七	北川半蔵、宮崎覚左衛門
豊興	一八〇九	加藤□□
豊策	一八二五	広田□八、松岡茂八、横川□□
豊惇	一八四八	吉井三四郎、伴帰五郎

表7　埋葬時の夫役

藩主名	死去年	定夫	寸志夫	日用		夫高
				望日用	村割付日用	
豊敷	一七六七	二一八人		六二二人九歩	三三七五人三歩	四二一六人二歩
豊雍	一七八九	二四六人	一一六四人二歩	六二七人七歩	八九三人二歩	二九二一人

た。北川家は慶長六年（一六〇一）に近江坂本より穴太石工として石垣普請のために召し出された。角田家は慶長一四年（一六〇九）に石垣普請のために召し出され、以後石垣工事に当たった。元禄一五年（一七〇二）には、豊昌の碑石御用を勤めた。宮崎家は忠義の時に召し出され、穴太方二人扶持十石四斗八升であった。享保六年（一七二一）に廟所の御用、享保一六年（一七三一）に豊常の碑石御用を勤めた[48]。城郭石工である穴太石工が埋葬に関わり、この三家で穴太方を勤めたが、寛政一二年（一八〇〇）以後は穴太方が差し止められ、普請奉行配下になり普請穴太方となった。これ以降、三家以外の人物が穴太役を勤めている。

豊興の石塔を作るにあたって、穴太方は秋山村・塚地村・浦戸町の石切組合に見積を取った結果、最も安かった浦戸町の石切組合に決まった[49]。つまり、穴太方が直接石塔を作るのでなく、技術官僚として役割を果たした。

埋葬工事にあたって、普請方は夫役として多くの領民を徴発した。豊敷と豊雍の埋葬時の夫役を表7に示した[50]。豊敷の埋葬で定夫[51]・日用（望日用・村の割付日用）からなっている。全体で八割を占める村の割付日用は近隣の村からの徴用であった。豊雍の埋葬では表5で見たように墓壙の大きさを狭めたことにより人夫が大きく減少している。この原因は定夫・望日用の人数はあまり変わらないが、村の割付日用が大きく減少している。さらに寸志夫が新たに加わっている。この寸志夫というのは自発的に無償で出夫した人夫で[52]、町から八二九人七歩・郷から三三四人五歩の計一一六四人二歩を徴用した。豊敷と豊雍の埋葬では、日用には一人につき一升五合が割り当てられた。これらにより豊雍の埋葬では経費を減少させた。

これとは別に土佐郡潮江村の人々が徴用されている。潮江村には藩主菩提寺真如寺がある。豊惇（一八四八年卒）では、「御当日人夫ハ潮江村之限り召仕候事先例之事[53]」としているように、潮江村の人々が例年の通り、埋葬当日に徴用された。彼らは廟所廻の掃除と埋葬時の土入れにあたった。土入れ時には、土突棒で千本搗きを行い固めた[55]。その人数は豊敷（一七六七年卒）・豊雍（一七八九年卒）・豊興（一八〇九年卒）では八〇人、豊惇（一八四八年卒）では一二〇人であった[56]。

おわりに

藩主一族の埋葬方法では、一豊の弟康豊（一六二五年卒）の火葬を最後に忠豊室寿性院（一六六一年卒）の土葬へと変化していった。土葬に伴って、寿性院の埋葬は寝棺で木炭が使われていることから儒教の影響が見られる[57]。

藩主は亡くなると国元で葬られた。土佐で亡くなった場合約一〇日前後、江戸で亡くなった場合一か月程度で葬られた。しかし、跡継ぎが決まっていない場合、決まるまで遺骸は亡くなった場所に止め置かれた。豊惇（一八四八年卒）の場合、将軍謁見の後、延引の死亡日を公表し埋葬工事に取り掛かった。そのため、埋葬されるまで六か月以上かかった[58]。

墓所造営では、まず普請奉行が中心となって場所を決定した。場所が決まると、絵図と見積書が藩に提出され工事が始まった。土佐でなくなった場合、埋葬までの日数が短いために昼夜にわたる工事が行われた。豊策の場合、生前に廟所の見分が行われた。埋葬では、山方・普請方・穴太方・作事方でそれぞれ役割が細かく決められた。藩の役人のみならず周辺の村人が多数徴用され、遺骸の埋葬当日には潮江村の人々が土入れに携わった。村人だけでなく才谷屋など町民も人夫・粥・酒を出した。埋葬工事に多くの領民を徴用することで、藩主の墓所を見聞きする機会となった。そのことは藩主の廟は一部の藩士のみ知るところではなかった。

長光院（一六七五年卒）の埋葬を契機として、これ以降はその埋葬法を踏襲するようになった。墓壙は二段で、上段は深さ一間（約一・八ｍ）まで掘られ、下段の小穴は石郭が入る大きさに掘られた。そして、定められた厚さに三物・松脂・楠御棺が入れられた。このことから、最も内側の棺の大きさが決まると、順次それぞれの棺の大きさが決まってくる。最も外側の石槨の大きさに合わせて、小穴が掘られた。江戸で亡くなった場合には、小穴の大きさを決めるために江戸から棺の大きさが知らされた。豊雍（一七八九年卒）以降は上段の墓壙の大きさが狭くなった。これは次第に墓所の適地がなくなったことと埋葬工事費の節約が考えられる。さらに豊雍の埋葬では、寸志夫によって経費の削減を行った。彼は生前、天明の改革を行い藩財政の改善に努め、自らも衣服や食事で質素な生活を行った。

豊興（一八〇九年卒）の墓石の採石では、経済性を重視すると共に、細工賃でも入札により最も安い石工組合が請け負った。ここからも、江戸時代の後期になると、藩財政の悪化により、墓所造営に影響を及ぼしたことが読み取れる。

長光院の埋葬では、儒教の影響が見られる。当時、野中兼山らによって儒教の一派である土佐南学が広がっていた。そして、野中兼山の母万（一五六一年卒）では「文公家礼」によって儒教の葬礼が行われた。また、長光院の母（一六七二年卒）の葬儀も兄である池田光政によって、儒教の葬礼が行われた。これらを参考にしながらも、楠御棺などを使い土佐藩独自の埋葬を行った。

豊興（一八四八年卒）は棺に銅棺を用いた。銅棺の使用は二代将軍徳川秀忠（一六三二年卒）によって始まる。岡山藩主池田宗政室藤子（一七九四年卒）やその支藩鴨方藩政善（一八四六年卒）でも銅棺が使われており[59]、将軍家の独自の方法でなく藩主一族に広がっている。

地下構造において、藩主忠豊とその室長光院は共に石槨を用い、似通っている。一方、寿性院の例をみると石槨を使わず、埋葬場所や地下構造の点で大きく異なっている。このことから、埋葬については夫婦の違いは小さいが、側室との違いは大きく階層の違いが見られる。
土佐藩主の葬儀は真如寺が執り行い、墓石にも戒名が書かれ儒教の影響が見られない。しかし、埋葬の方法においては松脂・三物を使い、藩の儒者が書いた墓誌が納められたことから儒教の影響が見られる。以上みたように地下の埋葬施設には、地上部の墓石とは違った世界を見ることができる。

註

1 寛永寺谷中徳川家近世墓所調査団編　一九六七『東叡山寛永寺　徳川将軍家裏方霊廟』、鈴木尚他編　二〇一二『増上寺　徳川将軍墓とその遺品・遺体』。
2 松原典明　二〇二〇『近世大名墓の考古学―東アジア文化圏における思想と祭祀』雄山閣。
3 宇佐美孝　二〇〇八「文献・絵図から見た加賀藩主前田家墓所の変遷」(『野田山・加賀藩主前田家墓所調査報告書』金沢市)。
4 北脇義友　二〇二一年「岡山藩池田家埋葬考」(『墓からみた近世社会』　雄山閣)。
5 『第一代一豊公紀』一九八〇年、山内家史料刊行委員会編。
6 『南路志　巻五五』(一九六〇、高知県文教協会)、『南路志』は一八一五年(文化一二)に城下朝倉町武藤到和・平道父子が中心となって編纂された。
7 『南路志　巻五六』。
8 「土佐國群書類従　巻第六三」『土佐國群書類従拾遺』五巻。
9 『憲章簿　第一巻』一九八三、高知県立図書館。
10 平尾道雄他編『皆山集』第三巻、一九七六年、高知県立図書館。

11　山内家史編輯所編　一九八二年「第四代豊昌公紀一巻」。
12　山内家資料「周徳様御廟所日記萬留書」元禄一三年。
13　「龍泉院様御廟所御仕成覚」（『南路志　第7巻』）。
14　『南路志　巻七四』。
15　才谷屋は城下の商人で、坂本龍馬の本家筋にあたる。
16　山内家資料「大昌院様御廟所日記」明和四年、御普請方。
17　山内家資料「大昌院様御石塔一巻諸切手扣」明和五年。
18　山内家資料「靖徳院様御廟所日記」（御普請方）及び「靖徳院様御廟所覚」寛政元年。
19　山内家資料「寛邦院様御廟所諸日記」（文化六年）及び「寛邦院様御廟所仕成日記」（文化6年、大工方）。
20　山内家資料「寛邦院様御石塔一巻取扱記録」文化六年、穴太方。
21　山内家資料「泰嶺院様御廟所日記」文政八年。
22　東京大学出版会『保古飛呂比　佐々木高行日記　一』一九七〇年、三八頁。
23　山内家資料「養徳院様御石槨御誌石御拝石仕成方日記」嘉永元年、御普請穴太方。
24　山内家資料「養徳院様松脂御棺仕様牒」嘉永元年八月、御作事方。
25　山内家資料「養徳院様御葬式御山取扱控」。
26　東京大学出版会『保古飛呂比　佐々木高行日記　一』一九七〇年、四二頁　このことについて家臣高行は「惣家中ハ不及申、以下迠心配ノ処、豊信公へ御相続相成リ一同安心致シ候、上向キ御手順相立チ、表向御遠行ノ御沙汰有之候事」と安堵の様子が分かる。
27　山内家資料「譲恭院様御廟所日記」嘉永二年、御普請方。

28 山内家資料『豊範公紀』。
29 『森田久右衛門墓所及び小高坂山森田家墓地』高知市文化財調査報告書第二六集、二〇〇四年。
30 瀝青は松脂と油を混ぜたもので、防腐効果があり隙間を防ぐことができる。
31 『南路志　巻六二』。
32 山内家資料「長光院様御廟之図」『長帳　第九二号』元禄三年。
33 孝子はよく父母に仕える子という意味で、孝は儒教の徳目の一つである。
34 『南路志　巻七十』。
35 山内家資料「周徳様御廟所日記」元禄一三年。
36 山内家資料「寛邦院様御葬送御用仕様帳」大工方。
37 「仰止録附録」『吉備群書集成』。
38 「長光院様御廟之図」、「周徳様御廟所日記」、「龍泉院様御廟所御仕成覚」、「大昌院様御廟所日記」、「靖徳院様御廟所覚」より作成。
39 山内家資料「大昌院様御廟所日記」明和四年。
40 山内家資料「譲恭院様御廟所日記」嘉永二年、普請方。
41 徳川将軍家では一六七八年に亡くなつた綱重の墓誌が確認されている。
42 平尾道雄編『皆山集　第三巻』高知県立図書館、一九七六年。
43 『南路志　巻七十二』。
44 『南路志　巻七十五』。
45 平尾道雄編　一九七六年『皆山集　第三巻』高知県立図書館、。

46　山内家資料「養徳院様御石槨御誌石御拝石仕成方日記」嘉永元年、御普請穴太方。

47　山内家資料「養徳院様御棺仕成并諸品仕様書木材註文共控帳」嘉永元年9月、大工方。

48　三家については「御侍中先祖書系図牒」（高知県立図書館蔵）による。

49　山内家資料　二〇一五年「寛邦院様御石塔壱巻取扱記録」『土佐藩主山内家墓所　調査報告書』高知県。

50　「大昌院様御廟所日記」及び「靖徳院様御廟所覚」。

51　定夫は蔵入地百石につき一人二人宛村に割り当てられた。望日雇割付のことで、普請などで一人に飯米が当てられた。（『宿毛市史』一九七七年）。

52　『土佐市史』一九七八年。

53　山内家資料「譲恭院様御廟所日記」嘉永二年。

54　山内家資料「周徳様御廟所日記萬留書」元禄一三年　「御廟所廻掃除」一〇人・「御廟へ土入」四二人としている。

55　山内家資料「靖徳院様御廟所覚」寛政元年　土突棒三〇本を潮江村に提供している。

56　「大昌院様御廟所日記」・「寛邦院様御廟所諸日記」・「譲恭院様御廟所日記」による。

57　岡山藩においては、姫路城主であった池田輝政（一六一三年卒）は火葬であったが、その子忠雄（一六三二年卒）では土葬になっている。

58　同様に岡山藩支藩の鴨方藩でも、跡継が決まるまで遺骸は止め置かれた。

59　北脇義友　二〇二一「岡山藩池田家埋葬考」『墓からみた近世社会』。

徳山藩毛利家墓所とその葬制

清水慎也

はじめに

徳山毛利家墓所は、周南市慶万町に所在し、臨済宗般若山大成寺本堂の東側丘陵に位置している。当墓所には徳山毛利家歴代藩主（当主）およびその妻子の墓所が造立されており、その数は九十七基に及んでいる。このうち歴代藩主墓などは、花崗岩製の巨大な笠付方柱形墓標で、毛利家の家紋（沢瀉紋）を扉に刻んだ玉垣が巡らされている。特に初代藩主就隆とその室で三代元次実母の墓所については、唐破風付本瓦葺きの覆屋の中に安置されており、昭和六一年（一九八六）、「徳山藩主毛利就隆夫婦の墓所」として徳山市（現周南市）の史跡に指定された。さらに、平成二一年（二〇〇九）には「徳山毛利家墓所」として改めて、墓所全域が周南市指定史跡となっている。

藩政時代の俗謡には、「徳山藩に過ぎたるものが三つある。」として、「藩主の墓所」と「桜の馬場」「奈古屋里人」とあるほどで、この墓所は藩の誇りであったことが窺える。[1] また、徳山藩の藩政時代の建造物は、第二次世界大戦下の空襲によって焼失して残存するものは少なく、この墓所は城下町を想起させる遺構として大変貴重である。

　本稿では、大成寺に残る徳山毛利家歴代藩主（当主）およびその妻子の墓所について調査を行った結果をまとめるとともに、その変遷について概観し、若干の考察を加えたい。

一　徳山毛利家と菩提寺

（一）徳山毛利家略歴

　徳山毛利家は、毛利元就の孫・輝元の次男である就隆を祖とし、元和三年（一六一七）に就隆が兄の秀就から、都濃郡を中心とした三万一四七三石余を分知されたことに始まる。就隆は、はじめ下松に居館を構えたが、慶安三年（一六五〇）、野上村にこれを移して地名を徳山と改め、城下町を整備し、藩制の基礎を築いた。

　三代藩主元次は、居館の傍らに学問や遊息の場「凄息堂」を設けたほか、『徳山名勝』[2]や、『徳山雑吟』[3]を刊行し、文教の奨励に努めた。その後、正徳六年（一七一六）、藩の境界をめぐって本藩と争いになり、徳山藩は改易となってしまったが、享保四年（一七一九）再興が許され、四代元尭が襲封し、旧領が安堵された。

　五代広豊は、桜馬場の整備、武具方ほか諸役所の再建、御蔵本の東隣への新稽古場（閲武堂）建設など三七

写真１　徳山毛利家墓所（大成寺）

年間の長きにわたって藩政に尽くし、晩年は下松に隠退し余生を送った。

七代就馴も、三四年にわたって藩政に尽くし、藩校「鳴鳳館」を創設するなど文教興隆の基礎を築いた。また、文化元年（一八〇四）には、富田に別邸を設けて悠々自適の晩年を送り、文政一一年（一八二八）七十九歳の高齢をもって亡くなった。

八代広鎮の代には、幕府から城主格を許され、これ以降、居館を「御城」と呼ぶようになった。

九代元蕃の代に明治維新を迎え、明治四年（一八七一）に徳山藩は廃藩置県に先立って山口藩と合併した。(4)

（二）徳山毛利家の菩提寺

徳山毛利家の菩提寺である臨済宗寺院、般若山大成寺は、周南市舞車町に所在する。『藩史』によると、寛文一〇年（一六七〇）に富田村にあった「観音寺」を徳山に移し、聚福山大成院として再建したもので、(5)『防長寺社由来』によると延宝二年（一六七四）、毛利輝元の五〇回忌に初代就隆が京都妙心寺、塔頭竜華院の竺印和尚を招き、中興開山としたことから徳山毛利家の菩提寺となった。(6)これ以降、大成寺には、歴代藩主およびその妻子の墓所が造営されていった。

ところで、近世大名は一般的に国元と江戸に菩提寺を持ち、墓所も複数の場所に築かれることが多かった。これは、寛永一二年（一六三五）に三代将軍徳川家光が定めた『武家諸法度』により制度化された参勤交代に起因するもので、国元と江戸の二重生活を強いられた遠国大名の多くが、その両方に複数の墓所を築いたためである。(7)徳山毛利家の場合、国元では、基本的に大成寺に葬られたが、福田寺（徳山）、本正寺（徳山）、建咲院（富田）、善宗寺（富田）、周慶寺（下松）に墓所が造営されることもあった。また、江戸においては、青松寺（愛宕）、春桃院（麻布）、長松寺（下谷御切手町）、天真寺（麻布）、玉鳳寺（三田）、端聖寺（白金）など様々な寺院に墓所が造営された[8]。これら江戸に所在した墓所のいくつかは、後代になって国元の大成寺に改葬されているが、詳細は後述する。

二　徳山毛利家墓所の概要

（一）墓所の外観

墓域は、丘陵上の北東から南西方向に約一五〇m、北西から南東方向に一三～二〇mと細長く、中央部が僅かに屈曲した形状を呈する（図1）。北東端で最も標高が高く、南に向かって階段状に降って、六段に墓域を区画している。

参道は、墓所西側の中央付近に石段を設置しており、直線距離で約二〇mとなっている。石段の始点には木製鳥居、終点には花崗岩製鳥居が建立されており、これらは明治以降になって徳山毛利家の神道転宗に伴い設置されたものと思われる。

墓所の外周には土塀が廻っており、当初は石段部分を除く外周約三二五mにわたって設置されていたと考えられるが、現在、北東側には残存していない。土塀の構造は、基礎およびその上部に設置される土塀本体からなり、土塀の下に石垣が設置されている箇所もある。基礎の構造は、長さ一〇〇～一五〇㎝、幅、厚さ一〇～一五㎝程度の角柱状の花崗岩製部材を、間に三〇㎝程度空けて二列配することを基本とし、その上には、高さ一〇〇～一二〇㎝、厚さ四〇㎝程度の土塀を築いている。そのさらに上部には、瓦が葺かれていた可能性もあるが、現状で瓦が残存している箇所はみられない。

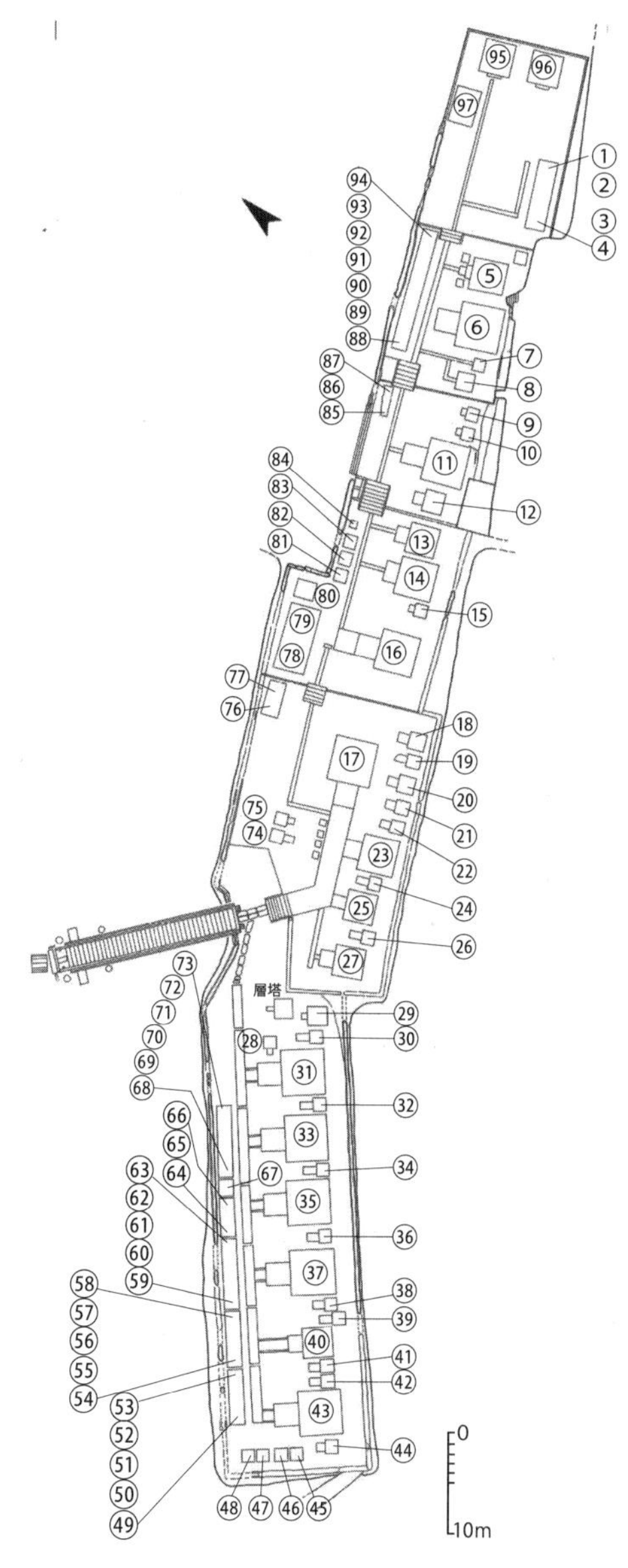

図1　徳山毛利家墓所平面図

墓所内は、歴代藩主（当主）及び妻子の墓石九十七基のほか、石灯篭、層塔などの石造物が造立されている。各墓石は、墓域の長軸に沿ってほぼ二列に配列されており、その間には参道の敷石を配している。墓石の正面は、長軸の両端部に配置されたものは石段のある中央部を向き、その他は基本的に墓域の長軸に対し垂直となる北西ないし南東を向くが、初代就隆墓所（№17）は長軸に平行する南西を向いており、他と異なる。また、初代就隆墓所については、参道の石段を登ってから墓所まで、特別に参道が整備されているとともに、石灯篭も多数設置されており、藩祖の墓所として他の墓所と比較して特別な位置づけとなっている。

（二）墓標の形式と種類

各墓石について、銘文・形式・石材等を調査分析し、巻末の表に掲載した。なお、被葬者については、銘文に記された法名、没年をもとに、『近世防長諸家系図総覧』[9]と対照して特定した。また、墓所内で確認された墓標形式の種類と内訳について、図2に示した。以下、各形式ごとの特徴について述べる。

A　笠付方柱形

当墓所内で約七割を占める六十八基がこの形式である。このうち、唐破風付きのものが六三基、付かないものが五基となっている。墓石の法量が個体によって幅広く、また玉垣を有するものと有しないものなど、被葬者の没年齢や身分の格差などによる違いが認められる。特に初代就隆（№17・写真2）とその室で三代元次実母の墓所

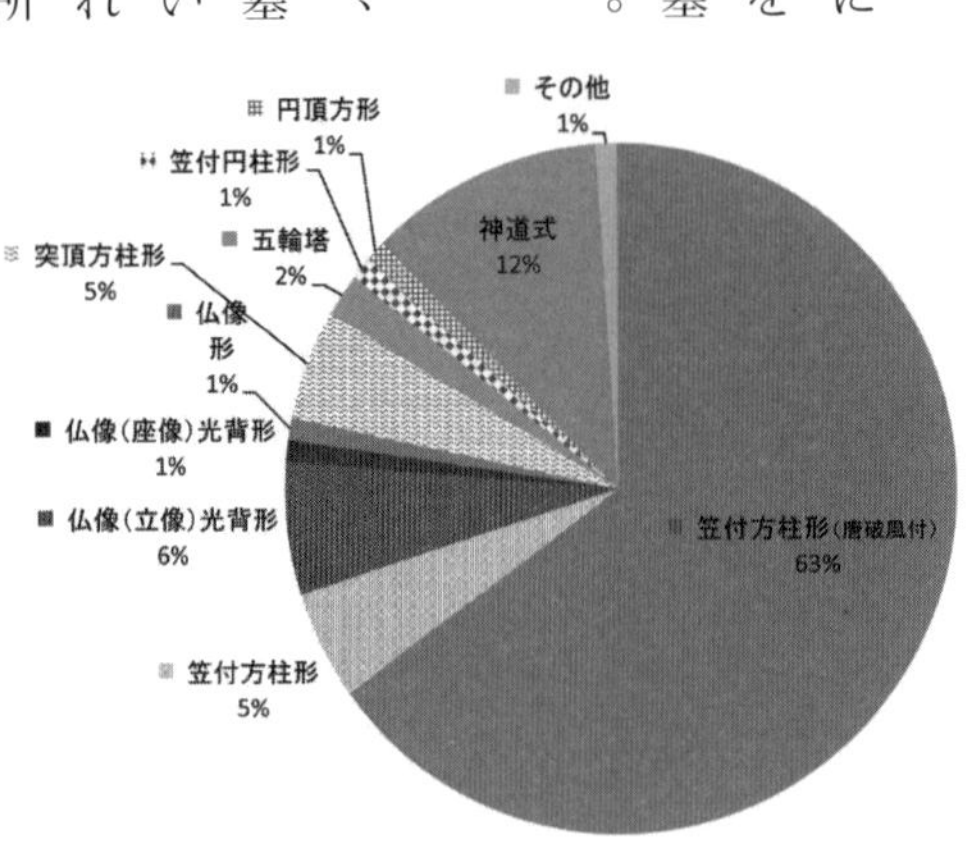

図2　墓標形式の種類と内訳

（№16、写真3）は唐破風付本瓦葺きの覆屋の中に安置されており、他との差が顕著で、特別な位置付けとなっている。石材については、花崗岩製と安山岩製があり、前者が大半を占め、後者は数的に少ない。また、花崗岩製の墓石と安山岩製の墓石とでは同じ笠付方形でも笠部から上の形態など明らかに特徴が異なっており、唐破風が付かない五基（№1・№3・№29・№90・№91）については、すべて安山岩製である。これら五基は、改葬により他所から搬入された墓石と思われるが、詳細は後述する。

写真2　初代就隆墓所

写真3　三代元次実母墓所

B　仏像形

仏像形は、立像の光背形が六基（№50・51・59・72・73・85）、座像の光背形が一基（№49）、光背を持たないものが一基（№56）確認された。ただし、立像の光背形については、墓石本体と台座とで石材が異なり、墓石本体は、いずれも後世に造られたものと思われる。

C　突頂方柱形

突頂方柱を呈し、正面上部に半浮き彫りの仏像（座像）を伴う形式で、五基（№53・54・55・57・58）確認された。いずれも安山岩製で、春桃院（江戸）から改葬された墓石と思われるが、詳細は後述する。

D　五輪塔

五輪塔は二基確認された。このうち一基（№67）は安山岩製で、一基（№69）は花崗岩製であった。

E　笠付円柱形

円柱状の墓石に笠が付属する形式で、一基（№64）のみ確認された。石材は、安山岩製である。

F　円頂方形

正面上部が円弧を呈する位牌形などとも呼ばれる形式で、当地域では近世を通して主体をなす墓標形式であるが、当墓地では一基（№60）のみであった。石材は、安山岩製である。

G　神道式

墓石の頭部が四角錐を呈する形式で、十一基が確認された。明治以降は、徳山毛利家の神道転宗に伴い基本的に神道式墓標となっている。

三　徳山毛利家における本葬・分霊・改葬

近世大名墓には、遺体が埋葬されている「本葬墓」と遺体を伴わない「分霊墓」が存在し、さらには様々な事情により墓地が移転され、改葬されることもあった。先にも述べたとおり、国元と江戸の二重生活を強いられた遠国大名の多くはその両方に菩提寺を持ち、どちらか一方に遺体を埋めた本葬墓を、もう一方に分骨や毛髪・爪・（歯）といった被供養者の体の一部や位牌といった遺体の代わりとなるものを納めた分霊墓を営んだ。[10]

徳山毛利家の場合、安政二年（一八五五）の『徳山略記』によると、[11]初代就隆は江戸で亡くなり、一説に菩提寺の青松寺で火葬後、遺骨を大成寺万休和尚が徳山へ運んで葬ったとされており、青松寺には遺髪を葬ったといわれている。二代元賢についても江戸で亡くなり、青松寺に葬られたが、享和三年（一八〇三）、八代広鎮の代に大成寺に分霊墓が造立された。三代元次が本葬されたのは青松寺で、遺歯および遺髪が大成寺に葬られた。四代元堯も青松寺に本葬され、大成寺に遺髪が葬られた。

以上のように、初代から四代までの藩主については、江戸か徳山のいずれかに本葬され、他方に分霊墓を営んだことがわかる。

次に、徳山毛利家の改葬について考察する。歴代藩主が本葬、分霊された江戸の青松寺は、江戸時代に、徳山毛利家のほかにも萩本藩、清末藩、長府藩など二〇家に及ぶ大名家墓が造立されていたとされるが、関東大震災を経て、昭和初期の都市区画整理により墓地の規模が縮小され、その多くは、各国元の菩提寺や都内の霊園に改葬されたという。同じく江戸の瑞聖寺も江戸時代に、徳山毛利家のほか萩本藩・清末藩などの菩提寺となり、徳山毛利家関連では、瑞雲院殿（三代元次室）、九代元蕃、一〇代元功室の墓が所在していたが、国元に改葬されたという[13]。このように、徳山毛利家のみならず、江戸に所在していた大名家墓の多くは、近代以降、諸事情により国元に改葬されることが多かったようである。

また、徳山毛利家藩主の妻子が葬られた江戸の春桃院墓所については、『東京廟兆録[14]』にかつての墓石配置図と墓石図が記録されており、ここに記された墓石の形式は、大成寺に現存する墓石と形式が概ね一致していることから（図3）、春桃院より大成寺へ改葬が行われたものと考えられる。さらに、国元の大成寺以外の寺院に造立されていた墓所についても、時期は不明であるが、大成寺への改葬が行われたと思われる。

以上、徳山毛利家墓所における本葬・分霊・改葬についてまとめたが、現在の大成寺の徳山毛利家墓所には、本葬墓、分霊墓、改葬墓が混在した状態であることがわかる。大成寺に所在する墓所について、本葬、分霊、改葬に分類し、年代順に並べたものを表1にまとめた[15]。

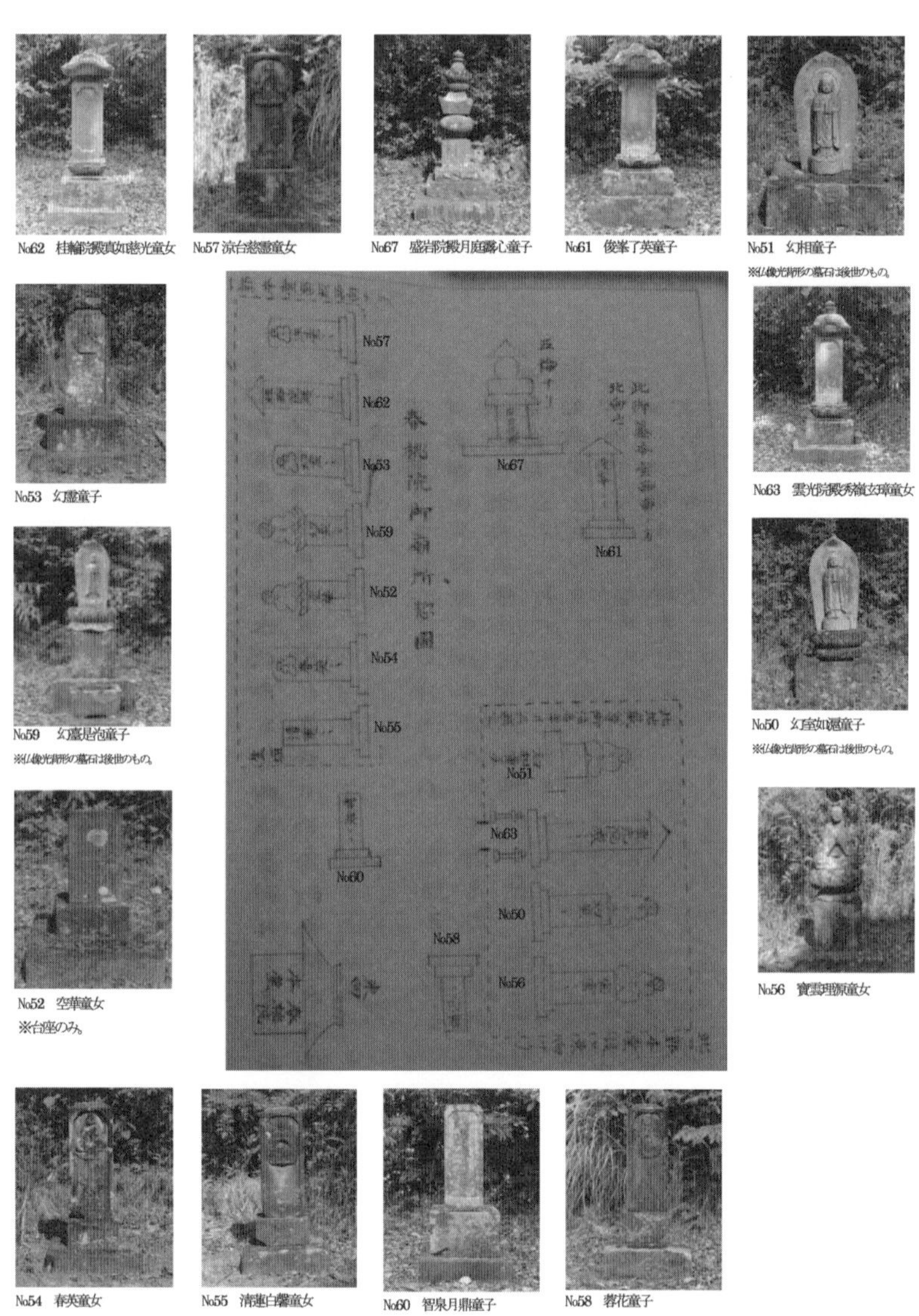

図３　春桃院墓石配置図（『東京廟兆録』）と大成寺に現存する墓石の比較

表1　各墓標の分類（本葬・分霊・改葬）と掲載文書

墓石No.	被葬者	没年（西暦）	墓標形式	石材	本葬地（一次埋葬地）	大成寺所在墓所の定義（本葬・分霊・改葬）	掲載文書	
							I	II
29	初代　就隆　次男	1668	A-2	安山岩	天真寺（江戸）	改葬		
67	初代　就隆　長男	1668	D	安山岩	春桃院（江戸）	改葬		
65	初代　就隆　七女	1672	A-1	安山岩	玉鳳寺（江戸）	改葬		
64	初代　就隆　三男	1673	E	安山岩	玉鳳寺（江戸）	改葬		
1	二代　元賢　母	1681	A-2	安山岩	青松寺（江戸）	改葬		
3	三代　元次　正室	1693	A-2	安山岩	瑞聖寺（江戸）	改葬		
90	三代　元次　長女	1694	A-2	安山岩	青松寺（江戸）	改葬		
91	三代　元次　長男	1695	A-2	安山岩	青松寺（江戸）	改葬		
17	初代　就隆	1697	A-1	花崗岩	大成寺	本葬	○	○
66	三代　元次　三女	1702	A-1	安山岩	玉鳳寺（江戸）	改葬		
16	三代　元次　実母	1704	A-1	花崗岩	？	本葬、分霊？	○	○
35	三代　元次	1719	A-1	花崗岩	青松寺（江戸）	分霊	○	○
33	四代　元堯	1721	A-1	花崗岩	青松寺（江戸）	分霊	○	○
85	五代　広豊　長女	1727	B-1	花崗岩	大成寺	本葬	○	○
69	五代　広豊　二女	1729	D	花崗岩	福田寺（徳山）	改葬		
2	五代　広豊　正室	1730	A-1	安山岩	青松寺（江戸）	改葬？		
36	五代　広豊　三女	1732	A-1	花崗岩	大成寺	本葬	○	○
49	五代　広豊　四女	1735	B-2	安山岩	長松寺（江戸）	改葬？		
31	四代　元堯　実母	1742	A-1	花崗岩	？	本葬、分霊？	○	○
61	五代　広豊　三男	1742	A-1	安山岩	春桃院（江戸）	改葬		
63	五代　広豊　五女	1747	A-1	安山岩	春桃院（江戸）	改葬		
50	五代　広豊　一〇男	1748	B-1	花崗岩（台座は安山岩）	春桃院（江戸）	改葬		
37	五代　広豊　実母	1749	A-1	花崗岩	？	本葬、分霊？	○	○
56	五代　広豊　一二女	1754	B-3	安山岩	春桃院（江戸）	改葬		
32	五代　広豊　一三男	1755	A-1	花崗岩	大成寺	本葬		○
30	五代　広豊　一一女	1756	A-1	花崗岩	大成寺	本葬		○
70	五代　広豊　一七男	1756	A-1	花崗岩	福田寺（徳山）	改葬		
25	五代　広豊　嫡子	1757	A-1	花崗岩	青松寺（江戸）	分霊墓の可能性が高い		○
38	五代　広豊　九女	1757	A-1	花崗岩	大成寺	本葬		○
62	五代　広豊　八女	1757	A-1	安山岩	春桃院（江戸）	改葬		
59	五代　広豊　一九男	1758	B-1	花崗岩（台座は安山岩）	春桃院（江戸）	改葬		
68	五代　広豊　一八女	1758	A-1	花崗岩	福田寺（徳山）	改葬		
86	五代　広豊　一八男	1758	A-1	花崗岩	大成寺	本葬		○
53	五代　広豊　二〇男	1759	C	安山岩	春桃院（江戸）	改葬		
40	三代　元次　五女	1762	A-1	花崗岩	大成寺	本葬		○
57	五代　広豊　二〇女	1763	C	安山岩	春桃院（江戸）	改葬		
23	六代　広寛	1764	A-1	花崗岩	青松寺（江戸）	分霊墓の可能性が高い		○

墓石No.	被葬者	没年(西暦)	墓標形式	石材	本葬地(一次埋葬地)	大成寺所在墓所の定義(本葬・分霊・改葬)	掲載文書	
							I	II
12	五代　広豊　一四女	1766	A-1	花崗岩	周慶寺（下松）	改葬		○
34	五代　広豊　二三男	1766	A-1	花崗岩	大成寺	本葬		○
39	五代　広豊　二三女	1767	A-1	花崗岩	大成寺	本葬		○
41	五代　広豊　二四男	1767	A-1	花崗岩	大成寺	本葬		○
26	五代　広豊　二四女	1769	A-1	花崗岩	大成寺	本葬		○
24	七代　就訓　長女	1773	A-1	花崗岩	大成寺	本葬		○
43	五代　広豊	1773	A-1	花崗岩	大成寺	本葬		○
51	七代　就訓　三男	1780	B-3?	花崗岩（台座は安山岩）	春桃院（江戸）	改葬		
27	七代　就訓　正室	1783	A-1	花崗岩	青松寺（江戸）	分霊墓の可能性が高い		○
52	七代　就訓　四女	1786	B-3?	安山岩	春桃院（江戸）	改葬		
18	五代　広豊　七男	1794	A-1	花崗岩	大成寺	本葬		○
54	七代　就訓　六女	1796	C	安山岩	春桃院（江戸）	改葬		
42	七代　就訓　一七男	1798	A-1	花崗岩	大成寺	本葬		○
22	七代　就訓　四男	1799	A-1	花崗岩	大成寺	本葬		○
94	六代　広寛　正室	1800	A-1	安山岩	青松寺（江戸）	分霊、改葬？		
72	七代　就訓　七女	1801	B-1	花崗岩（台座は安山岩）	建咲院（富田）	改葬		
14	二代　元賢	1690	A-1	花崗岩	青松寺（江戸）	分霊		○
81	八代　広鎮　二女	1804	A-1	花崗岩	大成寺	本葬		○
71	七代　就訓　八女	1806	A-1	安山岩	本正寺（徳山）	改葬		
19	八代　広鎮　長男	1810	A-1	花崗岩	大成寺	本葬		○
8	七代　就訓　実母	1813	A-1	花崗岩	善宗寺（富田）	改葬？		
20	五代　広豊　一三女	1813	A-1	花崗岩	大成寺	本葬		○
82	八代　広鎮　三男	1816	A-1	花崗岩	大成寺	本葬		○
89	八代　広鎮　六女	1819	A-1	安山岩	青松寺（江戸）	分霊、改葬？		
88	八代　広鎮　八女	1823	A-1	安山岩	青松寺（江戸）	分霊、改葬？		
21	八代　広鎮　二男	1827	A-1	花崗岩	大成寺	本葬		
44	八代　広鎮　五男	1827	A-1	花崗岩	大成寺	本葬		
11	七代　就訓	1828	A-1	花崗岩	大成寺	本葬		○
13	八代　広鎮　正室	1835	A-1	花崗岩	青松寺（江戸）	分霊、改葬？		
55	九代　元蕃　長女	1836	C	安山岩	春桃院（江戸）	改葬		
92	八代　広鎮　長女	1837	A-1	安山岩	青松寺（江戸）	分霊、改葬？		
83	八代　広鎮　九女	1839	A-1	花崗岩	大成寺	本葬		
84	八代　広鎮　一〇男	1841	A-1	花崗岩	大成寺	本葬		
48	八代　広鎮　一二男	1844	A-1	花崗岩	大成寺	本葬		
10	九代　元蕃　二女	1845	A-1	花崗岩	大成寺	本葬		
9	八代　広鎮　一〇女	1846	A-1	花崗岩	大成寺	本葬		
47	九代　元蕃　四女	1847	A-1	花崗岩	大成寺	本葬		
74	九代　元蕃　長男	1848	A-1	花崗岩	大成寺	本葬		
4	九代　元蕃　五女	1849	A-1	安山岩	青松寺（江戸）	分霊、改葬？		
60	九代　元蕃　二男	1849	F	安山岩	春桃院（江戸）	改葬		

墓石No.	被葬者	没年(西暦)	墓標形式	石材	本葬地（一次埋葬地）	大成寺所在墓所の定義（本葬・分霊・改葬）	掲載文書	
							I	II
58	九代　元蕃　三男	1850	C	安山岩	春桃院（江戸）	改葬		
75	八代　広鎮　一一女	1850	A-1	花崗岩	大成寺	本葬		
93	八代　広鎮　側室	1856	A-1	花崗岩	大成寺	本葬		
15	八代　広鎮　一三男	1857	A-1	花崗岩	大成寺	本葬		
46	九代　元蕃　四男	1859	A-1	花崗岩	大成寺	本葬		
87	九代　元蕃　五男	1861	A-1	花崗岩	大成寺	本葬		
6	八代　広鎮	1864	A-1	花崗岩	大成寺	本葬		
7	九代　元蕃　六子	1871	A-1	花崗岩	大成寺	本葬		
77	十代　元功　長男	1879	G	安山岩	瑞聖寺（江戸）	改葬		
76	十代　元功　四男	1882	G	安山岩	瑞聖寺（江戸）	改葬		
5	九代　元蕃	1884	G	花崗岩	瑞聖寺（江戸）	改葬		
80	九代　元蕃　九女	1887	G	花崗岩	瑞聖寺（江戸）	改葬		
45	十代　元功　二女	1893	G	花崗岩	大成寺	本葬		
28	十代　元功　九男	1895	G	花崗岩	大成寺	本葬		
79	十代　元功	1900	G	花崗岩	？	？		
78	十代　元功　室	1920	G	花崗岩	瑞聖寺（江戸）	改葬		
95	十一代　元秀および室	1942	G	花崗岩	大成寺	本葬		
96	十二代　元靖および室	1945	G	花崗岩	大成寺	本葬		
97	徳山毛利家代々墓	-	G	花崗岩	大成寺	本葬		
73	不明	-	B-1	花崗岩（台座は安山岩）	-	-		

≪墓標形式　凡例≫

A-1：笠付方柱形（唐破風付）
A-2：笠付方柱形
B-1：仏像（立像）光背形
B-2：仏像（座像）光背形
B-3：仏像形（光背無し）
C：突頂方柱形
D：五輪塔
E：笠付円柱形
F：円頂方形
G：神道式

≪掲載文書　凡例≫

I：『防長寺社由来』（一八世紀半ば）記載の有無
II：『御在所廟兆録』（一九世紀半ば）記載の有無

　このうち本葬としたものは、一次埋葬地が大成寺と記録がある墓所で、『近世防長諸家系図総覧』の記録[16]をもとに、『徳山毛利家御墓所兼命日表』[17]にて補完した。

　本葬地（一次埋葬地）が大成寺以外の寺院である場合、大成寺の墓所は、分霊墓もしくは改葬墓の可能性があるが、『徳山略記』や『近世防長諸家系図総覧』において、遺髪や遺歯などを納めたと記録が残る三代元次墓所（No.35）、四代元堯墓所（No.33）、後代に分霊墓として造立した二代元賢墓所（No.14）は、分霊墓として位置付けた。また、本葬地（一次埋葬地）が大成寺以外の寺院で、『防長寺社由来』[18]（一八世紀中頃）や『御在所廟兆録』[19]（一九世紀中頃）において大成寺に石塔が存在すると記録がある墓所については、この記録以前に他所から改葬された可能性は否定できないものの、基本的に改葬が行われたのは幕末以降との想定から「分霊墓の可能性が高い」墓所（No.23・No.25・No.27）とした。

　また、本葬地（一次埋葬地）が文献で特定できなかったNo.16・No.31・No.37は、いずれも藩主の実母の墓所であるが、『防長寺社由来』および『御在所廟兆録』に記録があり、本葬墓もしくは分霊墓として造立されたものと思われる。No.79の十代元功については、現状で詳細不明である。

　本葬墓、分霊墓に分類した墓所以外は、改葬墓の可能性がある墓所である。青松寺墓地および春桃院墓地、瑞聖寺墓地の改葬については前述したとおりで、これらは改葬墓の可能性が高いことを述べておきたい。

　以上、表1の分析結果をみると、本葬墓、分霊墓として分類した大成寺で造立された墓石の形式は、No.85と明治以降の神道式を除いて、すべて唐破風付の笠付方柱形墓標であった。また、その石材について、本葬墓、分霊墓はすべて花崗岩製であり、逆に改葬墓の可能性がある墓石（特に江戸から改葬の墓石）は安山岩製が多いという傾向がみられた。

　徳山地方は古くから「徳山みかげ」と呼ばれる良質な花崗岩の産地として知られており、大坂城の石垣の石材としても大津島のみかげ石が用いられたとされる。このことから、徳山で造立した大名墓の石材として主に花崗岩が選択されたことも当然のことと言える。

四　笠付方柱形墓標の法量と被葬者身分

前項で述べたとおり、本葬墓、分霊墓として大成寺で造立された墓標の主体は、唐破風付の笠付方柱形墓標であるが、その墓石の法量には個体差があり、また玉垣を有するものと有しないものなど、被葬者の没年齢や身分の格差などによる違いが認められる。本葬墓、分霊墓のみ抽出して、その被葬者の身分と塔身法量との関係を年代別に図４にまとめた。なお、比較にあたっては、石造物の部材が欠如している個体があることを考慮し、塔身の法量で比較した。

これによると藩主墓の塔身法量は、いずれも一五〇㎝以上と大型であるが、藩主実母の墓についても藩主と同格の規模となっていた。これは、藩主実母の葬送に、実子である藩主が関わっていたことによるものであろう。また、嫡子や正室の墓がこれに次ぐ大きさで、その他妻子の墓については、四八〜一二三㎝と顕著な

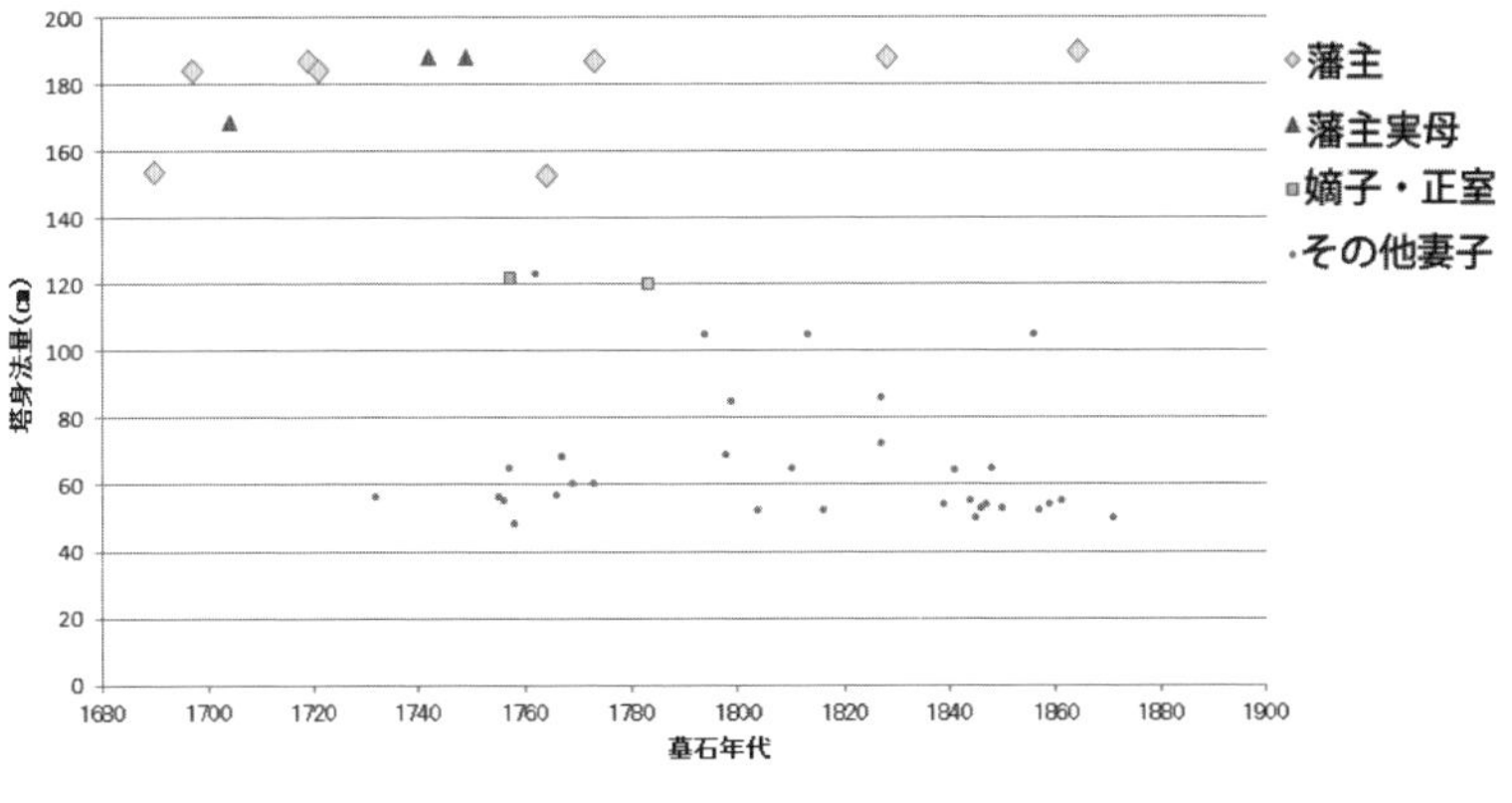

図４　笠付方柱方墓標の被葬者身分と塔身法量の関係

個体差があった。こうした、「その他妻子の墓」の法量差は、被葬者の身分や没年齢などに関連していると思われるが、詳細な検討は今後の課題としたい。

五　墓所の成立と墓域の拡張

大成寺の墓所において、最も古い紀年銘を有する墓石は、表1が示すとおり、初代就隆次男の墓所（№29）である。ただし、これは江戸の天真寺から改葬されたと考えられる墓所で、これ以降、三代元次長男の墓所（№91）までは、いずれも改葬の可能性がある墓所である。大成寺における墓所の成立は、やはり延宝七年（一六九七）の初代就隆が葬られて以降のものであると想定される。

初代就隆以降の墓所の変遷と墓域の拡張について、図5にまとめた。一八世紀中頃の想定図は『防長寺社由来』、一九世紀中頃の想定図は『御在所廟兆録』の記録によるもので、二〇世紀中頃の想定図は、一九世紀中頃の想定図に、一九世紀中頃〜二〇世紀中頃の没年で、本葬墓、分霊墓と分類したものを加えて作成した。また、墓所の区画を便宜的に北東から南西に向かってⅠ〜Ⅵの六区に分けた。

これによると、一八世紀には、初代藩主就隆（№17）とその室で三代元次実母の墓所（№16）がⅤ区、Ⅳ区に築かれて以降、Ⅵ区の南東土塀に沿って墓所が築かれていった。一九世紀に入ってⅥ区土塀沿いが埋まると、Ⅴ区の土塀沿いやⅣ区、Ⅲ区へと展開していった。さらに二〇世紀に入ってⅡ区、Ⅰ区まで拡張されていき、江戸などからの改葬墓についても、北西の石段側の土塀沿いに配置され、現況に至ったと推測される。

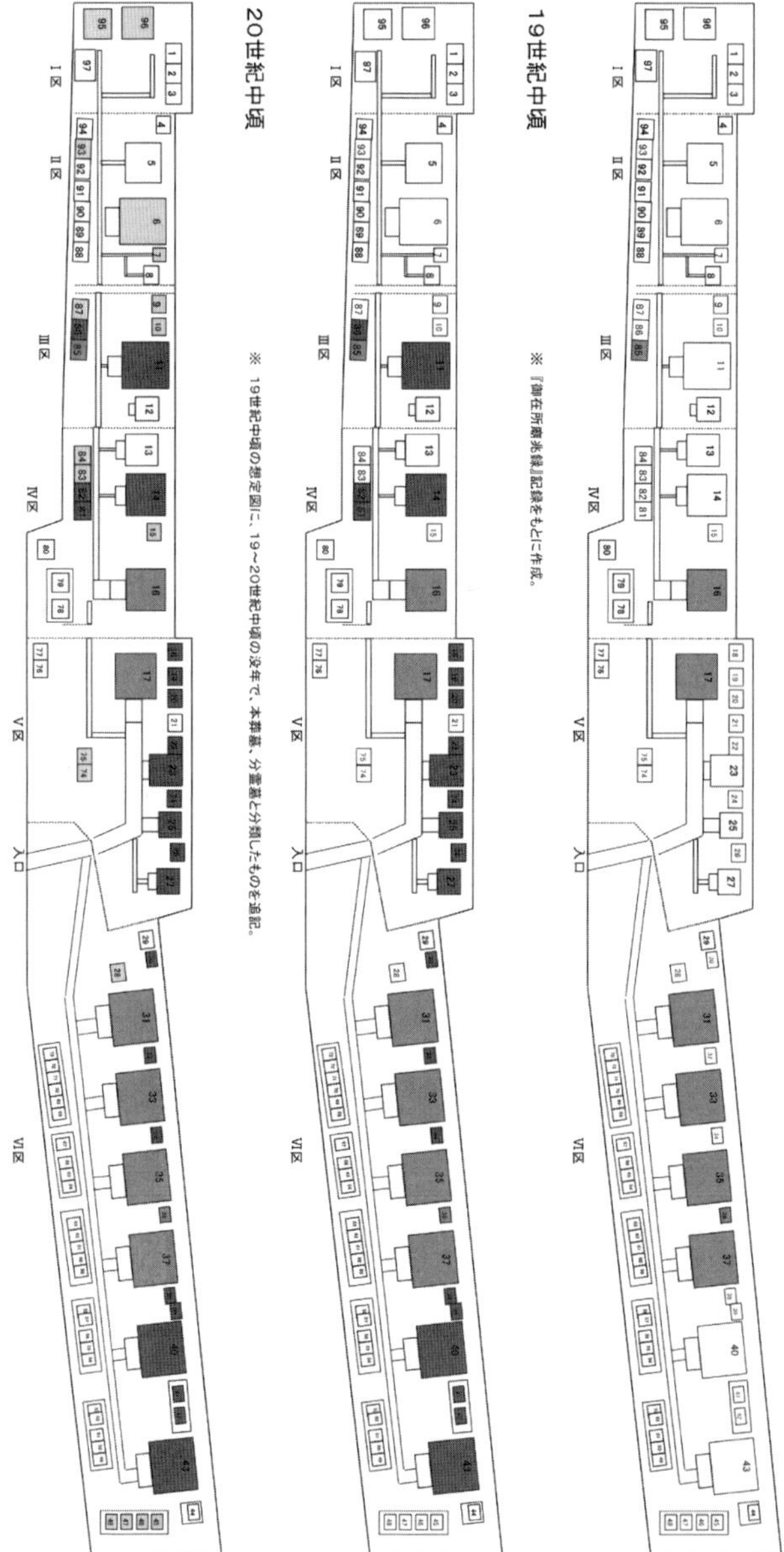

図5　徳山藩毛利家墓所（配置図年代別）

おわりに

以上、大成寺に残る徳山毛利家歴代藩主およびその妻子の墓所について概略を述べたが、今回の調査と分析により確認できたことを以下にまとめる。

・現在の大成寺の徳山毛利家墓所は、「本葬墓」「分霊墓」「改葬墓」が混在している。

・「本葬墓」「分霊墓」として当初から大成寺で造立された墓標の主体は、唐破風付の笠付方柱形墓標であり、花崗岩製である。

・唐破風付の笠付方柱形以外の様々な形式（ただし、明治以降の神道式を除く。）や安山岩製の墓石は、改葬により他所から持ち込まれた可能性がある。

・唐破風付の笠付方柱形墓標の法量には、被葬者の身分などによる顕著な格差が認められる。

今回の調査では、各墓標の銘文や形式など基礎的な情報を整理したが、各部材の形式分類や変遷の考察、周辺地域の大名墓との比較検討などには至らなかった。これらについては、今後の課題としたい。

本稿の作成にあたり、徳山毛利家十四代当主の毛利就慶氏には資料の調査・掲載をご快諾いただきました。また、資料調査にあたっては、周南市美術博物館の松本久美子氏から有益な情報をいただくとともに、ご協力をいただきました。記して感謝申し上げます。

註

1　小川宣　二〇一〇『周南文化史』（赤坂印刷）。「桜の馬場」は、現在も地名として残る馬場の所在した場所で、土手には2百本余りの桜が植えられていた。「奈古屋里人」は、徳山藩改易の際に、身命をとして再興に尽力した人物。
2　『徳山名勝』には、遠石八幡宮のことを記した「遠石記」などが収められている。
3　『徳山雑吟』には元次自身や家臣たちの詩文、和歌などを集めた。
4　徳山市　一九八四『徳山市史』上巻。
5　『藩史』（徳山市　一九六四『徳山市史史料』）。
6　山口県文書館　一九八六『防長寺社由来』第十巻。
7　関根達人　二〇〇二「近世大名墓における本葬と分霊−弘前藩主津軽家墓所を中心に−」（『歴史』第九九号　東北史学会）。
　関根達人　二〇二〇「近世大名墓の本葬・分霊・改葬」（『近世大名墓の展開』雄山閣）。
8　防長新聞社　一九六六『近世防長諸家系図綜覧』。
9　前掲註8と同じ。
10　前掲註7と同じ。
11　江村彦之進　一八五五『徳山略記』前編（徳山市立図書館叢書　第廿二集　一九七五）。
12　前掲『徳山略記』前編によると、一説には青松寺に本葬されたともいわれている。
13　秋元茂陽　一九九八『江戸大名墓総覧』（金融界社、時潮社）。
14　『東京廟兆録』（徳山毛利家所蔵、周南市美術博物館寄託）。
15　二代藩主元賢墓所（№14）については、没年ではなく、造立年で比較した。

16　前掲註8と同じ。
17　『徳山毛利家御墓所兼命日表』（徳山毛利家所蔵、周南市美術博物館寄託）。
18　前掲註6と同じ。
19　『御在所廟兆録』（徳山毛利家所蔵、周南市美術博物館寄託）。

大成寺徳山毛利家墓所の各墓標の銘文・形式など一覧

墓石No.	被葬者	銘文			没年（西暦）	墓標形式	全高：cm（残存高）	石材	玉垣（石柵）
		正面	左側面	右側面					
1	二代元賢母	禅海院殿慈航了玄大姉	六月十七日	延寶九辛酉年	一六八一	笠付方柱形	二七六	安山岩	無し
2	五代広豊正室	雲鏡院殿亮月智鑑大姉	十二月初三冥	享保十五庚戌年	一七三〇	笠付方柱形（唐破風付）	二七三	安山岩	無し
3	三代元次正室	瑞雲院殿亨巖全祥大姉之塔	八月初六日	元禄六癸酉年	一六九三	笠付方柱形	二九三	安山岩	無し
4	九代元蕃五女	妙光院殿金體自映禅童女	嘉永二年己酉七月十七日		一八四九	笠付方柱形（唐破風付）	一九九	安山岩	無し
5	九代元蕃	従三位毛利元蕃卿之墓	明治十七年七月廿二日 薨於東京愛宕町邸		一八八四	神道式	二九〇・六	花崗岩	無し
6	八代広鎮	承天院殿朝散大夫前日州刺史廣州鎮裔大居士	十二月十六日	慶應元乙丑年	一八六五	笠付方柱形（唐破風付）	三七六	花崗岩	有り
7	九代元蕃六子	愛隣得心童子	三月十有七日	明治五壬申歳	一八七二	笠付方柱形（唐破風付）	一三六	花崗岩	無し
8	七代就訓実母	法心院殿性譽元浄大姉		文化十年癸酉九月八日	一八一三	笠付方柱形（唐破風付）	一三六	花崗岩	無し
9	八代広鎮一〇女	得法妙果童女	十二月二十七日	弘化三丙午年	一八四六	笠付方柱形（唐破風付）	一四二	花崗岩	無し
10	九代元蕃二女	願海加乗童女	二月十二日	弘化二乙巳歳	一八四五	笠付方柱形（唐破風付）	一三九	花崗岩	無し
11	七代就訓	隆興院殿朝散大夫前右州刺史徳運全功大居士	三月十九日	文政十一戊子年	一八二八	笠付方柱形（唐破風付）	三七九	花崗岩	有り
12	五代広豊一四女	惠照院殿光誉貞艶大姉之墓	二月九日	明和三丙戌歳次	一七六六	笠付方柱形（唐破風付）	一七三	花崗岩	有り
13	八代広鎮正室	本源院殿寂湛智清大姉	六月二十九日	天保六乙未年	一八三五	笠付方柱形（唐破風付）	二七二	花崗岩	有り
14	二代元賢	大陽院殿前日列刺史玉峰澄和大居士	五月二十一日	元禄三庚午年	一六九〇	笠付方柱形（唐破風付）	三二五	花崗岩	有り
15	八代広鎮一三男	瓊林霜葩童子	十一月二十一日	安政第四丁巳歳	一八五七	笠付方柱形（唐破風付）	一二三	花崗岩	無し
16	三代元次実母	性雲院殿圓貞理融大姉淑霊	十二月二十一日	寶永元甲申年	一七〇四	笠付方柱形（唐破風付）	三六六・三	花崗岩	有り
17	初代就隆	発性院殿前権日州太守行従五位下忽生本然大居士	八月初八冥	延寶第七己未暦	一六七九	笠付方柱形（唐破風付）	三九二・七	花崗岩	有り

墓石 No.	被葬者	銘文 正面	銘文 左側面	銘文 右側面	没年（西暦）	墓標形式	全高：cm（残存高）	石材	玉垣（石柵）
18	五代広豊七男	葆光院殿閑叟自適大居士	六月十有六日	寛政六年甲寅	一七九四	笠付方柱形（唐破風付）	二四五	花崗岩	無し
19	八代広鎮長男	秀巖了清童子	五月三十日	文化七庚午	一八一〇	笠付方柱形（唐破風付）	（一三九）	花崗岩	無し
20	五代広豊一三女	善行院殿真性妙觀大姉	十一月廿日	文化十年癸酉	一八一三	笠付方柱形（唐破風付）	（二二八）	花崗岩	無し
21	八代広鎮二男	等覺院殿霊鑑自光大居士	七月初六日	文政十丁亥年	一八二七	笠付方柱形（唐破風付）	（一八四）	花崗岩	無し
22	七代就訓四男	馨徳院殿蘭庭宗秀大居士	八月十九日	寛政十一己未年	一七九九	笠付方柱形（唐破風付）	二二〇	花崗岩	無し
23	六代広寛	泰崇院殿前志列剌史俊巖亮逸大居士	二月二十二日	寶暦十四甲申年	一七六四	笠付方柱形（唐破風付）	三三五	花崗岩	有り
24	七代就訓長女	桂叢霊苗童女	七月十一日逝	安永二癸巳年	一七七三	笠付方柱形（唐破風付）	一四三	花崗岩	無し
25	五代広豊嫡子	慈徳院殿仁嶽道忠大居士	八月十四日逝去	寶暦七丁丑季	一七五七	笠付方柱形（唐破風付）	二七七	花崗岩	有り
26	五代広豊二四女	圓岩了智童女	九月二十七日	明和六己丑季	一七六九	笠付方柱形（唐破風付）	（一三二）	花崗岩	無し
27	七代就訓正室	浄願院殿満元良既大姉		天明三年癸卯十二月廿六日	一七八三	笠付方柱形（唐破風付）	二六九	花崗岩	有り
28	十代元功九男	毛利光雄之墓	毛利元功九男齢九箇月	明治二十八年八月二十五日	一八九五	神道式	一四五	花崗岩	無し
29	初代就隆次男	瑞鳳院殿感嶺宗格童子	十一月初六日	寛文八戊申年	一六六八	笠付方柱形	（二六九）	安山岩	無し
30	五代広豊一一女	玉巖秀清童女	閏十一月十一冥	寶暦六丙子年	一七五六	笠付方柱形（唐破風付）	一四六	花崗岩	無し
31	四代元堯実母	蓮性院殿菫室昌貞大姉淑霊	春三月廿三日	寛保弐壬戌季	一七四二	笠付方柱形（唐破風付）	三八一	花崗岩	有り
32	五代広豊一三男	槐窓春夢童子	二月十一日逝	寶暦五乙亥季	一七五五	笠付方柱形（唐破風付）	一四四	花崗岩	無し
33	四代元堯	豪徳院殿朝散大夫前日州剌史家山紹運大居士	二月十一日	享保六辛丑年	一七二一	笠付方柱形（唐破風付）	三八〇	花崗岩	有り
34	五代広豊二三男	玉山宗麟童子	十月十有四日	明和三丙戌歳	一七六六	笠付方柱形（唐破風付）	一四七	花崗岩	無し
35	三代元次	曹源院殿朝散大夫前飛州剌史性海滴水大居士	十一月十九日	享保四己亥年	一七一九	笠付方柱形（唐破風付）	三八七	花崗岩	有り
36	五代広豊三女	早世寒雲慧暁童女霊	冬十月廿九日	享保十七壬子季	一七三二	笠付方柱形（唐破風付）	一三三	花崗岩	無し
37	五代広豊　実母	良壽院殿韶顔静光大姉淑霊	正月三十日逝	寛延二己巳年	一七四九	笠付方柱形（唐破風付）	三六一	花崗岩	有り
38	五代広豊九女	実相院殿無染明鏡大姉	十一月三十日	宝暦七丁丑年	一七五七	笠付方柱形（唐破風付）	一五五	花崗岩	無し
39	五代広豊二三女	舜光露英童女	七月念七冥	明和四丁亥年	一七六七	笠付方柱形（唐破風付）	一六三	花崗岩	無し
40	三代元次五女	定光院殿月巖慧明大姉	七月初四日	寶暦十二壬午季	一七六二	笠付方柱形（唐破風付）	二六四	花崗岩	有り
41	五代広豊二四男	空海一漚童子	七月初八冥	明和四丁亥歳	一七六七	笠付方柱形（唐破風付）	一五九	花崗岩	無し
42	七代就訓一七男	瑰岳宗珍童子	十二月廿八日	寛政十戊午年	一七九八	笠付方柱形（唐破風付）	一六一	花崗岩	無し

墓石 No.	被葬者	銘文 正面	銘文 左側面	銘文 右側面	没年（西暦）	墓標形式	全高：cm（残存高）	石材	玉垣（石柵）
43	五代広豊	天了院殿朝散大夫前山州刺史廓翁湛然大居士	十月二十九日	安永二癸巳年	一七七三	笠付方柱形（唐破風付）	三七七	花崗岩	有り
44	八代広鎮五男	穎聴院殿良道全彰大居士	六月二十八日	文政十丁亥年	一八二七	笠付方柱形（唐破風付）	一七五	花崗岩	無し
45	十代元功二女	毛利静子之墓	毛利元功二女歳二箇月	明治二十六年七月二十三日	一八九三	神道式	一四五	花崗岩	無し
46	九代元蕃四男	絹巖文熙童子	十月十日	安政第六己未歳	一八五九	笠付方柱形（唐破風付）	一四二	花崗岩	無し
47	九代元蕃四女	心戒浄珠童女	六月二十二日	弘化四丁未歳	一八四七	笠付方柱形（唐破風付）	一四〇	花崗岩	無し
48	八代広鎮一二男	一超曹滴童子	六月六日	天保十五甲辰年	一八四四	笠付方柱形（唐破風付）	一四〇	花崗岩	無し
49	五代広豊四女	（台座正面）享保廿乙卯天　寶顔珠光童女　四月初八卒			一七三五	仏蔵（座像）光背形	八〇	安山岩	無し
50	五代広豊一〇男	幻室如漚童子			一七四八	仏像（立像）光背形	（八〇）	花崗岩（台座は安山岩）	無し
51	七代就訓三男	幻相童子			一七八〇	仏像（立像）光背形	（六六）	花崗岩（台座は安山岩）	無し
52	七代就訓四女	（台座正面）天明六丙年　空華童女　九月十七日			一七八六	台座のみ	（五三）	安山岩	無し
53	五代広豊二〇男	幻霊童子	寶暦九己卯年六月五日		一七五九	突頂方柱形（仏蔵彫）	七九	安山岩	無し
54	七代就訓六女	寛政八丙辰歳　春英童女　三月二十日			一七九六	突頂方柱形（仏蔵彫）	七九	安山岩	無し
55	九代元蕃長女	清蓮白馨童女		（台座正面）天保七丙申年□□□□	一八三六	突頂方柱形（仏蔵彫）	八六	安山岩	無し
56	五代広豊一二女	（台座正面）寶暦四甲戌歳　寶雲理源童女　七月二十二日			一七五四	仏像形	九七	安山岩	無し
57	五代広豊二〇女	□□□□□　涼台慈雲童女　六月□□			一七六三	突頂方柱形（仏蔵彫）	九六	安山岩	無し
58	九代元蕃三男	蓉花童子		嘉永三庚戌年八月二十六日	一八五〇	突頂方柱形（仏蔵彫）	一〇〇	安山岩	無し
59	五代広豊一九男	（台座正面）宝暦八戊寅年　幻臺是泡童子　十月十九日			一七五八	仏像（立像）光背形	（一一二）	花崗岩（台座は安山岩）	無し
60	九代元蕃一男	智泉月鼎童子	嘉永二年己酉七月廿四日		一八四九	円頂方形	一〇八	安山岩	無し
61	五代広豊三男	歸空　俊峯了英童子		寛保二壬戌歳正月十七日	一七四二	笠付方柱形（唐破風付）	（一五四）	安山岩	無し
62	五代広豊八女	桂輪院殿真如慈光童女	八月二十日	寶暦七丁丑年	一七五七	笠付方柱形（唐破風付）	（一五四）	安山岩	無し
63	五代広豊五女	雲光院殿秀嶺玄璋童女	十月十一日	延享四丁卯歳	一七四七	笠付方柱形（唐破風付）	一七一	安山岩	無し
64	初代就隆三男	寛文十三癸丑年　惺窓涼夢童子　四月十一日			一六七三	笠付円柱形	（一一八）	安山岩	無し
65	初代就隆七女	寛文十二壬子天　露英幻花童女　八月初二日			一六七二	笠付方柱形（唐破風付）	（一三七）	安山岩	無し

墓石 No.	被葬者	銘文 正面	銘文 左側面	銘文 右側面	没年（西暦）	墓標形式	全高：cm（残存高）	石材	玉垣（石柵）
66	三代元次三女	元禄十五壬午年 花陰涼散童女位 六月初八日			一七〇二	笠付方柱形（唐破風付）	（一五五）	安山岩	無し
67	初代就隆長男	寛文八年戊申 盛岩院殿月庭露心童子霊覚位 四月十四日			一六六八	五輪塔	二〇六	安山岩	無し
68	五代広豊一八女	本光知瑞童女	三月十三日逝	宝暦八戊寅季	一七五八	笠付方柱形（唐破風付）	一三六	花崗岩	無し
69	五代広豊二女	初雲了劫童女	秋七月十有七日	享保拾四己酉季	一七二九	五輪塔	一三〇	花崗岩	無し
70	五代広豊一七男	本相非幻童子	十二月二十九日	宝暦六丙子天	一七五六	笠付方柱形（唐破風付）	（一三九）	花崗岩	無し
71	七代就訓八女	要學智影大童女			一八〇六	笠付方柱形（唐破風付）	（一四七）	安山岩	無し
72	七代就訓七女	（台座正面）玉容妙慧童女	（台座左面）八月十有九日	（台座正面）享和元年辛酉	一八〇一	仏像（立像）光背形	一三六	花崗岩（台座は安山岩）	無し
73	不明	（剥離により判読不能）				仏像（立像）光背形	一三三	花崗岩（台座は安山岩）	無し
74	九代元蕃　長男	円覚良義童子	四月二十九日	嘉永元戊申年	一八四八	笠付方柱形（唐破風付）	（一五八）	花崗岩	無し
75	八代広鎮一一女	光林智澤童女	八月十七日	嘉永三庚戌歳	一八五〇	笠付方柱形（唐破風付）	（一二七）	花崗岩	無し
76	十代元功四男	毛利斉齋四郎墓	従五位子爵毛利元功四男	明治十七年十二月五日歿	一八八二	神道式	一七六	安山岩	無し
77	十代元功長男	毛利元茂之墓	華族従五位毛利元功長男	明治十二年十月廿四日歿	一八七九	神道式	一七二	安山岩	無し
78	十代元功室	従三位子爵毛利元功卿室鈺子墓	大正九年十一月十四日逝去		一九二〇	神道式	二九九	花崗岩	有り
79	十代元功	従三位勲三等子爵毛利元功卿墓	明治三十三季八月八日薨去		一九〇〇	神道式	二九四	花崗岩	有り
80	九代元蕃九女	従二位勲二等公爵毛利元徳養女寿美子墓	明治廿年九月十六日逝		一八八七	神道式	二七九	花崗岩	無し
81	八代広鎮二女	蘭英智芳童女	八月二十四日	文化元甲子年	一八〇四	笠付方柱形（唐破風付）	（一二七）	花崗岩	無し
82	八代広鎮三男	涼峯周蔭童子		文化十三丙子八月十七日	一八一六	笠付方柱形（唐破風付）	一三一	花崗岩	無し
83	八代広鎮九女	観相慧光童女	六月二日	天保十己亥年	一八三九	笠付方柱形（唐破風付）	一三三	花崗岩	無し
84	八代広鎮一〇男	璋峰顆光童子	六月二十二日	天保十二辛丑歳	一八四一	笠付方柱形（唐破風付）	（一五五）	花崗岩	無し
85	五代広豊長女	（台座正面）桃蕚知散童女	（台座左面）丁未三月八日	（台座正面）享保十二年	一七二七	仏像（立像）光背形	八四	花崗岩	無し

墓石No.	被葬者	銘文 正面	銘文 左側面	銘文 右側面	没年（西暦）	墓標形式	全高:cm（残存高）	石材	玉垣（石柵）
86	五代広豊一八男	劫外禅春童子	三月十九日逝	宝暦八戊寅季	一七五八	笠付方柱形（唐破風付）	（一二七）	花崗岩	無し
87	九代元蕃　五男	覚海自航童子	十二月十有二日	文久第一辛酉歳	一八六一	笠付方柱形（唐破風付）	（一一九）	花崗岩	無し
88	八代広鎮　八女	芳春院殿玉心智鮮禅公女		文政六癸未載二月初九日	一八二三	笠付方柱形（唐破風付）	（一七〇）	安山岩	無し
89	八代広鎮　六女	梅容院殿心願清香禅公女		文政二年己卯十月初六日	一八一九	笠付方柱形（唐破風付）	一七一	安山岩	無し
90	三代元次　長女	元禄七甲戌天長光院善應映珠禅公女　十二月二十一日			一六九四	笠付方柱形	一三七	安山岩	無し
91	三代元次　長男	唯心院殿遠離是觀禅公子	十月初六日	元禄八年乙亥	一六九五	笠付方柱形	一八八	安山岩	無し
92	八代広鎮　長女	精修院殿禅定圓智大姉		天保八丁酉年十二月二日	一八三七	笠付方柱形（唐破風付）	二一七	安山岩	無し
93	八代広鎮　側室	三明院殿寒月梅香大姉	十月十有九日	安政第三丙辰歳	一八五六	笠付方柱形（唐破風付）	（二六六）	花崗岩	無し
94	六代広寛　正室	瑞仙院殿南嶺芳壽大姉	十一月二十五日	寛政十二庚申年	一八〇〇	笠付方柱形（唐破風付）	（二四二）	安山岩	無し
95	十一代元秀および室	正三位子爵毛利元秀卿之墓　庸子之墓	昭和十七年五月三十日薨 去　同卅九年一月十六日 逝去		一九四二	神道式	三〇三	花崗岩	有り
96	十二代元靖および室	毛利元靖卿之墓　室　行子之墓	昭和三十六年九月十八日 皈幽　昭和二十年十月 十七日皈幽		一九四五	神道式	三〇三	花崗岩	有り
97	徳山毛利家代々墓	徳山毛利家之墓			'	神道式	二四八	花崗岩	有り

北陸の大名家墓とその墓制
―加賀・越中と越後高田の事例から―

水澤幸一

はじめに

ここでは、北陸の大名家及び家臣団の墓制についてみていくこととなるが、本稿では加賀の前田家及び家臣団の墓制、高岡の前田利長墓、そして越後高田の墓塔を整理する。

一　野田山前田家墓所

加賀百万石と称される前田家墓所をここでは取り上げる。前田利家は、永禄一二年（一五六九）に家督を相続し、織田信長、豊臣秀吉、徳川家康に付き、江戸時代初期には加賀・能登・越中三ヵ国で一一九万石余を領した（金沢市二〇〇八、九頁、以後本節の本書からの引用は頁数のみを記す）。

以下、前田家の葬制について、野田山墓地を主に取り上げてみていくことにする。

（一）前田家墓所

前田家墓所である野田山は、金沢城から眺望のきく南方三・五㎞の野田山丘陵の北斜面に造墓されている。古墳時代以来の聖域であり、利家の兄利久以来、歴代藩主らの墓所とされ、現代まで続いている。[1] 墓所は、藩主一六基、室、子女墓をまとまりとして、八〇基が七群に分けられている（三九〜四一頁、第1図）。

墳墓の規模は、藩祖利家墓を最大とし、方形三段築盛で一辺一九m、高さ六・三mを測る（四七頁、第2図）。基本序列として、藩主墓→正室墓→子女墓→側室墓の順（規模）となり、被葬者の身分が反映されているとされる（二七頁）。ただし、墳丘規模こそ利家墓が最大であるが、個々の墓域としては、二代室以降約三四m四方の墓域が占定され、前庭等が整備されていく（第3図）。一七世紀代は火葬、一七世紀末から土葬となる（六〇頁）。この変化に対しては、儒教の影響が指摘されている（松井二〇二〇など）が、儒教は表面的な形式で、実際は吉田神道・吉川神道による葬法として定着していったとされる（松原二〇二一）。

三代利常（万治元年（一六五八）死去）以降は、それまでの血族を中心とした構成から藩主を頂点とした身分・性別による格差を顕著とした構成に転換するとされる（六七頁）。

また、一七世紀前半までの藩主等の墓前には、越前笏谷石製の宝篋印塔を納める石廟が置かれ、[2] 後に藩主墓には花崗岩系の六角形石灯籠が供献されることも指摘されている（一八頁）。

この石廟内の宝篋印塔には、真言宗系の「空・風・火・水・地」、禅宗系の「祖師西来意」[3]、易経系の「乾元亨利貞」の三種の銘が刻まれており、石廟は、絵図からの想定を含めると一三基にも及ぶ。慶長八年（一六〇三）から寛永一八年（一六四一）の利常治世の三八年間に限られるという（芝田二〇〇八、一一四頁）。

なお、墳丘及び笏谷石製石廟については、塚を伴う中世墓や中世的な御霊屋の系譜をもつものという想定も

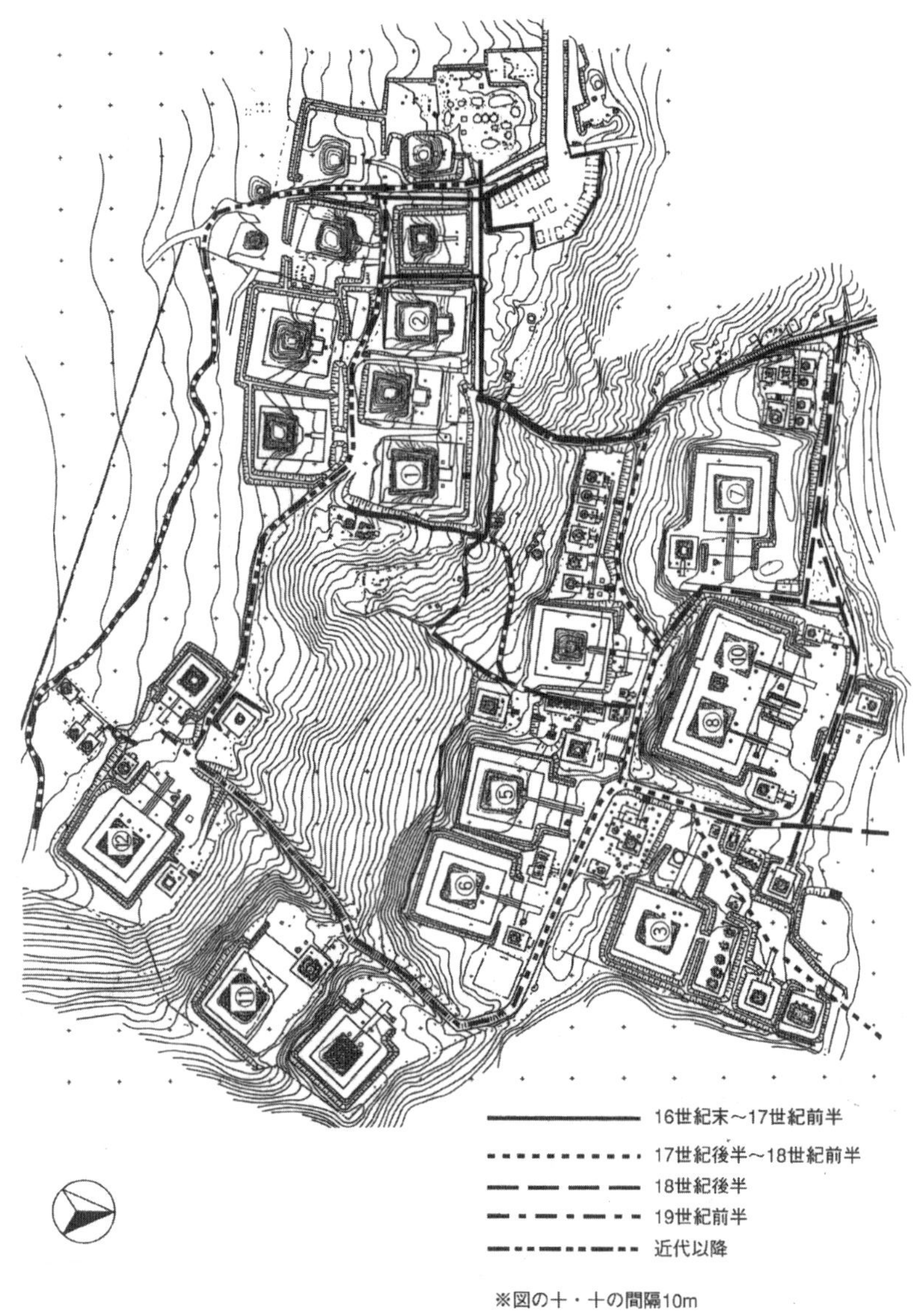

図1　前田家野田山墓地（金沢市 2008）

図2　前田家・松墓測量図（S＝1-500、金沢市 2008）

されている（白石二〇〇八、一四九頁）。

（二）野田山家臣団墓所

金沢市は、（一）の前田家墓所の調査後、引き続いて加賀八家（本多家・長家・横山家・前田土佐守家（直之系）・前田長種系家・奥村宗家・奥村支家・村井家）とよばれる家老家の墓所の調査を行い、報告書を刊行している[4]（金沢市二〇一二）。

すでに家臣団の墓所としては、利家墓所群の前方に重臣である村井家墓所が、東西に奥村家墓所が設定されており、信頼の厚かった重臣が死後も利家とその家族を守るかのようにも見え、戦国乱世を生き抜いてきた武将と家臣の紐帯を感じさせるという指摘がある（金沢市二〇〇八、四七頁）。ここでは、一例として長家の墓所測量図をあげておく（第4図）。

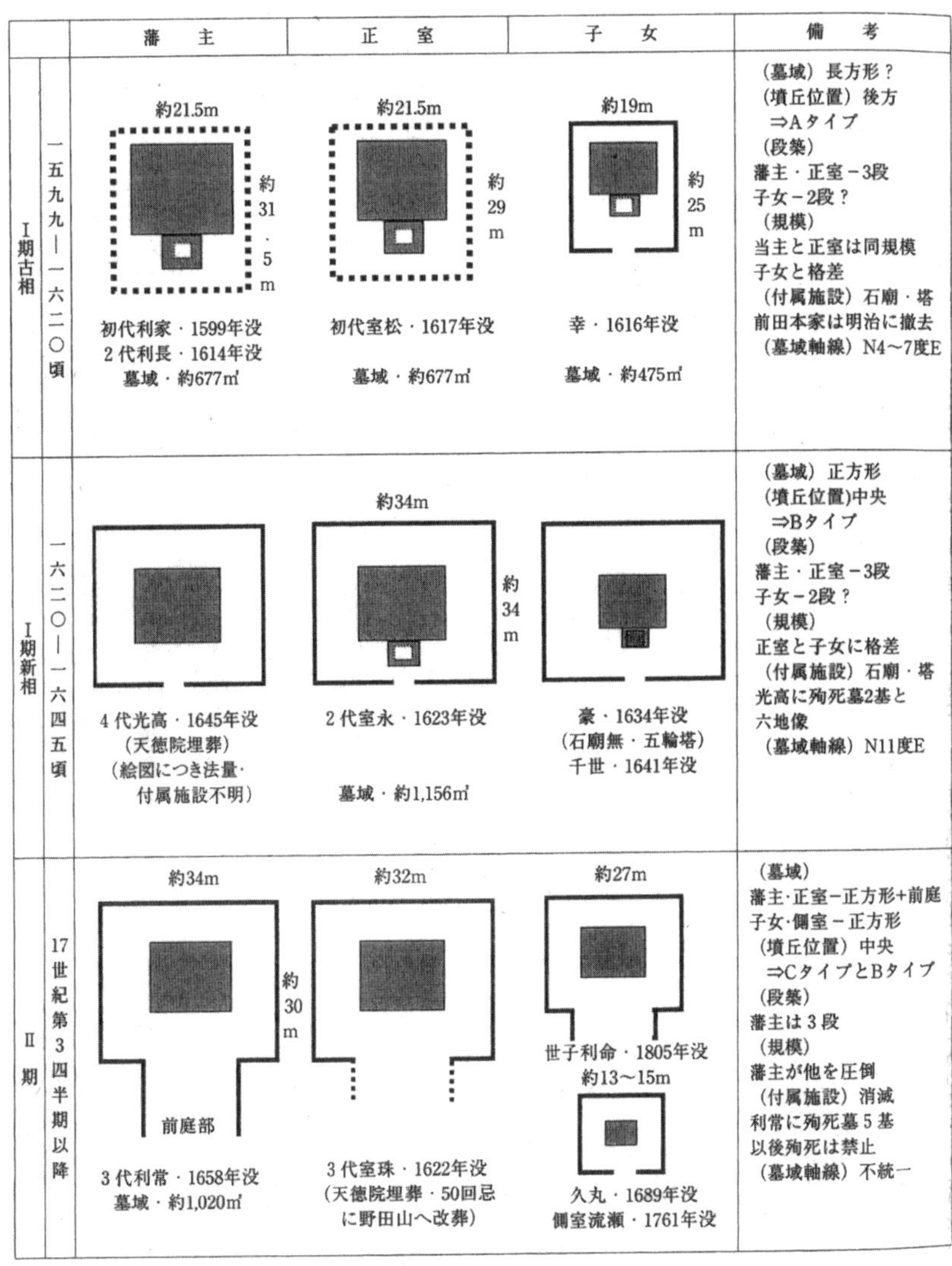

藩　主
正　室
子　女
備　考
Ⅰ期古相
一五九九―一六二〇頃
約21.5m
約31.5m
初代利家・1599年没
2代利長・1614年没
墓域・約677㎡
約21.5m
約29m
初代室松・1617年没
墓域・約677㎡
約19m
約25m
幸・1616年没
墓域・約475㎡
（墓域）長方形？
（墳丘位置）後方
⇒Aタイプ
（段築）
藩主・正室－3段
子女－2段？
（規模）
当主と正室は同規模
子女と格差
（付属施設）石廟・塔
前田本家は明治に撤去
（墓域軸線）N4～7度E
Ⅰ期新相
一六二〇―一六四五頃
4代光高・1645年没
（天徳院埋葬）
（絵図につき法量・
付属施設不明）
約34m
約34m
2代室永・1623年没
墓域・約1,156㎡
豪・1634年没
（石廟無・五輪塔）
千世・1641年没
（墓域）正方形
（墳丘位置)中央
⇒Bタイプ
（段築）
藩主・正室－3段
子女－2段？
（規模）
正室と子女に格差
（付属施設）石廟・塔
光高に殉死墓2基と
六地像
（墓域軸線）N11度E
Ⅱ期
17世紀第3四半期以降
約34m
約30m
前庭部
3代利常・1658年没
墓域・約1,020㎡
約32m
3代室珠・1622年没
（天徳院埋葬・50回忌
に野田山へ改葬）
約27m
世子利命・1805年没
約13～15m
久丸・1689年没
側室流瀬・1761年没
（墓域）
藩主･正室－正方形+前庭
子女･側室－正方形
（墳丘位置）中央
⇒CタイプとBタイプ
（段築）
藩主は3段
（規模）
藩主が他を圧倒
（付属施設）消滅
利常に殉死墓5基
以後殉死は禁止
（墓域軸線）不統一

図3　前田家墓所墳墓変遷図（金沢市 2008）

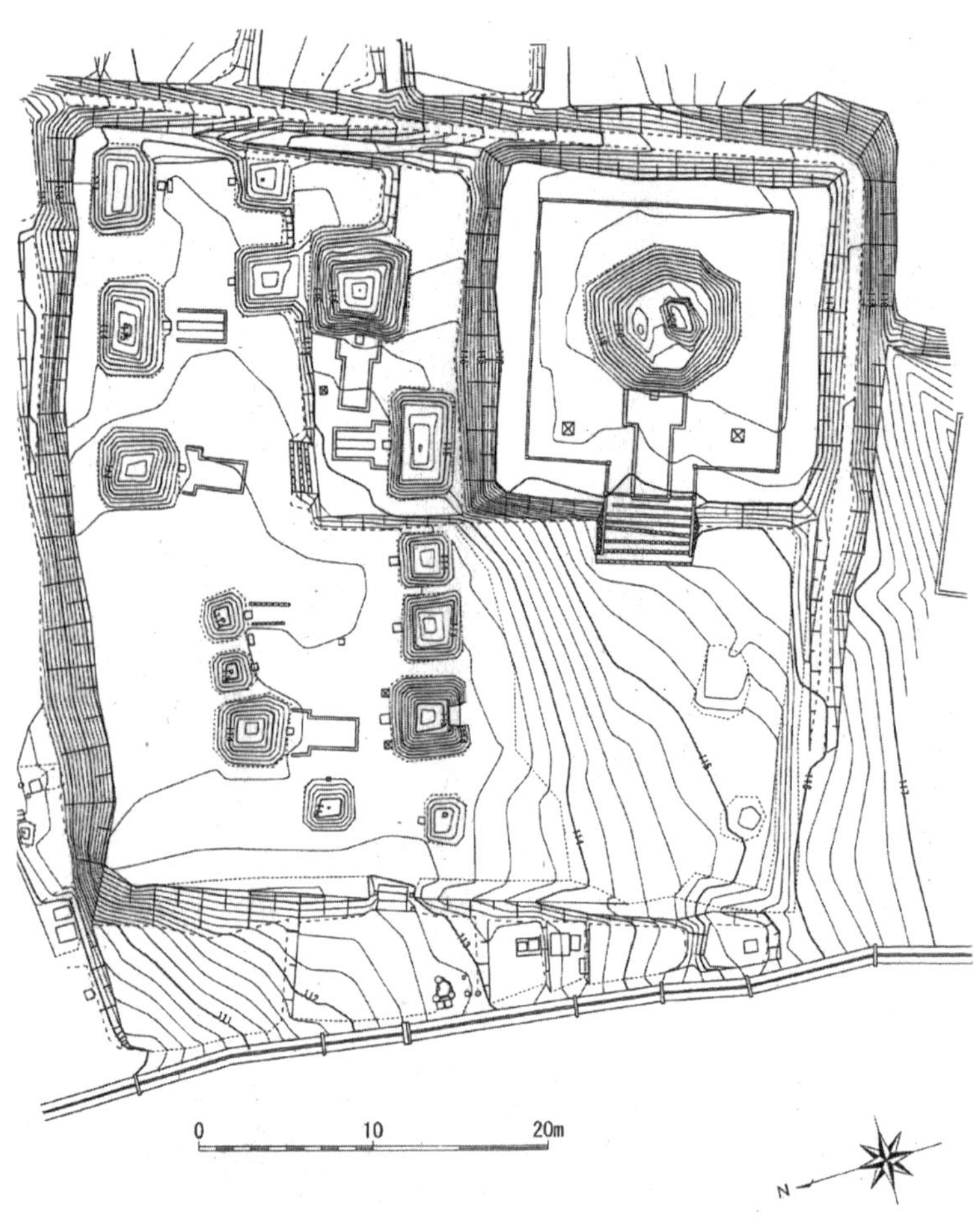

図４　加賀八家長家野田山墓所（S=1:500、金沢市 2012）

当初は、前田家墓所への参道から見えない場所に墓所を造営したが、二代目以降は家ごとの墓所としてのまとまりが形作られていった。

また、八家のうち、本多家は野田山に隣接する大乗寺に、前田長種家は金沢市内玉龍寺に墓所を設けており、野田山への造墓は藩により制度化されたものではないが、ステイタスであったと結論付けられている（金沢市二〇一二、一六八頁）。ただ、家ごとに特色があることから、上からの厳密な規則といったものがあったわけではなさそうである。

(三) 小　結

橘禮吉は、野田山墓地について、藩主墓地を囲む形で上級武家、順次高度を下げて中・下級武家、さらに庶民墓と墓地内の高低差に階層性が読み取れ、被支配者の庶民も一体となって巨大な先祖供養装置としての墓地を形成していったことを指摘している（橘二〇〇八）。ただ、中・下級武家は一八世紀、庶民は一九世紀からと造墓年代が下るのであり、四百年の時代を経て、現代の景観が形作られてきたことになる。

二　越中高岡前田利長墓

兄の前田利長に家督を譲られた三代利常によって、三十三回忌の正保三年（一六四六）に利長隠居の地である越中高岡に築かれた（高岡市教委二〇〇八、以下頁数のみを記す）。

六〇m 強の方形区画に幅六m 以上の内堀が巡らされ、さらに一七〇m を超える規模の区画の外に外堀が設けられ、墓域面積は三万三千㎡に及ぶ（当初の区画は内区とされる）。中心の方形区画には土塁が巡らされており、中央に御廟が設けられていた（第5図）。御廟は、下段一五・五m方形、上段一〇・四～五mの二段築盛で、六・九mの墓碑が載る。総高は、一一・九mとなる（一六頁）。最大の特徴は、全面切石貼りで覆われていることで、側面に下段二段・上段一段の約九〇㎝四方の蓮華レリーフを刻んだ安山岩製の石板を配している（第6図）。レリーフの合計は一三〇枚（階段部分の三角各二点を含む）に及ぶ。これらの配置については、左右対称を追求する規則性と正面性が意識されていることが明らかにされている（栗山二〇〇八b）。なお、この石貼りは、築造当初からのものであることが発掘調査で判明している（四九頁）。

笠塔婆状の墓塔正面（南面）に「贈正二位行大納言兼肥前守菅原朝臣利長之墓」、西面に「慶長十九年甲寅五月二十日薨」、東面に「加賀能登越中国主」とある。ここには、以前石廟があったことが想定されており、瑞龍寺の笏谷石製利長廟（第7図）が移設された可能性も指摘されている（栗山二〇〇八a）。

図5　前田利長墓所内区（高岡市2008）

栗山雅夫は、方形の土盛整形であること、それが利家墓を上まわらない点を評価している（一七二頁、栗山二〇一三）。しかし規模は守りつつも、他に例を見ない豪華な蓮華レリーフ付石貼り墓を造形し、単独墓として非常に大きな墓域を占定するという特異な利長墓の在り方は、異母弟でありながら藩主の座を譲られ、徳川秀忠の娘を正室に配された利常の利長に対する敬愛の情が、幼少時に亡くなった父の利家よりも大きかったこ

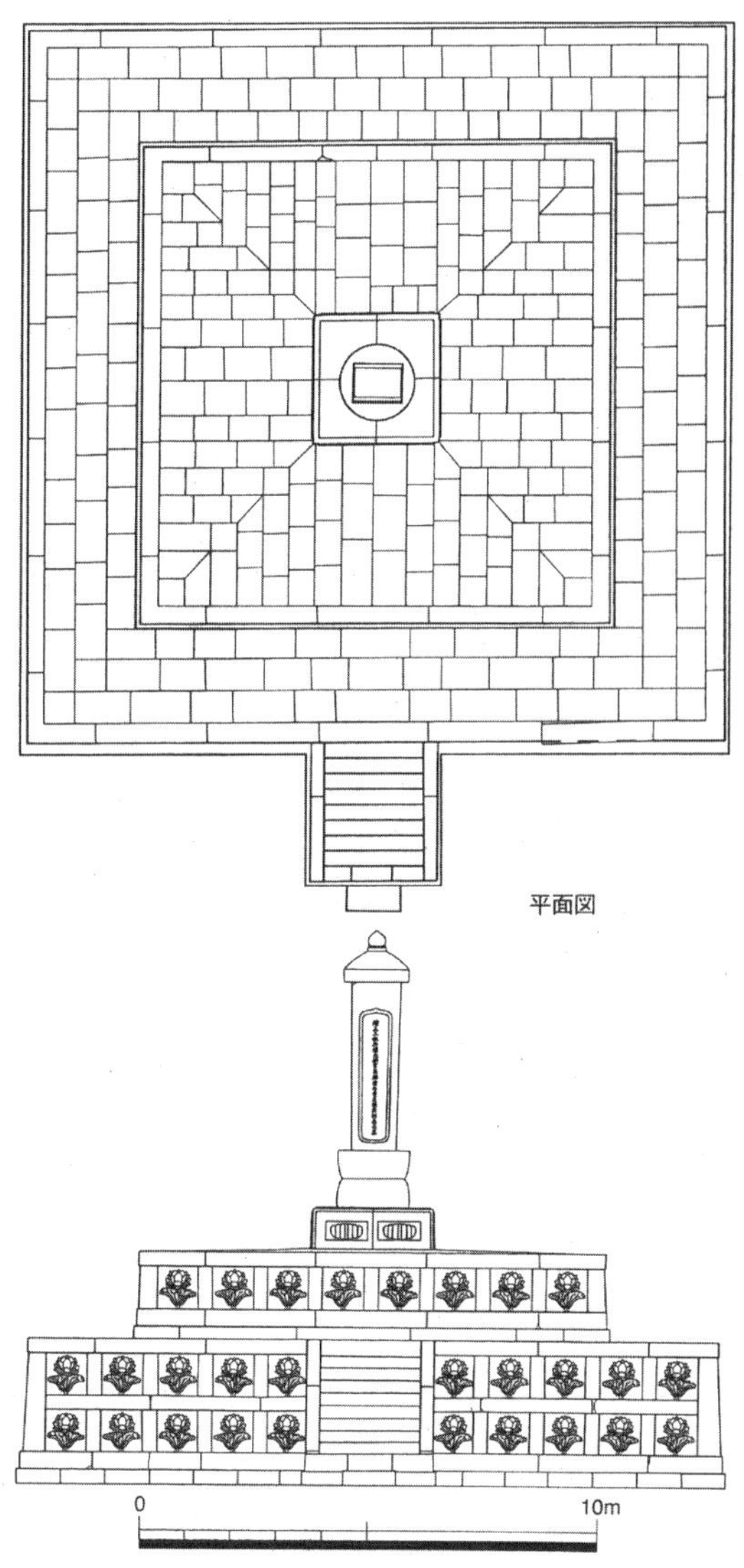

図6　前田利長墓所（S=1-200、高岡市教委 2008）

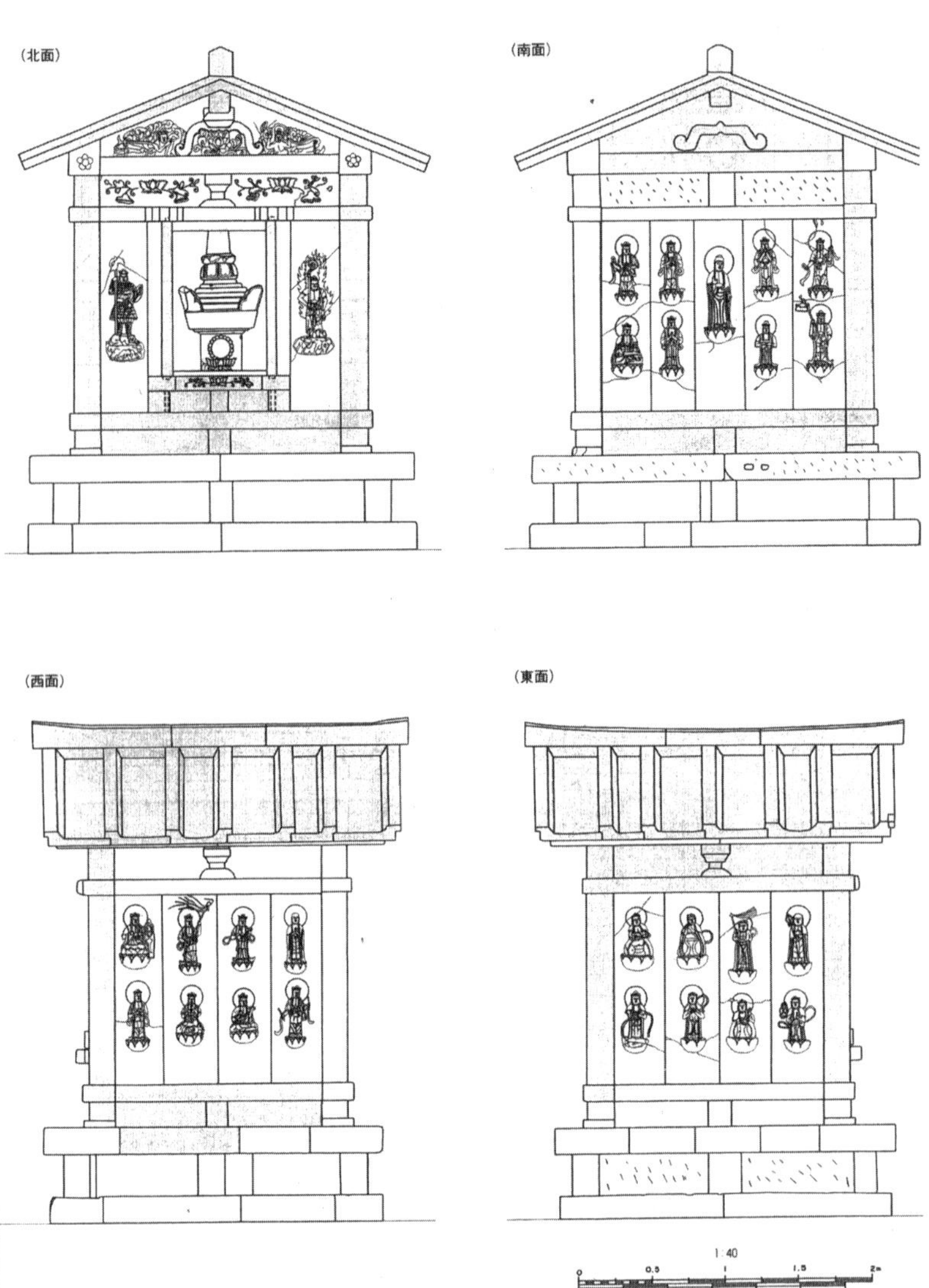

図７　前田利長石廟（S=1-60、高岡市教委 2008）

との顕れといえよう。

岡本淳一郎は、利長墓との類例として東照宮の徳川家康墓を挙げ、中世の高僧墓に系譜を求めている（岡本二〇〇八）が、蓮華モチーフはどこからきているのであろうか。

なお、墓所の西側に所在する菩提寺の瑞龍寺には、前田利家・利長、織田信長・同室・信忠の五基の笏谷石製の廟＋宝篋印塔が残されている。

さらに前田家は、高野山にも墓所を有しており、「此石物攝州御影村出也」と刻まれた利長五輪塔も現存している（税田・佐藤二〇二〇）。また、石川県七尾市長齢寺に笏谷石製の廟＋宝篋印塔（利家・利長）、京都市大徳寺芳春院に利長の霊屋があり、野田山・高岡の二箇所（墓所・瑞龍寺）を合わせて計六箇所に墓所が現存している（九七―九八頁）。このことは、前田家における二代利長の位置付けが非常に大きかったこと、それには三代利常の意向が大きく働いていたことを物語っていよう。

三　越後高田

越後は広く、長岡藩牧野家や新発田藩溝口家以外は、移封が多かった。ここでは、一七世紀代の高田藩に次々と移されてきた大名家について概観し、その一端を残された石塔からみてみたい。

慶長三年（一五九八）上杉景勝に替わって越前北ノ庄より入った堀秀治は、慶長一一年に急死し、忠俊が後を継ぎ、上杉以来の春日山城から直江津に福島城を築いて移った。

慶長一五（一六一〇）年には、徳川家康の六男の松平忠輝が信州松代より入り、慶長一九年に天下普請で高田城が築かれた。

元和二年（一六一六）には、酒井家次が上州高崎から入ったが、元和五年には、松平忠昌が信州川中島から入り、さらに寛永元年（一六二四）には甥の松平光長が越前北ノ庄から入った。若年のため小栗美作が補佐した。延宝九年（一六八一）からしばらくは幕府領となり、貞享二年（一六八五）から元禄一六年（一七〇三）は稲葉正往が治めた。

このうち、いくつかの例外を除き、石塔を残し得たのは、五六年余の松平光長時代であり、それの時期を中心に残された石塔を概観する。

（一）松平光長以前

光長襲封以前の石塔としては、堀家時代の四基と松平忠昌時代の一基がある。

（1）堀家

上杉家の後に越後に入った堀家の秀重・秀政・秀治三代の五輪塔が上越市春日山の林泉寺に所在している。三基とも越前笏谷石製で、越後に入った秀治が旧領の北ノ庄から移設してきたものと思われ、越後で没した秀治の墓塔も同じ笏谷石製品であることが興味深い。秀政塔は、基壇を含めて一七一㎝、本体五尺一寸の五輪塔である（第8図）。地輪には、中央に越前型の蓮弁を伴う月輪を設け、その中に「道哲」と刻む。下方には蓮座を配し、向かって右に「天正十八年」、左に「五月廿七日」と刻んでいる。

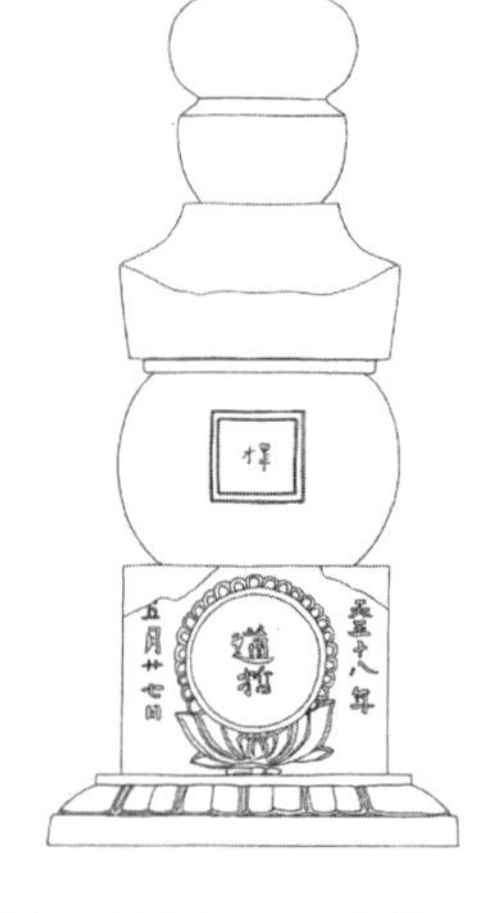

図8　林泉寺天正18年銘堀秀政五輪塔（S=1-20）

秀重塔は本体四尺三寸、秀治塔は本体四尺一寸である。

（2）堀家家臣

上越市寺町の太岩寺墓地に板石の上に屋根が乗る近世に入って流行する位牌形の墓塔が一基ある（写真1）。「田丸中務大輔直昌公　慶長十四年三月七日立　當山開基」と刻まれており、太岩寺の開基であった田丸氏の墓である。一六〇九年の造立で、笏谷石製である。

（3）松平忠昌代

上越市中門前の林泉寺墓地に総高四二〇㎝に達する多宝塔（三界萬霊塔）がある（写真2）。塔身前面に「川中嶋戦死霊魂廟（二仏坐像）石塔也」、右面に「越前國石切大工　内山源兵ヱ門」と刻む笏谷石製品である。また、六角軸の正面に「三界萬霊」、右面に「元和九癸亥八月九日」、左面に「林泉寺拾四代　玄室膺頑代建立」と刻む。信州川中島から移封されてきた領主松平忠昌の意を受けてのことと思われるが、川中島戦死者を鎮魂するために林泉寺一四代が一六二三年に建てたものである。

（二）松平光長代

①上越市春日山林泉寺に所在する寛永一四年（一六三七）銘宝

写真1　太岩寺田丸直昌

写真2　林泉寺多宝塔

篋印塔である(写真3右)。一八四㎝高で六尺六寸塔となる。塔身には、笏谷石製品に特有の蓮弁月輪及び蓮台が、基礎にも特有の方形格子が上段に二箇所、下段に格狭間付きのものが二箇所刻まれている。基礎向かって右側には「寛永十四丁丑年」、左側には「九月十九日施主敬白」、中央に「為心岩貞正大姉」及び蓮台が刻まれている。

②上越市春日山林泉寺に所在する寛永一九年（一六四二）銘宝篋印塔である（第9図・写真3左）。二三七㎝＋で八尺塔となる。塔身・基礎には、①と同じ越前紋様が施されている。基礎向かって右側に「于時寛永拾九壬巳年」、左側に「二月拾八日施主敬白」、中央に「闗翁源無居士」及び蓮台が刻まれている。①と並んで造立されており、夫婦墓かと思われる。なお、他に一基の同型笏谷石製無銘宝篋印塔があり、①②に近い時期の所産と思われる。

③上越市寺町高安寺に所在する正保二年（一六四五）銘五輪塔である（写真4）。一九五㎝高で六尺五寸塔となる。①②のよう

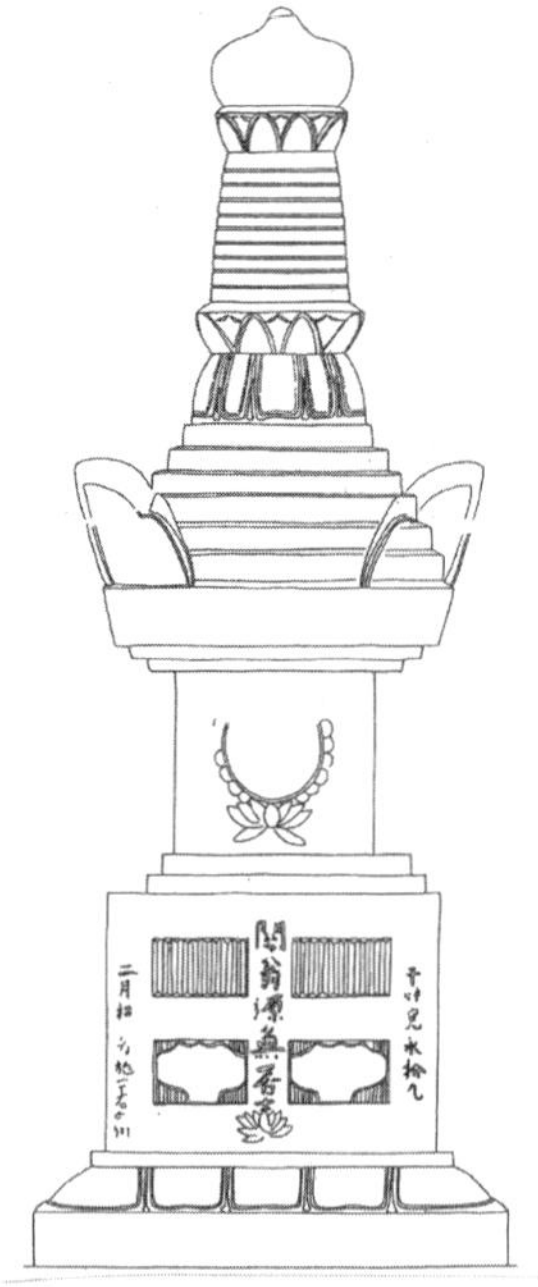

図9　林泉寺
寛永19年銘宝篋印塔」(S=1-20)

写真3　林泉寺②①

に越前紋様を刻まないが、笏谷石製と考えられる。各輪に「空・風・火・水・地」を刻み、地輪に「時正保弐年乙酉八月十二日　清水太郎九衛門尉孝子敬白　盛昌院殿月桂芳秋大姉　成等正覚無上菩提」と刻されている。

④上越市寺町孝厳寺に所在する慶安四年（一六五一）銘五輪塔である（写真5）。笏谷石製。各輪に「空・風・火・水・地」を刻み、地輪に「慶安四　十一月七日　見列芸台居士塔」と刻されている。

⑤上越市寺町惣持寺に所在する承応元年（一六五二）銘五輪塔である（写真6）。安山岩と太光寺石の寄せ集め塔であるが、地輪に「ア（梵字）」「承応元年十二月十九日　僧正貞慶」と刻まれている。

⑥上越市寺町太岩寺に所在する明暦元年（一六五五）銘五輪塔である（写真7左）。仏像を浮き彫りする台座を含み三三〇㎝高で、一一尺塔となる。笏谷石製で、各輪に「空・風・火・水・地」を刻む。地輪正面に「俗名野本右近高正　承応三年十月六日　久山天良大居士　月桂貞秋大姉」、裏面に「野本茂兵衛正房造立　于時明暦元己未年」と刻まれている。松平光長の近臣であった野本高正の子正房が親の死去の翌年の一六五四年に建てたも

写真４　高安寺盛昌院殿月桂秋芳大姉

写真５　孝厳寺見列芸台居士

写真６　惣持寺僧正貞慶

のである。

なお、高正妻の「月桂貞秋大姉」は、寛文七年（一六六七）に亡くなっており、追刻と考えられる。また③の法名と一字違いであり、母娘かと思われる。

⑦上越市寺町に所在する寛文五年（一六六五）銘五輪塔である（写真8）。二二二㎝高で七尺四寸塔となる。安山岩製で、各輪に「キャ・カ・ラ・バ・ア（梵字）」を刻む[5]。筆頭家老小栗美作正矩の妻おかん（勘子）の墓塔で、地輪に「寛文五己巳五月十五日　高源院殿清誉春法大姉」と刻まれている。おかんは松平光長の異母妹（光長父の忠直の子）である。

⑧上越市寺町高安寺に所在する寛文六年（一六六六）銘宝篋印塔である（写真9）。破損塔であるが、基礎に「寛文六年四月十三日　□□信女霊位」と刻まれている。笏谷石製。

⑨上越市寺町善行寺に所在する寛文七年（一六六七）銘五輪塔である（写真10）。一九五㎝高で六尺五寸塔となる。笏谷石製で、各輪に「妙・法・蓮・華・経」の題目が刻まれている。地輪に「寛文□七丁未八月十七日　立源院殿蓮長月照」と刻まれている。⑪⑮と間を開けて三基並んで建てられており、本塔は向かって右側に建つ。松平光長の異母弟、永見長頼の墓塔で

写真7　野本家墓塔⑥⑩

写真8 小栗美作妻お勘

写真9　高安寺 1666

ある。

⑩上越市寺町太岩寺に所在する寛文八年（一六六八）銘五輪塔である（写真7右）。台座込みで一八五㎝、高六尺二寸塔となる。笏谷石製で、各輪に「空・風・火・水・地」を刻む。⑥の向かって右側に建てられている。地輪に「盛寿院殿興譽妙繁大姉　寛文八年八月」と刻まれている。⑥の野本正房の妻の一人であり、院号から正室と思われる。

なお、両塔の間に平成一三年（二〇〇一）六月付けで子孫の勝嶋弘・同妻正子氏によって発願され、当主野本正久の名が刻まれた石製「野本家墓誌」と木製の説明版が建てられている[6]。

⑪上越市寺町善行寺に所在する寛文九年（一六六九）銘五輪塔である（写真11）。一三三㎝高で四尺四寸塔となる。笏谷石製で、各輪に「妙・法・蓮・華・経」の題目が刻まれている。地輪に「寛文九年□月二日　長源院殿□照春」と刻まれている。松平光長の異母弟永見長頼の早世した長女の墓塔である。三基中の真ん中に建つ。

⑫上越市寺町天崇寺（近世は長恩寺）奥に所在する寛文一二年（一六七二）銘、高田姫五輪塔である（写真12）。三段の台座込み三二四㎝高で、一〇尺八寸塔となる。花崗岩製で、各輪

写真10　善行寺永見長頼

写真11　善行寺永見長頼長女

写真12　天崇寺高田姫

に「キャ・カ・ラ・バ・ア（梵字）」を刻み、火輪軒に「三葉葵」の家紋が四面に浮き彫りされている。地輪に「寛文十二天　天崇院殿　穏誉泰安　豊寿大姉」と刻まれている。

高田姫は、松平光長の母の勝姫のことで、徳川秀忠の三女（徳川家光の姉）であっただけに、実に堂々とした御影石製の五輪塔である。なお、勝姫は江戸で亡くなり、東京都港区の西久保天徳寺にも墓があり、さらに高野山にも光長父忠直、光長・土佐姫の子息綱賢（⑭参照）とともに、勝姫の五輪塔が建てられている（光長造立）。

⑬上越市寺町常国寺に所在する延宝元年（一六七三）銘五輪塔である（写真13）。一四〇㎝高で四尺七寸塔となる。笏谷石製で、各輪に「空・風・火・水・地」を刻む。地輪に「延宝元年二月□日　眞如鷲院妙晋　〓運尼」と刻まれている。

⑭上越市春日山林泉寺に所在する延宝二年（一六七四）銘松平綱賢公塔である（写真14）。一石を刳り抜いて仏像を主尊にした墓塔で、凝灰岩製。仏像脇に「源剛院殿道本廣□大（居士）旹延宝二甲寅歳正月時」と刻まれている。松平光長の嫡男で、四代将軍・徳川家綱から偏諱を授与され綱賢と名乗る。嗣子のないまま、四二歳で死去した。

写真13　常国寺　運尼

写真14　林泉寺松平綱賢

写真15　善行寺永見長頼側室

⑮上越市寺町善行寺に所在する延宝三年（一六七五）銘五輪塔である（写真15）。一八三㎝高で六尺一寸塔となる。笏谷石製で、各輪に「妙・法・蓮・華・経」の題目が刻まれている。地輪に「延宝三年於生下月三日幽鬼　□源院殿　長月信」と刻まれている。松平光長の異母弟永見長頼の側室立長院の墓塔である。三基中最も奥（向かって左）に建つ。

⑯上越市春日山林泉寺に所在する延宝五年（一六七七）銘松平土佐様塔である（写真16）。一石を刳り抜いて法名等を刻む。玄武岩製で、「廣國院玉雲恵顔大禅定尼淑霊　旹延宝五丁巳年八月廿二日」と刻まれている。毛利秀就の娘の土（登）佐で、松平光長の正室。⑭の母である。墓所は、長州藩の江戸の菩提寺である東京都港区の青松寺及び光長によって造立された高野山の五輪塔もある。

⑰上越市寺町称念寺に所在する延宝六年（一六七八）銘五輪塔である（写真17）。安山岩製で、地輪に「延宝六年二月十六日　宗月（以下不明）」と刻まれている。

⑱上越市寺町天崇寺奥に所在する延宝九年（一六八一）銘高松宮姫五輪塔である（写真18）。二一六㎝高で七尺二寸塔となる。笏谷石製で、各輪に「キャ・カ・ラ・バ・ア（梵字）」を刻む。

写真 16　林泉寺松平土佐

写真 17 宗月

写真 18　高松宮妃

地輪に「延宝九辛酉歳正月十七日　宝珠院殿　光誉寥廓　沖意大姉」と刻まれている。

高松宮姫は、高松宮好仁親王の正室となった松平光長の妹寧子（亀姫）のことである。徳川秀忠の養女となり、寛永七年（一六三〇）に一四歳で嫁いだが、宮が若くして亡くなった一五年後の承応二年（一六五三）に高田に戻った。妃が亡くなった延宝九年は、六月に光長が改易になることから、光長時代の終焉を象徴する墓塔といえる。⑫の母の墓塔の向かって左側に建つ。

(三) 小　結

本節でみてきた一七世紀代の石塔については、高田寺町及び春日山林泉寺に多くの有銘石塔が残されている。特に今回は、光長時代の寛永一四年（一六三七）～延宝九年（一六八一）銘が刻まれた宝篋印塔三基・五輪塔一三基・その他二基の一八基を紹介した。

中でも⑥太岩寺の明暦元年（一六五五）銘野本家石塔と⑫天崇寺の寛文一二年（一六七二）銘高田姫五輪塔は、台座を含めると一〇尺を超える巨大な五輪塔である。

限られた事例であるが、これらの石塔を銘文から分けると、以下のとおりとなろう。

大名（松平光長）家関係者　⑦⑨⑪⑫⑭⑮⑯⑱

家臣及び妻子　①②③④⑥⑧⑩⑬⑰

僧侶　⑤

光長の関係者については、多くの大名家と同じく、江戸の菩提寺と高野山に墓所を有しているものが多い。家臣については、高田藩内に限られるようである。

石材については、光長の旧領越前北ノ庄を反映して笏谷石製品が三分の二（宝篋印塔・五輪塔に限れば四分の三）を占めている。徳川将軍家出の勝姫が花崗岩（御影石）、光長関係及び家臣団の一部が笏谷石製、家臣団の一部が地元産の安山岩という序列が一応認められるようにみえる。ただし、光長異母妹のおかん墓が安山岩製であることや、光長正室の土佐と光長嫡男の綱賢の墓塔が五輪塔ではないことは、それらが厳密なものではなかったともいえよう。

高田藩における宝篋印塔と五輪塔については、入封後しばらくは宝篋印塔が造られているが、一六四〇年代の正保年間頃を境に五輪塔に主体が移行していったように思われる。

なお、この宝篋印塔から五輪塔への遷移については、同時期の高野山においても認められ、五輪塔に対して宝篋印塔には「見せる」というシンボル的な役割が伴っていなかったために生じた現象であるという指摘がある（税田・佐藤二〇二〇、一一七―一一八頁）。宝篋印塔を大型化することは、技術的に不可能ではなかったと思われるが、五輪塔各輪に「五文字」を入れやすかったこと、地輪に銘文を刻みやすいということが、五輪塔普及に関係しているのではないかと思われる。

おわりに

以上、北陸のほんの一部であるが、加賀・越中の前田家墓所と越後高田の寺町所在石塔等についてまとめてきた。

松原典明は、近世について、「大名は勿論、武家あるいは、庶民に至るまで「家」の存続」を「最も意識した」時代であったとし、「先代の死・葬送こそが「家」の存続に直結した最重要課題であり」、「「家」を相続したもののだけが正統として葬送の儀礼を実践」したと指摘した（松原二〇一二、一二四頁）。

野田山での墓所の在り方や、高田に残された石塔をみるとき、家が存続した者だけが墓所を現代まで伝えてきたことをあらためて実感せざるをえない。

註

1　中井均は、金沢城と野田山の延長線上に白山が位置していることが葬地選定に関係していたのではないかと指摘している（中井二〇二〇）。

2　笏谷石製の宝篋印塔・石廟は、福井以北の日本海側を中心とした一部の領主の供養塔として三六基が確認されている。南は滋賀・京都・和歌山高野山に計四基となる。両者のセットを有する大名墓としては、前田家（金沢市・高岡市）の他には、新潟県佐渡市長安寺の大久保長安逆修塔（慶長一六年〈一六一一〉）、北海道松前町法幢寺松前家墓所（寛永一八年〈一六四一〉～明和二年〈一七六五〉）、滋賀県米原市徳源院京極高次墓（慶長一四年〈一六〇九〉）などが採用している（芝田二〇〇八、奈良文化財研究所ほか二〇二二）。なお高次については、島根県松江市安國寺に子の高忠によって建てられた慶長一四年銘（建立は移封後の寛永一一年〈一六三四〉以降カ）の六尺超の笏谷石製宝篋印塔がある。

3　「祖師西来意」銘は、寛永年間の「豪」の五輪塔にも刻まれている（芝田二〇〇八）。

4　田村昌宏は、報告書以前に横山家墓地についての変遷を考察している（田村二〇〇〇）。また、墓石は塚の上に置かれ、一辺一～二m で高さ一m 弱の小さいものと、一辺三～四m で高さ一・五m ほどの大きいものがあると指摘している。

5　水輪（バ）は上下逆に積まれており（写真8）、倒壊時に誤って積まれたものと思われる。

6　高正妻は、五輪塔には「月桂貞秋大姉」と刻まれているが、「野本家墓誌」は院号が付きかつ「貞」の脱字があり「宝台院月桂秋大姉」と刻んでいる。

引用文献

岡本淳一郎　二〇〇八「近世初頭大名墓における前田利長墓の系譜」『高岡市前田利長墓所調査報告』高岡市教育委員会。
金沢市　二〇〇八『野田山・加賀藩主前田家墓所調査報告書』金沢市文化財紀要二五〇。
金沢市　二〇一二『野田山・加賀八家墓所調査報告書』金沢市文化財紀要二八〇。
栗山雅夫　二〇〇八a「前田利長墓所の形成と変遷」『高岡市前田利長墓所調査報告』高岡市教育委員会。
栗山雅夫　二〇〇八b「前田利長「御廟」の構造について」『高岡市前田利長墓所調査報告』高岡市教育委員会。
栗山雅夫　二〇一三「北陸」『近世大名墓の世界』季刊考古学別冊20。
税田修介・佐藤亜聖　二〇二〇「高野山奥之院における近世大名墓の展開」（『近世大名墓の展開—考古学から大名墓の展開』雄山閣）。
芝田　悟　二〇〇八「野田山墓地の石造物—石廟と廟内の墓石を中心にして—」『野田山・加賀藩主前田家墓所調査報告書』金沢市文化財紀要二五〇。
高岡市教育委員会　二〇〇八『高岡市前田利長墓所調査報告』。
橘　禮吉　二〇〇八「野田山墓地の民俗調査」（『野田山・加賀藩主前田家墓所調査報告書』金沢市文化財紀要二五〇）。
田村昌宏　二〇〇〇「九泉Ⅳ　野田山墓地覚書～横山家墓地について～」（『石川県埋蔵文化財情報』第4号、石川県埋蔵文化財センター）。

白石太一郎　二〇〇八「近世の大名家墓所について―前田家野田山墓所の占める位置―」(『野田山・加賀藩主前田家墓所調査報告書』金沢市文化財紀要二五〇)。
中井　均　二〇二〇「近世大名墓と居城」(『近世大名墓の展開―考古学から大名墓の展開』雄山閣)。
奈良文化財研究所　福井・勝山日本遺産活用推進協議会　二〇二二『中世・近世における石のまちづくり調査研究報告書』。
松井一明　二〇一三「近世大名墓研究の展望」『近世大名墓の世界』季刊考古学別冊20。
松井一明　二〇二〇「儒教と近世大名墓」『近世大名墓の展開―考古学から大名墓の展開』雄山閣。
松原典明　二〇二一「考古学による近世社会の読み解き」(『墓からみた近世社会―墓所の考古学的調査からみた大名家―その思惟の諸問題』雄山閣)。

水戸徳川家と家臣の葬制—研究史からの考察—

関口慶久

はじめに　—問題の所在—

水戸徳川家は常陸国北部・中部一帯を領する大名家である。家格は御三家に列し、尾張藩・紀伊藩に次ぐ序列第三位であった。初代藩主は徳川家康一一男の頼房である。以後、水戸徳川家は二代光圀、九代斉昭という著名な藩主を輩出しながら、廃藩置県時の知藩事・一一代昭武まで、御連枝以外の他家から一度も養子を迎えることなく、初代の血筋を保ってきた(1)。水戸徳川家の血筋の一貫性は、度重なる養子縁組を余儀なくされた徳川宗家・尾張徳川家・紀伊徳川家と比べて抜きん出ている。翻って本稿では、水戸藩で隆盛をみた葬法である儒葬に焦点をあてるものである。儒葬を採用した大名家は多いが、初代から一代も変わることなく儒式墓を採用している大名家は水戸徳川家以外にない。貫徹という言葉がふさわしい、水戸徳川家の葬制観は、このような初代以来の血筋の一貫性が底流にあって、継承されていったことは間違いないだろう。

さらに水戸徳川家の儒葬への傾倒は、藩主はもとより、家臣の葬制にも影響を及ぼした。その結果、水戸藩内において儒葬は広範囲に普及したのであるが、これも水戸藩葬制の大きな特色の一つである。現代の葬式は、セレモニーホールで行うことが多い。僧侶が導師となり、読経の中で参列者が焼香を行うことは多くの人が経験しているだろう。こうした中、旧水戸藩地域のセレモニーホールでは、神葬祭が行われることが少なくない。水戸徳川家の儒葬の影響は、形を変えつつも現代にまで及んでいるのである。

水戸徳川家あるいは水戸藩の葬制は、全国的に見ても比肩するもののない、独特な展開をたどった。その特性ゆえ、水戸藩の葬制は過去多くの研究者に注目され、様々な考察が加えられてきた。一藩の葬制について、ここまで分厚い研究史が蓄積されているのは珍しい。繰り返すように、本稿は水戸藩における儒葬の様相について述べるものであるが、実はそれは研究史を読み解くことでほぼ理解できる。しかし、非礼を承知で言うならば、先行研究の内容の多くは難解なことがネックになっている。そもそも儒葬というテーマは『家礼』(後述)をはじめとする中国の儒学思想の理解が必須であるが、大方の近世史研究者にとって敷居が高い。近年高まりつつある大名墓研究の中で、必ずしも水戸藩葬制研究の成果なり知見なりが共有されていない現状は大きな課題である。しかも一口に儒葬といっても、研究者の立脚点は地域史研究・神道史研究・儒学史研究・史跡整備に伴う研究など多様で、こうした専門分野の違う研究が林立していることが、理解をさらに難しくしている。

そこで本稿では、難解かつ多様な水戸藩の葬制に関する調査・研究成果を網羅的に集成するとともに、研究史を整理し、水戸藩の葬制研究の共有を図る。そして研究史を整理するなかで、水戸徳川家と家臣の葬制について紹介し、近世葬制における水戸藩の特質を述べることとしたい。

一　地域史研究から見た水戸藩の葬制

水戸藩の地域史を繙くうえでの基本文献が『水戸市史』である。上・中・下巻のうち中巻五分冊が、近世の叙述に充てられ、内容は水戸市の枠を超え、ほぼ「水戸藩史」と言って良い。水戸藩の葬制については一九六〇・七〇年代に刊行された中巻（一）〜（三）に記載されている。

まず近世前期については、「葬祭儀礼の改正」という見出しで、光圀が寛文元年（一六六一）に父頼房を瑞龍山（現常陸太田市瑞龍町）に儒葬で葬ったこと、寛文六年（一六六六）に城下町郊外の酒門（坂戸）と常磐（常葉）に共有墓地を設け、それまで寺院墓地に墓を持っていた家臣も共有墓地に葬ることになったこと、士民に自葬祭を薦め、儒葬マニュアルとして『喪祭儀略』（図1）を発行したこと、一方で儒葬はそれほど普及せず、光圀死後は仏葬に復することが多かっただろうことが述べられている。(2) いずれの施策も近世大名家の葬制の中では特殊であり、光圀の儒葬受容が水戸藩の葬制を形成する基点となったことは間違いない。

近世中期については「冠婚葬祭」という見出しで、明和三年（一七六六）の五代宗翰と文政一二年（一八二九）の八代斉脩の葬儀がわずかであるが紹介されている。(3) 水戸藩の葬制研究は、後述するように光圀・斉昭時代の施策に集中しており、短文とはいえ藩主の葬儀記録が記載されていることは重要である。

次に近世後期については「葬祭等の刷新」という見出しで九代斉昭の葬祭改革が記載されている。(4) 主な施策として、斉昭が天保四年（一八三三）に火葬を禁止し自葬祭を奨励したこと、同一三年から一四年にかけては僧侶を葬儀から排除し、戒名・法名の使用を禁じ、自葬祭の式次第を定めたこと、弘化元

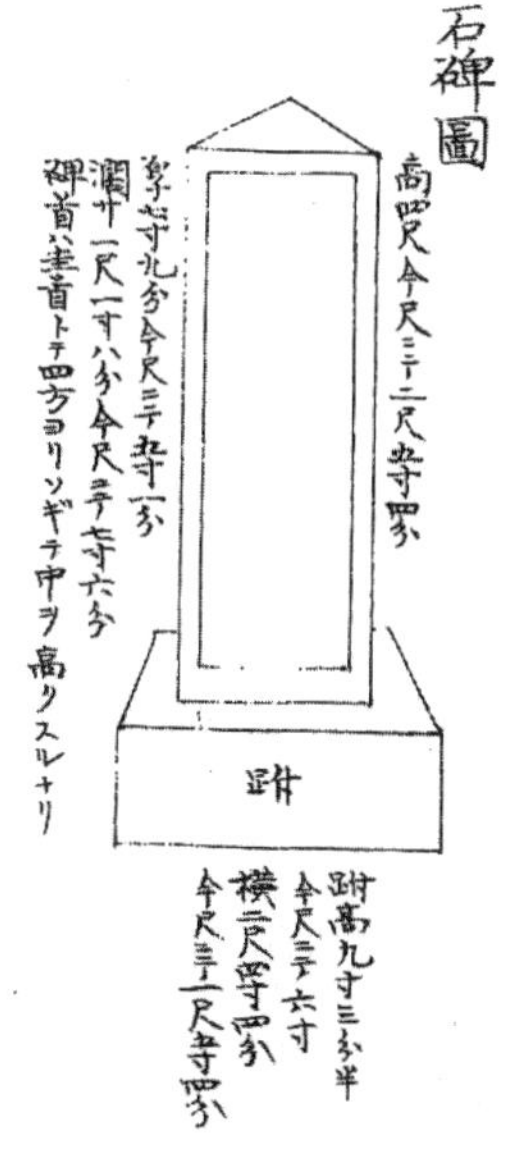

図1　『喪祭儀略』（一部、註21）

年（一八四四）には盂蘭盆などの仏事法要を禁じ、葬祭定書を村々へ配布し、書写させるなどの強硬策を執ったことなどを挙げ、さらに自葬祭の儀礼書（『喪祭式』、後述）を明治二年（一八六九）に弘道館から出版したことが記載されている。こうした仏教排斥と自葬祭推進施策はきわめて強硬であり、それが斉昭失脚の一因にもなっている。斉昭の葬制改革がどこまで実を結んだのかについては懐疑的であるが、近世後期になって儒葬から神葬へと、葬制改革の焦点が移ってきたことは重要な事柄であった。

以上の『水戸市史』による地域史研究は、市町村史という性格上、あくまでも概説にとどまっているが、光圀の儒葬受容と斉昭の神葬改革という二つの特色を的確に整理し、一九八〇年代以降本格化する葬制研究につなげる役割を果たした。

二　神道史研究から見た水戸藩の葬制

水戸藩の本格的な葬制研究は、一九八〇年代、神道史研究者の近藤啓吾により端緒が開かれた。儒教史ではなく神道史からのアプローチからという点は、日本における神儒仏混交の葬制の特質をよく示している。近藤は「水戸光圀と神葬祭」(5)及び「水戸の葬礼」(6)において、①水戸藩の儒葬のはじまりは、万治元年（一六五八）に死去した光圀正室・尋子（泰姫）の葬儀であること、②父頼房の儒葬、③常磐・酒門共有墓地の創設及び『喪祭儀略』の発行、④さらに延宝五年（一六七七）から同七年にかけて、これまで水戸城下及び周辺の寺院に葬っていた七名の近親者（光圀生母久、家康五男武田信吉、頼房次男亀千代丸、頼房長女通子、頼房庶母七、頼房第七子頼利、庶母玉）を瑞龍山に改葬して儒葬としたことを紹介した。

そしてこれらの一連の儒葬の執行にあたっては、⑤朱熹の『家礼』(7)や林羅山の『泣血余滴』(8)を参照したこと、

⑥一方で光圀は必ずしも『家礼』や『泣血余滴』を信奉していたわけではなく、「光圀の志は本来神葬を行はんとすることにあり、しかしそれを行はんとしても神道に依拠とすべき制式がなかったので、儒葬がそれに最も近いといふ判断のもとにこれを行ったものであった」と近藤は分析している[9]。しかしながら⑦光圀の葬儀を三代藩主綱條が儒葬で行ったことから、水戸徳川家の葬制が儒葬に固定されたと述べている。

以上の近藤の研究は、『水戸市史』より遥かに具体的な通史を明らかにし、且つ光圀の儒葬受容が水戸藩の葬制の方向性に強い影響を及ぼしたことを、同時代史料を丹念に読み解き立証した重要な成果であり、水戸藩葬制研究の白眉となった。

特に重要なのは、⑥に掲げた点である。すなわち光圀は、本当は儒葬ではなく神葬の執行をしたかったのであるが、神葬のマニュアルがなかったので、代わりに『家礼』や『泣血余滴』といった儒礼マニュアルを採用したというのである。この近藤の所見は、水戸藩葬制が儒葬と神葬どちらを志向していたのかを伺う重要な見解と言えよう。例えば御岩神社禰宜の大塚篤日古は「神仏分離と神葬祭[10]」において「儒礼の中より神道のかたちを見いだし、さらにその儒礼からの脱却を目ざし、我国独自の正しき神葬祭のあり方を追求したことに意義がある」と述べ、神職の立場から光圀の神葬志向を強調している。

さらに神社本庁教学研究員の金井淳は「徳川光圀の喪祭研究とその現代的意義について[11]」において、光圀が行った宗教改革の事績や彰考館で編さんした大冊『神道集成』『喪祭儀略』に付された「伊藤兼山葬儀」(現B系統と称される史料。後述。)、家礼の注釈書『喪礼略私注』「藤婦人病中葬礼時略」等の史料を引用し、光圀の神葬への信奉を説いた。

近藤・金井らは神道学者であるため、光圀を神葬祭普及の功労者として解釈する傾向が強い。よって彼らの歴史解釈を参照する際は一定の留意が必要となろう。しかし両氏の研究により、水戸藩の葬制を研究する際に参照すべき基本史料はほぼ出揃い、特に近藤はそれを丁寧に読み解いたうえで結論を導き出している。こうした実証的研究ゆえに「水戸藩の儒葬は神葬の代用」という見方はその後の定説となり、二〇〇〇年代に至っても細谷恵志をはじめとする研究者の支持するところとなっていった[12]。

三　儒教研究からみた水戸藩の葬制

二〇〇〇年代以降の思想史研究は、東アジア漢字文化圏における文化交流研究が大きな潮流となった。その中で最も注目されている史料が『家礼』である。水戸藩の葬制研究は、『家礼』研究の隆盛とともに、神道史研究者から儒教研究者にシフトチェンジし、東アジア文化交流というグローバルな視野と、関連史料の詳細な読解が進み、研究が飛躍的に深化していくこととなった。

その嚆矢が、田世民が二〇〇七年に発表した「水戸藩の儒礼実践[13]」である。田は本論文において、光圀の命で発行した『葬祭儀略』について着目した。『儀略』にはA系統と呼ばれる簡易なマニュアルと、B系統と呼ばれる詳細なマニュアルに大別できる。そしてA系統は寛文六年（一六六六）に初めて発行当時の形態を残すものであり、B系統は常磐・酒門共有墓地等における儒葬実践の実態や、光圀が儒学の師とした朱舜水の著『朱氏談綺[14]』など、『家礼』にない明の葬礼も取り入れながら補訂し、享保一六年（一七三一）以降に発行したものであるとした。

さらに一八世紀末以降、藤田幽谷や会沢正志斎らが、『儀略』や『談綺』を熟読しながら、形骸化した葬礼の再興や祖先祭祀の重要性という問題意識を持ち、一九世紀における水戸藩の葬祭改革につながっていったことを説いた。水戸藩の葬制といえば、とかく光圀の施策が注目されがちな中、幽谷・正志斎の祖先祭祀観にまで言及した論考は少なく、重要な研究成果であった。

吾妻重二は二〇〇八年に二本の重要な論文を発表する。一つ目は八〇年代の神道史学者の研究や田の研究成果を参照しながら、徳川光圀が主導した葬制を詳細に報告したものである。[15] 近世後期の葬制には触れていないものの、当時における水戸藩葬制研究の到達点の一つと言えよう。二つ目は水戸徳川家の祖先祭祀に焦点を当てた論考である。[16] 水戸徳川家では墓所たる瑞龍山とは別に、水戸城二の丸内に「家廟」を造営し、儒礼に基づく祖先祭祀を行った。吾妻は彰考館文庫所蔵の関連資料を丹念に読み解き、「葬礼が林鵞峰をはじめとする林家の方式に範をとっていたのに対し、祭礼は朱舜水説がモデルになっている」ことを立証した。儒教にとって葬式（儒葬）と祖先祭祀（儒礼）は車の両輪であり、儒葬については八〇年代以降研究成果が積み重ねられてきたが、儒礼についての研究は皆無に等しかった。こうした中、吾妻ははじめて水戸徳川家の儒礼に本格的にアプローチし、その特性を見事に引き出した。この吾妻の儒礼研究を契機として、儒葬のみならず儒礼研究をテーマとした研究が次第に蓄積していくこととなる。

倉員正江「水戸藩における葬祭儀礼についての一考察」[17]も、こうした潮流に連なる重要な成果である。倉員は従来の水戸藩の儒葬・儒礼研究で取り上げられることの少なかった「大日本史編纂記録」[18]（以下「記録」と記す）をもとに、光圀が生前に瑞龍山に建立した寿蔵碑や没後の葬儀、亀趺造立の経緯を紹介した。これらの経緯は詳細に富み、「記録」が水戸藩の葬制研究においても有用なことが証明された。さらに倉員は「記録」に水戸徳川家の家廟に関する記録があることも紹介し、さきの吾妻の儒礼研究を補強している。

ところで吾妻・倉員は主に光圀の儒葬・儒礼に注目した研究であり、近世後期の水戸藩の葬制は分析の対象としていない。こうした中、澤井啓一「後期水戸学の喪祭礼」[19]は、近世後期の葬制に着目した研究として注目される。澤井論文では、斉昭が葬祭改革を主導し、自葬祭すなわち神葬祭を強力に推進したという従来の通史を確認したうえで、水戸藩最後の葬祭マニュアルである『喪祭式』[20]をもとに通史を検証した。その結果、『喪祭式』は「内容から『朱子家礼』の変形であり、いわゆる神道式の葬祭礼とは言えない」とし、『家礼』の強い影響下にあることを指摘した。一方で『喪祭式』には『家礼』を実践するという記述は一切見られないことから、斉昭は仏葬の排斥と神葬の実践を目指したものの、「肝腎の神道形式の儀礼が存在していない以上、ただちに標準化するわけにはいかなかった。（中略）結局のところ、儒教の喪祭儀礼に頼るしか手立てはなかったのである」とまとめている。

以上の田・吾妻・倉員・澤井の論考によって、水戸藩の葬制研究の熟度は飛躍的に向上した。一方、諸論考で分析された基本史料は、必ずしも閲覧が容易ではなく、再検証しづらい環境にあった。

こうした状況を一挙に解消したのが、吾妻重二による『家礼文献集成』シリーズの刊行である。吾妻は『家礼』関連文献の集成を二〇一〇年から刊行し、二〇二二年一〇月現在で一〇冊が刊行されている。これにより国内における『家礼』の基本文献から、これまでほとんど知られていない文献まで、誰もが容易に読めるようになった。『集成』刊行後における『家礼』研究環境の向上は目覚ましく、吾妻の功績は計り知れない。

水戸藩の葬制に関しては、『家礼文献集成　日本篇三』[21]が必携の書となる。日本篇三では水戸藩関連資料が収録されており、これまで見てきた『朱子談綺』『喪祭儀略』（A・Bの両系統）『喪祭式』のほか、頼房・光圀の葬儀記録である『慎終日録』、『儀略』の注釈書として著名な『喪禮略私注』等が所収されている。さらに巻末には吾妻によって水戸藩葬制の通史と関連文献の解題が付されており、これも重要な論考である[22]。

儒教研究からのアプローチでさらに注目すべき点として、一九八〇年代に近藤が唱えた「水戸藩の儒葬は神葬の代用[23]」論（以下「代用論」という）についての反論が挙げられる。具体的に反論を述べたのは澤井と吾妻である。代用論の根拠史料は、光圀が尋子の父である近衛信尋にしたためた「藤夫人病中葬礼事略」と、彰考館が編さんした『神道集成』の二つにほぼ集約される。澤井は「事略」について、信尋の意に反して尋子を儒葬にしたことの弁明書であり「仏教でなく儒教の儀礼を実施することへの理由付けのように聞こえなくもない」と述べた(24)。また吾妻は『神道集成』について、「神道に関する資料を集めた書物であって必ずしも実践マニュアルでな」いことを指摘し、「光圀が儒教から神道へと回帰していたというなら、光圀が朱舜水に対して尊崇の念を持ち続けていたことや、『喪祭儀略』にもとづく儒礼文献が光圀の意思を尊重しつつ藩内で書き継がれたことなどが説明できなくなる」「このような見方はおそらく、後期水戸学において顕在化するナショナリズムを前期水戸学に投影したものと思われる」とした(25)。

澤井・吾妻の所見は、水戸藩の葬制が『家礼』や朱舜水の思想に強く影響されながら実践されてきたことを重視しており、傾聴すべきものがある。近世後期に展開した斉昭らによる神葬の推進とは分けて捉えるべきとする吾妻の主張もそのとおりであろう。一方、「事略」は近衛家への弁明書で、代用論は方便であったという澤井の解釈については、いささか飛躍があるように思える。また『神道集成』の記載を光圀やその意思を継いだ人々が実践しなかったから、光圀は神葬祭に回帰したいという意図はなかった、という吾妻の主張も、近藤の主張への反論にはなり得ていないように思われる。近藤が論究したのは光圀の意図についてであり、それが実践されたとは主張していないからである。むしろ近藤は三代綱條が『家礼』に則って光圀を儒葬にしたことにより、以後水戸藩では儒葬が実践されたことを認めている。いずれにせよ、二つの同時代資料において代用論が明記されているのは事実であり、且つ、それを否定するような同時代資料が存在しない以上、代用論は現在でも命脈を保っており、水戸藩の葬制に大きな影響を及ぼした光圀の動機を伺う重要な見解として捉えていくことが妥当と思われる。

四　瑞龍山墓所の整備と儒学史料調査

さて、前項でみた儒学研究からのアプローチとほぼ同時期に、特筆すべき出来事があった。二〇〇七年七月二六日に、瑞龍山墓所が「水戸徳川家墓所」として国史跡に指定されたのである。[26]史跡指定及び整備に際しては、本質的価値を立証するための調査報告書や、保存管理計画書（現在は保存活用計画書）、整備基本計画書等の報告書の刊行が文化庁から求められる。こうした報告書の刊行によって、瑞龍山墓所の価値や特徴が明らかとなった。

報告書刊行にあたっては、史跡管理団体である公益財団法人徳川ミュージアム[27]（以下「ミュージアム」という）が先導的役割を果たした。さらにミュージアムでは二〇一二年より「水戸徳川家旧蔵・儒学関係史料調査」に着手し、学際的研究を推進している。[28]特に朱舜水関連資料の研究はめざましい。ミュージアムの一連の取組は、瑞龍山墓所や、水戸徳川家旧蔵史料という第一級の一次資料が研究の根拠となっている。それらの多くは初公開資料であったこともあり、水戸藩葬制研究はもとより、水戸藩研究あるいは歴史学界全体に広範な益をもたらしたことは間違いないだろう。

以下にミュージアムを中心とする一連の研究を概観したい。まず、瑞龍山墓所の史跡指定の前提となる調査が、常陸太田市とともに二〇〇三年度から三年をかけて実施された。その調査報告書である『水戸徳川家墓所[29]』（以下「調査報告書」という）では、瑞龍山墓所の全体平面図、歴代墓所の平面図、亀趺の正面実測図、碑文、一族墓所の全体平面図、各墓標の写真等をはじめ、瑞龍山墓所内に存するさまざまな図面や写真が掲載された。いずれも初公開であり、識者に大きな衝撃を与えた。そして瑞龍山墓所の価値として、次の四点を掲げている。

ア　広大な山中に各代独自の墓所が点在し、各々が参道から墓所へと続く石段を有する（図2）。
イ　夫婦が一対になって、ほぼ同じ形態で同じ墓所に埋葬する。
ウ　亀趺は藩主と夫人に与えられ、その上に竿石が立ち、その背後に藩主（当主）は馬鬣封、夫人は馬蹄封を築く（図3・4）。
エ　水戸一家の墓とし、一族をはじめ連枝にまでほぼ同じ様式で埋葬をする。

以上の特色はいずれも他の大名墓に見られないもので、まさに水戸徳川家の葬制実践による特色を的確にまとめたものと言えよう。

二〇一〇年に刊行された『史跡水戸徳川家墓所保存管理計画書』(30)（以下「保存管理計画書」という）は、瑞龍山墓所が国史跡指定後に刊行された報告書である。保存管理計画書とは、一般的に史跡の特徴と現状、本質的価値、史跡を構成する要素の整理、保存管理の具体的指針を定めるもので、二〇一九年の文化財保護法改正後は「保存活用計画」と名称を変え法定計画となるなど、史跡の保存活用の基礎となる重要計画として位置付けられている。

翻って本書では、巻末に資料編として、調査報告書よりさらに整理された図表が掲載され、理解しやすくなった。

また史跡の本質的価値として、次の五点を掲げている。

イ　景観と環境／**ロ**　墓所の構成と墓制／**ハ**　埋葬と祭祀／**ニ**　伝統と格式の継続／**ホ**　豊富な歴史資料

このうちイ～ハは、前述の調査報告書におけるア～エとほぼ同様である。さらにニで水戸徳川家の儒礼が現在まで続けられているという点が挙げられている。一般的に墓地は葬祭の場として、新規埋葬や改葬など土地利用が進むのは当然のことであり、現状変更を原則認めない「凍結保存」に馴染み難く、文化財の調査・保存・

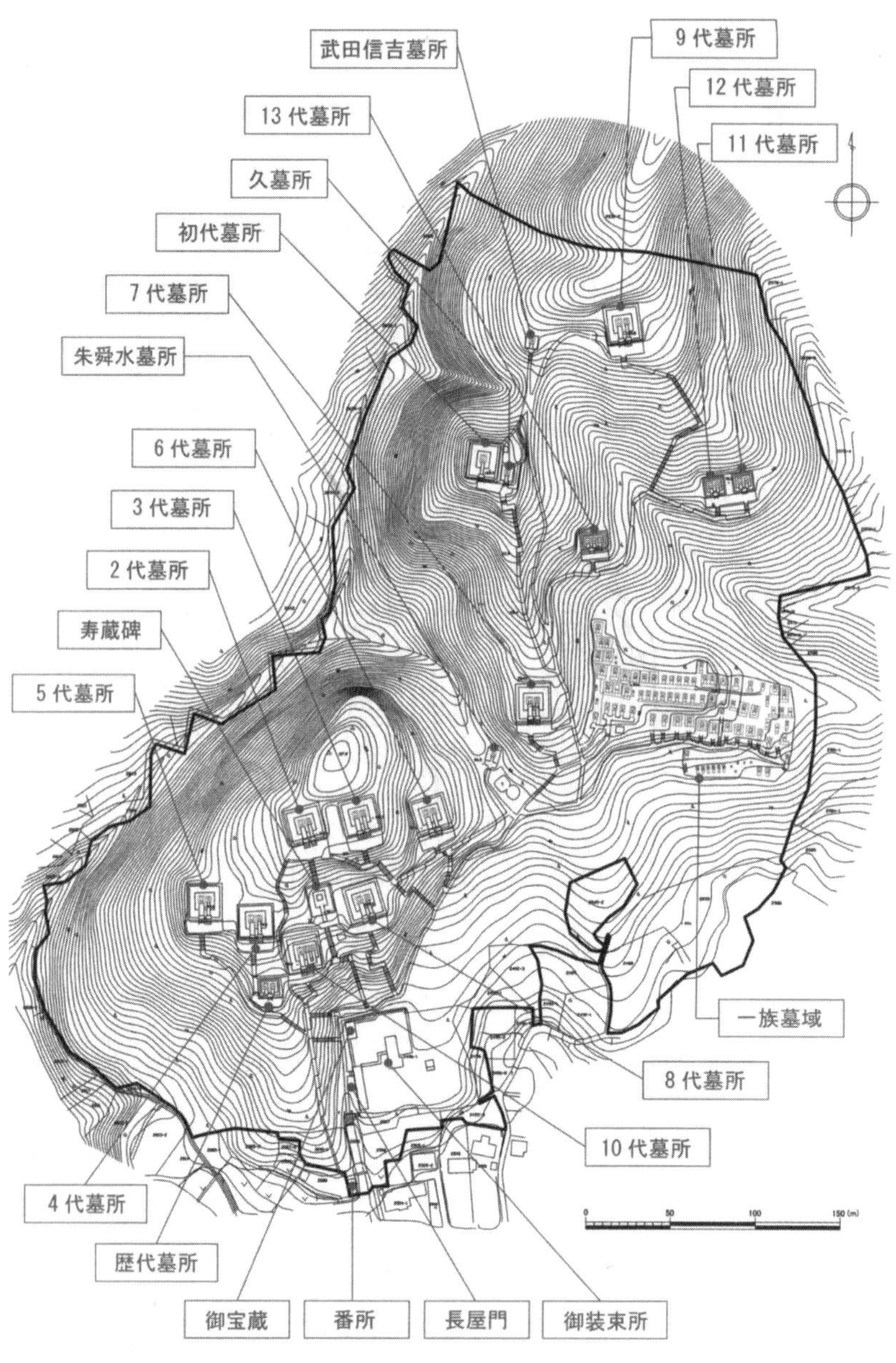

図2　瑞龍山墓所全体図（註30）

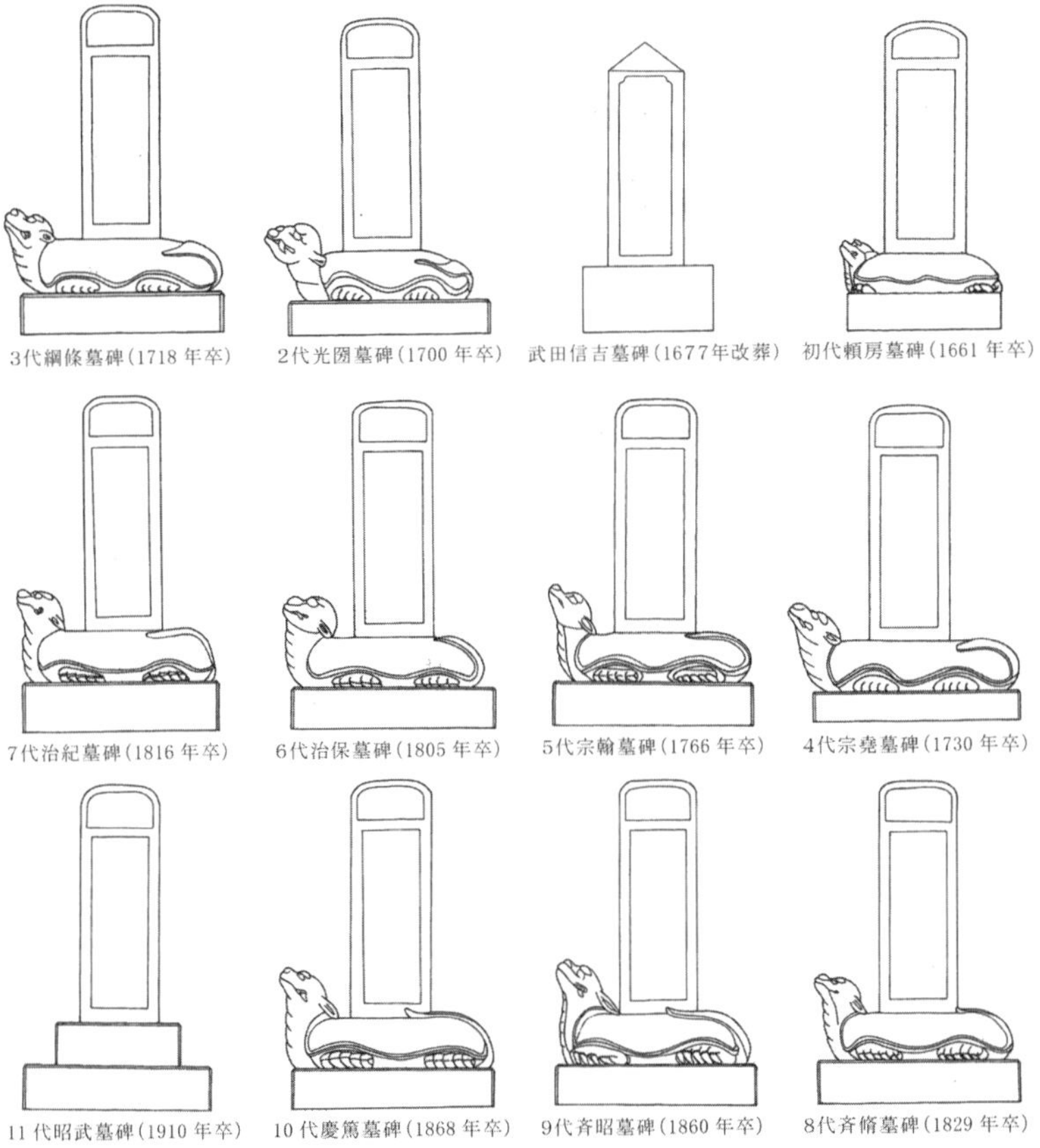

3代綱條墓碑(1718年卒)　2代光圀墓碑(1700年卒)　武田信吉墓碑(1677年改葬)　初代頼房墓碑(1661年卒)

7代治紀墓碑(1816年卒)　6代治保墓碑(1805年卒)　5代宗翰墓碑(1766年卒)　4代宗堯墓碑(1730年卒)

11代昭武墓碑(1910年卒)　10代慶篤墓碑(1868年卒)　9代斉昭墓碑(1860年卒)　8代斉脩墓碑(1829年卒)

図3　瑞龍山墓所　歴代藩主墓碑（縮尺不同、註20）

図4　2代光圀・尋子墓所（左：石垣・右：玉壇、註33）

活用との調整で様々な課題を生じている。[31] こうした中、現代に続く葬祭礼を文化財の本質的価値の一つとして積極的に位置付けたのは先駆的である。また、ホに掲げた水戸徳川家旧蔵の葬祭関係資料も重要であろう。そしてニやホで掲げた価値の検討が、ミュージアムによるその後の調査・研究の主要論題の一つとなっていくこととなるが、こうした調査整備の矢先に瑞龍山墓所は未曾有の災害に遭遇する。東日本大震災である。

二〇一一年三月に発生した東日本大震災は、石垣の崩落、墓標・木造建築物の損傷等、瑞龍山墓所に甚大な被害をもたらした。このためミュージアムでは二〇一一年度から二〇一六年度まで、六か年度にわたって災害復旧事業及び一般整備事業を実施した。注目すべきは詳細な事業報告書である。震災発生年度の二〇一〇年度から一一年度までの一般整備事業分の報告が『国指定史跡水戸徳川家墓所保存整備事業報告書Ⅰ』[32]（以下「整備報告書Ⅰ」という）として、一一年度から一六年度までの事業分の報告が『同Ⅱ』[33]（以下「整備報告書Ⅱ」という）として刊行された。

整備報告書Ⅰは震災後の被災状況が写真とともに生々しく掲載されている、文化財被害の状況を詳細に伝える報告書である。次に刊行された整備報告書Ⅱは出色の報告書である。全八五〇頁超の大冊で、「事業編」「資料編」と、サブタイトルのない分冊（本稿では便宜上「史料調査編」と仮称する）の三分冊からなる。うち瑞龍山墓所の復旧等、ハード整備に関する報告書が事業編と資料編である。ここでは復旧前と後の詳細な記録が豊富な図表とともに報告されている。特に歴代当主墓所、歴代墓所、武田信吉墓所、朱舜水墓所、一族墓所ごとに破損状況、形式・技法調査、解体調査、設計検討・修理内容の記載は、各墓所の構造を知るうえで重要な所見と言える。さらに三次元レーザー測量や写真測量によるオルソ画像により、正確な平面図と立面図が掲載されたことも重要である。震災被害は瑞龍山にとって悲しむべき出来事であったが、復旧作業によって判明した事実も多い。こうした事態は瑞龍山に限らず全国各地の被災文化財で見られ、やや複雑な気持ちになる。

ミュージアム理事長の徳川斉正が整備報告Ⅰの序文で「巨大な震災が本史跡に与えた影響は計り知れないが、復旧事業における調査結果や工事記録は、文化財修復のアーカイブスとして次世代に引き継ぐべき貴重な資料となるものと認識している」と述べていることに尽きると思う。ともあれ震災を乗り越えて刊行された整備報告書Ⅰ・Ⅱは、全国の文化財復旧報告書の中でも特に詳細を究め、アーカイブスはもとより、学術的にも重要な情報が凝集されている。

次に「水戸徳川家旧蔵・儒学関係史料調査」（以下「儒学史料調査」という）については、先述したようにミュージアムが二〇一二年に着手し、瑞龍山墓所の調査・整備と並行して事業が進められてきた[34]。史料調査には多数の国内外の研究者が参画し、多角的な調査研究がなされているが、水戸藩の葬制研究に関しては高山大毅の研究が特筆される。高山が二〇一四年に発表した「封建の世の『家礼』[35]」は、水戸城二の丸にあった家廟に関する考察である。高山は、近世日本あるいは水戸藩による儒礼の実践が、『家礼』に完全に準拠しなかったことの要因として、寺請制度や日本の習俗という外的理由にあったという従来の説に加え、朱舜水・安積澹泊・荻生徂徠ら儒者の儒教的解釈という内的要因について着目した。その結果、日本の儒者たちは、『家礼』は身分階梯が流動的で、郡県制という地方統治制度が敷かれていた中国社会における儒礼マニュアルであって、身分制度が貫徹し、封建制度が確立していた近世日本の儒礼にはそのまま適用し難いと、儒学的考察に基づいて導き出していたことを明らかにした。すなわち『家礼』に完全に準拠せず、日本風に改変しながら儒礼を実践したのは、寺請制度などの外的要因だけでなく、儒教的考察という内的要因があることを指摘したのである。そしてそれが具現化したのが、水戸城二の丸の家廟であった。

また高山は、前述した整備報告書Ⅱの「史料調査編」において「水戸徳川家墓所と文献資料」と題した大部の論文を発表した[36]。高山はまず、頼房の墓所選定や、光圀による尋子と頼房の葬儀、綱條による光圀の葬儀等についてその経過を詳しく述べる。ここまでは先行研究でも述べられていることであるが、重要なのは墓所における祭祀についての記載である。高山は、当主埋葬後、毎年定められた期日に催行された、墓前または家廟における儒礼の式次第を、水戸徳川家所蔵資料をもとに紹介した。祭祀は瑞龍山墓所における土神祭、墓祭と、水戸城内家廟での祭祀、江戸屋敷の祠堂における祭祀があったという。祭祀の回数は年四〇回に及ぶ。もとより藩主が列席する祭祀は限られていたと想定されるが、それでも藩庁の負担の大きさは想像に難くない。通常の大名家では催行しきれないはずであり、儒教に傾倒していた水戸藩ならではと言えよう。

さらに「史料調査編」には、高山の論文に続き、「参考文献・資料画像」として、「小宅氏存笥稿」、朱舜水の註がある『泣血余滴』、「舜水先生外集」（部分）、「義公葬儀日録」、「御廟御式全図」、「廟祭儀式　祝文案」のほか、御用留類が掲載されている。一部は吾妻によって紹介されていた史料もあるが、[37]高精細なカラー写真で全頁が掲載されているのは非常に有用である。このように「史料調査編」は、保存整備報告書という枠を超えた水戸藩葬制・祭祀に係る史料集成であり、『家礼文献集成　日本篇三』（前掲）とともに必携の書と言えよう。また本書では武田信吉墓の整備工事中に出土した誌石の検出写真も掲載されている（図5）。誌石を合わせ口にし、左右を銅板で縛るという特徴ある形状をしている。中村惕斎の『慎終疏節』に記載があり、儒葬の一環であることは疑いない。誌石は大名墓や武家の墓の発掘調査においていくつか出土例はあるものの、信吉墓のような誌石の類例は管見では見当たらず、貴重な出土例である。

図5　武田信吉墓出土誌石（註33）

以上見てきたミュージアムによる調査・研究の現時点における総括というべき成果が『国指定史跡水戸徳川家墓所整備基本計画書』[38]（以下「整備基本計画書」という）である。本書ではこれまでの調査成果の概要が記されるとともに、水戸徳川家の葬祭年表、被葬者一覧、瑞龍山墓所に関する水戸徳川家所蔵史料一覧、御宝蔵に旧蔵されていた什宝類一覧等が巻末に付される。さらに石造物調査として、歴代墓所の螭首・亀趺の画像一覧・未指定地である第二墓所・新たに発見された家臣墓二基など、新たな知見も盛り込まれている。そして本書では、保存管理計画書で定めた史跡の本質的価値を、次の七点に更新した。

①水戸徳川家墓所の立地と環境②水戸徳川家墓所と漢学文化③豊富な歴史資料の伝存④近世の土木・建築の技術の遺産⑤同時代の中国文化の受容⑥「生きている史跡」としての水戸徳川家墓所⑦墓所の景観と建造物の意匠。

これらの本質的価値は、瑞龍山墓所の調査・整備というハード事業と、儒学史料調査というソフト事業という、ハード・ソフトそれぞれの知見を融合させたものと捉えることができよう。

五　家臣の墓

（一）常磐・酒門共有墓地

さて、最後に家臣墓について述べていきたい。先述したように、光圀は寛文六年（一六六六）、常磐共有墓地（図6）と酒門共有墓地（図7）を設け、家臣に儒葬を命じた。藩庁が藩士向けの広大な儒葬墓地を運営するという発想は独創的である。儒葬を行った大名は全国に数多いが、藩士向けの儒葬共同墓地を運営した藩は水戸藩

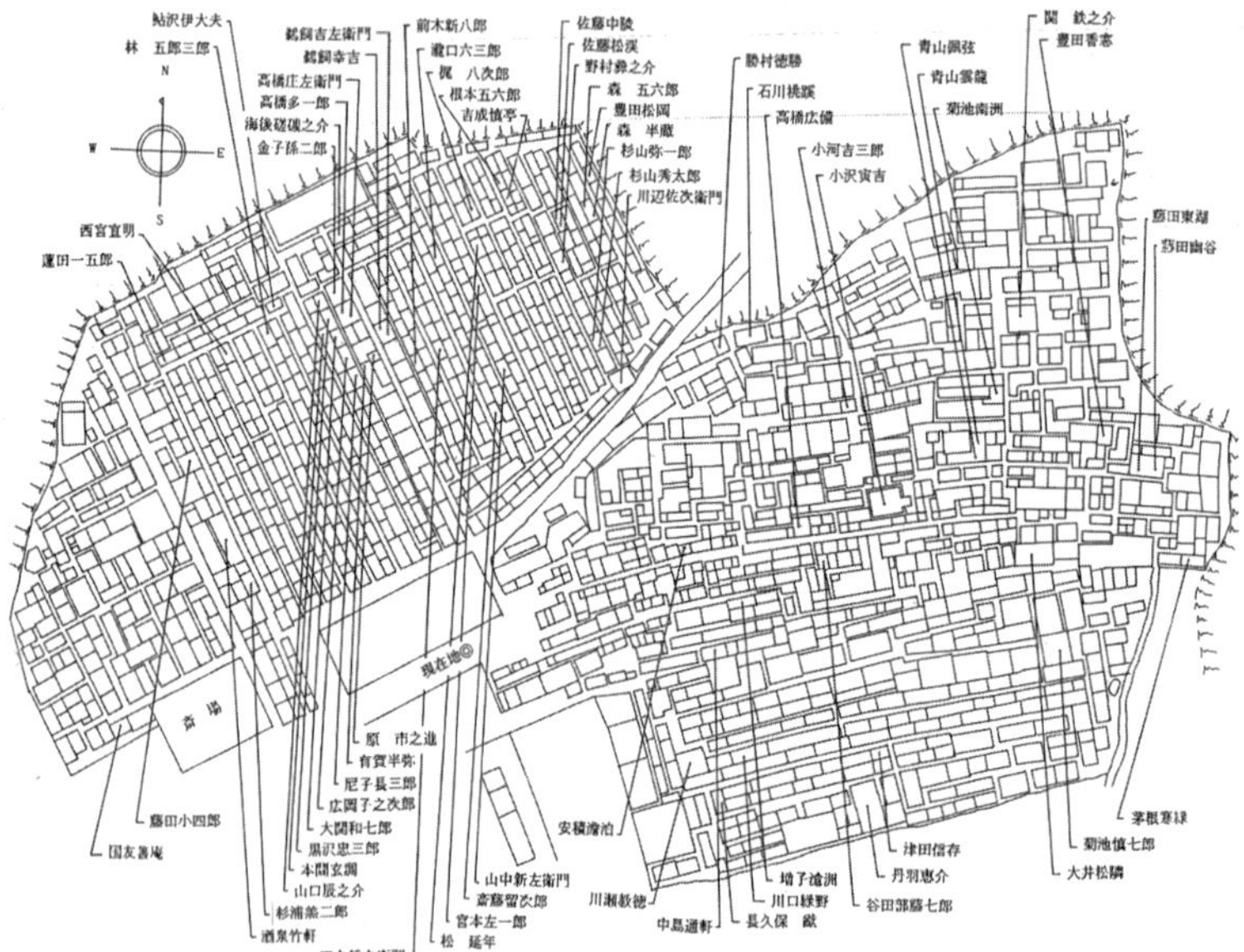

図6　常磐共有墓地平面図（縮尺不同）

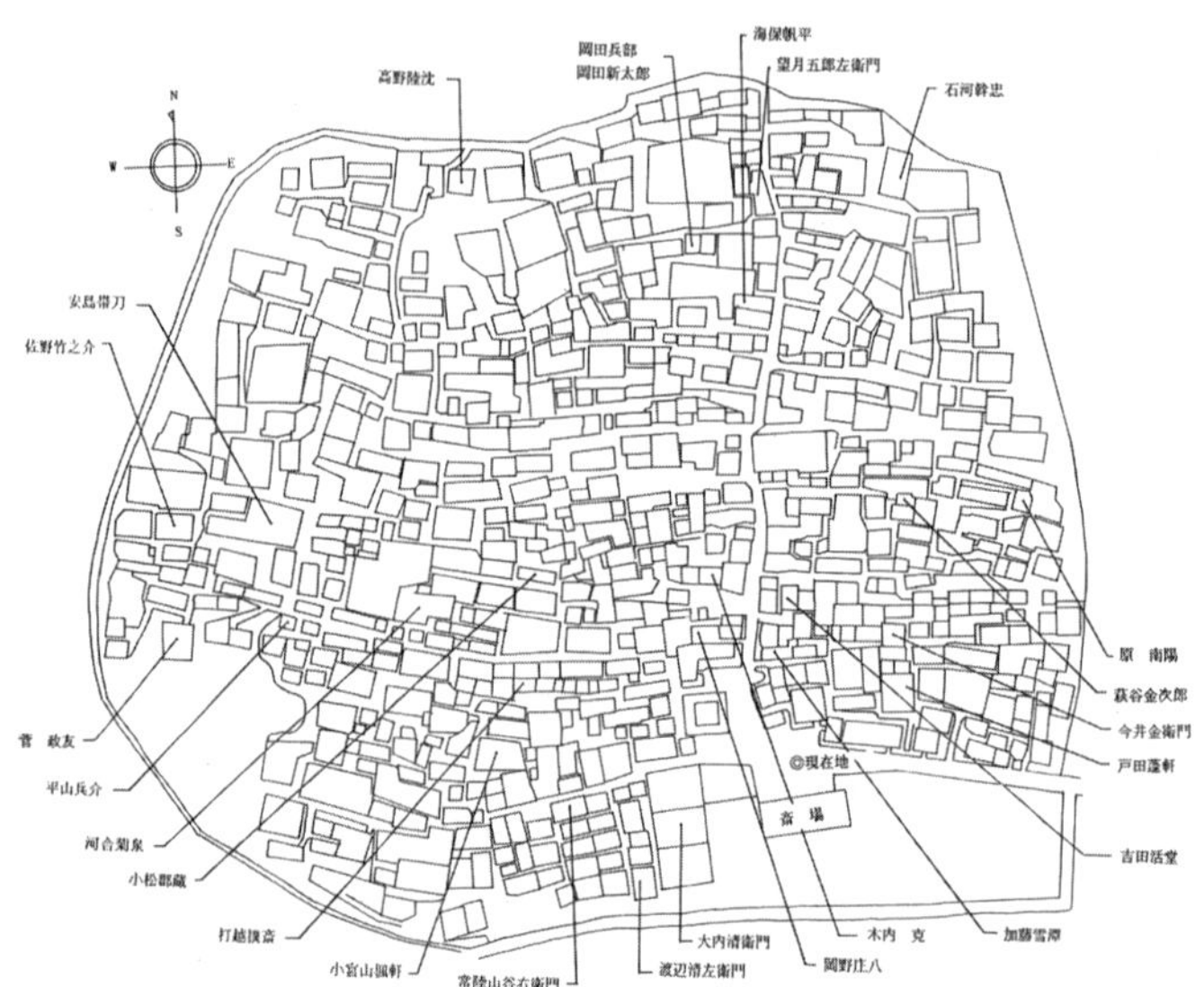

図7　酒門共有墓地平面図（縮尺不同）

のみであろう[39]。

常磐・酒門共有墓地は、現在も各墓地に管理委員会が設置され、寺院ではなく管理委員会が墓地を運営している。運営にあたっては規約を設けてており、制定は酒門共有墓地が明治一九年（一八八六）、常磐共有墓地が大正六年（一九一七）である。また常磐共有墓地は一九五四年（昭和二九）に、酒門共有墓地は一九五五年にそれぞれ水戸市の指定史跡に指定された。先述のように墓地は現在も葬祭の場であるから凍結保存は難しいものの、規約や史跡の現状変更の制限等により、大規模な土地利用の改変は行われていない。両墓地には安積澹泊や藤田幽谷・東湖といった水戸藩儒のほか、桜田門外の変等の幕末の志士の墓が多く、掃苔的趣味による書籍の刊行や[40]、墓碑の拓本集の刊行が[41]若干見られる。また、両共有墓地管理委員会が発行する冊子も[42]近世の状況を把握する上での一助となっている。

一方で、両墓地において、墓標悉皆調査等の学術的な調査はほぼ行われていない。両墓地に墓標がどれだけ存在し、どのような型式の墓標があり、どういった年代的変遷をたどったかは、未だに明らかではないのが実情である[43]。

こうした中、ほぼ唯一の成果が北脇義友により近年発表されている[44]。北脇は常磐・酒門両墓地の一七世紀の紀年銘を有する墓標を調査した。基数は常磐が八三基、酒門が四〇基である。最古の紀年銘は寛文八年（一六六八）で、その後年平均四基であったという。北脇はこの調査結果をして、共有墓地に埋葬したのは「家臣全体からするとごく少数で（中略）、家臣に広く広がっていたというより、限られた人たちが儒葬墓を作ったといえよう」「藩によって強力に儒教の葬送が進められた様子は見られない。そして、藩主がかわるとやがて減少していることから、光圀個人の影響によって進められたことがみてとれる」と評価しているが、果たしてそうであろうか。一七世紀代の墓標数が少ないのは東日本では共通の傾向であり、むしろ常磐・酒門クラスの墓標数で、年平均四基というのは平均以上と見て良い。家臣への儒葬への影響は相応にあったのではなかろうか。また北脇は、光圀没後に儒葬が衰退したというが、これも一八〜一九世紀の墓標増減を踏まえた上で解釈するべきであり、一七世紀の墓標データのみでは判断し難い。両共有墓地の墓標を長年観察している筆者の感覚からすれば、一八〜一九世紀にかけて、儒葬墓は増加していることはまず間違いないと感じている。いずれにせよ、常磐・酒門共有墓地といった特色ある墓地において、熟度の高い墓標悉皆調査が行われていないのは大きな課題であろう。

（二）附家老中山家墓所

中山家は、常陸松岡二万五千石を領した水戸藩の筆頭家老である。幕府が御三家に対して直接任命した、いわゆる附家老五家の一家であり、陪臣でありながら一時は譜代大名格の待遇を受け、明治になって水戸藩から独立し大名となった。中山家墓所は次の三か所に所在する。

・智観寺中山家墓所（埼玉県飯能市・図8）。中山家の本貫地であり、歴代当主は原則として智観寺に葬られた。初代信吉（県史跡）、三代信治・五代信成・六代信敏・七代信順・八代信昌、九代政信、

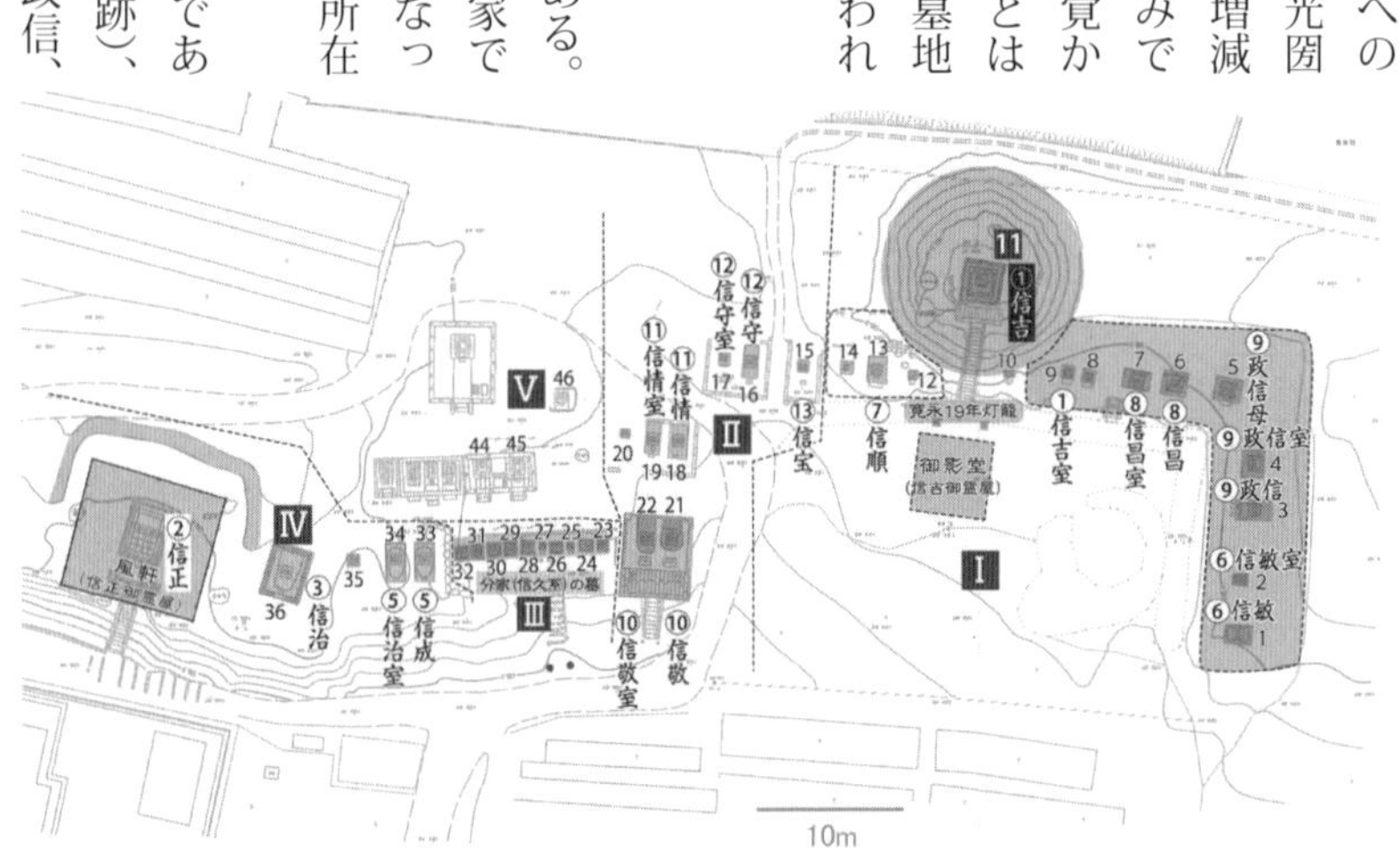

図8　智観寺中山家墓所平面図（註45）

一〇代信敬、一一代信情、一二代信守、一三代信宝の墓がある。

・谷中中山家墓所（茨城県水戸市・図9）。藩庁所在地の水戸城下に営まれた墓所である。二代信正、四代信行とその妻の墓がある。

・赤塚墓地中山家墓所（茨城県高萩市）。知行地の常陸松岡に営まれた墓所である。赤塚墓地は中山家の家臣団の墓標が多く造立され、なかでも儒葬墓が多い。墓地からやや離れた場所に中山家墓所がある。一四代信徴の墓をはじめ、近代以降の墓が中心である。本墓地の最上段中央に慶応四年（一八六八）卒の一二代信守継室墓が立つ（第10図）。大型の亀趺で注目されるが、なぜ赤塚墓地に造立されたのか経

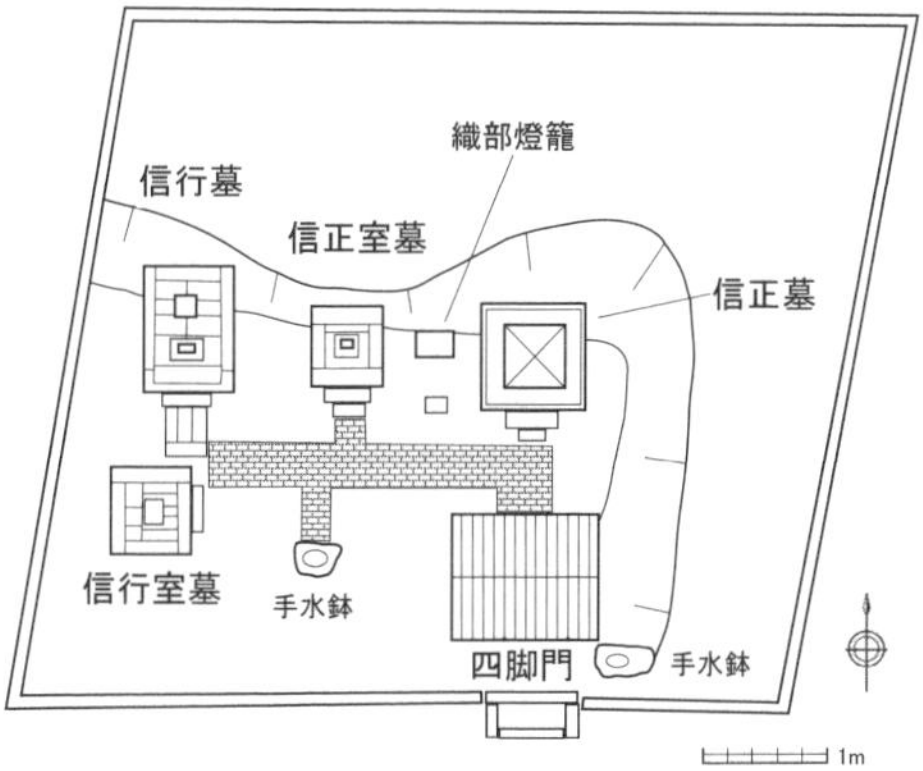

図10　中山信守継室墓

信行墓
信正室墓
織部燈籠
信正墓
信行室墓
手水鉢
四脚門
手水鉢
1m

図9　谷中中山家墓所平面図

図11　中山信正墓

緯は不明である。

このうち智観寺中山墓所については範囲確認調査のほか、尾崎泰弘によって詳細な形成過程の考察が行われている。[45]中山家墓所は、初代信吉墓を中心に累代の墓が左右に展開する。信吉墓は宝篋印塔であるが、かつて前面には木製の亀趺碑が納められた御影堂が建っていた。また七代以外は全て儒式であり、完全ではないが中山家の葬制は主家と同じ儒葬が基本であったことが分かる。こうした特徴的な墓地景観がどういった経緯で形成されたのかは重要な問題であったが、尾崎の分析によって、当主の墓所の選定に画一的な規則性は見られず、むしろ各当主墓埋葬時の事情が反映されていたことが判明した。

一方、谷中中山家墓所及び赤塚墓地については、筆者が谷中墓所の概要を発表した程度で、[46]研究はほぼ未着手と言って良い。二代信正墓は宝形の家形石造物の中に球形墓標が収まるという類例のない型式である（第11図）。銘文から仏葬でないことは明かで、信正の来歴からして儒葬とみるのが穏当と思われる。

このように常磐共有墓地・酒門共有墓地・中山家墓所は、いずれも全国に類例を見出し難い、特徴ある儒式墓地であることは間違いなく、水戸徳川家の儒葬受容が影響していることも間違いないだろう。

おわりに　―近世葬制における水戸藩の特質―

本稿では、論考の冒頭に「研究小史」などという項目で簡単に触れられることの多い研究史を積極的に活用しながら、水戸藩の葬制について述べてきた。これは多くの研究者によって多角的な論考が蓄積されてきた水戸藩だからこそ可能となった方法論であり、他の大名墓では難しいと思われる。そして複雑で分かりにくかった研究史が、地域史・神道史・儒学史・史跡整備という概ね四つの視点から整理することにより、水戸藩葬制の理解が促進し、その特性が見えてきたのではないかと思うところである。

最後に水戸藩葬制の特質をまとめ擱筆したい。

一点目は、神葬と儒葬の関わりである。光圀は葬儀に際し神葬で催行したい意図があった。しかしそれは叶わず、水戸藩は『泣血余滴』や『家礼』、朱舜水の教えなどを取り入れた儒葬を積極的に催行し、儒葬は水戸徳川家における葬制の基軸となっていった。近世後期に斉昭が仏葬から神葬への転換を強力に図ったが、斉昭が神葬としたものも実は儒葬であった。

二点目は、瑞龍山墓所である。近世を通して歴代当主が例外なく儒葬を営み、且つ一か所に儒葬墓所を営んだのは水戸徳川家以外にはない。水戸藩以外で儒葬を催行した大名は、仏葬を基本とする幕府への憚り、又は幕府からの圧力によって、仏葬を採用した藩主が必ず存在した。寺壇制度が近世封建体制を支える施策の一つである以上、仏葬への配慮は避けようがない。無論、水戸藩も仏教の関与は免れなかったが、ともあれ全藩主が儒葬を貫徹できたのは、御三家という家格の高さと、光圀以来『大日本史』編さん事業を継続し、儒臣が多く登用された水戸藩だからこそであろう。

さらに水戸藩では、宗家のみならず三つの支藩（府中藩・宍戸藩・守山藩）の藩主一族も瑞龍山に葬った。これも全て儒葬である。支藩に対しても儒葬を催行させ、且つ宗家墓所に葬らせた例も瑞龍山以外にない。水戸徳川家における儒葬を貫徹する姿勢は群を抜いている。

ちなみに分家の高松藩松平家は仏葬が基本であったが、水戸藩から養子を迎えた二代頼常・九代頼恕は儒葬を催行している(47)。

三点目は、家廟である。水戸藩では水戸城二の丸の北東を歴代藩主の廟所に充てた。儒葬と儒礼は儒教にとって欠かせない要素であるが、日本の大名家は儒葬については熱心であった一方、儒礼の場である廟所を城内に置き、通年で葬祭を執行したのは水戸藩だけであった。廟所跡は現在、水戸市立第二中学校の校庭となっており旧態を止めていない。しかしながら地下遺構として存在している可能性は高く、考古学的な調査がなされれば、家廟研究は飛躍的に進展するであろう。

四点目は、家臣の墓である。藩主墓のみならず家臣にまで儒葬を推奨し、常磐共有墓地と酒門共有墓地という大規模な儒葬墓地を造営したのは特筆すべきであろう。ただし家臣墓にまで儒葬を強要することはできず、仏葬を行った家臣も多い。両共有墓地には、現在も仏塔や法名・戒名を刻んだ墓標が多数存在する。反対に、旧水戸藩領内の寺院墓地で、儒式の墓標が多数存在していることも見逃せない。家臣の儒葬墓地といえば常磐・酒門共有墓地が代表例であることは間違いないが、藩内における多くの寺院墓地にも儒葬は営まれており、儒葬受容の裾野は相当に広いと言って良いだろう。重臣筆頭である中山家墓所もこうした儒葬を積極的に受容した家臣であり、今後は家臣の墓がどのようにして儒葬を採用したのか、あるいは採用しなかったのかを、墓標調査等によって実証的に検証していくことが求められる。

註

1　水戸藩主一一名のうち、養子縁組のうえ藩主となったのは三代綱條・四代宗堯・九代斉昭・一一代昭武の四名である。綱條・宗堯は水戸藩御連枝筆頭の高松松平家からの養子であり、綱條は頼房の孫、宗堯は頼房の玄孫に当たる。斉昭は七代治紀の三男で八代斉脩の弟、昭武は斉昭の一八男で一〇代慶篤の弟に当たる。このように水戸藩主の養子縁組は御連枝または藩主庶子からの養子に限られ、現在に至るまで頼房直系の血筋を保っている。

2　伊東多三郎・圭室文雄　一九六八「第六章　光圀の文教振興と宗教政策（二）」『水戸市史』中巻（一）。

3　秋山高志　一九六九「第十四章第一節　御屋形と御家中」『水戸市史』中巻（二）。
4　圭室文雄　一九七六「第十五章第八節　社寺の改革」『水戸市史』中巻（三）。
5　近藤啓吾　一九八八「水戸光圀と神葬祭」『水戸史学』第五六号　水戸史学会。
6　近藤啓吾　一九八九「水戸の葬礼」『國學院雑誌』第九〇巻第五号、のち近藤啓吾　一九九〇『儒葬と神葬』国書刊行会、加藤隆久編　一九九七『神葬祭大事典』戎光祥出版に再掲。
7　『家礼』は、南宋の朱熹によって編纂された、士大夫の家における儒教に基づく冠婚葬祭（礼制）の手引書である。東アジア文化圏の冠婚葬祭に大きな影響を及ぼしたとされる。『文公家礼』『朱子家礼』とも称されるが、本稿では研究者間で最も一般的な『家礼』の語を用いる。なお『家礼』の翻刻・読み下し・現代語訳として細谷惠志　二〇一四『朱子家禮』（明徳出版社）がある。
8　『泣血余滴』は、明暦二年（一六五六）、林鵞峰の母・荒川亀（順淑儒人）を儒葬で執行した時の記録である。『家礼』に概ね準拠した葬儀が行われたことが明らかとなっている。『泣血余滴』が書肆から刊行されたのは万治二年（一六五九）で、尋子死去後の翌年である。しかし水戸徳川家（彰考館文庫）所蔵の『文苑雑纂』には、光圀側近の人見卜幽軒が明暦二年一一月一四日に書写した旨の跋文が掲載されており、尋子の葬儀にあたって、光圀らが刊行前の『泣血余滴』を参照したことは間違いない（註6文献より）。なお『泣血余滴』は吾妻重二編　二〇一〇『家礼文献集成 日本篇一』（関西大学出版部）に所収されている。
9　註5に同じ。
10　大塚篤日古　一九九八「神仏分離と神葬祭―初期水戸藩を通じて―」『茨城県神社庁教学研究室報告』第一輯。
11　金井淳　一九九七「徳川光圀の葬祭研究とその現代的意義について」『神社本庁教学研究所紀要』第二号。

12　細谷恵志　二〇〇三「水戸の儒葬に見る『朱子家礼』の受容について」『文学研究』第一八号　聖徳大学短期大学部国語国文学会。

13　田世民　二〇〇七「水戸藩の儒礼実践―『喪祭儀略』を中心に―」『京都大学大学院教育学研究科紀要』第五三号、のち田世民　二〇一二『近世日本における儒礼受容の研究』ぺりかん社に補訂のうえ再掲。

14　『朱子談綺』（『舜水朱氏談綺』）は、水戸藩儒の安積澹泊が編纂したもので、宝永五年（一七〇八）に書肆から刊行された。上中下三巻四冊からなる。儒礼関連の記述が多いことで知られる。編纂の経緯は、倉員正江　二〇〇四「『舜水朱氏談綺』編纂をめぐって―『大日本史編纂記録』を資料として―」『融合文化研究』第四号（国際融合文化学会）に詳しい。なお『朱子談綺』は吾妻重二編　二〇一五『家礼文献集成 日本篇三』（関西大学出版部）に所収されている。

15　吾妻重二　二〇〇八「水戸徳川家と儒教儀礼―祭礼を中心に―」『アジア文化交流研究』第三号　関西大学アジア文化交流研究センター。

16　吾妻重二　二〇〇八「水戸徳川家と儒教儀禮―葬禮をめぐって―」『東洋の思想と宗教』第二五号　早稲田大学東洋哲学会。

17　倉員正江　二〇一二「水戸藩における葬祭儀礼についての一考察―徳川光圀の葬祭・廟制を中心に―」『人間科学研究』第九号　日本大学生物資源科学部。

18　「大日本史編纂記録」は大日本史編纂に際して、彰考館員らが江戸・水戸・京都など、各地でやりとりした書簡集をはじめとする記録集である。京都大学と茨城県立歴史館に分蔵される。二〇一七年、京都大学所蔵の二四八冊が国重要文化財に指定された。倉員が註17論文で参照したのも京都大学所蔵資料である。

19　澤井啓一　二〇一二「後期水戸学の喪祭礼」『朱子家礼と東アジアの文化交渉』吾妻重二・朴元在編汲古書院。

20　『喪祭式』は弘道館で出版された刊本で、明治二（一八六九）年の奥書があるが、明治政府への出版規制によって明治四年に刊行されたことが知られている（清水正健　一九三四『増補　水戸の文籍』水戸の学風普及会）。斉昭没後の刊行であるが、奥書には作成を斉昭が命じたことが書かれている。版木は現在でも弘道館に所蔵されている(小圷のり子　二〇一〇「弘道館関係資料目録・解題」『近世日本の学問・教育と水戸藩』水戸市教育委員会)。

21　吾妻重二　二〇一五『家礼文献集成　日本篇三』関西大学出版部。

22　『家礼文献集成　日本編三』の解題は、同年に吾妻が発表した「水戸藩の儒教喪祭儀礼文献について」『関西大学東西学術研究所紀要』第四八号をもとにしている。

23　註5・6に同じ。なお大塚篤日古や金井淳も註10・11において代用論を唱えているが、両者は神職としての立場で解釈しており、実証性に欠ける論理展開をしていることから、ここでは取り上げない。

24　註19に同じ。

25　註21・22に同じ。

26　史跡指定名称は「水戸徳川家墓所」であるが、本稿では同時代資料に見える用語である「瑞龍山墓所」を用いることとする。

27　史跡指定や保存管理計画書策定当時は「財団法人水府明徳会」であるが、二〇一一年から「公益財団法人徳川ミュージアム」に移行した。本稿では用語の統一を図るため、「ミュージアム」の語を用いる。

28　徳川眞木　二〇一四「水戸徳川家旧蔵儒学関係史料調査について―水戸学の現代的考察―」『季刊日本

思想史』第八一号　ぺりかん社。

29　常陸太田市教育委員会　二〇〇七『水戸徳川家墓所』（常陸太田市内遺跡調査報告書）。また、調査担当者の一人であった西野保によって、成果の一部が発表されている（西野保　二〇〇八「国指定史跡　水戸徳川家墓所　五年間の調査の成果」『茨城県考古学協会第三〇回研究発表会資料』、西野保　二〇〇八「国指定史跡水戸徳川家墓所―五年間の調査成果―」地方史研究協議会第五九回大会発表資料）。

30　常陸太田市教育委員会　二〇一〇『史跡水戸徳川家墓所保存管理計画書』。

31　例えば港区三田済海寺では、寺院墓地内に越後長岡藩主牧野家墓所と伊予松山藩主久松松平家墓所があったが、現在はいずれも国許に改葬されている。牧野家墓所は埋蔵文化財として取扱うこととされ、行政主導で一九八二年に発掘調査が行われ、報告書が刊行されている。一方の久松松平家墓所は埋蔵文化財ではないとされ、二〇一七・一八年、行政が関与しない形での立会調査のもと改葬が完了した。同一の墓地内で文化財の取り扱いが異なるという、行政によるダブルスタンダードが学界で問題となったが（小笠原永隆　二〇二〇「埋蔵文化財保護活動の動向」『日本考古学年報』七二号　日本考古学協会）、これも葬祭施設としての墓地ゆえの特徴であろう。

32　公益財団法人徳川ミュージアム　二〇一三『国指定史跡水戸徳川家墓所保存整備事業　事業報告書Ⅰ　平成二二～二三年度』。

33　公益財団法人徳川ミュージアム　二〇一七『国指定史跡水戸徳川家墓所保存整備事業報告書Ⅱ　平成二三～二八年度』（三分冊）。

34　二〇一三年度からは「開校・彰考館」プロジェクト　水戸徳川家関連史料調査・活用事業が国の補助事業として採択され、儒学関連史料調査は同事業と一体となって進められた。事業の経過は、註28のほか、

ミュージアム編　『「開校・彰考館」プロジェクト　水戸徳川家関連史料調査・活用事業報告書』（平成二五～二七年度毎に一冊刊行）や、ミュージアム編　二〇一六『第八回徳川国際シンポジウム要旨集』等を参照されたい。

35　高山大毅　二〇一四「封建の世の『家礼』―朱舜水・安積澹泊・荻生徂徠の祖先祭祀論―」『日本思想史』第八一号（特集・朱舜水と東アジア文明　水戸徳川家の学問）。

36　高山大毅　二〇一七「第三章　水戸徳川家墓所と文献資料」『国指定史跡水戸徳川家墓所保存整備事業報告書Ⅱ』公益財団法人徳川ミュージアム。

37　註16に同じ。

38　公益財団法人徳川ミュージアム　二〇二一『国指定史跡水戸徳川家墓所整備基本計画書』。

39　会津藩においても保科正之により藩士専用墓地が設けられ、火葬から土葬に改められた。うち会津大窪山墓地（会津若松市）では儒葬が行われていることは間違いないが、藩庁は儒葬を推奨していないため、儒葬共同墓地と判断しない。

40　斎藤新一郎　一九五八『水戸藩の先賢烈士と其墳墓』水戸学振興会。

41　酒門共有墓地管理委員会　二〇一三「義公創設　酒門共有墓地に鎮まる御霊碑の拓本展」、水府金石文研究所　二〇二〇『碑文双書九　常磐共有墓地碑墓銘拓本集』など。

42　常磐共有墓地管理委員会　一九五五『常磐共有墓地要覧』、酒門共有墓地保存会　一九八四『さかと』第一号　など。

43　酒門共有墓地では、二〇一〇年に同管理委員会及び茨城大学による墓標悉皆調査が行われているが、報告の目処は立っていないようである。また筆者が墓標調査カードを実見した限りでは、銘文の筆写が主目的であり、全国の墓標悉皆調査で記録されるべき調査項目（型式・石材・法量・位置等）がないといった課題もある。

44　北脇義友　二〇二〇「水戸藩主徳川光圀による儒葬墓とその影響」『石造文化財』第一二号　石造文化財研究所。
45　尾崎泰弘　二〇一九「智観寺中山家墓域の形成過程」『飯能市博物館研究紀要』第一号。
46　関口慶久　二〇二二「水戸藩附家老の墓―水戸市谷中中山家墓所について―」『ニュースレターひびき』第一九号　石造物研究会。
47　香川県立ミュージアム　二〇一五『高松藩主松平家墓所調査報告書』。

水戸藩付家老中山家の墓所造営について

村上達哉

一　中山氏と智観寺について

中山氏は「武蔵七党」と総称される中小規模の武士団の一つ、丹党の武士である加治氏の子孫である。加治氏は高麗郡加治郷を本貫地とした鎌倉幕府の御家人で、『吾妻鏡』建久元年（一一九〇）一一月七日条に「加治次郎」（加治二郎家季）の名がみられることから、鎌倉時代初めには加治氏を名乗っていたと思われる。加治氏のうち豊後守家茂の系統が惣領家であり、後に北条得宗家の御内人となる。丹内左衛門尉助季の系統は庶家であり、その子孫が現在の飯能市中山を本貫地とし中山氏を名乗った。

明治九年（一八七六）に中山信実が明治政府に提出した「中山家譜」によると、中山姓を名乗るようになったのは家勝の時とされ、はじめ山内上杉氏に属していたが、その後、後北条氏の属将となったとある。[1] その息子の家範も後北条氏に属し、八王子城で戦ったが落城し自害している。智観寺の東側に近接し中世館跡が存在するが、「中山家範館跡」（埼玉県指定・旧跡）の名称で知られている。

中山家範には息子がおり、長男が照守、次男が水戸藩付家老中山家の初代となった信吉である。「寛政重脩諸家譜」によると、「天正一八年八月兄中山助六郎照守とともにめされて東照宮につかへたてまつり」とあり、[2]その経緯について「中山家譜」は「照守父家範ト共ニ北條氏ニ属シ屢々戦功アリ、北條氏亡後徳川家康家範ノ志操ヲ感賞シ、且其二子亦其父ニ類スルヲ察シ、則チ照守信吉ノ兄弟ヲ挙ケ之レヲ旗下ノ士列ニ加フ」と記している。[3]

次に智観寺に関し少し触れておく。智観寺の概要を記録したものの中で、最も古い史料とされている享保九年（一七二四）の「智観寺御朱印地等御改帳」では、寺の歴史について次のように記述されている。

一、開基　陽成院元慶年中、丹治武信移関東、自領秩父加治郷、此時有故而自高野山勧請丹生明神於此地、故再堂社院宇等悉営建之、尓来星霜已久堂閣共破壊、寛永十九壬午年中興開山朝覚上人ヨリ第七世法印慶宥住持之時、武信之苗裔中山古市正丹治信正追遠之余重テ加修復、以テ顕遠祖之英烈、開基当年迄八百五拾余年、天正年中寺炎焼故旧記等并霊宝共悉焼失仕候、縁起之趣如是御座候、

丹治武信は『諸家系図纂』に収録された丹党系図によると、加治二郎家季より九代前である。[4]武信が元慶年間（八七七〜八八五）に高野山から丹生明神を勧請したのが、智観寺の始まりであるとされている。しかし天正年間（一五七三〜一五九二）に火災にあうなどし（この時に古記録や寺宝が焼失したとする）、「堂閣共破壊」の状況であった。それを寛永一九年（一六四二）に修復したのが、水戸藩付家老中山家の二代目である中山信正である。寛永一九年は中山信吉が死去した年であり、智観寺の再興は中山信正による父信吉の墓所の造営が契機となっている。

二　中山家墓所の墓標と墓の配置について

次に中山家墓所の立地と墓について触れておく。中山家墓所のある智観寺は高麗丘陵の南麓にあり、すでに述べたように東には中山家範館跡が隣接している。現在の智観寺境内は南北に細長い形状をしており、総体としては北から南に向かう緩斜面上にあるといえる。智観寺墓地は境内西半部及び境内東半部の一部（本堂の北側）にあるが、西半部は東半部より標高が少し高く、その標高差は南にいくほど大きくなる。中山家墓所は、境内西半部上にある智観寺墓地の北側を占めている。

墓に関しては特に墓標形態と墓の配置に関し取り上げる。まず墓標形態について述べる。中山家墓所にある個々の墓標について、表1にまとめた。没年順に並べ、『常寂山智観寺誌』で付されている番号について欄を設けた。以降仮に「寺誌番号」とし本文・図においても算用数字にて表記する。また、中山家墓所には水戸藩付家老中山家の墓、いわば本家の墓と、分家の墓が存在する。記述に当たり本家の人物は「○代」、分家の人物は「分家○代」と記し、本家と分家の別を明示する。

本稿において墓標の形態分類に関しては、宝篋印塔と五輪塔、笠塔婆を除き、松原典明氏による儒者墓碑形態の二分類（円首・圭首）を参考にした[5]。その理由を端的に述べると、第一に水戸藩付家老中山家歴代当主とその夫人の墓のうち、三代信治墓（写真1）以降の多くの墓でみられる墓標の形態が、水戸藩二代藩主徳川光圀が寛文六年（一六六六）に家臣に配布した、「喪祭儀略」にみら

写真1　三代信治墓 (36)

れる石碑図及び「石碑ノ首ヲ圭首トテ四方ヨリソキテ（ソギテ　筆者註）中ヲ高クスルナリ」などの記述内容に類似しているためである。[6] また第二に、分家墓所を中心にみられる墓標の多くについても、儒者墓碑にみられる圭首の墓碑に類似することが挙げられる。ただし、墓標頂部の形状は、「喪祭儀略」に図示されている形ではなく、林羅山や林鵞峰の墓碑にみられるような、左右対称で上部を尖らせた（左右から削いだ）形である。[7] 実のところ信守室墓（写真2）と分家初代信久（吉勝）墓（写真3）の墓標は、正面部分の頂部が裏面部分のそれより高くなっており、側面方向から見たときに頂部の輪郭が傾斜している。儒者墓碑にみられる圭首の他の類例の多くは頂部が傾斜しないため、検討の過程で信守室墓と分家初代信久（吉勝）墓の墓標形態を、駒型として捉えるべきか悩んだ経緯がある。しかしながら、分家墓所にみられる他の墓標には頂部が傾斜しないものがみられることから、総合的に考え信守室墓と分家初代信久（吉勝）墓も含め圭首として捉えた。

記述にあたっては、三代信治墓以降本家歴代当主を中心にみられる、頂部を四方から削いだ形の圭首の墓標を、本

写真２　信守室墓（37）

写真３　分家初代信久（吉勝）墓（26）

稿では仮に圭首1としておく。また、分家墓所を中心にみられる、頂部を左右から削いだ形の圭首の墓標を、仮に圭首2としておく。

次に、墓の配置について概観する（図1）。中山家墓所の北縁に配置されているのは、東から西に向かって、水戸藩付家老中山家六代中山信敏墓（寺誌番号1、以下「寺誌番号」を略す）、六代信敏室墓（2）、九代政信墓（3）、九代政信室墓（4）である。これらの墓は正面を南に向けている。この中山家墓所北縁にある墓群で没年が最も古いのは六代信敏墓であり、六代信敏墓が北縁に位置する他の墓の配置や正面方向を規定しているといえる。

九代政信室墓の西にあり、正面を東に向け中山家墓所の北西角に位置するのが、九代政信実母墓（5）である。この墓から南に向かって、八代信昌墓（6）、八代信昌室墓（7）、初代信吉息女墓（8）、初代信吉室墓（9）、貞心信女墓（10）が並ぶ。これらは正面を東に向けている。1から10の墓は、現況では一段上がったL字状の平坦面上にある。

貞心信女墓の南にあり、墓の中心が5から10の墓でつくる列より、西へ五m ほどずれて位置しているのが初代信吉墓（11）である。貞心信女墓は現況では初代信吉墓北側の平坦面上にある。しかし以前は図1・2にあるように、初代中山信吉墓の塚下縁部に立っていたものが、中山家墓所のうち1から9の墓があるL字状の平坦面が整備された折に、現在の位置に移されたものである。

初代信吉墓は直径約一三m 高さ四m の塚が作られ、その上に高さ三〇七㎝ の宝篋印塔を立てたものである。当初は塚の東側に御影堂が建てられており、墓は御影堂と塚及びその上の宝篋印塔により構成されていた。

初代信吉墓の東側やや南寄りにあるのが四代信行息女墓（12）である。その南にあるのが七代信順墓（13）で、さらに南に八代信昌嫡子墓（14）がある。12から14の墓は、跡を継いだ後一年足らずで夭折した七代当主墓の

表1-a　中山家（本・分家）近世墓標一覧

No.	代数	被葬者	墓標形態	墓標正面にみられる戒名など	没年月日	基台下高まり	寺誌番号	備考
1	①	中山信吉室	宝篋印塔	学室妙参大姉	慶長七年（一六〇二）六月一日		9	後北条氏家臣久下下総守某娘
2		中山信吉息女	宝篋印塔	諸室理応大姉	元和三年（一六一七）八月六日		8	
3	①	中山信吉	宝篋印塔	源盛院殿道立心円居士	寛永一九年（一六四二）一月六日		11	中山家範の二男
4		貞心信女	宝篋印塔	不退院安誉貞心信女	寛永二〇年（一六四三）一一月八日		10	
5		中山信行息女	円首か	潔心紅露禅兮童女	寛文四年（一六六四）六月二一日		12	中山信行は四代当主
6		中山信守	宝篋印塔	正智院殿源阿教覚居士	延宝二年（一六七四）一一月二〇日		27	分家初代中山信久長男
7	分①	中山信久室	宝篋印塔	長久院殿覚山妙心大姉	延宝三年（一六七五）四月一四日		25	分家初代中山信久夫人
8	②	中山信正	（御霊屋）	（風軒）	延宝五年（一六七七）一〇月二八日			母は下総守某娘
9	④	中山信行室	圭首か	浄光院殿盛月妙華大姉	延宝六年（一六七八）六月一三日		38	分家初代中山信久娘
10		中山信興	笠塔婆	中嶰院殿幻想信興居士	天和四年（一六八四）二月二日		39	四代中山信行弟
11	③	中山信治	圭首1	故従五位下備前守道軒字允孚	元禄二年（一六八九）六月一一日	有	36	実は中山信吉（初代）四男
12		中山信守室	圭首2	萬盛院殿涼山妙月大姉	元禄五年（一六九二）一一月一二日		37	中山信守（分家初代中山信久長男）夫人
13	分①	中山信久（吉勝）	圭首2	勝善院殿阿閣方円居士	元禄一二年（一六九九）七月一二日		26	中山信吉（初代）二男
14	③	中山信治室	圭首1	円明院殿寂照了知大姉	元禄一六年（一七〇三）八月一九日	復元	34	向井将監忠勝娘
15	⑤	中山信成	圭首1	従五位下備前守中山府君牛山	元禄一六年（一七〇三）一〇月一七日	復元	33	実は中山信治（三代）三男
16		中山信韶	圭首2	青蓮院殿信紹智悦居士	宝永五年（一七〇八）七月二四日		23	分家二代中山信庸息子
17	⑥	中山信敏	圭首1	従五位下備前守梁山	正徳元年（一七一一）三月八日	復元	1	実は中山信治（三代）七男
18	⑦	中山信順	五輪塔	陽林院殿超津到岸居士	正徳二年（一七一二）一月二一日		13	実は中山信成（五代）二男
19		中山信昌嫡子	笠塔婆	心浄院殿緑香幻影童子	享保五年（一七二〇）二月一六日		14	中山信錦か
20	分②	中山信庸	圭首2	慈昭院殿丹山道栄居士	享保一三年（一七二八）二月二六日		24	実は中山信治（三代）五男
21	分③	中山信敬	圭首2	柏樹院殿仁峯義海居士	元文二年（一七三七）九月一四日		28	
22		中山信秀	圭首2	春泰院殿本覚道薫居士	元文五年（一七四〇）二月一二日		35	中山信治（三代）六男
23	⑧	中山信昌	圭首1	故従五位下備前守桂岸	寛保三年（一七四三）七月八日	復元	6	実は堀田権右衛門一幸四男
24	⑧	中山信昌室	圭首1	浄蓮院殿徹心恵明大禅尼	宝暦二年（一七五二）四月一八日		7	実は中山信順（七代）妹
25	⑥	中山信敏室	笠塔婆	貞了院殿明寂珠光大禅尼	明和七年（一七七〇）一〇月三〇日		2	実は参議左代弁坊城俊方娘
26	⑨	中山政信	圭首1	故従五位下備前中幸	明和八年（一七七一）六月一三日	復元	3	母は三浦氏
27	⑨	中山政信室	圭首1	慈正院殿本覚永昌大姉	安永八年（一七七九）七月九日		4	松平紀伊守信岑娘
28	分④	中山信将	圭首2	白浄院殿信将大円居士	寛政元年（一七八九）閏六月二一日		29	実は堀田主膳一仲三男
29		中山政信実母	圭首1	栄寿院殿玄貞妙智大姉	寛政元年（一七八九）七月八日		5	三浦氏
30	⑩	中山信敬	圭首1	常光院殿俊山睿智大居士	文政三年（一八二〇）七月三日	復元	21	実は水戸藩主徳川宗翰九男
31	⑩	中山信敬室	圭首1	寂光院殿皎然明白大姉	文政五年（一八二二）閏一月二六日	痕跡	22	中山政信（九代）娘
32	分⑤	中山信泰	圭首2	法輪院殿信泰英雄居士	文政六年（一八二三）九月二八日		30	母は某氏

表1-b　中山家（本・分家）近世墓標一覧

No.	代数	被葬者	墓標形態	墓標正面にみられる戒名など	没年月日	基台下高まり	寺誌番号	備考
33	⑪	中山信情	圭首1	常明院殿智山英哲大居士	文政十一年（一八二八）六月二九日	痕跡	18	母は柳沢氏
34	⑫	中山信守室	圭首1	貞信院殿賢明清懿大姉	天保四年（一八三三）五月一四日	痕跡	17	
35	分⑤	中山信泰室	圭首1	轉輪院秀光妙融大姉	天保四年（一八三三）八月一三日		31	
36		中山信情実母	圭首か	養順院殿秀敏篤行大姉	天保一五年（一八四四）一月二九日		20	
37	分⑥	中山信喜	圭首2	清月院殿心暁賢覚居士	弘化三年（一八四六）八月一六日		32	
38	⑪	中山信情室	圭首1	虔静院殿智光了慧大姉	安政四年（一八五七）三月七日	有	19	
39	⑫	中山信守	圭首1	轉信院殿克明俊徳大居士	安政四年（一八五七）一一月一九日	有	16	実は松平播磨守頼説二男
40	⑬	中山信宝	圭首1	照泰院殿篤敬明哲大居士	万延二年（一八六一）一月三日		15	母は小熊氏

両脇に、四代信行息女と八代信昌嫡子の墓があり、夭折した者の墓がまとまっているようにみえる。これらの墓に続き、一三代信宝墓（15）、一二代信守墓（16）、一二代信守室墓（17）が一列で並んでいる。12から17の墓の正面は東を向く。初代信吉墓以北の5から10の墓と同様である。

一二代中山信守室墓の東南東方向に、二mほど離れて位置しているのが一一代信情墓（18）である。この南隣には一一代信情室墓（19）が並ぶ。さらに南には一一代信情実母墓（20）が並んでいる。これらの墓は、やはり正面を東に向けている。

18から20の墓の東に位置するのが一〇代信敬墓（21）と一〇代信敬室墓（22）である。この二つの墓も正面を東に向けている。

1から22の墓のうち、5・8・10・12・14・20の墓以外は、歴代当主もしくはその夫人の墓である。それらのうち初代信吉墓と、夫人の墓がない七代信順墓及び一三代信宝墓以外の墓は、当主の墓の左隣にその夫人の墓が並ぶ点が共通している。

また、同じく1から22の墓のうち、1から4の墓を除いた他の墓は全て正面を東に向けている。その正面方向の基準となったのは、おそらく初代信吉墓と、その前に建てられていた御影堂の二つの中心を結んだ線であろう。墓所における各墓の配置を見たときに、1から22までの墓は、初代信吉墓及び御影堂を中央に据え、六代から九代までの当主及び夫人の墓などを右側に、七代から十三代までの当主及び夫人の墓などを左側に配置し、これらで一つのまとまりを形成しているように見える。以下の記述においては、このまとまりを仮に北墓

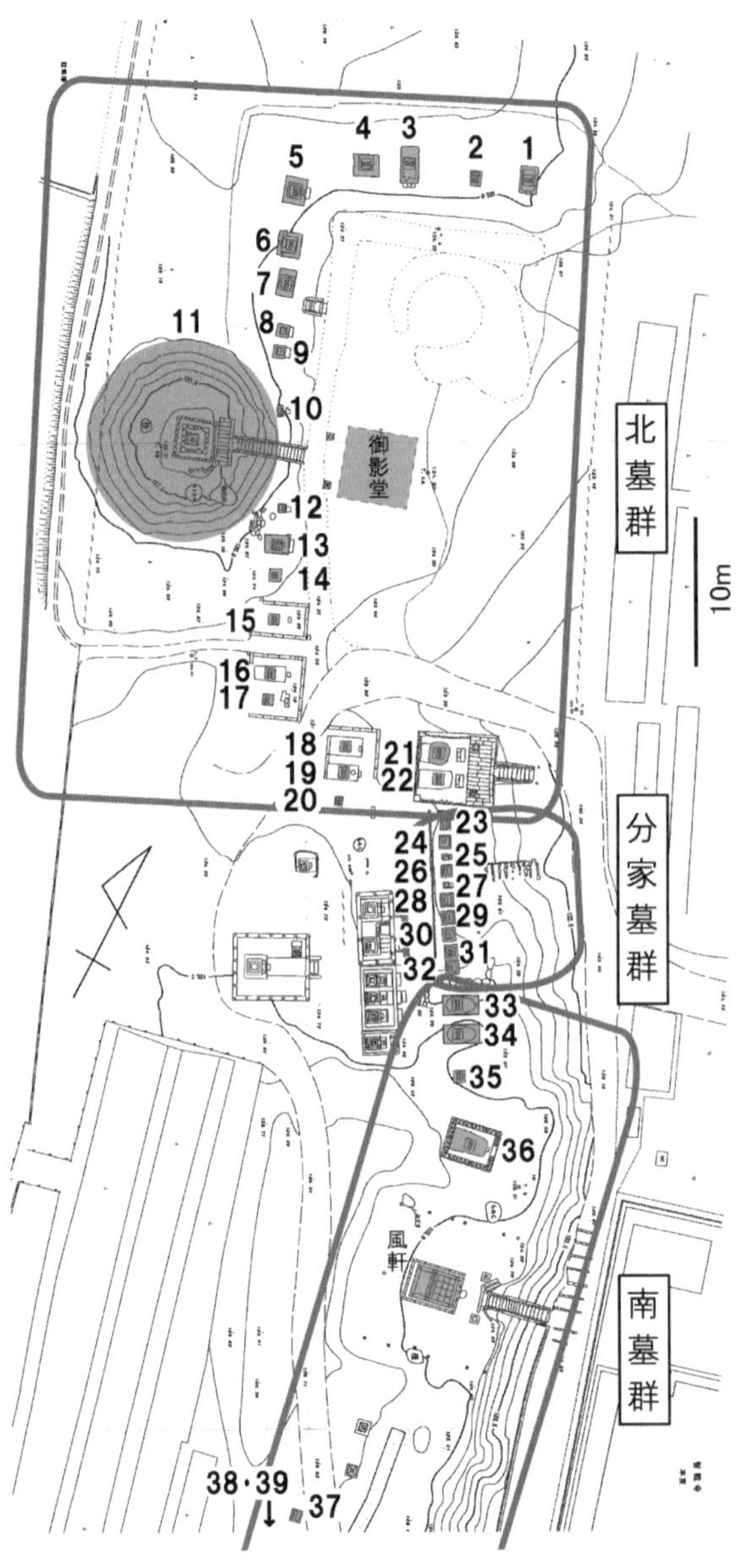

図1　中山家墓所

群（図2）と呼ぶこととする。

北墓群の南には、また別のまとまりが存在する。それらは初代信吉の二男である信久[8]とその子孫の墓である。信久を分家初代当主とすると、分家二代が信庸、分家三代が信敬、分家四代が信将、分家五代が信泰、分家六代が信喜となる（図3）。この分家の墓のまとまりを、以下仮に分家墓群または分家墓所と呼ぶことにする。

分家墓群は北から南へ一列に並んでいる。23から32の一〇基の墓である。北から順にみていくと、信韶墓(23)、分家二代信庸墓（24)、分家初代信久室墓（25)、分家初代信久（吉勝）墓（26)、信守墓（27)、分家三代信敬墓（28)、分家四代信将墓（29)、分家五代信泰墓（30)、分家五代信泰室墓（31)、分家六代信喜墓（32）と並んでおり、いずれも正面を東に向けている。夫人の墓は初代当主夫人と五代当主夫人の墓のみである。

分家墓所は、自然地形を削平し整地している。削平は特に南縁部にて顕著であり、南縁には石垣が築かれ土が流れないようにしてある（写真4）。分家墓所の南隣、石垣の上にあるのが、（本家）五代信成墓（33）である。分家初代信久墓の正面には石を置いて階段が作られており、一段低くなっている境内東半へと降りられるようになっている。階段は分家墓群南縁石垣の南側にも作られており、分家墓所がある削平された面から、五代信成墓がある一段上の面に上がれるようになっている。

次に水戸藩付家老中山家五代信成墓（33）から南に向かって墓の配置を見ていく。

五代信成墓の南に並ぶのが三代信治室墓（34）である。信治室は五代信成の実母である。その南に少し離れて並ぶのが信秀墓（35）で、信秀は三代信治の息子で五代信成の弟である。信秀墓からまた少し離れて南に位置するのが、三代信治墓（36）である。その南に、地表面を掘り窪め一段低い平坦面を整地して建てられていたのが、二代信正御霊屋である。

33の五代信成の墓から信正御霊屋まではいずれも正面を東に向けているが、35の信秀墓を境に向きが少し異なっている。三代信治墓は正面の向きを33から35の墓に比較し、やや南に振っている。それは信正御霊屋の正面の向きに合わせたように見える。

　二代信正御霊屋の正面の向きは何によって規定されたかを推測すると、境内東半に向かって下る傾斜面の向きであるように見える。では33から35の墓の正面の向きは何に規定されたのか。それは分家墓群南縁の石垣であり、三代信治室墓と五代信成墓の二基の墓であろうと思われる。

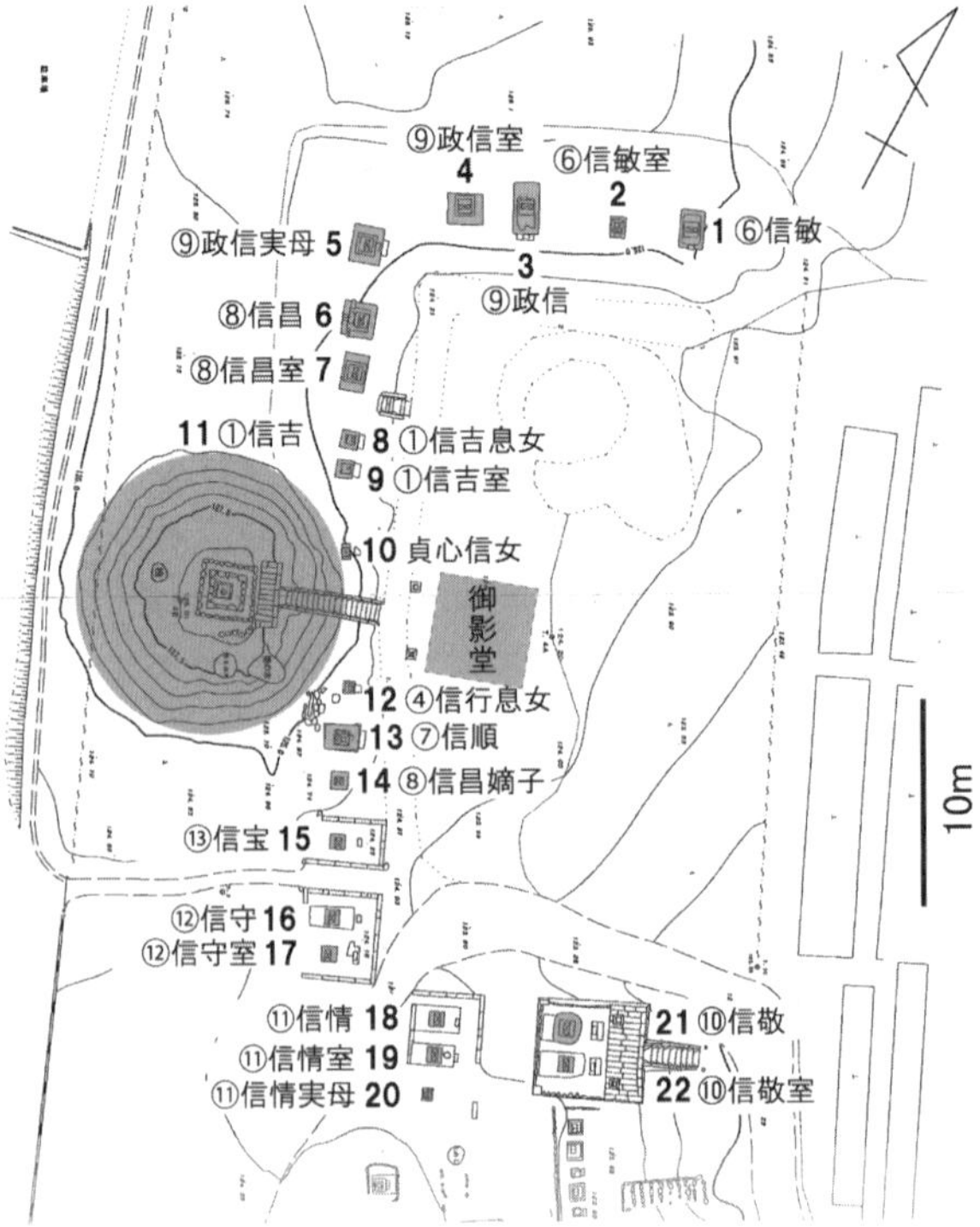

図２　中山家墓所（北墓群）

　二代信正御霊屋のさらに南に目を向けてみる。信正御霊屋から南南西の方角に一六m ほど離れた場所に立てられているのが、分家初代信久の息子（信守）の夫人の墓、すなわち信守室墓（37）である。そしてそのすぐ南にあるのが、四代信行室墓（38）、さらにその南隣に立てられているのが、三代信治の息子で四代信行の弟の墓である信興墓（39）である。37から39の三つの墓は中山家墓所の最南部にあたり、他の墓からやや南に離れて造られている。ちなみに四代信行室は分家初代信久の娘である。北隣に信守室墓があるが、その夫である信守は先述したとおり信久の息子であることから、四代信行室と信守室は義姉妹の関係にある。また、信輿はこれもすでに述べたとおり、四代信行の弟である。このように、中山家墓所の南端には、四代信行とその夫人に縁のある人々の墓が並んでいる。

33から39までの墓を、以下の記述においては仮に南墓群と呼ぶことにする。

ここで少し墓の配置について、特徴的な事柄を列挙してまとめておく。

○中山家墓所は分家墓群を挟み、北墓群と南墓群に分かれている。北墓群は初代信吉墓及び御影堂を中央に据え、一つのまとまりを形成しているように見える。

○12から14の墓は、跡を継いだ後一年足らずで夭折した七代当主墓の両脇に、四代信行息女と八代信昌嫡子の墓があり、夭折した者の墓がまとまっているように見える(9)。

○分家墓所は範囲としては広くないものの、平坦面を削り整地し、南側には石垣が積まれる。分家墓群の墓の正面の向きは、南墓群の墓のうち33から35の墓の正面の向きとほぼ同じに見える。

○南墓群は墓の正面の向きだけをとってみると、五代信成墓から信秀墓までの一群と、三代信治墓以南の墓群（二代信正御霊屋を含む）の二群に分けて捉えられる。ただし36以南の墓の群は、37から39の墓が少し距離をおいて立てられていることと、そうでありながら正面の向きがほぼ同じであることに注意が向けられる。

写真4　分家墓所の南の境界（五代信成墓下の石垣 北から）

○二代信正と、四代信行の墓は、智観寺の中山家墓所の中には含まれていない。ただ二代信正については御霊屋が建てられている。この二人の墓はどこにあるのかというと、水戸の保和院桂岸寺にある[10]。その理由は二人が水戸で没しているためだと推測される。中山家墓所の中において、水戸藩付家老中山家歴代当主の墓の配置は、少なくとも初代信吉から五代信成までは、一定の方向性の存在を見出すのが難しい。その原因の一つには、やはり二代と四代の墓がないことが挙げられよう。

○北墓群と南墓群との違いの一つとして、北墓群では歴代当主の墓の左側にその夫人の墓が並ぶのが、一部の例外を除き六代から一二代の墓まで見られるのに対し、南墓群では一切見られない。

○一〇代から一二代当主及びその夫人の墓は、正面を東に向けている。このあり方は、北墓群北縁を形成する六代信敏墓から九代政信室墓までの四基の墓が、正面を南側に向けている様子と異なっている。その理由については、おそらく一〇代信敬墓・一〇代信敬室墓がその正面を東側に向けて造られたのに倣い、一一代及び一二代当主とその夫人の墓が造られた為と推測する。

三　考　察

（一）墓所造営の発端となった墓と儒教の影響について

表1に示したとおり、中山家墓所最古の没年が刻まれた墓は、初代信吉室墓（慶長七年〈一六〇二〉没）である。しかしながら、中山家墓所形成（及び智観寺の再興）の発端となった墓は、初代信吉墓（寛永一九年〈一六四二〉没　写真5・6）と考えられる。まずは、信吉墓に関し、近世初期における大名家墓所の上部構造様式での位

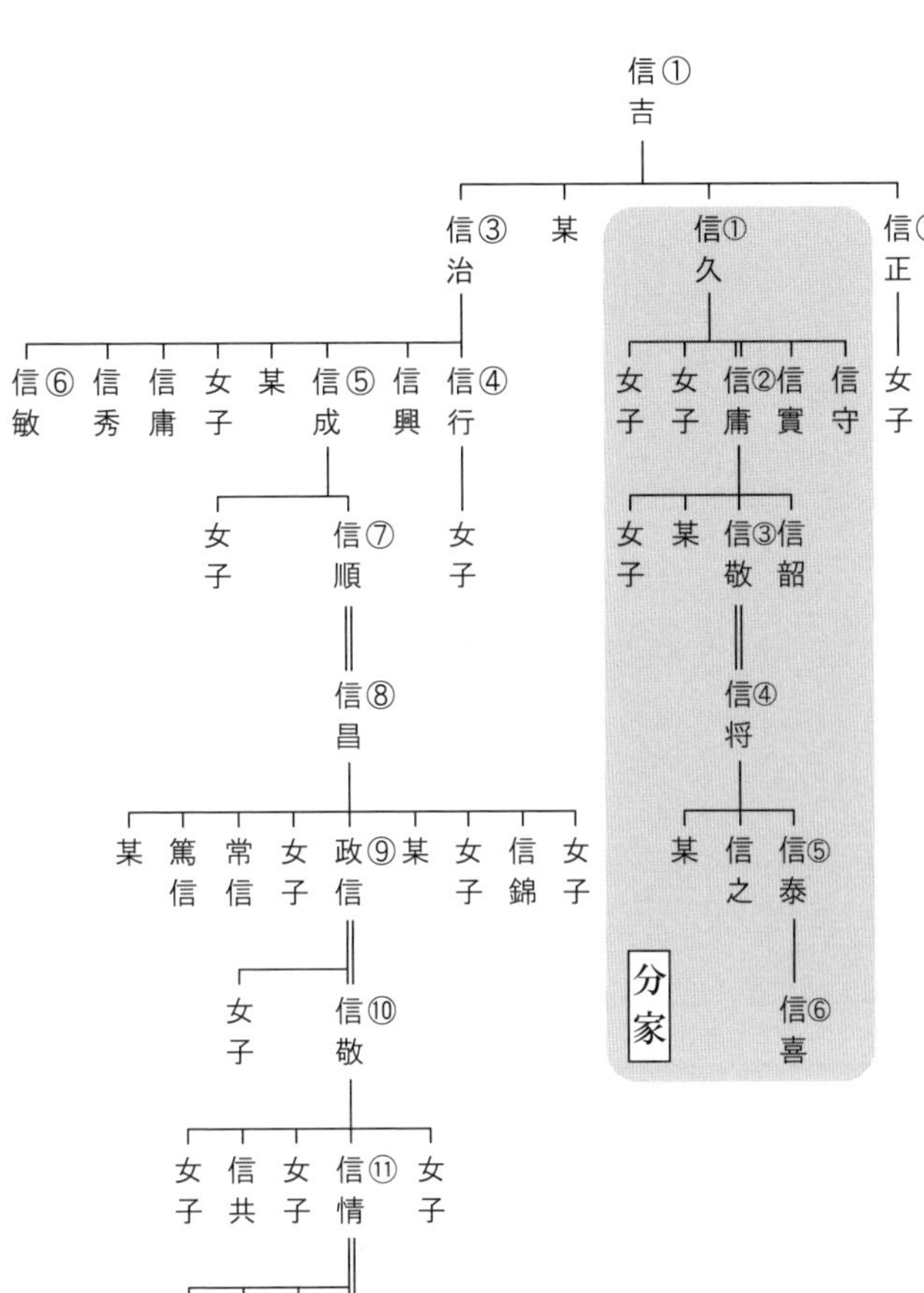

図3　中山家系図（尾崎 2019 をもとに作成）

置づけを確認しておく。

信吉墓は塚を築いた上に宝篋印塔を乗せている。塚の前には明治三二年（一八九九）頃まで、三間四面、唐様造りの御影堂があった。御影堂の中の須弥壇には宮殿が据えられ、その中には信吉の木像が収められていた。また、須弥壇の前には亀趺碑（埼玉県指定文化財中山信吉木碑）や代々の位牌、鶴形燭台などが置かれていたとされる。[11]亀趺碑は林羅山の撰文によるものであり、撰文を羅山に依頼したのは信吉の息子の信正である。亀趺碑の碑身の形態は円首であり、欅材の一枚板からなる碑面には五八一文字の碑文が、一八行にわたり楷書体で陰刻されている。[12]

撰文からは信吉の事績と共に、記されたのが信吉の没した寛永一九年の二年後である寛永二一年（一六四四）であることが分かる。このことと、「中山家譜」の信吉についての記述「寛永十九年壬申（午）正月六日卒ス、年六十七、武州中山能仁寺二葬ル、後チ同所智観寺に改葬ス」[13]という記述から、『常寂山智観寺誌』において「おそらく信吉の息信正が、父の三回忌（大祥）までの間に御影堂や智観寺並びに丹生明神の諸堂宇を完成し、（〜後略）」と推測されているのであろう。[14]ただし、「中山家譜」

写真5　初代信吉墓（11）

写真6　初代信吉 墓標（11）

には「改葬」とあるものの、「寛政重脩諸家譜」には「改葬」についての記述はない。

亀趺碑で確かなのは、寛永二一年に林羅山により撰文されたという点であり、亀趺碑自体の製作年は寛永二一年以降として捉えられる。この撰文は、水戸藩付家老中山家の墓の造営において、儒教との関わりを明確に示す最も古い例と言える。

また、現在塚の前に立っている寛永一九年銘の石灯籠に、「奉寄進石灯籠源盛院殿道立心円居士霊廟前」と見えることから、石灯籠は当初、御影堂の前に立てられた、もしくは立てることを予定して造られたと推測するものである。

宝篋印塔に刻まれた年号はあくまで被葬者の没年であり、墓標の製作年を示しているとは限らない。そのような意味では塚の築造年は厳密に言うと正確には分からない。ただ、寛永一九年の時点で御影堂が建立されていた、あるいはされつつあったとすると、当初から塚を伴っていたかは明確ではないものの、少なくとも御影堂の西側に信吉が埋葬されていた可能性は高いと考える。

信吉墓は塚（墳）を持つという点において、松原氏による近世初期における大名家の墓所の、視覚的な上部構造様式からの分類[15]の中では、E類に該当しよう。

上部構造様式の類型は、A類からF類までの六類型に分けられているが、基本的にはA類以外の類型はA類からの派生形式と考えられている。派生形式の元となったA類自体は、中世禅宗塔頭寺院の開山堂の系譜からの派生が考えられている。

E類の様相は、次のように説明される。「墳墓タイプで三段築成や地形頂部を墳とする。三段築成は墳の手前に拝所があり石殿が別置される。地形頂部の場合は埋葬の直上に塔を据え裾野に拝所を配す。霊屋構造はないがB類に様式的には類似している。三段築成では加賀藩前田家、頂部墳タイプは会津藩保科松平家がある」「E

類は、墳墓様式の墓所として重視したい。基本的には、土葬によって遺骸を埋葬し成墳するタイプであり、墳の前面に碑を置く。墓所造営の基本は、立地を重視し自然地形の山を撰び、頂部付近やその山麓に築き、築地や石柵などが付属し結界される場合が多い」

類例として、加賀藩前田家墓所、会津藩保科松平家墓所の他には、徳島藩蜂須賀家墓所、岡山藩池田家墓所の輝政、利隆、光政墓が挙げられている。

また、同類型として馬鬣封形もしくは円錐形の墳を持つ水戸藩徳川家墓所、豊後岡藩三代中川久清が葬られた大船山墓所、八代中川久貞の小富士山墓所なども挙げられている。

すでに述べたように、信吉の埋葬は智観寺再興の契機となっており、松原氏が「大名家墓所の造営初期段階（一七世紀中葉）においては、国元の清浄な地を撰地し山裾の広大な範囲を墓域（鳥取市国府町奥谷など）とする、あるいは「墳寺」と呼ばれる寺院を開基し菩提寺として墓所を創出した[16]（後に江戸にも）」と記した文脈の中で理解できるのではなかろうか。

一方、信吉墓にみられる儒教の影響が具現化したものは、言うまでもなく御影堂に納められた亀趺碑である。亀趺碑に陰刻された撰文を林羅山に依頼したのは二代目信正であり、水戸藩付家老中山家墓所の造営において、最初に儒教と関わりをもったのは信正と思われる。

（二）墓標形態に儒教の影響がみられる墓について

次に中山家墓所において、墓標形態に儒教の影響がみられる墓のうち、早い時期のものと思われる事例を確認しておく。

中山家墓所で墓標形態に儒教の影響がみられると思われる墓のうち、刻まれた没年が比較的古いものは、四代信行息女墓（寛文四年〈一六六四〉六月二一日没）と四代信行室墓（延宝六年〈一六七八〉六月一三日没）が挙げられる。

しかし、この二基の墓に関しては、中山家墓所において同じ形態の墓標が他に見られないという点と、円首及び圭首の形態変遷の中でみたときに、刻まれた没年が他の事例と比較しやや古すぎるように思えた為、現時点では、中山家墓所の中での位置づけは保留とし、今後の課題としたい。[17]

故にここでは、より確実な事例として、三代信治の墓標（写真1）を挙げておく。

三代信治の墓標は圭首を呈し、その形状は先述したとおり「喪祭儀略」にみられる石碑図に類似し、その記述されている形態に一致する（圭首1）。歴代当主の墓標のうち、圭首を呈するものの初出である。

大きさについては、「喪祭儀略」に記された石碑の大きさ「高サ四尺今尺ニテ二尺五寸五分ナリ」「厚サ七寸九分今尺ニテ五寸一分」「濶サ一尺一寸八分今尺ニテ七寸六分」、趺の大きさ「高サ九寸三分半今尺ニテ六寸」「横二尺四寸四分今尺ニテ一尺五寸四方」と比較すると、墓標の高さと基台の幅において、「喪祭儀略」を参考にしている可能性が考えられた。その理由としては、墓標の高さが一二一㎝、基台の幅が七三㎝、つまり墓標の高さが四尺、基台の幅が二尺四寸であることが挙げられる。本来「四尺」「二尺四寸四分」という数値は『家禮』の記述に基づいている。その実際の長さは吾妻重二氏が「『家礼』にいう尺はいわゆる周尺、しかも宋代にいうところの周尺であって、今の二十三・一㎝に相当する」と述べているとおり[18]、江戸時代の日本で用いられていた曲尺とは異なる。しかしながら三代信治墓は、曲尺にて高さ「四尺」の墓標と、幅「二尺四寸四分」の基台を造ったと考えられる。

三代信治墓から九代政信墓までの、圭首に分類できる歴代当主墓の墓標・基台の大きさを計測したところ、若干のばらつきはあるものの、墓標の高さはおおむね一二一㎝、基台の幅は七三㎝であった。このように墓標の高さと基台の幅は、ある規定に基づいていると思われ、「喪祭儀略」の記述との一致は、部分的なものではあるものの偶然ではないと考える。

信治が没した頃の当主は五代信成であり、三代信治の墓標形態が以降、基本的に歴代当主及びその夫人と実母の墓標形態の祖型となったことを考えると、五代信成が（一部の例外を除き）三代目以降の歴代当主及び、その夫人・実母の墓標形態を定めたともいえる。

続いて分家について考えたい。前節にて触れたように、分家墓所の墓標を圭首（圭首2）として捉えたのは、水戸徳川家と関わりが深い林羅山をはじめとする林家の墓標の形に類似しているためである。

分家墓所の中にはないが、圭首2に分類される墓標のうち分家の人物の中で最も古い没年号を刻む墓は、（分家初代信久長男）信守室墓（元禄五年〈一六九二〉一一月一二日没　写真2）である。この墓標形態に類似する墓標としては、分家墓所にある分家初代信久（吉勝）墓（元禄一二年〈一六九九〉七月一二日没　写真3）が挙げられる。

これらについても大きさという点でみてみたところ、（分家初代信久長男）信守室墓はやや大きく、幅が三七㎝（一尺二寸二分）、分家初代信久（吉勝）墓は幅が三六・二㎝（一尺一寸九分）である。ただ、分家墓所の圭首を呈する墓標は、八基中六基の幅が三五・八㎝（一尺一寸八分）から三六・五㎝（一尺二寸）におさまっており、一つの規定があったものと思われる。墓標の幅において「喪祭儀略」における「濶サ一尺一寸八分」という記述が影響を与えた可能性も考えられるが、墓標頂部の形態が「喪祭儀略」にて示されている形とは異なるため、現時点では保留にしておきたい。高さについてはそれぞれ一一〇㎝（三尺六寸三分）前後であり、やはりだいたいの大きさが決められていたようにみえる。

信守室が没した当時の分家当主は分家初代信久であり、信久が没した当時の分家当主は分家二代信庸である。

これらのことから分家においては、分家初代信久により圭首2の墓標が採用され、以後代々受け継がれていったと考えられる。分家初代信久は御目見の旗本として出世を遂げており水戸藩に仕えていたわけではない。しかしながら分家の墓標においても、儒教の影響は色濃くみられるとして良いと思われる。

（三）六代信敏室墓と七代信順墓について

ここで中山家墓所にある墓の中で、例外的といえる墓について触れておく。まずは六代信敏室墓（一七七〇年没　写真7）について取り上げておきたい。

六代信敏室墓は、地表面に基壇を置き、その上に墓標を立てている。墓標の形態は笠塔婆を呈する。墓標左側面に「明和七庚寅天」、正面に「貞了院殿明寂珠光大禅尼」、右側面に「十月三十日」、裏面には家紋（竹に雀）と共に「珠光姓藤原氏諱俊子養父鍋島加賀守藤原直能実父／小川坊城参議左大辯藤原俊方也享保十六辛亥年八月／廿七日落髪同廿一丙辰年中春月餙餘之日逆修刻之」と刻まれている。

墓標裏面に銘文が刻まれた享保二一年（一七三六）当時の当主は八代信昌であるが、墓標形態が笠塔婆であることや、墓標裏面に刻んだ家紋を含んだ銘文の内容は、逆修塔ゆえ信敏室本人の意向によるものである可能性が高い。刻まれた家紋は杏葉紋（養父である鍋島直能の小城鍋島家の家紋）ではなく「竹に雀」（写真8）であり、坊城家を示したものと考えられる。自らの出自を家紋と銘文により後世に伝えようとする確固たる意思の存在を感じる。

この公家出身の女性は、その本願により智観寺の梵鐘を改鋳していることが「明和二年智観寺鐘銘写」より分かる。[(19)] 信仰心の厚い人物であったようである。また、夫である六代信敏没後五九年存命しており、その間に歴代当主では七代信順、八代信昌が亡くなっている。

七代信順墓（写真9）の墓標形態は五輪塔を呈し、これも中山家墓所にある墓では例外的な存在である。当主の墓標のうち五輪塔が採用されたのは、七代信順ただ一人である。

七代信順は六代信敏の跡を継いでわずか一年足らずで亡くなっているが、墓標形態は圭首ではなく五輪塔が採用された。想像の域を脱しないが、その選択にあたっては、同じく圭首を選ばず自身の墓標を笠塔婆とした、信敏室の意向が存在してはいないだろうか。

（四）歴代当主墓標における銘文と墓標の変化について

三代信治墓以降の歴代当主の墓標を計測したところ、一〇代信敬墓以後、墓標が一回り大きくなることが分かった。例えば一〇代信敬墓の墓標は、高さが四尺三寸（一三一㎝）、幅が一尺九寸（五八・二㎝）、厚さが一尺（三〇・六㎝）である。三代信治の墓標が高さ四尺、幅一尺八寸、厚さ八寸であり、厚さに多少の違いはあるが、高さと幅に関しては九代政信墓までほぼ同じ大きさで造られていたことを考えると、大きな変化である。

また、墓標の変化は大きさだけではなく、表面に仏式の戒名が刻まれるようになったということも挙げられる。この二つの変化は、一一代から一三代においても踏襲される。

一〇代信敬は水戸徳川家の出身であり、水戸藩五代藩主徳川宗翰の九男で

写真7　六代信敏室墓（2）

写真8　家紋「竹に雀」（墓標裏面）

写真9　七代信順墓（13）

ある。尾張・紀伊の付家老と協働し、藩独立運動（大名昇格運動）ともとれる動きを見せた人物としても知られており、[20]中山家の存在感を高めるという明確な意識の持ち主であることを考えると、墓所造営に対する意識の変容は一一代信情によるものというより、父信敬の遺命によるものではなかったろうか。

（五）分家墓所と北墓群の形成について

分家墓群は一部を除き、墓標形態にほぼ圭首2を採用していると考えている。また、位置的に本家の北墓群と南墓群の間にあり、中山家墓所における墓の配置で本家の墓群に一定の影響を与えている。そのため、水戸藩付家老中山家墓所と不可分のものとして捉える必要があると考える。

分家墓群は（写真10・図4）第二節で見たとおり、北から南へ一列に並んでいる。この配列が当初の位置を保っているのか、それともいつかの時点で整理されたものかにより、結論も異なってくる。まずは、当初の位置を保っている場合で考えてみたい。

現状で見る限り、分家初代信久（吉勝）墓標（26）に向かって左に、分家初代信久の長男である信守の墓標（27）、向かって右に分家初代信久室墓（25）がある。亡くなった順で考えると、信守がまず亡くなり（延宝二年〈一六七四〉）、その約半年後に信久室が亡くなり、その約二四年後（元禄一二年〈一六九九〉）に信久が亡くなっているため、墓標が当初の位置から動いていないと仮定すると、分家当主の長男と、分家当主の妻の墓が、分家当主の墓を造る場所をその間に確保した上で並んでいたことになる。長男と妻の墓は地表面に立てられた宝篋印塔であり基壇を持たない。分家初代信久の墓は基壇の上に基台を載せ、その上に圭首2の墓標を立てたものである。夫人の墓を造った約二四年前の時点で、果たして分家初代信久自身の墓がどのようなものになるか、構想はあったのだろうか。推測の域を脱しないが、分家墓所に最初に造られた墓は分家初代信久のものであり、その両脇に改めて長男と妻の墓標を据えた（改葬した）可能性を考えておきたい。

続いて没年順で見てみると、分家初代信久墓に次いで亡くなっているのは、分家二代信庸の息子である信韶である。信韶墓は分家墓所の北端に位置しているのだが、信韶の墓標が立てられた時点では、まだその北隣には一〇代信敬と信敬室の墓は無い。しかしながら、信韶の次に亡くなった分家二代信庸は（あらかじめ空けてあった間隔を埋めるように）信韶墓に向かって左に、更に分家三代信敬墓は信守墓に向かって左（南）に造られる。尾崎泰弘氏は信韶墓の北側が空いていたにも関わらず、分家墓所の範囲が北に伸びていかなかったことについて、「本家の墓域として設定されていた可能性もある」と指摘している。(21)本稿においてもその可能性は高いと考えるものである。もしそうであったとし、信韶墓を分家墓所の北端に造ったとするならば、信韶が亡くなった時の分家当主は分家二代信庸であり、本家当主は六代信敏である。この二人により、分家墓所の北の境界、つまり本家の北墓群の南の境界が確定された可能性を一つ考えておきたい。

では分家墓所の南の境界はどうか。それを規定しているのは

写真10　分家墓所（東から）

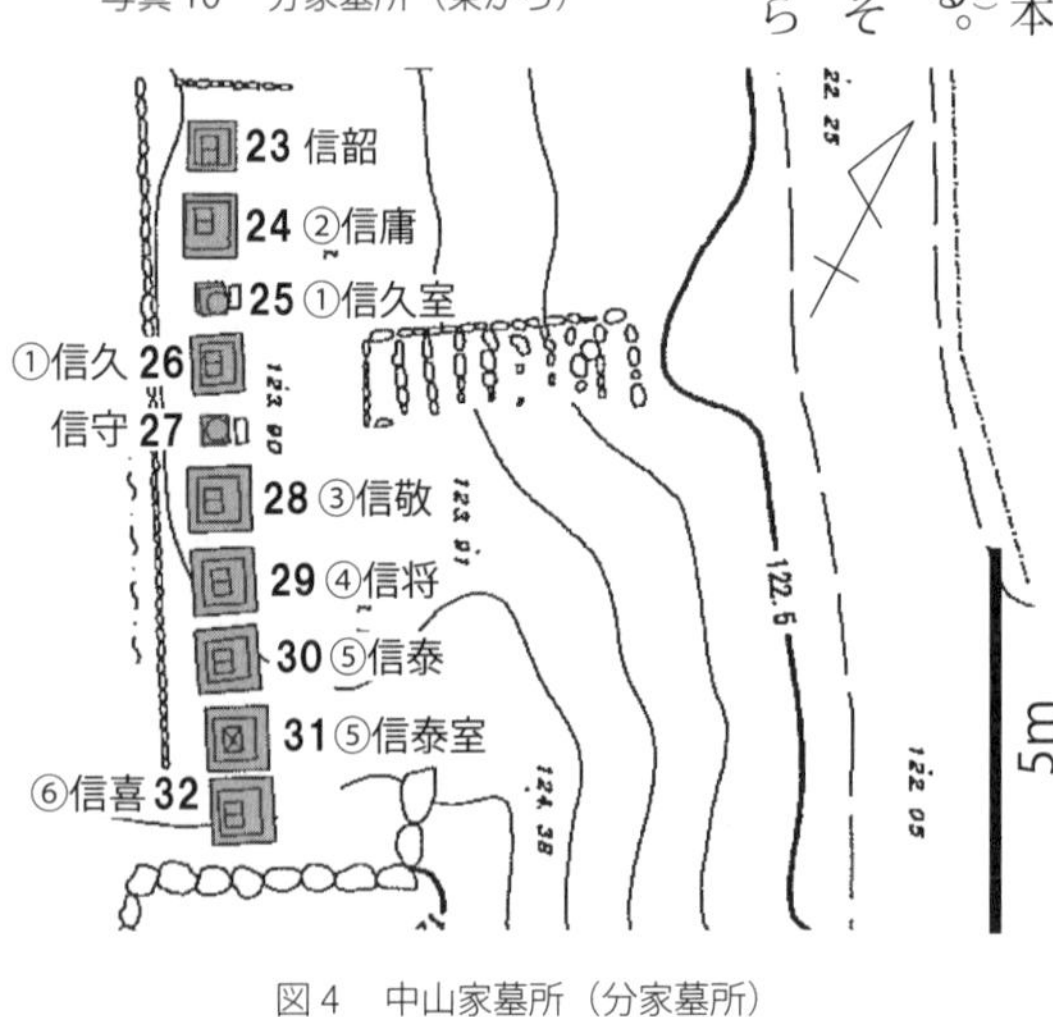

図4　中山家墓所（分家墓所）

五代信成墓だが、没年の順だと、信成墓は分家初代信久（吉勝）墓の後に造られていると思われる。それは信韶が亡くなる前であり、分家墓所は分家初代とその長男・妻の墓標が三つ並んだ時点で、南の境界を確定されたこととなる。分家墓所の南の境界を確定した五代信成墓及びその南隣の三代信治室墓を造ったのは、六代信敏である。

一方で、ある時点において分家墓所北側にあった墓が移動された可能性も考えておく必要があろう。想定されるのは、十代信敬・十代信敬室墓が造られた時である。十代夫妻の墓の位置が北墓群北縁の墓の位置に対応しているように見えることから、場合によっては六代以降の墓も含め、墓所を整備することになろう。

もし、そのような北墓群の再整備が行われていたとしたら、それには相応の費用が必要になると思われる。しかし一〇代信敬は中山家の家格に関し相当強い意識を持った当主であったようだ。そのため、一〇代以降の歴代当主の中で北墓群整備・分家墓所改葬を企図した人物がいたとするならば、最も可能性が高いのは一〇代信敬と考える。

中山家墓所が現在見られるように、初代信吉墓を中心軸に据えて（御影堂が存在していた当時は御影堂を囲むように）墓が配置されているのは、北墓群の範囲が定められた結果である。以上に述べたことから、本家の北墓群の範囲を確定し、墓の配置の方針を定めた可能性が高いと思われるのは、歴代当主では六代信敏あるいは一〇代信敬の名を挙げておきたい。

四　まとめ

最後に、前節で考察した結果について簡単にまとめておく。

水戸藩付家老中山家の墓所造営における、儒教の影響が認められる事例としては、確実なところでは二代信正が林羅山に亀趺碑の撰文を依頼したことが、最も古い事例として挙げられる。その後、おそらく五代信成により、当主とその夫人などの墓標形態に頂部を四方から削ぐ形の圭首（圭首1）が採用された。これらの背景にあるのは、水戸藩と林羅山・朱舜水との関わりであり、水戸藩二代藩主徳川光圀の儒教への傾倒である。具体的には、光圀が寛文六年（一六六六）に家臣に配布した「喪祭儀略」が、中山家の墓所造営に大きな影響を与えたと考えた。

また、儒教の影響は水戸藩付家老中山家（本家）の墓所だけでなく、水戸藩には仕えていない分家墓群の墓標形態（圭首2）にもみられることを指摘した。一方で、本家の墓所において六代信敏室墓に代表されるように、円首・圭首以外の墓標形態を選択する事例が見られ、そこには個人の信仰心と意志が尊重された可能性を考えた。また、一〇代信敬墓以降、墓標の大きさがやや大きくなり、併せて墓標正面に仏式の戒名を刻むようになることから、墓の造営に関する意識の変容が認められることについて触れた。これらのことから、本家の墓所については、儒教の影響は必ずしも支配的・絶対的なものとして存在していたわけではなかった可能性が考えられる。

加えて、北墓群の範囲を確定し、墓の配置の方針を定めた可能性のある人物として、六代信敏、あるいは一〇代信敬の可能性を考えた。

このように、水戸藩付家老中山家の墓所は、当時の武家がどのような思惟の元に墓所造営にあたっていたかを知る上で、貴重な情報を有しているといえる。

そして儒葬で重要なのは埋葬方法である。中山家墓所において、儒葬がどの程度受容されていたのかは、考古学的手法により地下の遺構の調査を行わない限り、本当の意味で明確にならないことを改めて付け加えておく。

最後に、末筆ではございますが、中山家墓所での調査をお許しくださった智観寺住職の中藤栄岳師、本稿を記す機会を与えてくださった石造文化財調査研究所代表の松原典明氏、作図に関するデータをご提供いただき、励ましてくださった飯能市立博物館館長の尾崎泰弘氏、智観寺墓所の墓の配置図の使用を快く承諾してくださった、飯能市教育委員会生涯学習課の熊澤孝之氏に御礼申し上げます。

註

1　中藤榮祥編　一九九六年『常寂山智観寺誌』常寂山智観寺　三〇二頁。

2　「寛政重脩諸家譜」巻第六六一　丹治氏　中山　国立国会図書館デジタルコレクション。

3　註1に同じ。三〇三頁。

4　『諸家系図纂』二五下　国立公文書館デジタルアーカイブ。

5　松原典明　二〇一二年「儒者ネットワークと喪禮実践」二八九～二九四頁（『近世大名葬制の考古学的研究』雄山閣）。

6　「喪祭儀略」宮内庁書陵部所蔵　新日本古典籍総合データベース　吾妻重二氏により「喪祭儀略」を含めた水戸藩の儒教喪祭儀礼文献がまとめられている（吾妻重二「水戸藩の儒教喪祭儀礼文献について」『関西大学東西学術研究所紀要』四八号　関西大学東西学術研究所　二〇一五年）。「喪祭儀略」に基づく石碑の実例としては、常磐共有墓地（茨城県水戸市末広町）にある多くの墓碑が挙げられる。

7　吾妻重二氏は「圭首は左右対称で上部を尖らせた形状（尖頭型）と、上部がゆるやかに円い形状（円頭型もしくは平頭型）の二種類があるが『家礼』本来の形は後者の円頭型だったと思われる。（～中略～）いま円頭型をタイプAとし、尖頭型をタイプBとしておく」とし（吾妻重二「日本における『家礼』

式儒墓について ―東アジア文化交渉の視点から（一）」『関西大学東西学術研究所紀要』第53輯 関西大学東西学術研究所 二〇二〇年 一〇頁）、本稿における圭首2は、吾妻氏分類の圭首タイプB（尖頭型）に一部該当すると思われる。

8 「寛政重脩諸家譜」においては「吉勝」の名で記され「今の呈譜、信久に作る。水戸家の家老中山備前守信吉が二男、母は鹽谷阿波守義上が女」とある。

9 尾崎泰弘氏は、七代信順墓と八代信昌嫡子墓が、後世に移されてきた可能性を指摘している（尾崎泰弘「智観寺中山家墓域の形成過程」『飯能市立博物館研究紀要』第1号 飯能市立博物館 二〇一九年 三〇頁）。

10 桂岸寺は現在の水戸市全隈町にあった普門寺を、三代信治が天和二年（一六八二）に二代信正の供養のため、現在の地に移し桂岸寺としたのが始まりとされる（今瀬文箭『茨城の寺』（三） 太平洋出版株式会社 一九七二年 七〇頁）。桂岸寺の中山家墓所にある二代信正墓は、大きめの切石により造られた基壇の上に墓石が載っている。墓石は中をくり抜いた直方体の中心に、球状の石を据えたものである。球状の石には「恭子」と刻む。墓石は正面や側面から見た時に中山家の家紋である「枡形に月」に見える。また、墓石の頂部は四方から削いで尖らせており、儒者墓碑にみられる圭首の一種と捉えられなくもないが、この点については今後の検討を要する。四代信行の墓は切石を積み造られた基壇の上に、二つの墓標が前後に立てられている。前の墓標は圭首（圭首1）に分類でき、正面に「故従五位下東市正丹箇子之墓」と刻まれている。後ろの墓標は方柱形（突頂方柱）を呈し、正面に「従五位下東市正中山府君丹箇侯墓」、右側面に「中山氏四世丹治真人信行／孝子備前守丹治信成」と刻んでいる。

11 註9にて挙げた文献に同じ。二六頁。

12 註1に同じ。二九頁。

13　註1に同じ。三〇五頁。
14　註1に同じ。二一頁。
15　松原典明「近世大名家墓所の構造様式」二一・三二頁（『近世大名葬制の考古学的研究』雄山閣　二〇一二年）。
16　註15に同じ。一七頁。
17　註5に同じ。二九二頁掲載の図六二「黒谷金戒光明寺墓所の頭部形態変遷図」及び三〇〇頁掲載の図七〇「儒者墓碑類型別系譜一覧」。
18　註7にて挙げた文献に同じ。七頁。
19　註1に同じ。四七～四九頁。
20　沼澤佳子氏は「一家老としての家中への埋没を拒否し、その別格性を強調しなくてはならなかったのではないだろうか」と推測している（沼澤佳子「水戸藩前期における付家老中山家の位置とその確立」二三頁（『茨城県立歴史館報』第三九号　茨城県立歴史館　二〇一二年）。
21　註9にて挙げた文献に同じ。三〇頁。

弘前・黒石津軽家の葬制と親族形成

松原典明

はじめに

近世、本州の最北を守った津軽家は、戦国期に南部家から独立を果たし、当知行安堵を経て関ヶ原での功績により、津軽為信（ためのぶ）が津軽領四万五千石と、上野国勢多郡の飛地二千石とを安堵された。弘前藩としては四万七千石を領知し、初代為信が近世弘前藩の基礎を築いた[1]。近世弘前藩の歴史は、政治社会史などから六期に区分されるが[2]、今回取り上げるのは、弘前藩としての規範を成立させた「中興の祖」とも称される四代藩主信政（のぶまさ）と黒石藩初代信英（のぶふさ）に焦点を当てる。特に、信政と信英の葬制に着目し、宗教的な思惟形成の背景を、婚姻関係や親族形成過程を確認することから捉えてみたい。四代信政が傾倒した兵学の師・山鹿素行（やまがそこう）の影響や山鹿が没した後に吉川惟足（よしかわこれたり）から受けた吉川神道の影響は、津軽本支両家においてどの様に伝えられ実践されたのか、あるいは、分家初代で信政の後見人を務めた信英の儒教的な思惟と、その影響や受容背景について焦点を当ててみたい。

山鹿素行や吉川惟足という特定な人物と、為政者という特定な階層における思惟形成を問うということになるが、山鹿・吉川両者の思惟は、広く各地の大名家に及んだ点を考えると、近世武家社会の思惟形成の一端を端的に示すことにもなろうと考えている。また、思惟は、為政者の宗教性と親族形成に密接に関連している点を示すことになる。

宗教性を問う前提として、近世武家社会における墓所は、多くの場合、菩提寺と定めた寺に造営され、上部構造を見る限りは、仏式に由来する石塔や墓標が造立される。しかし、幾つかの墓の下部構造の発掘調査によって明らかになった事例を分析してみると、埋納された遺骸は、儒教のテキストとされる『家礼』の「治葬」に則った埋葬であったことが明確である。(3)

そこで、ここでは、考古学的な視点による墓所構造や葬制の確認に加えて、被葬者の親族関係・姻戚関係の確認を通して、被葬者の思惟形成の一端を読み解こうと考えている。これは、死に対峙した被葬者、あるいは、「家」が選択した葬送の宗教性を明らかにできるのではなかろうかと考えている。

今回は特に、戦国期末期から明治に至るまで、本州の最北の護りを担ってきた弘前藩津軽家と、その分家である黒石藩津軽家における相続や、それに伴う葬制・造墓・親族形成を通じ、両家における思惟形成の一端を読み解いてみたい。

具体的には、津軽家の中でも、「中興の祖」と称され、近世津軽家の基礎を築いたとされる弘前藩四代藩主・津軽信政の葬送・墓所造営や、思想的・学問的な傾倒、さらには女縁による親族形成についても注視した。

なお、四代藩主信政事績・家譜について断りのない限り、『寛政重修諸家譜』（以下『諸家譜』と略す）に従い、山鹿素行との交流については、森林助『山鹿素行と津軽信政』（昭和一〇年）や篠村正雄氏の一連の津軽家についての論考に従ったことを明記しておく。

一　四代藩主津軽信政の登場と黒石領津軽信英

（一）四代藩主信政登場まで

一六歳で遺領を継いだ二代藩主信枚は、二〇歳で松平康元の娘・満天姫を娶り、於大の方を通して家康との縁が強く結ばれた。信枚が江戸勤番を命じられたことも、この姻戚関係からではなかろうか。信枚は、天海に帰依し寛永寺子院津梁院を開基して葬られた。以後、津梁院が津軽家の菩提寺となった。信枚と天海との縁は、後に津軽家が神道に傾倒した思想的意識形成の始まりであったのかもしれない。

三代藩主信義は、二代藩主信枚が寛永八年（一六三一）、江戸で死去（四六歳）したことで遺領を継ぐことを許された（当時一三歳）。この時、襲封の御礼を、津軽万吉（のちの津軽黒石家の祖となる津軽十郎左衛門信英）にしている。信義の母・曽野は、信枚の側室で大舘御前と呼ばれており、信義が誕生した地も、この上野国新田郡大舘とされている。津軽藩主となったが、国元との直接的な縁は薄かった。このことで、当時から藩の重要な役割を担っていた信英に対し、先ずは挨拶をしたことに繋がったものと思われる。宗教的な儀礼の場として、寛永八年（一六三一）二月二一日、高野山遍照尊院を津軽家の菩提寺と定めた。また藩政では、二代藩主信枚の三男・信隆（家老職）は、正保四年（一六四七）、兄である三代藩主・津軽信義を強制隠居させ、嫡子の信政をも廃嫡させようと、次男で兄の信英を四代藩主に擁立しようと企てたが、未然に終わった（正保の乱）。三代信義は、先に触れたように二代藩主信枚が寛永八年（一六三一）、江戸で死去（四六歳）したことで遺領を継いだ。そして明暦元年（一六五五）一一月二五日に江戸で死去し、跡目の相続で四代を信義嫡男の

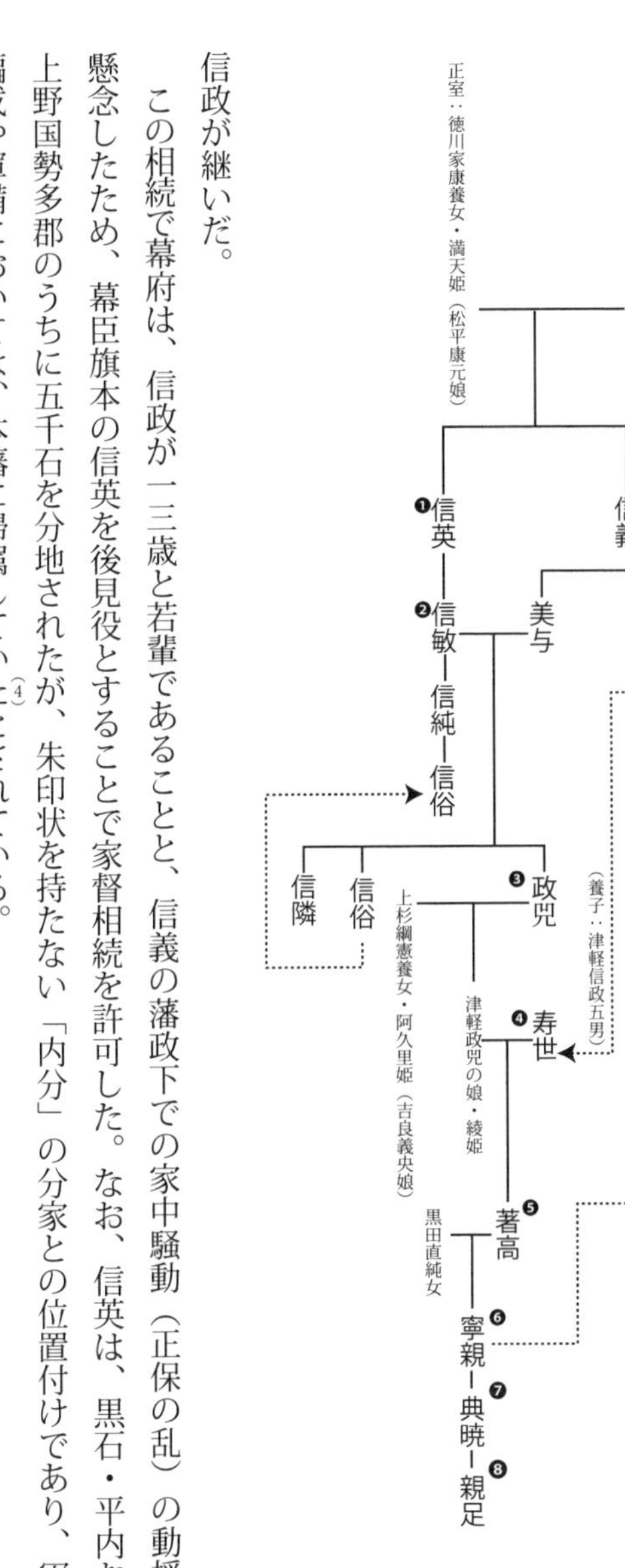

図1　弘前津軽家と黒石津軽家略系図

信政が継いだ。

この相続で幕府は、信政が一三歳と若輩であることと、信義の藩政下での家中騒動（正保の乱）の動揺等を懸念したため、幕臣旗本の信英を後見役とすることで家督相続を許可した。なお、信英は、黒石・平内および上野国勢多郡のうちに五千石を分地されたが、朱印状を持たない「内分」の分家との位置付けであり、軍事力編成や軍備においては、本藩に帰属していたとされている[4]。

信政初期の藩政では、信義時代からの家老で信英の弟・津軽信隆と神保清成、この他に高倉盛成・北村統好・渡辺政敏・傍島正伴などの家老職らとの合議を経ることを条件として、藩政が進められていたという。[5]

また後見役の信英の事績について詳細は不明であるが、小舘衷三[6]の研究によれば、山鹿素行との関係等を挙げた上で、次のような史料を示し、信英の人となりと、その思惟を指摘している。このことから、特に儒教（儒道）に傾倒したことは明らかである。

「十郎左衛門様御事、何れ御器量の御人品にて人も御付申御事にや、殊に儒道に被為勝由に承候。右に付御遺命有て、黒石御居館之内へ、儒道を以御葬礼、御忌日には霊前に於て、大学読誦と云う。」（圏点筆者）

両家は、その後も互いに養子縁組を行い両家の存続を重視し、両敬関係を保ち維持展開した。この両敬関係については、江戸後半期の両家についての言及ではあるが、篠村正雄氏の研究が詳しく、特に寛政一二年（一八〇〇）をはじめとする資料群から、幕末までの一四史料を一覧としてあげ、「両敬」関係を詳しく分析されており参考とした。[7]

二　弘前藩四代津軽信政の思惟形成

四代藩主信政は、叔父である信英の勧めによって、兵学・儒教に長けた山鹿素行に師事した。また、信英が黒石領を領するに当たり、寛文元年（一六六一）に発布したとされる『御家中諸法度』の多くの条文は、山鹿素行が著した「式目家訓」（慶安四年〈一六五一〉）と共通する点が多いことが指摘されている。[8]師である山鹿素行の学問的・思想的な影響は大きかったものと推測する。以下、山鹿素行と後に影響を受けた吉川惟足との関係について触れておきたい。

（一）山鹿素行との関係

信政（一五歳）は、叔父信英の勧めによって江戸で山鹿素行に師事した。翌年の寛文元年（一六六一）江戸から津軽入部に際して山鹿素行を招聘しようとしたが、この時点では叶わなかった。しかし、その後も師と仰ぎ、兵学に留まることとなく広く感化を受けることとなった。実弟・玄蕃政朝（信隆養子で江戸家老職）もまた素行の門弟であった。[9] 若干ここで素行の門人について若干触れておく。「素行門人調」の研究（谷口二〇一二）によれば、大名や諸藩の高禄の家臣、直参旗本など多くの武家が素行の教えを受けていた。赤穂藩主浅野長直・長矩、大村藩主大村純長・桑名藩主松平定綱・烏山藩主板倉重矩・二本松藩主丹羽光重・三次藩主浅野長治・膳所藩主本多忠将・土浦藩主土屋数直などが師事したとされる。また、平戸藩主松浦鎮信と弘前藩主津軽信政は、共に学び親交が厚く、両藩に素行の学統が残されたとされている。当時、両藩は地政学的な共通点が見出せる。平戸藩はオランダ・ポルトガルなどが渡来する長崎の警備・警戒に直面しており、弘前藩は、寛文九年（一六六九）に勃発した松前藩による貿易不均衡に対するアイヌのシャクシャインの乱などに対して、本州最北の要地であったため、平戸藩と同じく、兵学・軍政について素行の兵学的な知見を必要としたと思われ積極的に師事したのであろう。なお、山鹿素行の学問は兵学であるが、彼の学問は、九歳から林羅山とその弟・永喜の門人として儒学・程朱学を学んだ事が、後の兵学の基礎となったとされる。[10] 特に兵学については、小幡景憲（尾幡景憲）から印可状を得ており（『配所残筆』三枚ノ裏・岩波書店 一九四〇）、寛永一九年（一六四二）に、甲州流兵法講授の師証を受けていた。師である小幡景憲の門流を見てみると、細川光尚・浅野長治・永井尚政・小野忠胤など、名だたる大名が名を連ねている点に注視しておきたい。

一方、『配所残筆』（四枚ノ表）には、一七歳の冬、高野山按察院光宥法印から、そして慶安四年（一六五一）

頃、廣田担斎から神道（忌部神道）を伝授されたことが記されている。

貞享二年（一六八五）素行が、重い病に罹患したため多くの門人らが見舞い、信政や松浦鎮信も度々見舞っていたが、同年九月二六日に没し、宗参寺（現・新宿区）に葬られた。この時、信政は四〇歳であった。

（二）吉川惟足との関係

津軽歴代一の名君とされる津軽信政は、寛文一一年（一六七一）二六歳で吉川惟足に入門した。貞享二年、師と仰いだ山鹿素行が没すると、同四年（一六八七）五月（信政四二歳）「護身神位」、同年九月「弓矢起伝」など神道に傾倒した[11]。元禄三年（一六九〇）、昌平坂湯島聖堂が落成し綱吉の儒学推奨が広まり、政信も水鉢を寄進している。その後、元禄六年（一六九三）「神道一事重位」、元禄一三年（一七〇〇）「神道二事重位」、宝永元年（一七〇四）「神道三事重位」伝授、そして宝永七年「神籬磐境之大事（ひもろぎいわさかのだいじ）」を許され、実質は四重奥秘に達していたとされている（平、一九八二）。

貞享元年（一六八四）、信政嗣子信重（後の五代藩主信寿）・那須與一資徳もまた素行に入門している。

信政は、貞享二年、素行を亡くし、一〇年後の元禄八年（一六九五）に、吉川惟足とも死別し、師を失ってしまった。自らの葬送においては、遺命により神道葬による執行を託し、以前から決めていた百沢の地に埋葬された。

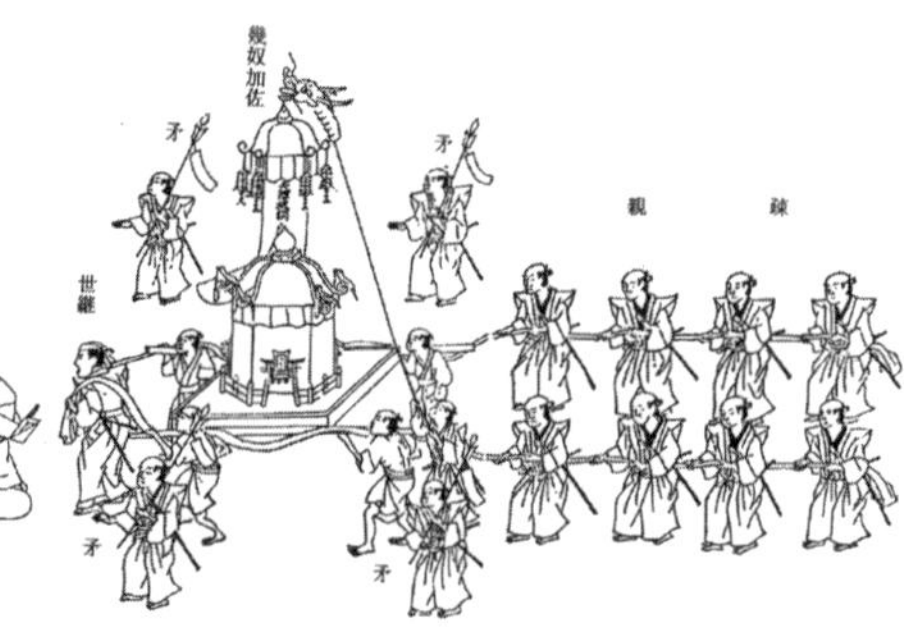

図2　日本教育文庫（同文館編輯局 1911　神風記巻四「尸をおさむる次第の事」）

信政と親交があった人物として付け加えておけば、三次藩初代浅野長治との関係を注視しておきたい。この親交は、浅野家儒臣・野本道玄[12]の津軽招聘を実現させ、藩内における農業・林業などの産業文化の活性化に活かされた。そして茶道や思想面での影響もまた大きかったものと推測される。なお、この野本道玄の出自については定かではないが、日出藩初代木下延俊の兄である木下勝俊（長嘯子）の第一四子とも言われている[13]。木下家は日出を治め、中でも日出藩三代俊長は神道に傾倒し、没後、横津神社に祀られており[14]、吉川神道との関連が注視される。また、人見友元の家と姻戚関係にある点は、後に触れる信英五〇回忌頌徳碑の撰文者・人見行光（行充）との関係に及んでいることとも関連している。

三　信政の葬送と墓所

（一）信政の葬送

信政の葬送については、「津軽編覧日記」[15]（以下「江戸日記」とする）に詳しい。これによれば、宝永七年（一七一〇）一〇月一八日夜発症、翌一九日津軽城内で没した。その後は遺命に従い、百沢（今の高岡）に神葬による埋葬の準備に入り、一二月四日夜八ツ刻（午前二時）三の丸を出棺し、翌五日に申刻（午前六時半）百沢に到着。この間、葬列は喪服を着用で、側近約五〇人近くが、それぞれ執司・執蓋・美都奈・御形代・御導師・御榊・御洗米・御太鼓・御笛・御鈴・御祓机・御祭文・御白幣・御青幣柩役として百沢まで葬列した。因みに、弘前藩藩校内には孔子廟があり、釈奠（せきてん）儀礼（寛政八年〈一七九六〉・稽古館）が行われ、雅楽が演奏された[16]。しかし信政の葬列内の鳴り物を見ると、寛政八年の釈奠儀礼より早く、笛・太鼓（鳴り物）が確認できる。これをもって雅楽とは言えないまでも、吉凶儀礼における「楽」の意識は既にあったものと言えよう。

一方、葬地である百沢では、白幕が張り巡らされ、その中心に墓壙が掘られ、石槨が築かれた。信政の柩は、轆轤を用いて土壙に降ろされ埋納された（森林助『山鹿素行と津軽信政』一九三五〈私家版〉）。

（二）津藩への問い合わせから

なお、信政の遺言である神道葬を執行するに当たっては、江戸藩邸の聞き役が、元禄一六年（一七〇三）没した津藩三代藩主藤堂和泉守（藤堂高久）の葬礼について問い合わせを行い、その結果を五代藩主となる信寿に報告をしている（「江戸日記」宝永七年一一月二日条[17]）。

本来、神道葬を望んだ信政の遺言を執行するのであるならば、信政の学問の師である吉川惟足との関係からすれば、会津藩保科家に問い合わせればよかったのではなかろうか。しかしこれが出来なかった理由は不明であるが、保科正之の葬送が寛文一二年（一六七二）の実施で古かったことや、もう一人の師であった山鹿素行が『聖経要録』（岩波文庫一九四〇）の刊行で保科正之の筆禍に及んでいたこと[18]などの遠慮があったものと推測され、また、津藩への問い合わせの理由は、信政の没した時期に最も近い「神道葬」が藤堂高久の葬儀であったため、問い合わせを行ったものと思われる。なお、筆者は、以前、藤堂和泉守高久の葬送について、家臣である朱雀頼母が遺した『高久公易簀録草稿』（以下『易簀草稿』と記す）から遺骸処理ならびに地下構造について、復元的に考察したことがある[19]。高久の葬送は遺言によって執行されたが、『家礼』「治葬」に極めて忠実に則った葬送であったことから「儒葬」と読み解いた。さらに葬地上に建立された碑は、形式や砂岩（泉州箱作山の青石）を用いた点を捉えるとまさに『家礼訓蒙疏[20]』（若林強斎著）に従ったものと言ってよいが、しかし碑銘を見ると「了義院殿實観高顯権大僧都之墓」と刻されていて、院殿と権大僧都という僧階が刻られており、高久の遺言ではなく家臣らの判断によって幕府に遠慮した結果であったろうと思われる。つまり、弘前藩もまた葬送における幕府との関係を重視した結果、遺骸埋納は、遺言に従い儒葬を実践したものの、形式的な碑銘は、明確に仏教を重んじた形をとったものと思われる。つまり、幕府に遠慮して仏式の戒名を日光門跡から授かり、葬送の形を整えた点が、弘前藩として問い合わせを行った主な理由であろうと思われる。

また、藤堂家は歴代が江戸の寒松院に遺骸が埋葬され、国元の菩提寺である上行寺には、石碑と位牌が納められたが、上行寺を家臣参詣の場として位置付けた。

一方、弘前藩津軽家は、国元の報恩寺と、江戸の菩提寺である津梁院に石塔と位牌が奉納された。信政の葬送の場合、遺骸は百沢に治められ、江戸の法要のために、信政の爪髪を箱に入れ、国元から江戸に運び、江戸での葬礼が執行されたことが記されている。この点は、国元における遺言による神道葬執行の貫徹のために、幕府の寺檀制度を斟酌した仏式法要を江戸で執り行ったものと理解できる。江戸に送られた爪髪の埋置は、これまで厳かに「分霊」[21]として捉えられてきたが、「御魂」を「分霊」するという儀礼が未だ確認できていないので、檀家制度下おける幕府に対する詭弁的な儀礼執行のために、「爪髪」が準備されたものと考えておきたい。「分霊」とするには慎重でありたい。津軽藩が信政の遺言に則って高岡に埋葬するに際して、神道葬（儒葬）を実践した藤堂高久の葬礼問い合わせなどと、合わせて総合的に考えると、「爪髪」の埋葬は幕法に対する斟酌を具現化した一方法の結果ともとれ、爪髪を遺骸に見立てた葬礼として捉えておきたい。

（三）信政の墓所

さて、図3が高岡神社に祀られている津軽信政の墓所配置である。信政の埋葬の翌年に五代藩主信寿によって社殿が建立され、高照神社として祀られた。現在の墓所は、二棟の木造朱塗りの切り妻様式の屋根を有する覆屋建物が前後に並ぶ。前の建物は一間四方、後方の建物は二間半四方の平面規模である。それぞれの建物内に碑がある（前の建物内の碑を仮に「前碑」、後ろの碑を「墓碑」と呼ぶ）。前碑は、間知石で建物の基礎を築き、二段の基台の上に尖塔の方柱碑を据えている。碑正面に「弘前城主越中守藤原信政墓（文字内は黒漆が塗布）」と刻んでいる。後方建物内の墓碑は、二段の間知石積みで基壇を築き、その中心に碑が据えられている。碑は、一石八角形柱で、低い基台の上にあり、その上に円形で高盛りの笠石を載せる様式である。笠石の端に蕨手はないものの、保科家の鎮石に類似した形態である。この甲盛りの笠石形態は、一八世紀以降の各地で見られる神道関係の墓碑（例えば第三章の明石藩初代藩主松平直明墓碑）に共通する。銘文は、八角柱碑の正面に「高岡霊社」、右に「寶永七庚申年」、左に「十月十八日」背面に「津軽越中守従五位下藤原朝臣信政」と刻されている。文字内は全て黒漆が塗布された痕跡が確認出来た。な

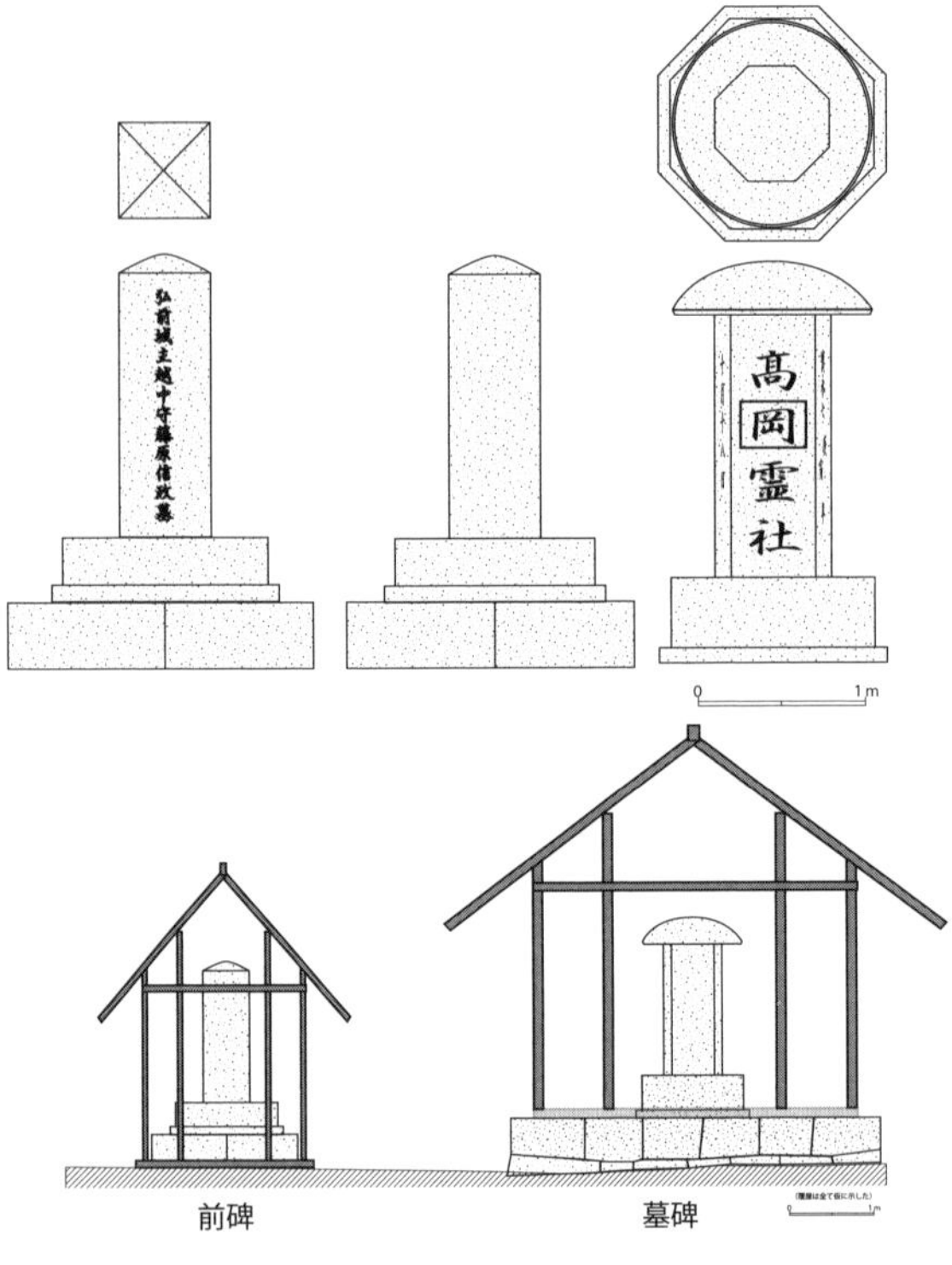

図３　高照神社内津軽信政墓碑と前碑（2013年９月現地調査）

お、先に触れたが正面の「岡」の文字は、後日、石を嵌め込んだものである。墓碑正面に彫られた霊号は、本来、信政が吉川惟足から授かった霊社号である「高照霊社」と刻されたはずである。天保三年（一八三二）に写された『奥富士物語』（『新編青森県叢書』（5）、一九七三）には「高照神社」という銘が書き記されている。一説には「照」の文字が、徳川家康の神号である「東照社」の「照」と重なることから、信政の「照」を「岡」に替えたとされているが、天保三年以前のどの時点で改変されたかは定かではない。

四　津軽信英とその周辺

続いて、信政の後見人として活躍し、黒石津軽家を立ち上げた津軽信英と、それに纏わる祭祀から、親族形成などを確認してみたい。

津軽信英の葬送については、これまであまり触れられてたことはなく、『黒石城下誌』[22]が最も詳しいが、これをもとに近年、関根が調査を行っている[23]。

『黒石城下誌』によれば、津軽信英の葬地は、寛文二年（一六六二）九月国元で没し、陣屋の一角を廟所とし、一周忌に墓碑が建立されたとされている。現在の黒石神社本殿に当たると思われる。筆者が黒石神社の現地調査をさせていただいた折に確認した津軽信隣（三代津軽政兕（まさたけ）の弟）の墓所（図4）は、現社殿脇にあった。このことから考えると、信英の葬地は、本殿の地であった可能性は高

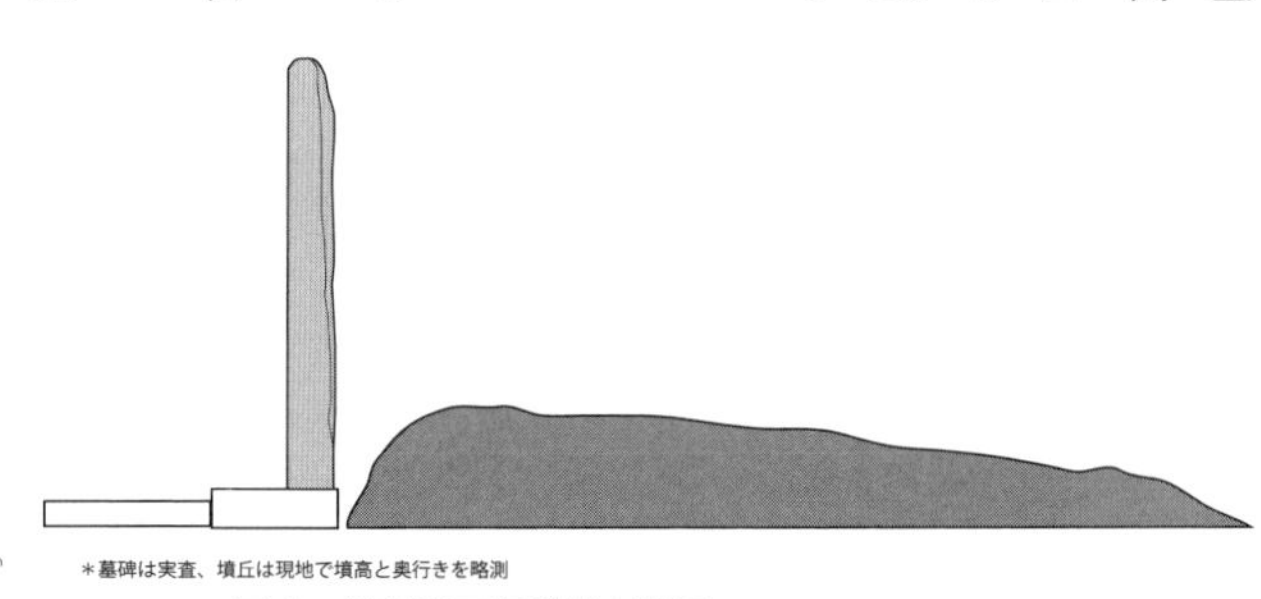

図4　津軽黒石信隣墓実測図

く、何時の時点可は不明だが、後世に社殿造営と共に、現在の本殿内に遺る墓碑と頌徳碑が建立、或いは移祀され、現在の様式が整われたと思われる。その上で、現在護持祀られている墓碑と頌徳碑を資料として、信英とその親族関係や宗教性などについて考えてみたい。

本殿内に祀られている墓碑は、その銘文から信英の逝去の翌年に、二代当主信敏によって建立されたことは銘文から明らかである。碑の各面には次の銘が刻まれている。[24] また、二代を継いだ信敏は、父の一三回忌に石灯籠を一対寄進している。そして三代当主信全(後に政兕〔まさたけ〕と改名)は、信英五〇回忌に当たる正徳元年(一七一一)祥月命日九月二二日銘)に頌徳碑を建立している。[25] この二基が現在本殿内に祀られている。

【一周忌建立の墓碑銘】

正　面　寛文癸卯(三年)季秋日孝子信敏立／黒石牧藤原姓津軽氏十郎左衛門信英之墓

裏　面　當少祥而立焉

右側面　神帰冥漠　星及半百

左側面　貽厥徳存　風清月白　武陵後学人見又兵衛尉小野行光／識且銘之

この墓碑銘文の中で特に注意したいのは、碑を撰文した人物「人見又兵衛尉小野行光」である。二代当主信俊が命じ撰文に及んでいると思われるが、なぜ人見行光が担ったのか、津軽家との関係を確認してみたい。なお、「人見行光」と後に触れる「人見行充」は、次にあげる墓碑銘などから同一人物であろうと思われるので、以後は、「行充」として進めたい。

さて、人見行充がどの様な人物なのかが的確に記された資料として、図5の墓碑銘文を挙げた。図5(上銘文)は、川崎市蟹ケ谷小幡に所在する人見家墓所の中の「陽春院月閑法節小幡孺人墓」の墓碑銘文である(筆者調査)。銘文は、この陽春院が小幡與兵衛親吉の娘で、儒官法眼人見友元の妻とし、先の「人見行充」を養ったと記している。『諸家譜』では、人見友元の正室は、建部丹波守政長の娘とされていて、「小幡孺人」の名は記されていない。そこで改めて以前調査した人見友元の墓碑銘を確認したところ、次の内容が刻まれており、小幡孺人と友元との関係が確認できるので挙げておきたい。

「〈前略〉逝于時（元禄九年‐一六九六）孟春（二月）辛丑日（一四）乎巳六十葬于下野釆邑西場邑括峰下以儒礼初娶建部氏母先卒後妻小幡氏女生五男長沂受業継家次楷（たかし）次相養安田氏處次鏗（かたう）〈云々・後略〉」と記されている（実査）。

このことから、『諸家譜』記載の正室「建部女」とは死別し、後妻として「小幡氏女」を娶ったことが明らかである。また、小幡孺人は、五男二女を儲け、長男が沂が、友元の家職と家督を継いだことが分かる。二男は楷、三男は保氏（やすうじ）は水原家に養子入り、四男は相（ひろし）で後に養安田氏に養子入り、五男は鏗（かたう）であった[26]。銘文の最後の箇所には、皆先に亡くなったため、「沂」が略述したと記され、自ら「不肖孤沂泣血識」と識した。さらに違う筆致による添え書きのような銘「傳蓮社洞誉月閑法節小幡孺人（同識石之）記以石施」が刻ざまれ終わっている。つまり、妻である小幡孺人の名が記されているのである。加えて墓前の一対の燈籠には「元禄十五年壬午／正月十四日／小幡陽春■／小野楷／安田相／井上善」と記されており、一周忌に際して石燈籠が小幡孺人と二男・三男らによって寄進されていることが分る。

また銘文の「傳蓮社洞譽」は、小幡孺人の宗旨を伝えていると思われる。これに関しては、図5の川崎市蟹ヶ谷の陽春院墓銘に「浄土宗受」と記されていることと合致していると思われる。

次に、少し本論とは若干外れるが、『諸家譜』を参照し示した図6の人見家略系図から、父である人見友元の事績なども含めて「行充」の足跡や婚姻関係等に触れ、津軽家との関連を確認してみたい。

先ず、父である人見友元（ゆうげん）は、水戸藩儒臣人見卜幽軒（ぼくゆうけん）の甥で、林鵞峰（はやしがほう）に学び幕府儒臣となった人物である。初

【人見友元の妻・陽春院月閑法節小幡孺人墓銘】

孺人者與兵衛小畑親吉娘也慶安三年庚寅二月六日産江戸姓源諱作女兄弟七人長伝左衛門次三右衛門先卒次宗兵衛其次孺人也次甚兵衛亦先逝有一兄両妹耳為儒官法眼人見友元為妻養行充為宗子生四男二女長行高継祖父官医随祥院法印遺業次満娘幼夭次保氏養水原家仕官次道乙養安田家次友徳仕尾陽公為其人也精□貞静能精女業蚕継進切□筆有法之考属□之後剃髪□□道遙□老或居牛嶋別荘或遊蟹谷小邑不嗜□歌舞之地芳原緑野石泉山郭耕転之境常自為楽嗚呼哀英久恵胖勢節骨枯橋今效正徳元年辛卯夏六月七日奄然而逝歳六十二葬于武州蟹谷村蓋曾祖伊賀守小幡泰久領邑也始孺人宗浄土宗受後住相伝法称亦従馬故不忍改乃為誘云爾宗子又兵衛小野姓人見氏行充泣血識次子元徳小野姓人見氏行高哀突封之

（圏点筆者）

図5　神奈川県高津区蟹ヶ谷小幡・人見家墓所全景

名は節（よし）、字は時中・竹洞・鶴山・葛民・括峰などと号した。また、人見氏遠祖については、友元の伯父である人見壹（はじめ）（道生・卜幽・水戸藩儒）が作成した詩文集「叙傳」の中で、次のように記しているので示しておく。

【『林塘集』[27]「叙傳」貞享三年－一六八六】

「傳言、人見氏之裔、出自小野。昔、嵯峨帝之朝、参議篁以博学多才、名於當世、充遣唐副使。後、忤事数貶、而居於下野足利邑。故其子孫蔓衍東國。武蔵國人見邑有其末裔、以邑為氏。」

これによれば、「人見氏」は、武蔵國人見邑を本貫とする小野篁（たかむら）の後裔で、嵯峨天皇参議として多才を発揮したとされる。『諸家譜』に従い人見家歴代を見てみたい。友元の祖父友徳（又七郎）は明・朝鮮に遊学経験があり帰国後は医師を開業するが林羅山に師事し、水戸藩に仕官した。友徳の四男賢知（かたとも）（元徳・玄徳）が友元の実父で、医師であり経史にも通じていた。三代徳川家光の息女千代姫病状の折に、京都所司代板倉勝重を通じ治療に当たり、竹千代（家綱）発病に専心治療を施したことで、恩賞に「法眼」の称号と武蔵国足立郡大久保村（現在のさいたま市桜区五関）と下野国足利郡西場村（現在の足利市西場町）を拝領（寛永一八年〈一六四一〉）しており、西場村の雲龍寺裏山（現在、足利市大久保町 - 足利市史跡）を人見家歴代の墓所とし、今回取り上げた人見友元と嫡男・人見行充のほか、宜卿の室・行充室（橘氏）など一族の墓碑が確認できる。

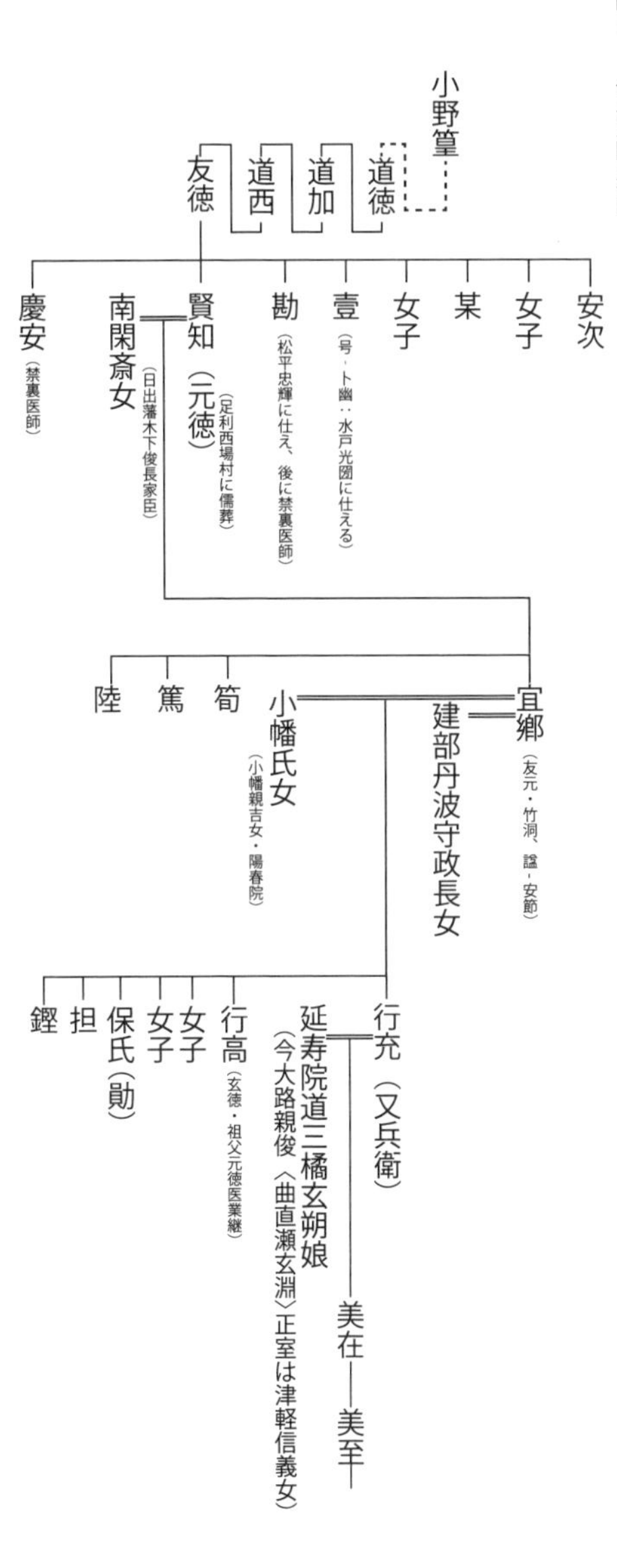

図6　人見家略系図

また、友元は、羅山・鵞峰に学び、家綱が四代将軍に就くと、幕府儒者（近侍）として年俸三百俵で召抱えられた。『続本朝通鑑』『武徳大成記』の編纂に携わり、幕府修史事業全般の指導的な役割を担った。幕府儒官としては湯島聖堂移転や聖堂での講義では林家に学んだ朱子学を説いた。また、大名家の子弟教育にも関わり、特に豊後日出藩主木下俊長との親交は厚く、日出藩の基礎は友元との交流によって築かれたとまで言われた。さらに、五代将軍綱吉襲封の祝賀に際して訪れた朝鮮通信使（第七回・天和二年〈一六八二〉）との応接では、本来、林鵞峰が幕府儒臣総裁として迎える所であったが、延宝八年（一六八〇）に没したことで、鵞峰の弟で鳳岡がこれに当たったとされているが、実質は友元がこれに当たったとされる。この時、嫡男行充（沂・又七郎）は同行しており、通信使・洪滄浪との親交があった[28]。父友元が亡くなった後もこの親交は、行充に継がれた事は、行充の碑銘にも記されている（西場墓所所在）。この碑は、行充嫡子である美在（活）が記している。

さらにここで注視したい点は、行充の正室についてである。正室の出自は、『諸家譜』では今大路親俊の娘とされるが、その母の記載はない。しかし、他の兄妹の母の記載から、今大路親俊の正室は、津軽本家の三代藩主津軽信義の娘であると思われる。母の出自と婚姻関係によって、津軽家との関係が想定でき、津軽信義の実弟である黒石初代当主・津軽信英の墓碑銘の撰文を下命により担ったものと解せる。

以上のような碑文から、人見行充は、父友元の生前の功績などにより、多くの大名らとの交流があったことが想像できる。そして信英の葬礼は、儒葬であったとされる点からも行充が葬送に際して、信敏の招請に応じた可能性があろう。さらに政児による祖先祭祀における信英の五〇回忌の頌徳碑の造立に至ったものと解せる。この思惟は、四代当主で本家信政の四男とされる寿世、政児の娘を娶り五代当主として家督を継いだ著高に確実に受け継がれた。続いて、寿世の兄である本家五代藩主信寿との黒石津軽家との関係を確認してみたい。

五　津軽信寿と実弟津軽寿世と黒石藩

弘前藩五代を継いだ津軽信寿は、隠居を理由に六代藩主の家督相続を考えていた。しかし、その矢先に嫡男・信興（享保一五年〈一七三〇〉没）を亡くしたため、翌年に信興の嫡男で、信英嫡孫に当たる津軽信著を六代として家督を継がせ隠居した。その後、信著もまた、若くして没してしまい（二六歳、延享元年〈一七四四〉没）、信著の嫡男・信寧に七代を相続させた。この時、信寧は六歳であったため信寿がこれを補佐したが、二年後の延享三年（一七四六）、信寿は見届けるように七八歳で死去した。

一方、黒石藩では、津軽信英の跡を津軽信敏が一二歳で家督を継ぎ、弘前藩二代信義の娘を娶り、後の三代当主政兕と弟信隣を授かった。政兕は黒石領三代当主を継ぐが、無嗣であったため娘・綾姫に弘前藩四代信政の五男・寿世（弘前藩五代信寿の実弟）を婿養子に迎え、黒石領四代当主を継がせた。ここに宗家の男系の血統が入ることになり黒石津軽家は存続した。

六　津軽家両家の存続と婚姻関係

これまで見てきたように、津軽本支両家は、「家」の存続のために養子の擁立や他家との婚姻関係などを重視した。そこで、改めて両家の養子縁組や婚姻関係に視点を当て、特に血縁以外の家との縁を結ぶときに何を重視したのかという点を考えてみたい。津軽家では、信政の山鹿素行・吉川神道への傾倒が特徴的でインパクトがあるが、その後の婚姻関係の展開によって確立されたネットワークでは、新たな宗教性も垣間見えるので確認してみたい。

弘前藩津軽家二代信枚の正室・満天姫は、於大の方と久松俊勝の子・松平康元の女であり、家康を叔父に持つ。明らかに両家が幕府との関係を重視した婚姻であろう。なお、信枚は、江戸勤番であったため東叡山に塔頭津梁院を開基し、菩提寺と定め埋葬された。以後津梁院は歴代の葬地となるが、四代信政と六代信著は、国元に埋葬された。

六代信著の父・信興は、摂家近衛家煕の養女を娶っている。実は一条昭良（後陽成天皇第九皇子）を父に持つとされる。また、実弟は、醍醐冬熙で、後陽成天皇の男系三世子孫（曾孫）に当たる。信著の正室は、浄心院で父は筑後久留米藩六代藩主有馬則維である。浄心院の姉妹は臼杵藩八代藩主稲葉董通の正室として嫁した。稲葉董通の父は、稲葉恒通で、正室は、明石藩初代松平直明である。直明は、吉川惟足の門下で、吉川神道に傾倒した。墓碑様式[29]（図６）を見ると四代藩主信政に通じる点は先に触れた通りで、婚姻関係こそ遠戚ではあるが、墓碑形式の共通性を捉えると、形式選択の背景に思惟や、意識・思想が誘因になりうる可能性を重ねて指摘しておきたい。

また、信著の藩政においては、松前大島噴火・蝦夷地の有珠山の噴火による津波、数度の洪水、疫病など凶作で困窮を極めた。この様な時勢のためであるか明確ではないが、摂関家との縁を模索する中で、近衛家の思惑と合致したため婚姻が成立する。近衛家の他家との婚姻関係を概観すると、同じ時期に上杉家や島津家など有力大名との婚姻関係を結ぶことから、幕府との関係や摂関家の躍進を目論んだ近衛家の思惑も垣間見れる。さらに、近衛家煕の思惟を見てみると、特に黄檗宗・高泉性潡への帰依が大きかったことを挙げておきたい。家煕が造立した京都宇治仏国寺高泉性潡頌徳の巨大な鋳造亀趺碑（図７）は、これを物語っている。近衛家が抱える財政的問題は、経済的な支援が期待できる大名家への婚姻関係を積極的に働きかけを行っており、鹿

児島の島津家は勿論のこと、宮之城島津家との関係は看過できないことは既に明らかにして来た通りである。(30)

次に五代信寿の子で七代藩主信寧の婚姻関係を確認してみる。正室は、姫路藩主松平明矩の女・綾姫である。

松平明矩の墓所は、姫路市景福寺にある。墓碑は五輪塔で、その前面に亀趺碑を置く様式である。日本において墓所に亀趺碑が用いられた様式の流れは、被葬者に対する頌徳・顕彰のためであり、この様な亀趺碑造立の潮流の先駆けとして、黄檗宗の高泉性潡の実践によるところが大きかったのではなかろうかと考えている。姫路藩主松平明矩と黄檗宗との関係を見てみると、正室にある。松平明矩正室の生母は不明であるが、小倉藩主小笠原忠基の娘として嫁いでる。小笠原家初代藩主忠真は、黄檗宗・即非如一に熱心に帰依をして小倉の広寿山福聚寺を開基し、即非如一を開山として招いた。以上のように共通項となっている黄檗宗の存在を考えると、思惟が武家婚姻によるネットワーク形成過程における重要な条件・要因でもあったように捉えられないであろうか。

さらに、津軽信寧と松平明矩の子女の嫁した家を確認すると、飯山藩主堀忠正の正室、高鍋藩七代秋月種茂（上杉鷹山実兄）の正室・出雲藩主六代松平宗衍（不昧公・松平治郷の父）の正室に嫁している。

図７　近衛家熈造立
高泉和尚銅碑
（宇治・仏国寺）

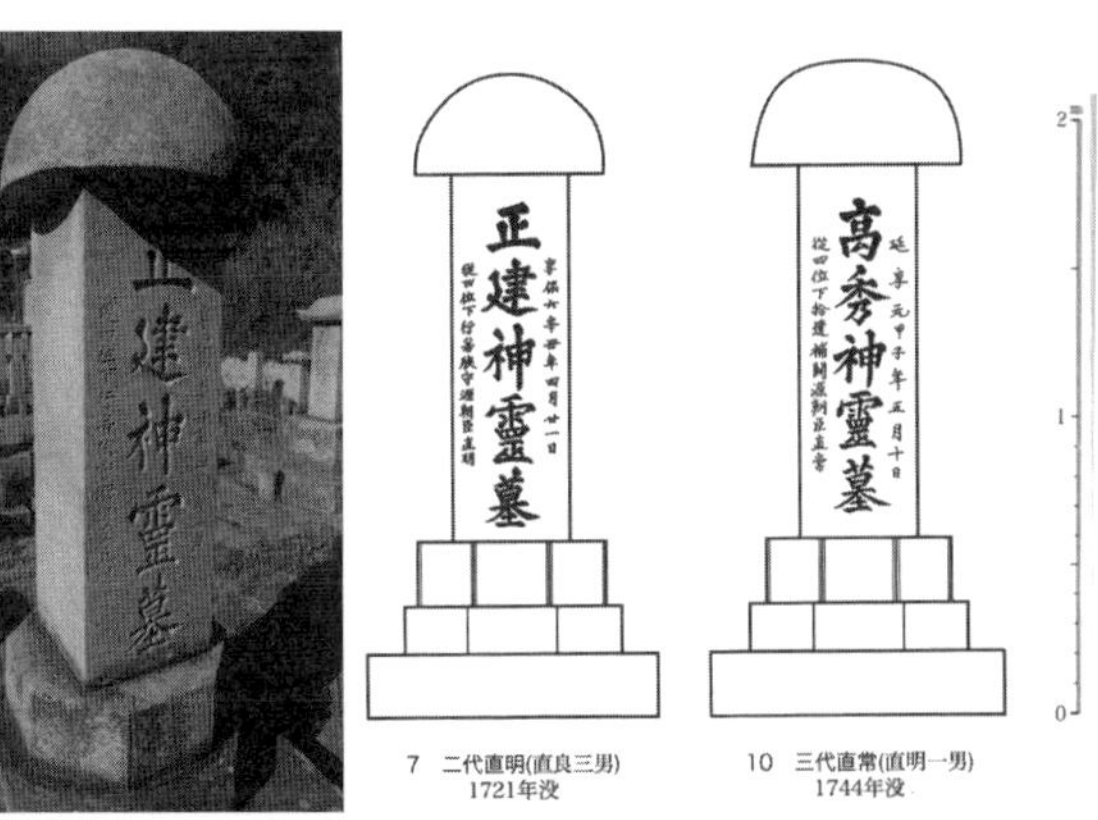

図６　明石藩二代藩主松平直明（左）・三代直常墓碑（明石市長寿院）

出雲松平家墓所は、臨済宗月照寺であるが、宗衍の墓所の亀趺は特異で思惟を示す良い例ではなかろうか。何れの家も、墓所あるいは菩提寺に亀趺碑を造立する点が共通しており、思惟の共通性として積極的に捉え、「家」のネットワーク構築の背景の一因と考えておきたい。

続いて、黒石領五代著高と六代当主寧親（後に本家一〇代）の出自や婚姻関係から、藩主の思惟を確認してみたい。

四代当主寿世は、実は本家四代信政の五男であり、黒石領三代政兕の女を正室に迎えている。嫡男として著高を授かり、五代を継がせた。正室は、黒田直純の女で、本家を継いだ九代寧親は、著高三男であった。つまり黒田直純の女が両家の存続には重要な役割を果たしていたということである。

黒田直純は、上総久留里藩初代藩主（実は本多正矩四男）で、黒田直邦が無嗣であったために、本多家から養子を迎えたのが直純であった。直純の正室は黒田直邦の女・三千子姫で著高を授かった。

津軽信興女（信著の姉妹）は、駿河田中藩初代松平忠恒の正室として嫁す。また、忠恒の母（桑折藩二代藩主・松平忠暁）は、黒田直邦の女で、直純の正室三千子姫は妹という関係にある。また、津軽藩九代信明は、男子が無かったので、黒石領五代当主著高と正室黒田直純の女との間に授かった津軽寧親を本家一〇代として養子入りさせた。津軽藩存続には黒田直邦・直純との交流が重要であった。ところで、黒田直邦の母は、黒田用綱の女で、正室は柳澤吉保の養女・土佐子、学問は儒学に精通しており太宰春台等との交流が深かった[31]点も注視しなければならないであろう。

直邦の墓所（秩父郡多峯主山）は、直純が直邦の遺命に従って造営している。とりわけ儒学に長けた様式であり、墓所の前面に、太宰春台の頌徳碑が造立されている。また学問的には春台を通じ、潮音道海が敷衍しようとした「大成経」に、直邦も関わっており、黄檗宗あるいは神道的な考え方が備わった大名であったとも言える。さらに親族の広がりは、三田藩九鬼家八代藩主隆邑の正室も黒田直邦の女であり、三田藩九鬼家の祭祀と親族形成については以前触れた[32]。

おわりに

以上見てきたように、津軽藩と黒石藩は、養子縁組と他家との婚姻関係という、直接間接的な両敬的契約を経ながら、互いに「家」の存続を保った。また家督相続に直結する点では、思惟の共有が不可欠であったものと思われる。儒者のネットワークによる儒教的思惟の共有もまた、根幹にあったものと思われる。墓所様式の共通性などはそのことを物語っている。

この様に「両敬」「片敬」を示す文書史料の有無と併せて、姻戚関係の確認や墓所様式などを丁寧に見ることで、近世武家社会の盤石なネットワーク形成過程の一端を垣間見れると考えている。さらに、女系から派生する親族関係とその思想的な影響もまた、広域的なネットワークの形成を可能にしたと考えており、この点も墓所造営における様式的な特徴として、確認できる場合も多くあると思われる。婚姻における両家の様々な点に視点を当てることで、互いの「家」の共通性をより確認できよう。そして近世中葉以降、拝領地での安定的な藩政が築かれ始まると、津軽信政のような特定の強い意志の藩主によって形成された思惟は、家督相続を経てもなお、正統的な歴代藩主へのアイデンティティー形成に受け継がれた。

津軽信政は、遺言委より自らの思惟を後世に託し、津軽家の発展を願った。一藩主の墓所（点）を読み解くと、遺髪を埋納した津梁院（点）、葬送を津藩に問い合わせを行い（点）、完結したように見えるが、信政の子息が黒石当主の家督を継ぐ事で、信英を神に祀り、黒石神社として一族の守護神のように祀られた。亡くなって百年後もその思惟は奉献燈籠寄進として確認でき、点であった墓が、線となりネットワーク形成を促し、津軽一族とその親族形成という広範囲のアイデンティティー形成という面と環境をも形成したと捉えられよう。考古学的な視点の研究が、実は、社会形成の背景を紐解いていることに繋がり、それは江戸時代という社会構造と環境を光景として復元していることに繋がっていることを指摘しておきたい。

《付　記》

本論は、平成三〇年一〇月一三・一四日岡山県就実大学開催の第一〇回大名墓研究会発表レジュメの資料及び内容の一部を再考・加筆し纏めた。

註

1　弘前市　二〇〇六『新編弘前市史 通史編3（近世2）』。
2　長谷川成一　二〇〇四『弘前藩』（吉川弘文館）。
3　拙著　二〇一二『近世大名葬制の考古学的研究』（雄山閣）。
4　浪川健治 一九八五「黒石津軽領の性格と支配―宝永二年代表越訴を素材に―」（『弘前大学國史研究』七八、一五頁上段）。
5　註1と同じ。
6　小舘衷三　一九六〇「津軽信政と吉川神道」（『弘前大学国史研究』二三）。
7　篠村正雄　二〇一五「弘前・黒石津軽家の両敬について」（『弘前大学国史研究』一三八）。
8　註1と同じ。

9　森林助　一九三五『山鹿素行と津軽信政』（私家版）。
10　石橋賢太　二〇一九「林羅山による山鹿素行への講義について―国文学研究資料館蔵山鹿文庫『大學論語等聞書』を中心として―」（『国文学研究資料館紀要 文学研究篇』四五）。
11　註6、四九頁。
12　註1と同じ。
13　註1と同じ。
14　中尾征司　二〇二〇「日出藩木下家の宗教思想と祭祀―神道・儒教受容の足跡と先祖祭祀の諸相―」（『近世大名墓の考古学―東アジア文化圏における思想と祭祀』勉誠社）。
15　弘前図書館蔵「津軽編覧日記　四」（八木橋文庫・木立要左衛門藤守貞編）。
16　武内恵美子　二〇〇八「弘前藩主の楽」（『日本伝統音楽研究』一三）。
17　「江戸日記」宝永七年一一月二日条は、註15と同じ。史料閲覧に際して、弘前市立図書館・調査室竹内勇造氏に大変お世話になった。また、篠村正雄は、二〇一八年、「弘前藩領における儒葬・神葬祭について―人を神として祀るあり方―」（『弘前大学国史研究』一四四）の中で、藤堂家への問い合わせについて触れている。筆者は、二〇一二年「近世武家社会における葬制について―藤堂高久の葬送と喪禮―」（『日本仏教綜合研究』一〇）と題して、藤堂高久の葬制復元を行っているので参照いただきたい。
18　谷口眞子　二〇一二「津軽藩における山鹿流兵学の受容―一七世紀後半の軍事（『書物・出版と社会変容』一三）。
19　拙稿　二〇一二「近世武家社会における葬制について―藤堂高久の葬送と葬禮―」（『日本仏教綜合研究』一〇号）。

20　吾妻重二編著　二〇一〇『家礼文献集成 日本編 一』（関西大学出版部）に詳しい。
21　関根達人　二〇〇二「近世大名墓における本葬と分霊：弘前藩主津軽家墓所を中心に」（『歴史』九九　東北史学会）。
22　黒石神社崇敬会　二〇〇八『黒石城下誌』。
23　関根達人　二〇一三「権力の象徴としての大名墓」（坂詰秀一・松原典明編『近世大名墓の世界』雄山閣）。
24　註23に同じ。
25　註23に同じ。
26　友元墓碑銘文には小幡孺人が行充を養うと記し、小幡孺人墓碑には、小幡孺人が五男を儲けたとしている点が違っている。何れも行充が銘を撰文しているはずであるが齟齬がある。略系図は、小幡孺人の銘に従って示した。
27　山本巖　二〇〇四「人見友元小傳」（『宇都宮大学教育学部紀要』第一部五四）。
28　松田甲逸　一九二六『日鮮史話』七七～一〇四頁（朝鮮総督府）
29　春成秀爾・山本和子　二〇一八「1明石藩主越前松平家の墓所」（『明石の近世』Ⅱ）。なお、この資料は、坂詰秀一先生からご教示戴き、現地を参拝させていただいた。
30　拙稿　二〇一七「近世大名墓から読み解く祖先祭祀」（『宗教と儀礼の東アジア―交錯する儒教・仏教・道教―』勉誠出版）。
31　酒入陽子　二〇一〇「下館藩主黒田直邦の暇―正徳三年「暇之記」に見える黒田直邦―」（『小山工業高等専門学校研究紀要』第四二号）。
32　拙稿　二〇一九「三田藩九鬼家墓所の形成と藩主の思惟」（『石造文化財』11）。

33　拙稿　二〇二〇「副葬品からみた近世大名墓の宗教性―金属製銘板を中心として―」（大名墓研究会編『近世大名墓の展開』雄山閣）。

参考文献（五十音順）

吾妻重二　二〇一五「儒教と日本の葬祭儀礼―近世を中心に―」（『日本宗教史―世界のなかの日本宗教―』2　吉川弘文館）。

胡　光　二〇一四『近世大名と地域文化形成に関わる総合研究　高松松平家菩提寺仏生山法然寺・日内山霊芝寺調査報告書』（愛媛大学法文学部日本史研究室）。

大貫真浦　一九一二『荷田東麿翁』会通社。

岡田荘司　一九八二「近世神道の序幕」『神道宗教』一〇九号。

黒石神社崇敬会　二〇〇八『黒石城下誌』。

黒住　真　二〇〇六『複数性の日本思想』ぺりかん社。

國學院大學　二〇一二『国学の始祖　荷田春満資料展』。

坂詰秀一　二〇一七「近世大名家墓所の保全と活用―高島藩主諏訪家墓所の特徴―」（『第九回大名墓研究会』）。

杉山林継　一九九一「杉浦国頭の葬儀」（『國學院大学日本文化研究所紀要』第六七輯）。

関口慶久　二〇〇三「近世における埋葬形式の概観」（『奈和』第四一号）。

関根達人　一九九九「東北地方における近世食膳具の構成―近世墓の副葬品から―」（『東北文化研究紀要』四〇）。

関根達人　二〇〇二「近世大名墓における本葬と分霊―弘前藩主津軽家墓所を中心に―」（東北史学会『歴史』

平　重道　一九六六『吉川神道の基礎的研究』（吉川弘文館）。

平　重道　一九八二「解題」（神道大系編纂会『神道大系』論説編一〇　解題　吉川神道）。
谷川章雄　二〇〇四「江戸の墓の埋葬施設と副葬品」（江戸遺跡研究会編『墓と埋葬と江戸時代』吉川弘文館）。
谷川章雄　二〇〇五「江戸と周辺村落の墓制」（『多摩のあゆみ』一一七）。
谷川章雄　二〇一一「江戸の墓誌の変遷」（『国立歴史民俗博物館研究報告』一六九）。
谷口眞子　二〇一二「津軽藩における山鹿流兵学の受容―一七世紀後半の軍事―」（『書物・出版と社会変容』一三　一橋大学）。
豊川市桜ヶ丘ミュージアム　二〇〇九『三河に興りし牧野一族―戦国から幕末への軌跡―』。
尾藤正英　一九九二『江戸時代とは何か』（岩波書店）。
弘前市　二〇〇二『弘前市史 通史編２（近世１）』「江戸日記」元禄六年一二月一八日条の記事から。
深瀬泰旦　一九八四「川崎市蟹ヶ谷にある幕府医官人見氏の塋域」（『日本医師学科雑誌』第三〇巻一号）。
松本　健　一九九〇「江戸の墓制―埋葬施設にみられる武家社会―」（東京都教育委員会『文化財の保護』二二）。
松本　健　一九九二「大名の墓制」（『國學院雑誌』九三―一二）。
末木文美士　二〇一〇『近世の仏教―華ひらく思想と文化』　吉川弘文館。
森　林助　一九三五『山鹿素行と津軽政信』（私家版）。
山本　巖　二〇〇四「人見友元小傳」（『宇都宮大学教育学部紀要』第一部五四）。

II

大名墓の保全・保護と活用

中野光将
豊田徹士
谷口明伸

都下に遺る徳川家御台所の宝塔

中野光将

はじめに

江戸時代における徳川将軍家の墓所は、三縁山増上寺（現、港区）、東叡山寛永寺（現、台東区）、伝通院（現、文京区）、そして池上本門寺（現、大田区）などに築かれている。その中で徳川家の墓所の発掘調査は、増上寺や寛永寺御裏方霊廟で実施され、考古学や人類学、あるいは文献史学などの様々な分野からの検討により、徳川将軍家の墓制が明らかにされている[1]。

特に増上寺における発掘調査は、現在各地で行われている近世大名墓における調査指標としての役目を果たしており、発掘調査で確認された大半の宝塔は、増上寺境内に残されている[2]。

ただし、その一方で宝塔の一部は、他の寺院に移築されており、今回紹介する東京都清瀬市長命寺に所在する御台所の宝塔（墓標）二基もこれに該当する。この二基の宝塔は、江戸時代の徳川家の墓制を知る上でも貴重な資料として既に知られているが、今回改めて紹介することにし、その文化財的な価値について述べてみたい。

一　徳川家の御台所の墓

まず、御台所の墓の特徴を述べる前に、徳川家の御台所について簡単に触れてみることにする。そもそも、徳川家における御台所の名称は、初代家康の正室や入輿に至らなかった人物を除いた正室を対象としており、全部で十一人が存在している。そして御台所は、三代将軍徳川家光以降、近衛家・一条家・鷹司家の摂家、あるいは伏見宮・有栖川宮・閑院宮の宮家、そして皇女から迎えられている。(3) つまり、御台所は、大名家出身ではなく、摂関家・宮家の出身であることが特徴である。

では、その御台所の墓はどのような形状を呈しているのだろう。

現在までに発掘調査や文献史学などで確認されている各将軍の御台所の墓は、増上寺には崇源院（二代秀忠）、天英院（六代家宣）、広大院（十一代家斉）、静寛院宮（十四代家茂）が、寛永寺（寛永寺御裏方墓所含む）には高巌院（四代家綱）、浄光院（五代綱吉）、心観院（十代家治）、浄観院（十二代家慶）、天璋院（十三代家定）、伝通院には本理院（三代家光）が築かれている。

これら御台所の墓については、既に寛永寺御裏方霊廟を調査した今野春樹氏によって、地上構造物および埋葬施設の詳細な検討が行われている。(4)

各構造物の内容や埋葬施設などの詳細などは省くが、基本的に御台所の宝塔は、笠・欠首・塔身・反花座が八角形を呈す石製八角形宝塔であるとされており、それ以外には宝篋印塔や石・銅製円形宝塔が存在するとされている。また、天璋院と静寛院宮に円形宝塔が用いられている理由として、明治期時代に死去した人物であることから近世における徳川家の墓制が崩壊した影響と指摘されている。(5)

このことから近世において、御台所の墓は、石製八角形宝塔が基本であったことが知ることができる。では、これを踏まえて長命寺における宝塔の概要を記すことにしたい。

No.	名称	没年	出自	続柄	墓所	宝塔（墓標）形式
1	崇源院	寛永3年（1626）9月15日	浅井家	二代秀忠正室	増上寺	石製八角形宝塔
2	本理院	延宝2年（1674）6月8日	鷹司家	三代家光正室	伝通院	宝篋印塔
3	高巌院	延宝4年（1676）8月5日	伏見宮	四代家綱正室	寛永寺	石製八角形宝塔
4	浄光院	宝永6年（1709）2月7日	鷹司家	五代綱吉正室	寛永寺	石製円形宝塔
5	天英院	元文6年（1741）2月28日	近衛家	六代家宣正室	増上寺	石製八角形宝塔
6	心観院	明和8年（1771）8月20日	閑院宮	十代家治正室	寛永寺	石製八角形宝塔
7	広大院	天保15年（1844）11月10日	島津家出身 近衛家養女	十一代家斉正室	増上寺	石製八角形宝塔
8	浄観院	天保11年（1840）1月24日	有栖川宮	十二代家慶正室	寛永寺	石製八角形宝塔
9	天璋院	明治16年（1883）11月13日	島津家出身・養女 近衛家養女	十三代家定正室	寛永寺	石製円形形宝塔
10	静寛院宮	明治10年（1877）8月14日	仁孝天皇皇女	十四代家茂正室	増上寺	銅製円形形宝塔
11	貞粛院	明治27年（1894）7月9日	今出川家出身 一条家養女	十五代将軍慶喜正室	谷中墓地	円墳状墓石

表1　徳川家の御台所一覧

二　長命寺に所在する御台所の宝塔

長命寺に所在する御台所の宝塔は、本堂正面に二基存在し、正面向かって右側が天英院（写真1）、左側が広大院（写真2）の宝塔であることが既に知られている。増上寺での発掘調査報告書には天英院の実測図が掲載されているが、広大院の実測図はなく調査時の写真のみ掲載されている。

そして、この宝塔が調査後に移築された経緯については、増上寺で調査された燈籠や宝塔の一部は西武園（後の西武球場あるいは西武ドーム）へ運び出され、その後他の寺院に移築された事例があるためその可能性もあるが、現時点では不明である。しかし、いずれかの時期に、増上寺から長命寺に移築されている。

現在この宝塔には、破損や剥離がほとんどなく、管理が行き届いており、長命寺のご尽力によって丁寧に扱われていることも伺える。この宝塔の形状は、御台所の特徴である石製の八角形の宝塔である。各部材には、様々な意匠が認められており、笠の下部分には雲唐草文(写真3)が刻まれている。また、反花座部分(写真4）は、増上寺と寛永寺の御台所にそれぞれ違いがあると指摘されており、両宝塔には増上寺の宝塔の特徴のひとつである反花座の下部に格狭間が設けられて

写真1　天英院

写真2　広大院

写真５　天英院の笠頂部の宝篋印塔部材

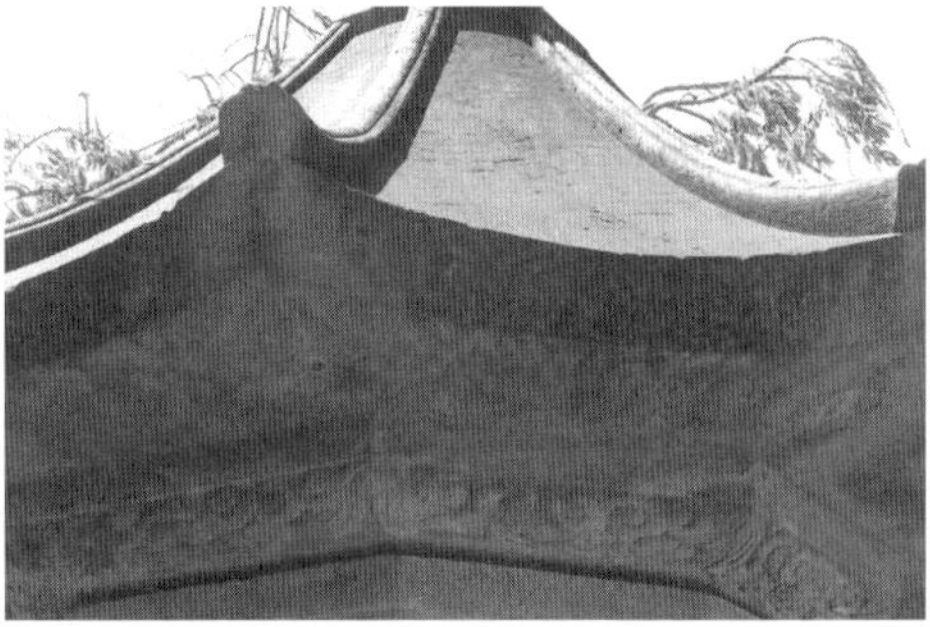

写真３　広大院の笠下部の雲唐草文

写真７　広大院の唐浅戸

写真４　天英院の反花座部分

写真６　広大院の反花座部分

いる。[7]

　この長命寺に所在する御台所の宝塔は、笠頂部が宝篋印塔の部材が載せられている（写真5）ことや、広大院の宝塔の台座が八角形ではなく、方形の台座（写真6）であること、あるいは浅唐戸（写真7）が新しくなっていることを除くと、ほぼ増上寺で築造された状態のまま移築されており、現在でも徳川家の墓制を知ることができる重要な資料として位置づけることができる。

おわりに

　長命寺に所在する御台所である天英院・広大院の宝塔について、先行研究を踏まえて記してきた。両宝塔の一部分は、移築の際に様相が変化しているものの、御台所の宝塔の特徴的な形状である八角形の宝塔を見ることができる。

　そして、現在、寛永寺御裏方霊廟で調査された宝塔を見ることが出来ない中で、江戸時代前期と明治時代を間の墓制を埋めることができ、実見もできる唯一の御台所の宝塔として存在している。

　このことから両宝塔は、徳川家における墓制の変遷を知る上でも歴史的価値が高い上に、さらには徳川家における御台所としての意味づけを知る上でも文化財的価値が高く、後世に残すべく宝塔として再評価されるべきものであるといえるのではないかと考える。

　最後に、本稿執筆にあたり、写真の掲載などに際して長命寺様より多大なるご配慮とご協力をいただきました。記して感謝申し上げます。

註

1　鈴木尚・矢島恭介・山辺知行編　一九六七『増上寺徳川家将軍墓とその遺品・遺体』東京大学出版会。
　寛永寺谷中徳川家近世墓所調査団編　二〇一二『東叡山寛永寺徳川将軍家御裏方霊廟』吉川弘文館。

2　註1参照。

3　竹内誠・深井雅海・松尾恵美子編　二〇一五『徳川「大奥」事典』東京堂出版。

4　寛永寺谷中徳川家近世墓所調査団編　二〇一二『東叡山寛永寺徳川将軍家御裏方霊廟』吉川弘文館。
　今野春樹　二〇一三『徳川家の墓制―将軍家・

御三家・御三卿の墓所構造―』北隆館。

5　註4参照。

6　伊藤友己　二〇〇四「増上寺石燈篭群の考察―所沢への流出の経緯と歴史的意味―」『東村山市史研究』第一三号　東村山ふるさと歴史館。

7　註4参照。

国史跡岡藩主中川家墓所・三代藩主中川久清公墓の整備と活用

豊田徹士

はじめに

岡藩は、大分県の中山間地域である竹田市及び豊後大野市、佐伯市の一部にまたがる石高およそ七万石の中藩である。藩主は中川氏で、戦国時代末期から江戸期を通じて一度も国替えに遭うことなく存続し、その中川氏の墓所は、以下の三箇所に分かれて存在する（図1）。なお、住所、名称は旧指定当時のものである。

①大分県竹田市大字会々（あいあい）「碧雲寺」境内所在「中川家墓地（昭和四十七年竹田市指定史跡）」。

②大分県直入郡久住町（くじゅうまち）大字有氏、大船山（たいせんざん）腹所在「入山公廟（昭和三十六年久住町指定史跡）」。

③大分県大野郡緒方町大字寺原（てらばる）、小富士山腹所在「中川公の墓（昭和四十七年緒方町指定史跡）」。

①は、中川氏の菩提寺である「碧雲寺」の墓所で、歴代藩主の墓が八基ある。ただし、②③の墓所に埋葬された藩主の墓はない。墓標はいずれも宝塔や五輪塔形式の仏式塔である。

②は、三代藩主中川久清の墓所で、当時の指定名称は久清の号「入山」から取ったものである。この久清の墓は儒教式で、「前面に墓碑、その背面に跳び箱様の石製馬鬣封」を置く形式である。

③は、八代藩主久貞の墓所で、こちらも久清墓と同様の儒教式の墓である。

これらの墓所は、その価値の高さと文化財としての重要性から、平成九年（一九九七）に「岡藩主中川家墓所」と一括して国の史跡指定をうけ、その際、①は歴代藩主墓所地区、②は三代藩主墓所地区、③は八代藩主墓所地区と分類整理された[1]。

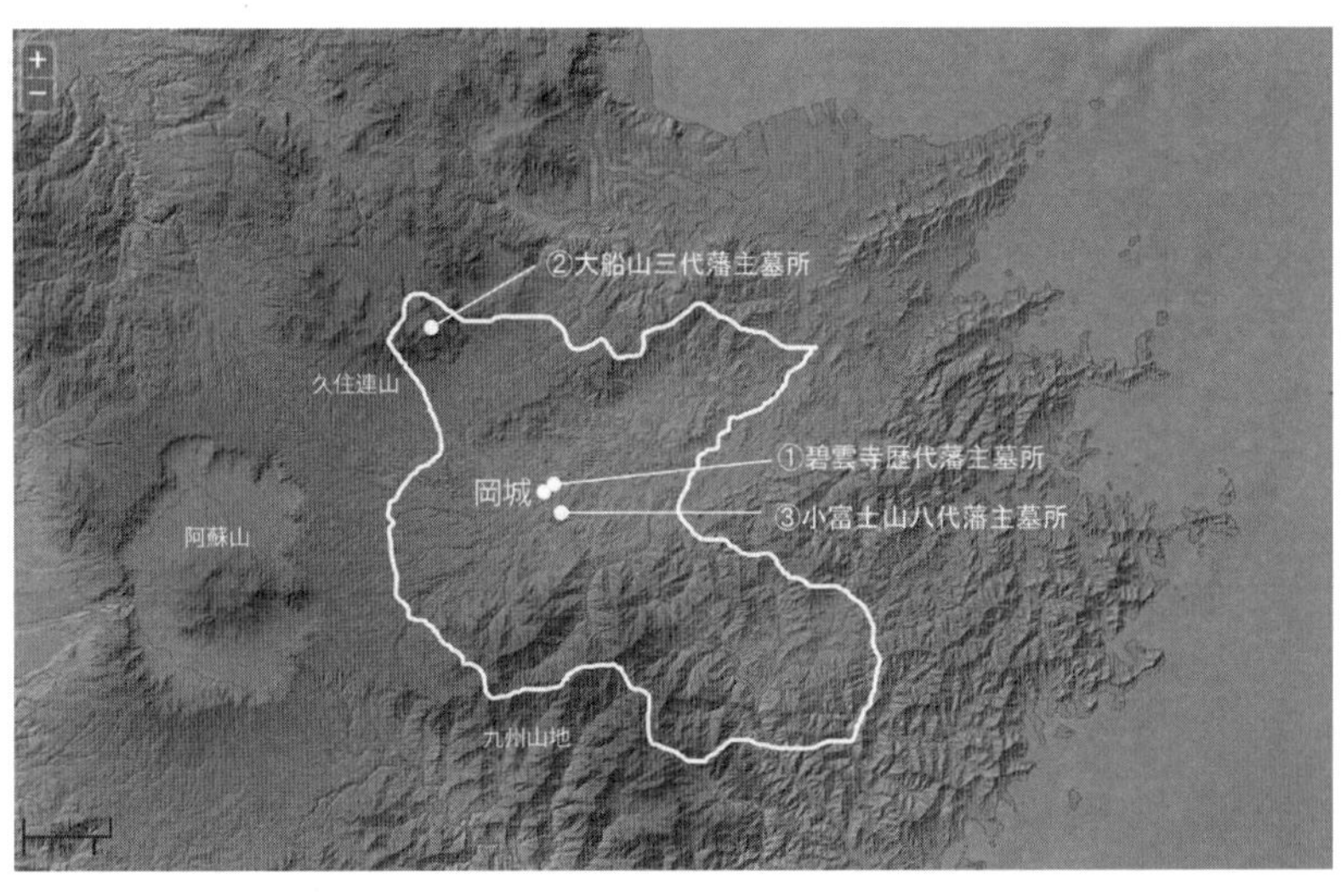

図１　岡領域及び各墓所位置図（国土地理院、色別標高図を改変）

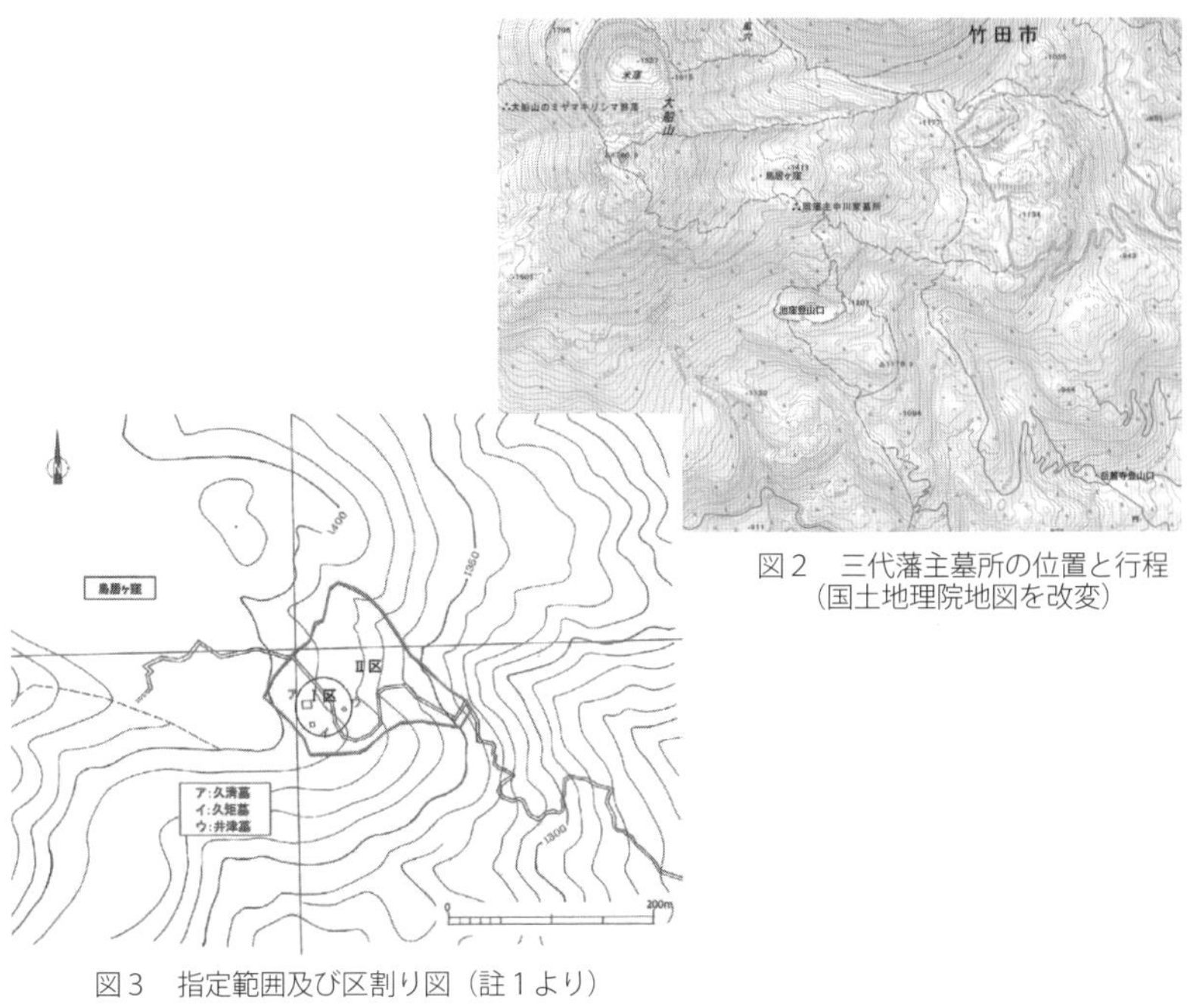

図２　三代藩主墓所の位置と行程（国土地理院地図を改変）

図３　指定範囲及び区割り図（註１より）

また、市町村合併を経て①②については大分県竹田市が③については大分県豊後大野市が管理管轄していて、②③については、中川家より土地の寄贈をうけた各自治体が所有するところとなった。

今回紹介するのは、そのうち②の三代藩主墓所地区の現状と整備と活用である。

一　墓所の概要と成立の経緯

「入山公廟」とも呼ばれる三代藩主墓所は、一七〇〇m級の峰々が居並ぶ「くじゅう連山」の一角、大船山に在る。

大船山は、連山の東側に座する独立峰で、ミヤマキリシマの群落やイヌワシの生息地（いずれも県指定天然記念物）としても知られており、標高は一七八六mある。独立峰であることから、ハイカーで賑わうくじゅう連山の中でも比較的難易度の高い山とされ、山頂へ至るにはいずれの登山口からでも二時間半から三時間半の時間を要す。

墓所はその中腹にあたる一四〇〇mの地点にあって、当然、墓所へのアクセスは徒歩に依るしかなく、最寄りの登山口「岳麓寺」からでも一時間四〇分程度の「山行」を経なければならない（図2）。

墓所の指定面積は、一・六haで「鳥居ケ窪（とりいがくぼ）」と呼ばれる平坦地の南東端部に展開し、全域が阿蘇くじゅう国立公園の普通地域内に入る（図3）。中腹といえども厳冬期には着雪し霧氷が着くほどの厳しい環境であり、この厳しくも豊かな自然の中に墓所が存在する。

なお、このような人里離れた山の中に墓所があるのは、被葬者中川久清の意志によるものである。

彼は、自らを入山と号するほど山を愛した人物で、家来に「人鞍」と呼ばれる背負子を負わせ、それに乗って登山を楽しんだといい、山中で野営をするほどであった。さらに、若い頃から池田光政らと共に儒教を学び、葬送は儒式をもって行うよう遺言していたという[2]。

家譜によると、彼は亡くなる二〇年前の寛文二年（一六六二）八月この地を訪れ、その時ここを自らの墓所とすることを決めた。

その意志は、久清より先、寛文九年（一六六九）に亡くなった三女井津、延宝三年（一六七五）に亡くなった六男久矩（ひさのり）の墓所選定、造営に発揮されている。

天和元年（一六八一）一〇月二〇日、久清が岡城で逝去すると、一日空けた二二日に斂棺の儀があり、二八日に出棺、大船山の麓の有氏村で一泊してから、二九日、子どもや家臣に付き添われ大船山の墓所に葬られた。家老達は直接山に詰めて墓所修築のあらましに仕舞いをつけ、翌一二月二日には番人を残し下山したとある。

年明け正月二一日には京都へ石碑の用立係が走り、二月一六日から本格的な普請に取りかかる。造営奉行らは小屋掛けして詰め、三月二一日には京都から石碑が到着、およそ三ヶ月後の天和二年八月二六日に普請成就となった(3)。

成立直後の墓所の様子について詳細に知る術は今のところないが、天保二年（一八三一）に岡を訪れた信濃国松代藩森村の名主、中川唯七郎による「九州道中日記（以下、日記）」の中に、この地を観光目的で訪れた記録が残されていて、江戸期の墓所の姿が詳しく記されている(4)。

日記には、偶然会った墓所の番人との会話も記されており、番人が三月から九月いっぱいまでの間、藩吏として在勤し、それ以外（冬期）は岳麓寺登山口付近の御山番所で人の出入りを監視していたこともわかった。

多くの人が山に分け入っていた頃の話だとしても、件のような深山に、常駐の番人が配置されていたことには驚かされたが、日記からは他にも様々な発見があって、近世墓所を解明していく上で日記や紀行文の類がいかに有益であるか改めて認識するに至った。それらの成果については後述する。

なお、中川氏は国替えにあっていないため、このような管理が、江戸期を通じて行われていたと考えられる。恐らく、明治になるまでは良好に整備された墓所の姿が、ここにあったのではないだろうか。

二 墓所保存の現状と問題点

墓所の現状を触れる前に、竹田市教育委員会がまとめた「史跡岡藩主中川家墓所保存管理計画」による、墓所の区割りを紹介したい（図3）。

管理計画では大きくⅠ区域、Ⅱ区域に分けられており、前者を「藩主墓及びその他の墓が形成される区域」、後者は「Ⅰ区域以外の山林区域」とし、さらにそれぞれ「A：本質的な価値を構成する要素」と「B：その他の要素」とに小分けした（表1）。

Ⅰ区域は、この墓所の主体である久清墓・井津墓・久矩墓とそれを広く包む石塁（図4）の内側を指していて、それぞれの墓を構成する墓標、馬鬣封、石敷や石垣、玉垣の支柱、墓へ至る石の階段、さらには石灯籠や、それが並ぶ前庭部、手水鉢、また城下を望む地形等が含まれている。

その中で、本質的な価値の主体となる久清墓は、墓所の最高所にあって、大船山の山頂を背後にしてほぼ東を向いてあり、前面には高さ三m を超える石垣を切込接に造り、参拝のための階段を横入りに付けて踊り場を設ける。

踊り場から正面に三段登ると墓の主体部に至って、その正面両翼に四代藩主久恒（ひさつね）と五代藩主久通（ひさみち）が奉じた石灯籠が四基展開する。（写真1）

主体部外周には高さ一・五m 強の石垣が巡り、それより七〇cm 程の内側に玉垣を設け（以下、外区）、さらにその内側に長方形の石を口の字に並べた仕切りのような縁石を置いて、その中（以下、内区）を石敷にして三段基壇の上に碑石を前面に置き、その一m 後ろに馬鬣封を据えている（写真2、図5）。また、石垣前の広場＝前庭部は、二〇〇㎡ほどの広さがあって、家老の奉献による石灯籠が七基巡らしてある（写真3）。

表1　「史跡岡藩主中川家墓所保存管理計画」による区割り

区域	A：本質的な価値を構成する要素	B：その他の要素
I	三代藩主を中心とする墓３基、石垣、石段、玉垣、灯籠、手水鉢等城下を望む地形等	植生、地形、説明板等、史跡の価値や景観を妨げる植生
II	参道の石段、神社跡の石垣等	植生等、史跡の価値や景観を妨げる植生

その主体部に付随する久矩と井津の墓は、ほぼ同形の儒教式墓で、一段が低く長い石段が付いて、マウンド状の高まりの内を矩形に掘り取って石垣、石敷を貼り、その中に基壇と碑石からなる墓標とそれにピタリ着く形で馬鬣封がある（写真4・5）。

いずれも経年の劣化が進んでおり、I区域は、石垣類の緩み孕みが随所に見られ、前庭部にある灯籠や墓へ上がるための階段及びそれを支える石垣も部分的に倒壊や崩落、欠損があった。

特に主体部では、外区の石垣は裏込め土が流出、玉垣は欠損箇所が多数あり、内区の石敷には一部にモルタルがあったり、墓標と馬鬣封の間に用途性格不明の石が置かれてあったりと、荒れるに任せた状況であった（草木の繁茂は、竹田市教委職員の献身的な作業によって抑制されている）。またII区域は、墓所へ至るまでの石段やそれに付随する構造物を含み、こちらも土砂の流出に伴う崩落、欠落が顕著であった（写真6、

図6）。

　これらの流出や倒壊、崩落は、基本的には、深山という自然環境と管理し難い立地に起因するものであって、殊更、大船山は独立峰であることから、常に風に吹きさらされ、霧や雷雨の発生頻度も里山とは比較にならないほど多く、冬季は氷点下十度以下になることもしばしばで、墓所を取り巻く環境は過酷という他ない。

　明治十四年（一八八一）には、落雷を起因とする火災も発生したといい、番人を小屋詰にでもしない限り、常の管理は行き届かず廃藩以降の状況は惨憺たるものであっただ

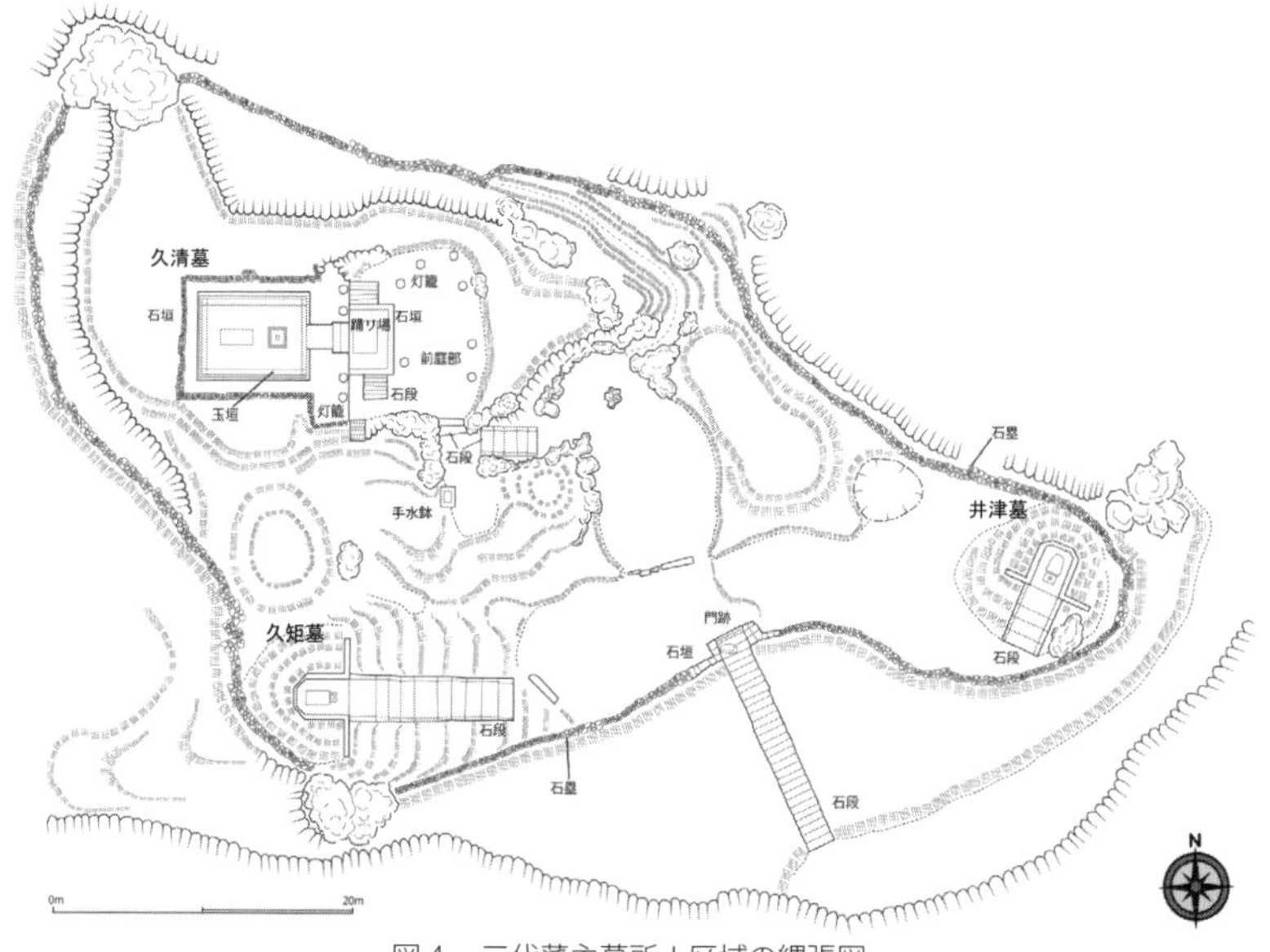

図4　三代藩主墓所Ⅰ区域の縄張図

発生年	内容
享保2年（1717）2月	盗難、霊屋より金燈籠、番人小屋より香炉等祭器を盗む。下手人は、弥蔵・兵六の兄弟で弥蔵は山中で凍死、兵六は日田豆田町で召し捕えられ、同年7月磔。
明治14年（1881）頃	火災、落雷によるものか？　墓標破損。
明治20年（1887）12月	盗掘、県内の石工某、数日山に籠り墓を暴くが、雷に怯えて倒れ猟師に保護され連行されたという（註5）。
明治26年（1893）	盗掘、「久清公廟所修繕建碑」に記載、詳細不明。
昭和 8年（1933）10月	現状改修工事、旧岡藩主祖州奉賽会による。
昭和　年不明	盗掘、地域住民の記憶に残っていたのを現地で聞き取り、深夜まで電灯が灯っていたという。

表2　久清墓遭難・改修一覧

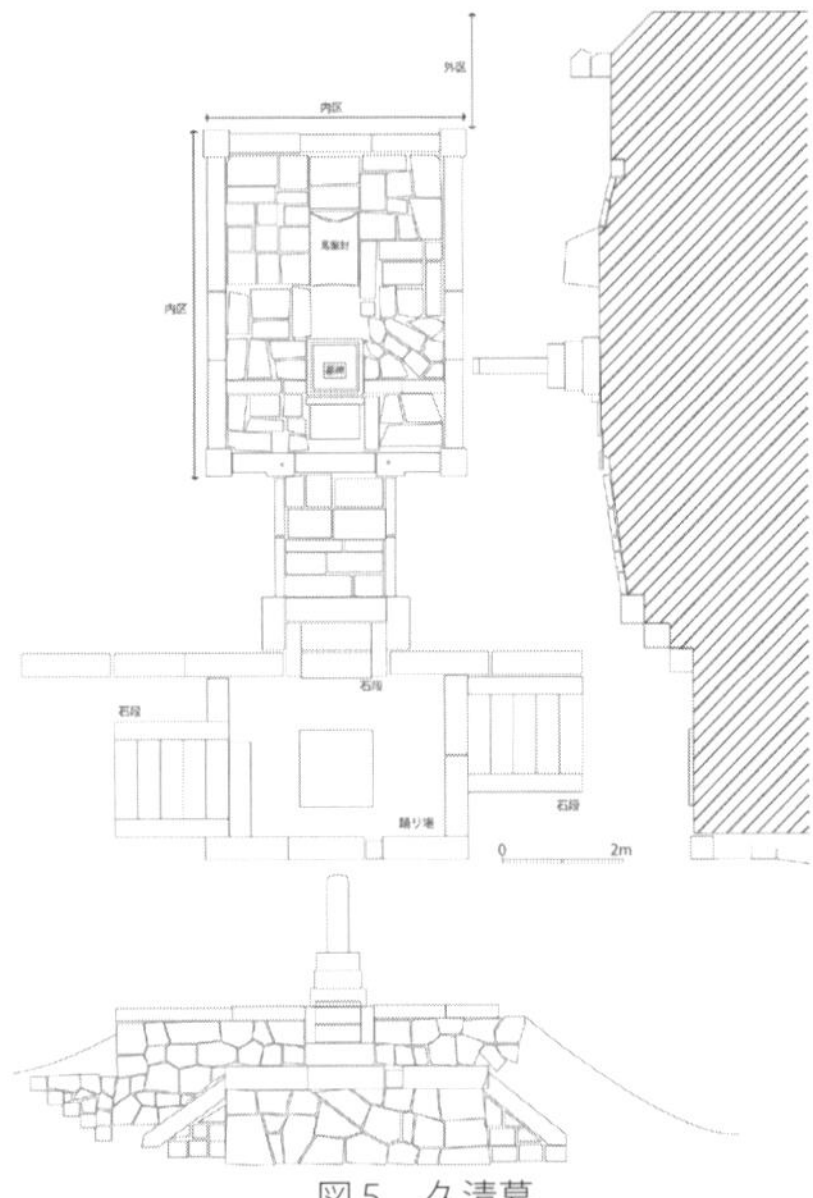

図5　久清墓

写真1　中川久清墓全景（修理前）

写真2　中川久清墓主体部（修理前）

写真3　中川久清墓前庭部（修理後）

写真4　中川久矩墓（修理後）

ろう。

この状況は「墓荒らし」の出没も招き、幾つかの事件が報告されている（表2）。

なお、享保二年（一七一七）に起こった盗難は、番人による管理が為されていた時代であるが、事件の発生時期は冬季で、先の中条唯七郎の聞き書きに依れば、番人不在の時期だったために起きたと解される。

このことは、管理がいかに難しいかを知っただけでなく、下手人に対する藩の態度がいかに苛烈であったかを知らしめた事件でもあった(6)。

また昭和八年（一九三三）、藩士の子孫からなる旧岡藩主祖州奉賽会による改修は、会員が私財をうって行われた改修であったといい、この改修については、墓所に残されていた「大船山入山久清公廟所修繕建碑」により判明した。

以下は、その銘文である。

一　明治十四年頃霊屋焼失之際花崗石墓表破損現在石改造

一　同廿六年春匪徒霊域発掘假修

一　昭和八年十月為中川神社合祀記念再現状改修

舊岡藩主祖州奉賽会常任幹事

大河原特藏　中川重雄　後藤治八郎　田近波江

黒川健士　佐藤光馬

蘇我平次　深田徳三

この碑文によれば、現在の久清墓碑が当初のものではないことがわかるが、それ以外のどの部分にまで改修が及んだかは定かでなく、我々が目にする墓所のどれが当初段階のもので、どこが改修部分なのかわからない状態であった。

この改修が行われた後も、常態的な管理ができないため引き続き風化、破壊が繰り返されてきており、特に地域住民の記憶に残っていた年不明の盗掘は、かなり大規模なものであったことは、後述する整備工事に伴う発掘調査によって明らかになる。

さらに、自然公園内であるため、客土や植生の除去にも厳しい規制があって整備が思うままにならないことも保存管理を困難にしているのも事実で、保存を行うには極めて条件の悪い立地であることは明白であった。

三代藩主墓所は「日本で一番高い場所にある殿様の墓」であるとともに、「日本で一番保存管理の難しい殿様の墓」でもあった。

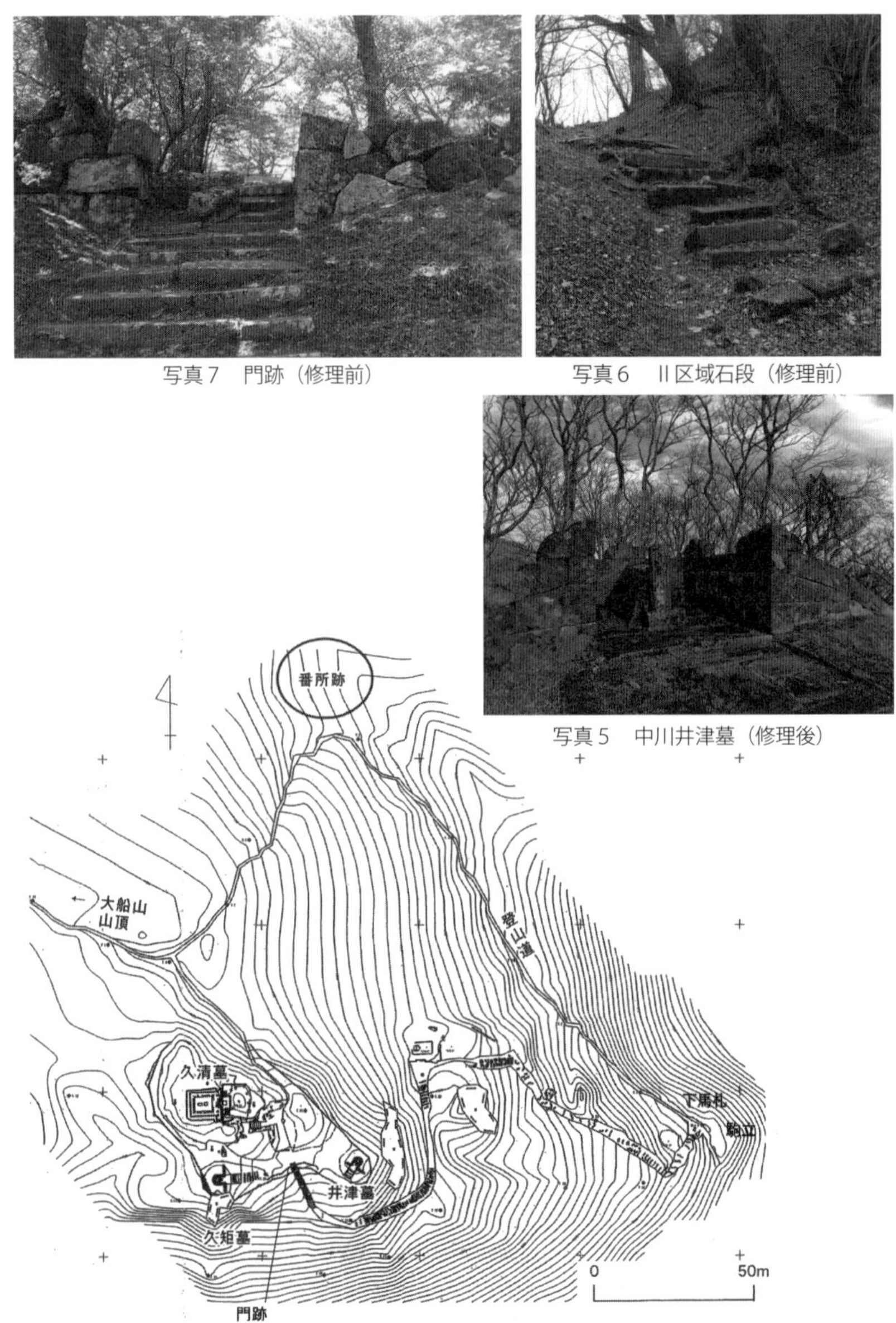

写真7　門跡（修理前）

写真6　II区域石段（修理前）

写真5　中川井津墓（修理後）

図6　墓所測量図と番所（註8より）

三　唯七郎の日記に見える墓所

先述の中条唯七郎の日記には、道程の風景、風俗、距離や運賃等々に加え、現地での聞き書きも克明に記されており、歴史研究上、高い価値を有する史料である。

岡城下から三代藩主墓所に詣でた行程でも、向き・方角・歩数や段数・長さ・高さ・大きさ・地味・風土・風俗など細かく記載されていて、現在でも足跡を辿ることが可能なレベルである。

当然、墓所の核心部についても客観的に細かく記されており、今では存在しない施設や、現在残されている遺構との照合ができる記述があって、「墓所の復元」に大いに役立つものとして評価された(7)。

なお、日記の記述によって発見された施設や逸話、照合によって発覚した相違点は以下のとおりである。

（一）　下馬札

この下馬札の存在は、彼の日記無くしてはわからなかったものである。

日記では、霧雨の中不安にかられ登ってきた唯七郎の視界に、まず石の階段が目に入ったという。その階段は墓所への入り口で、その階段に向かって右手に「下馬札」があったと記録している。さらに、その手前には駒立もあり、ここが墓所の入り口で間違いないと安堵した、と記されていた。

現在、下馬札は存在しないが、この石の階段は明確に残されており、その前には平場も認められ、駒立があったことを想起させる状況である（図6）。

（二）　門と柵

こちらも今は無い施設で、唯七郎は以下のように記す。

「石段を一三九段上りつくすと突き当たり、西東へ一五間ほどの柵がある。その柵の中央に門がある。屋根は厚さ一寸くらいの板を葺いている。この門は扉を閉めて開閉を厳しく禁じている。この門で東を向いて、左手に六尺の塀があり、左右ともにそれよりすべて柵を回して囲っている。」

「石段を一三九段上りつくす」とは、先述の下馬札から数えた石段の数を指しており、現地踏査の際、数えてみたがほぼ同じ階数で門及び柵を見たという場所＝門跡に到着する。

その門跡には高さ五〇センチほどの石垣が残されており、角を算木に積むなど外周を巡る石塁より精緻に造られた印象を受けた（写真7）。そのため、従前から門や柵があった可能性が考えられていたが、日記によって確実となったことは大きな成果であった。

（三） 霊屋

霊屋も現在は無く、日記によって存在が確実となった施設である。

そもそも碧雲寺の歴代藩主墓には霊屋が掛かっていたことが絵図や記録によってわかっており、この久清墓にも存在していた可能性はあった。

唯七郎は「高い石積みをしてあり、その高さ一丈の切石積みの上に拝殿のようなところがある。この奥に続いて本殿があって、赤がね色の瓦を葺いた霊廟とみられる建物がある」と記した。

残念ながらこの霊屋そのものの詳しい記述が無いため、復元は困難であるが、実は碧雲寺の歴代藩主墓にあった二代藩主中川久盛墓の霊屋は、碧雲寺に隣接する高流寺に移設され現存している（写真8）。

写真8 高流寺所在、旧中川久盛墓霊屋

現在は金神堂（竹田市指定有形文化財）として本堂の裏手にあり、切妻屋根の妻入りに唐破風を付けた建物となっている。

日記の後段で霊屋の入り口のことを「唐戸」と記述していることから、久清墓の霊屋が金神堂と同様の建物であったとも考えられる。

さらに、「本殿の四方には切石で作った五寸角の柱の柵が構えている」との記述もあることから、天保年間には玉垣が巡らされていたことも判明した。

（四） 番人の存在と番人小屋

先述したが、これもこの日記によって明らかになった存在である。

ひと通り墓所見物した唯七郎は、再び階段の入り口へ戻ってきた。しかし、そこからさらに上に進める道を見つけ登って行き番人小屋を発

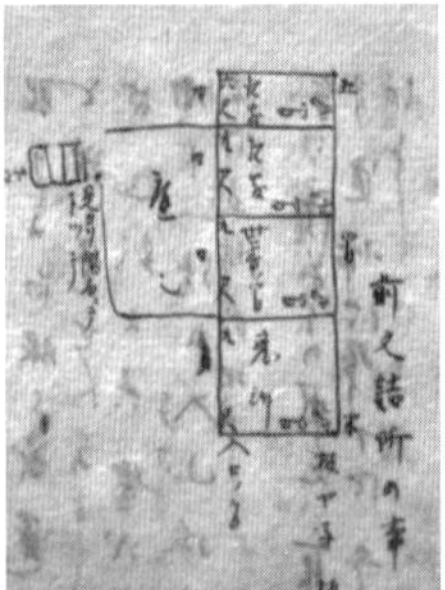

写真9 唯七郎書、番人小屋図

見する（図6）。

彼はこの時の様子を、以下のように綴った。

「二丁ほど登ると、この廟の番人役所のような小さな家を見た。これ幸いと寄ってみると、当詰番在勤である、阿鹿野組（あじかのぐみ）、坂上村の大塚彦右衛門という人がいた。わらじを脱ぎ席についてしばらく休憩をした。彦右衛門はお茶と漬け物を出してくれ茶談をした。」

さらに番人小屋は、板屋根、板壁造りの横二間、縦五間半の大きさで、台所を含め五〜六畳敷の部屋が四間あり、柱の高さは七、八尺、台所には水風呂、コガ（水桶）等もあったと細かく図入りで記した（写真9）。

また、大塚彦右衛門との茶談から、廟のお祭りは三月二〇日で、その日は名代としてご一門のうち御三家が登山するのが定例になっていること。一年のうちこの日だけ廟殿の唐戸が開くこと。藩主が直々に参拝するときは、墓所内に御仮屋を建てること。百五〇回忌が天保元年の三月二〇日に行われたこと、番所に詰める期間のこと、麓にある冬場の監視小屋のこと、岡城から墓所までは五里あり、藩主など貴人は、その間に茶屋を設けて休息したことなど、多くの情報を聞き取り日記に残したのであった。

（五）久清墓碑銘

唯七郎は、大塚彦右衛門と茶談をした後、特別に案内され墓所内を歩いている。その時に、霊屋の中も密かに覗かせてくれたようで墓碑についても図入りで詳しい記録を残している（写真10）。高さ八尺、幅三尺、厚みが八、九寸ほどと記し、墓碑銘を「岡城主（改行）従五位下前城州太守源久清公之墓」と書きつけてあった。

実は、現在の銘文は「豊之後州岡城主（改行）従五位下中川氏前城州太守源久清公之墓」であり、唯七郎が書いたものとは異なる。これにより「大船山入山久清公廟所修繕建碑」に記された「花崗石墓表破損現在石改造」の銘の信憑性が増すこととなった。

なお、中条唯七郎の日記は、筆者が豊後大野市歴史民俗資料館に勤務していた時、同僚を通じて高千穂町歴史資料館学芸員より紹介され知見を得ていたものである。平成二七年（二〇一五）

写真10　久清墓碑書取り図

度、竹田市教育委員会によって「史跡岡藩主中川家墓所公開活用事業」が開始されたのを契機として、同教委に史料提供して活用されたものであるが、このような形で発見を生んだことは、まさに幸運であったとしか言いようがない。

四　墓所の保存整備・調査の成果

竹田市教育委員会は、平成二四年（二〇一二）に策定した「史跡岡藩主中川家墓所　保存管理計画」に従って「史跡岡藩主中川家墓所公開活用事業」を実施した[8]。目的は、経年による劣化や樹木の影響による荒廃を是正し、併せて来訪者の理解を深めるため、とされ平成二七年（二〇一五）度から三〇年（二〇一八）度までの四年間行われた（表3）。

前述のとおり、現場は標高一四〇〇mで徒歩以外の交通手段がないため、解体・復元工事のために必要な重機やコンテナハウス等の大型機材は、ヘリコプターで空輸した。

調査用具や資材の運搬については、牧野道路の活用と林道の改修工事を経て、墓所まで徒歩三〇分強の地点となる「池窪（いけくぼ）」まで車道を確保し、その池窪から墓所までの間にモノレールを設置して行った。ただし、調査員や作業員は、池窪から新たに開かれた登山道を徒歩で往来していたため作業時間の確保には苦労したと聞いている。

表3　「史跡岡藩主中川家墓所公開活用事業」内容一覧

年度	事業内容 調査	保存修理	公開活用
平成27（二〇一五）	文献調査	モノレール設置工事 久清墓階段の石垣復元	調査報告会 現地説明会 説明板・案内板設置
平成28（二〇一六）	三次元測量	久清墓石垣の復元 参道石段下半分の復元	パンフレット作成 現地説明会
平成29（二〇一七）	久清墓発掘調査	門跡の石垣復元 参道石段上半分の復元	現地説明会
平成30（二〇一八）	久清墓及び前庭部番人小屋跡の発掘調査	井津・久矩墓石垣等復元 前庭部石灯籠の復元 モノレール撤去工事	現地説明会

この四年間に及ぶ調査、保存修理工事では多くの発見があったが、そのうち重要だと思った点を紹介したい。

（一）　久清墓の盗掘の確定

前項にて、久清墓盗掘の記録を取り上げたが、現地ではその痕跡は明確ではなかった。ただ、内区の石敷

（以下、上部石敷）や外区の玉垣が粗雑であることや（図7の点線囲い部分）、馬鬣封の高さが類例に比べて著しく低いことなど違和感はあって、盗掘を含む改変の可能性はかねてより指摘されていた。

今回、久清墓主体部で行ったトレンチ調査は、内区にある墓碑と馬鬣封の周りに敷き詰められていた上部石敷を全て剥ぎ取るまでに至り、その下層から加工の荒い大ぶりの石敷（以下、下部石敷）層が出現した。ただ、この下部石敷は馬鬣封を挟んで南と北で大きく様子が異なり、北側の半分は石が起き上がった状態で石敷とは言い難い様相を呈していた（写真11）。

この段階で、盗掘された可能性が極めて高くなったため、この起き上がった石を狭い範囲ではあるが取り除くと、盗掘坑と思しき軟弱層に行き当たったのである（図8）。

これらの石には、鑿岩機によるとみられる破壊痕も認められたため、限りなく現代に近い時代に盗掘が行われたことが明らかになった。

その上、麓の集落から来ていた作業員や住民からの聞き取りから「そういえば昔、深夜まで電灯を灯し何かしているのが麓から見えた」という談話も得られ、この盗掘坑が昭和の盗掘であることが判明したのであった。

事業報告書によると、盗掘坑は完掘せずに上部石敷より約六〇cm下のところで掘り下げを止め「盗掘は馬鬣封の下部まで達しているのでは」とまとめている。また、盗掘坑の上層より漆製品の破片が出土したとい

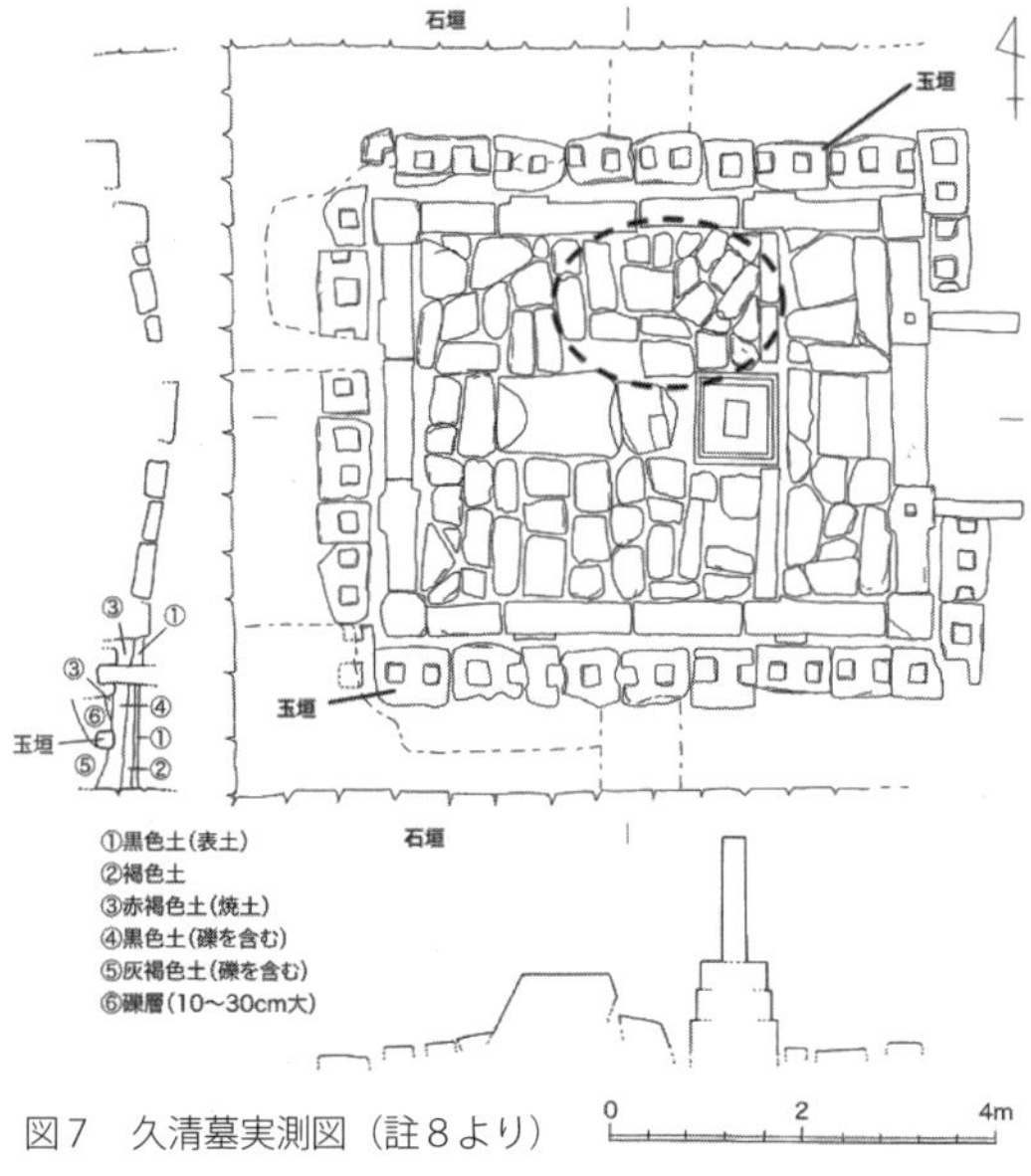

図7　久清墓実測図（註8より）

写真 12　出土した花崗岩片
（旧久清墓碑）

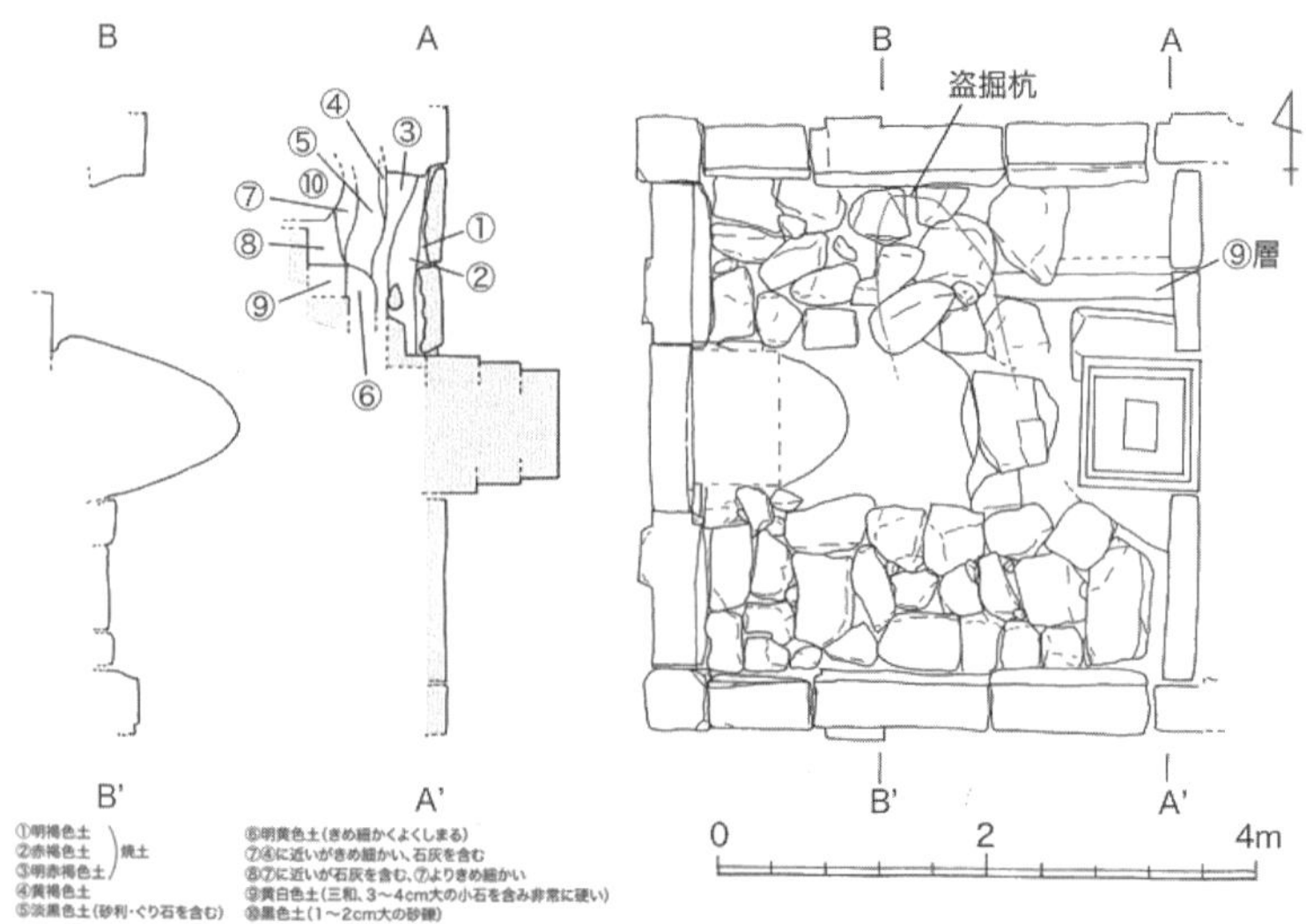

図8　下部石敷実測図（註8より）

写真 11　久清墓下部石敷検出状況

写真 13　久清墓下部石敷状況（北から）

うが、詳細は不明である。

なお筆者は、この検出作業にたまたま立ち会うことができ、盗掘の規模に衝撃を受けたことを記憶している。この墓所の保存管理、そして復元がいかに難しいかを思い知らされた瞬間でもあった。

（二）　久清墓の作り替えと嵩上げ

外区の玉垣から石垣の間に設定されたトレンチからは、焼土と共に玉垣の支柱や花崗岩の欠片数点が検出されている。

出土した花崗岩のもっとも大きな破片には、「前城州太守」と読める銘が残っており（写真12）、このことにより「大船山入山久清公廟所修繕建碑」に記された「墓表破損現在石改造」の銘が事実であったことが確定し、外区と内区双方とも、昭和八年（一九三三）、旧岡藩主祖州奉賽会によって大きな改修を受けた可能性が高くなった。

また、筆者はかねてから馬鬣封が異常に低いことに違和感を感じていたが、このことについても、今回の調査で理由が明確になる。

写真13を見ると、馬鬣封がかなり埋没していたことがわかる。この段階で馬鬣封の裾はまだ見えておらず下部石敷は裾より上に敷設されている状況である。

事業報告書では、最終的に馬鬣封の裾を確認したようで、下部には表面を整形した板状の石があったとあり、実測図からの馬鬣封の復元高は七〇㎝強となった。

発掘前の封の高さが五〇㎝程度であったことから少なくとも二〇㎝は埋没していたことになる。

このような復元を行った理由については、馬鬣封の底部が詳細に確認できていないため断定はできないが、一石で作られた馬鬣封は重量があるため、いずれの盗賊も動かせず元々の位置を保っていたと考えられる。ただその周囲は、相当に破壊されていたため、元々の設置面を覆うような格好で下部石敷を据えて均し、その上に上部石敷を敷いて墓碑を据え直したのではないだろうか。

いずれにしても、嵩上げされたことが判明したことにより、内区が中央へ向かって緩く高まっていること、墓碑と馬鬣封の間隔が無意味に空いていること、馬鬣封が低く小さいこと等々、当初から不可解であった点が矛盾なく説明できるようになったことは大きな成果であった。また、この嵩上げ改修が行われた時期であるが、現場で確認された盗掘痕は、先述の昭和の盗掘のみであったことから、昭和八年（一九三三）の改修であると考えるのが妥当で、我々が目にしている久清墓の主体部は、その大部分が昭和八年（一九三三）の改修後の姿である、と言えるのではないだろうか。

　なお、主体部の復元は上記のような状況を鑑み、最低限の復元に留められ、具体的には、外区の石垣の据え直し及び裏込め土の充填・整形、玉垣に新規部材を入れて更新、内区については、モルタル等後補が明確な部材は除去して、着手前の現状へと復元された。

図９　番所跡基礎石平面図（註９より）

写真14　番人小屋基礎石

写真15　番人小屋表採くらわんか茶碗

（三）番人小屋跡の発見

　中条唯七郎の日記によって初めて知ることになった番人小屋は、その場所を特定できずにいたが、竹田市教育委員会と共に山に入り、日記の記述を辿る方法で歩いたところ、下馬札からおよそ二〇〇m歩いた先に平地を発見するに至った。

　この平地は、北西側に緩やかな崖を背負ったかなり広い平地で、たどり着いて間も無くコの字状に置かれた建物の基礎石を発見した（写真14、図９）。

　この時点で、基礎石がいつの時期のものであるか不明であったが、さらに平地を歩き表採をした結果、基礎石からわずかに離れた場所で、十八世紀末から十九世紀初頭のくらわんか碗片を採集した（写真15）。

　この状況から、本遺構の所産が江戸時代にまで遡ることが確定的となり、唯七郎が書

写真16　久矩墓マウンドのトレンチ

き留めた番人小屋であることが明らかになったのである。

この番人小屋は、平成三〇年（二〇一八）度に発掘調査が行われ、概要報告が発行されているが、[9]それによると建物跡は先の番人小屋に加え、もう一棟あり、いずれからも陶磁器片が出土した。また、基礎石の中には、矢穴が認められるものもあり、山で切り出した石を加工して使用していることもわかった。

このことは、この場所で石切を行っていた可能性を示唆するもので、墓所の普請を行った時から存在する施設だった可能性をも示している。

「唯七郎日記」に端を発した番人小屋の調査は、文献、フィールド、考古と、実証的なアプローチにより大きな成果を得た。そして、墓所の歴史を語る上で欠かせない新しい要素となったのであった。

（四）　石垣と前庭部及び久矩、井津墓の造作

事業報告書によると前庭部も発掘調査を行い、灯籠が置かれた部分は、石を据えたり整地したりした痕跡が確認されている。

特に東側については、整地の後、大型の自然石を配して、さらに人工的に盛り土を加え庭園様に整備されたことも確認された。

また、久清墓、久矩墓、井津墓の石垣、石段は一部を解体して、復元して緩みや孕みを解消したが、その際、飾り石等を固定する石製や鉄製のタボが確認され、欠損しているものは補填された。

久矩、井津墓に付随するマウンドにもトレンチ調査を行い、石垣設置後に充填されたことが判明した（写真16）。

おわりに

以上の調査成果により、現在見えている久清墓主体部は、昭和八年（一九三三）、旧岡藩主祖州奉賽会による改修後の姿であることが濃厚となったが、その改修を行うにあたり、旧岡藩主祖州奉賽会のメンバーが如何なる心持ちで決行に至ったのか、つい思いを馳せてしまう。

おそらく、我々が想像できないほどの荒れ様であった当時の墓所を見て、並々ならぬ気概をもって決意し、自らの金銭を拠出してまで整備を行うに至ったのだろう。

その意思行動の源泉には、祖国に対する報恩の意志や、先人祖先への顕彰と感謝の思念があったと思われるが、このような意思は、久清が傾倒し広めた儒教の

写真17　久清墓復元後

写真18　久清墓主体部復元後

写真19　石段復元後

教えそのものであり、江戸期を通じて脈々と培われ、廃藩以降も領内で多分に漂っていた岡の藩風、その賜物であったと理解することができる[10]。

そのため、岡藩そのものの価値を考える上でも、この墓所が辿ってきた経緯は評価されるべきであり、広く知らしめる必要があるのではないだろうか。

また、この改修により江戸期の姿を完全復元することが困難となったことも事実で、竹田市教育委員会は今回の事業での復元を、事業着手前の姿に戻すことに留めることとした（写真17・18）。

往時の姿への復元を望んでいた方々には、些か残念な結果となったが、付随する久矩、井津墓、それぞれの墓の位置、石垣や石段などの付帯施設等々、江戸期のままに残されている部分が相当量あることも判明し、この墓所の史跡的価値が損なわれるどころか高くなったことも大きな成果であったと思う（写真19）。

さらに、文献調査や発掘調査によって得られた、今は存在しない建物の存在や、新たに発見された番人小屋、番人の語るエピソード等は、今後、デジタルコンテンツの開発等により、教育や観光といった公開事業の材料として大いに活用され拝観者を楽しませてくれるのではないだろうか。

とはいえ、この墓所の保存管理の困難さは解決されたわけではなく、現状の維持、さらなる整備と、残された課題は大きく重い。

そもそも、大名墓の発掘調査並びに改修事業は、類例が少ない上にそれぞれの事情、背景を持って行われており、一概にはいかないものだが、今回は、所有者との関係が極めて良好であったことから、調査、改修を進める上での同意や許可等の問題はなかったものの、立地そのものが最大の足枷となった。

現場までの移動や、山特有の変わりやすい天気、加えて厳冬期は現場作業が行えず、大きな時間的制約を受ける中、改修痕や盗掘痕の出現により、調査面積は拡大することになり、現場での判断に苦慮する局面も多々あったのではないかと思う。

今後、当該自治体の職員だけなく、上位団体や近隣市町の職員とで直接的かつ能動的な調査実施体制を構築し、重厚な実働体制を創ることで、担当者一人で悩むことのない、大胆かつ論理的な調査が可能となるのではないだろうか。

この実現には、様々なハードルを越える必要があるが、厳しい環境に晒されるこの史跡を後世に良好な状態で残すためには、必要な措置ではないかと考える。

なお、今回の事業をきっかけに整備された池窪登山口は、墓所に最も近い登山口として活用されている。ただし牧野道は、私用車の乗り入れが禁止されているため、竹田市は、麓の久住高原と池窪登山口とを往復する登山バスのサービスを提供した[11]。

現在は、竹田市ツーリズム協会の運営により一日三便が運行されており、筆者も大船山上で利用者に会ったことがあるが、利用者からは、「おかげで楽に登ることができた」と喜びの声が聞かれた。

竹田市にとっても、指定地内に常に人が出入りすることで監視し易くなる利点もあるであろう。今後もこのサービスが続けられ、今の時代に沿ったツーリズムとして磨かれていくことに期待したいし、自身としても協力をしていきたいと思う。

最後になったが、今回、非常に稀な立地にあるこの墓所での、調査や整備作業の瞬間に立ち会うことができたことに感謝している。

竹田市教育委員会に深く謝意を述べ、本項を終えたい。

註

1　竹田市教育委員会　二〇一二『史跡岡藩主中川家墓所保存管理計画書』。

2　豊田徹士　二〇二〇「岡藩中川家の思想と実践―儒教受容とその展開」『近世大名墓の考古学　東アジア文化圏における思想と祭祀』勉誠出版。

3　豊田徹士　二〇一八「岡藩の儒教式墓の一覧と儒教受容の変遷」『近世大名墓の基礎的研究』雄山閣。

4　柄木田文明　二〇〇六「中条唯七郎九州道中日記第一巻」『成蹊論叢』四十三号。

5　『大分県警察史』に収録されると聞くが確認できず。

6　『中川家記事 N 210』竹田市歴史資料館蔵

7　調査整備委員会に資料提供したところ、九州道中日記の価値が認められ、文献調査として、原本の画像保存が提案され実施された。

8　竹田市教育委員会　二〇一九『史跡岡藩主中川家墓所公開活用事業』。

9　竹田市教育委員会　二〇一九『発掘調査概要報告書』。

10　豊田徹士　二〇一八「近世豊後国農民祖先祭祀の一例」(『石造文化財』10　雄山閣)。

11　竹田市ツーリズム協会ホームページ https://taketa.guide.

加賀藩主前田家墓所・村井千世墓石廟の復原整備

谷口明伸

はじめに

近世加賀藩主前田家は、江戸時代、加賀・能登・越中三ヵ国を領有した大名家である。藩祖前田利家は天正九年（一五八一）に七尾城に入り能登国二三万石を領有したのを皮切りに加賀国、越中国と所領を広げ、途中天正一一年（一五八三）加賀金沢城への移府や寛永一六年（一六三九）の同族による富山・大聖寺両藩の分立などの変化があるものの、同家による統治は明治四年（一八七一）の廃藩置県まで継続した。

出自は尾張国荒子（現愛知県名古屋市中川区周辺）の在地領主であった前田家。藩祖利家は荒子領主前田利昌の四男に生まれ、幼少より織田信長に仕え、永禄一二年（一五六九）に信長の命により家督相続した。以降各地を転戦して武勲を重ね所領を拡大し、信長没後は豊臣秀吉に従いその統一事業に貢献、五大老の筆頭となるなど豊臣政権の中枢に位置した。利家死後、二代利長は徳川政権側の態度を表明し、慶長五年（一六〇〇）の関ヶ原合戦では東軍に与してその功績により所領を安堵され、江戸時代初期には加賀・能登・越中三ヵ国一一九万石余を領した。三代利常の寛永一六年（一六三九）には富山藩一〇万石、大聖寺藩七万石を分藩し、五代綱紀の頃には一〇二万五〇二〇石八斗八升二合の表高を領した。以降、江戸時代を通じて表高の大きな変化はなく、全国最大の所領を持つ外様大名であった。

加賀藩主前田家の墓所は金沢城下町の南方、金沢城からは直線距離にして約三・五㎞の位置にあり、南北約三五〇m、東西約四〇〇m、面積約八万六千㎡を有する敷地の中に藩主、室、子女ら計八四基の墳墓が建つ（図1）。また、墓所下方には加賀藩士や町人等の墓も営まれており、前田家墓所も含めて野田山墓地と呼ばれる一大墓地を形成している。墓所は平成二一年二月一二日に国史跡指定を受け、同二二年度から金沢市による史跡整備が実施されている。本稿では、一連の史跡整備の中で実施された村井千世墓の石廟とその復原整備を概観する。

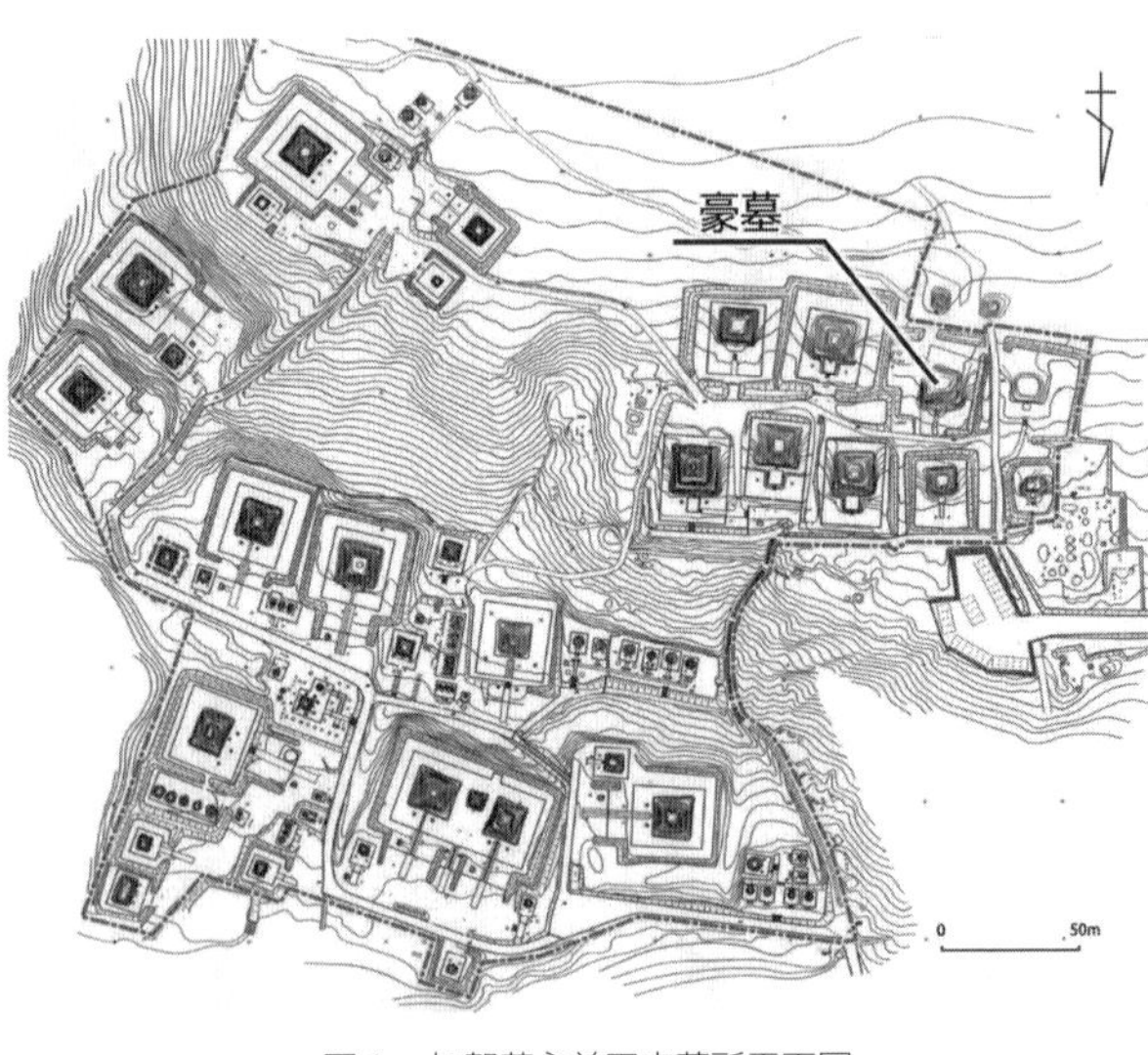

図1　加賀藩主前田家墓所平面図

一　加賀藩主前田家墓所

（一）墓所の概要

墓所の始まりは天正一五年（一五八七）に金沢で死去した藩祖前田利家の長兄利久の埋葬とする説がある[1]が、歴代藩主墓所としての嚆矢は慶長四年（一五九九）に死去した利家の墳墓造営に求められる。利家は同年閏三月三日に大坂において死去するが、その前月二一日に十一箇条の遺誡を認め、その第一項目で野田山を自らの墳墓の地として指定したという[2]。以降、歴代の藩主はこの地に埋葬され、墓所は近世大名家墓所として発展することとなる。近代以降に一時中断する時期があるものの、墓所として現在も祭祀行為が営まれ続ける、将に「生きた墓地」である点にも大きな特徴がある。このような大規模な墓所を継続的に造営することができた背景として、加賀藩主前田家は利家の金沢入府から廃藩置県に至るまで所替えなく加賀・能登・

越中三ケ国にまたがる所領約百万石の大名であり続けたことにその要因の一つを求めることができる。

墓所の造営に野田山の地が選定された理由には諸説あるが、選地には利家の意思が大きく介在したと考えられ[3]、結果、利家自身の墳墓が野田山の斜面に造営された時点を以てその後の大名家墓所としての発展が決定づけられたといえよう。なお、昭和五年（一九三〇）ものではあるが前田家側の史料に利家の金沢入府の時点で既に想定されていたとするものがある[4]。墓所の位置する野田山丘陵の山頂には緩やかな平坦面が展開しているが、そこを避けて敢えて丘陵斜面を造成して墓所を造営するのは、墳丘造成に使用する土砂の入手という技術的理由のほか、金沢城（及び墓所）からの眺望性なども重視されていると思われる。

現在、墓所には合計八四基の墳墓が築造されており、その内訳は藩主・当主墓一七基、正室墓一五基、側室墓一〇基、子女墓三四基、殉死墓七基、共同墓一基となる[5]。墳墓は土を盛り上げた土饅頭形の墳丘に方形の堀が巡る構造を基本形とし、特に藩主墓の墳丘は土を三段に盛り上げた大型墳で平面形がほぼ正方形となる、いわゆる方形三段築造という特異な形態を有する（図2・3）。この形態は藩祖利家墓造営の段階で既に確立されており、藩政期を通じてこの墳形が継承される[6]。墳丘規模は利家墓が一辺約二〇mと最も大きく、他の藩主墓は一辺一六m前後であって利家墓を超える規模のものは造営されていない[7]。正・側室墓は藩主墓に準ずる規模を持ち、子女墓は初期には比較的大きなものが造営されたが近世中期以降は一辺五～七m程度に小型化する。基本的に墓所内に造営される墳墓は前田家一族すなわち藩主とその家族に限定されていて家臣墓は造営されないが、例外的に三代利常及び四代光高に殉死した家臣墓が計七基ある。

図2　前田利家墓

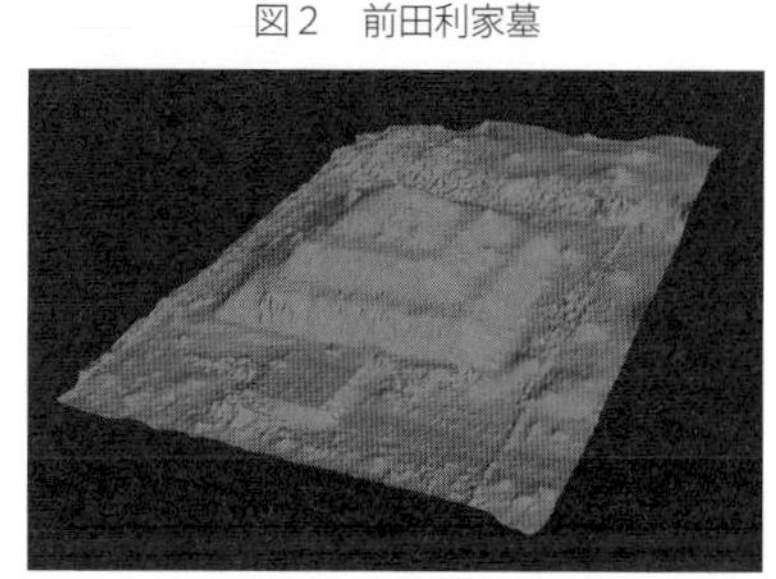

図3　前田利家墓3D計測図

（二）墓所の変遷

墓所は墳墓の造営時期により大きく三期に区分できる。すなわち、一六世紀末から一七世紀前半の造営であるⅠ期、一七世紀中頃から明治三年（一八七〇）までのⅡ期、明治四三年（一九一〇）以降の改葬墓が主体となるⅢ期、の三区分であり、各期において墳墓の構造とその造墓原理が異なることが大きな特徴となっている（図４）。

Ⅰ期　利家墓から村井千世墓（利家七女、寛永一八年（一六四一）死去）までの墳墓が属する。初期（利家墓～利長墓）は堀を持たないが、幸墓（利家長女、元和二年（一六一六）死去）以降は墳墓の外周に方形の堀を設けるようになる。Ⅰ期の墳墓の大きな特徴として、墳丘前面に祭壇部と呼ばれる造り出し状の祭祀空間を設けてその上に石塔を収めた石廟を建てる点がある（図５）。Ⅰ期は利家とその家族の墓所としての性格が強く、その外側には村井家、奥村家など重臣の墓所が取り囲み、一族とその家臣団との強い結びつきが示される。

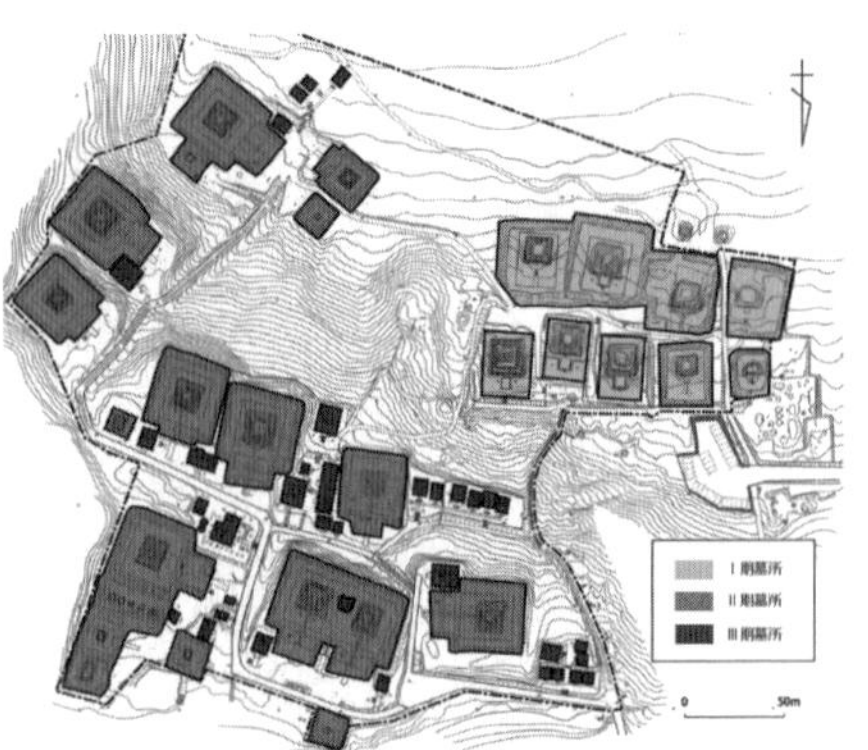

図４　墓所変遷図

図５　Ⅰ期の墳墓（藩祖利家墓）

Ⅱ期　三代利常墓から降墓（一二代斉広正室）までの墳墓が属する。Ⅰ期墓所の下方に平坦面を造成し、三代から八代及び一〇代藩主墓と一部の家族墓を造営する。一一代・一二代藩主墓は墓所東側の斜面に平坦面を造成して墳墓を配置する。当該期の墳墓の特徴として、祭壇部及び石塔・石廟の廃止と墳墓

図6　Ⅱ期の墳墓（3代利常墓）

前面に前庭部と呼ばれる方形の祭祀空間が出現することが挙げられる（図6）。前庭部の出現により特徴的な鍵穴型の墓域が完成するのだが、この形式の墳墓は藩主墓及び一部の正室墓に限定され、その他の一族墓はⅠ期後半の墳形が踏襲され小型化するとともにその数を減らす。Ⅱ期の墳墓には藩主を頂点とした身分や性別による格差の顕在化を見て取ることができる。

Ⅲ期　明治四三年（一九一〇）以降に改葬された墳墓が属する。廃藩置県後しばらくは前田家の東京移住により新たな墳墓の造営は行われなかったが、明治四三年以降各地にあった墳墓が野田山へと改葬された。改葬された墳墓は小型の土饅頭型式に変化している。またこの時期、前田家の葬制が仏式から神式へと変更されたことにより、石廟や石塔などの仏教的要素が取り払われ[8]、鳥居や墓標などが設置されるなど、墓所の一部に新たな変容が加わっている。

二　村井千世墓石廟の復原整備

（一）加賀藩主前田家墓所の整備

加賀藩主前田家墓所は平成一六年度から同一九年度にかけての詳細調査[9]を経て同二一年二月一二日に富山県高岡市の前田利長墓所とともに国史跡に指定された。その後保存管理計画・整備基本計画の策定を経て同二三年度から金沢市による史跡整備が行われており、本稿執筆時点で継続中である。

千世墓石廟に関しては史跡指定以前から劣化の進行が認識されており、詳細調査事業の際にも整備の必要性が指摘されていたが[10]、平成一九年三月二五日に発生した能登半島地震で屋根石数個と大棟の一部が脱落するなど損傷がさらに進行した（図7・8）。その後、同二一年度に実施した石造物保存対策調査にて、千世墓石廟に関しては①基壇の移動、②屋根材の崩落に認

図7　修復前の千世墓石廟

図8　石廟の四面図（修復前）

められる構造的な問題、③石材の劣化に関する問題、等が改めて確認されており、この原因として不充分な地業及び墳丘からの土圧等によって基壇が傾斜したことが上部構造の荷重の不均衡に繋がって石材破損が生じたと推測された。これら不具合を解消し石廟をより確実に後世へと継承する目的で、千世墓石廟の復原整備は墓所の史跡整備の中核的な位置づけを以て同二二年度から令和元年度まで実施された。

（二）村井千世墓の概要

村井千世墓（以下、「千世墓」という。）は本稿の主対象となる墳墓である。ここでは被葬者である村井千世とその墳墓及び石廟について概観する。

村井千世　村井千世は前田利家とその正室まつ（芳春院）の七女で天正八年（一五八〇）生まれ。慶長二年（一五九七）に細川忠興の長男忠隆に嫁ぐが忠隆廃嫡後に離縁して加賀に戻り、加賀藩重臣村井家の二代長次に再嫁した。慶長一七年（一六一三）長次死去後は剃髪して春香院と称し、寛永一八年（一六四一）に六二歳で没。菩提寺は玉龍寺、法名は春香院殿梅室昌恵大姉。利家と正室まつの末子であったため、まつからは特に目を掛けられていたといい、まつから千世宛ての消息が多数現存する。

墳墓　千世墓は墓所の南西端、標高一五八〜一六〇mの緩斜面に立地し、東に豪墓、北に利貞墓が隣接する（図9）。墓域はほぼ正方形の堀により区画され、参道により一部寸断されているものの一辺は三三〜三四mを測る。墓域の中央には幅一六・六m×奥行一一・三m×高さ一・六mの方形墳丘があり二段の段築が良好に残存する。墳丘の前面に幅六・五m×奥行七・六m×高さ一・〇mの祭壇部を設けるが土砂が流出し形状は不明瞭である。祭壇部上の墳丘寄りに墓所内現存最大となる凝灰岩製の石廟を配する。墓所Ⅰ期墳墓群で最後に造営された墳墓である。なお、村井千世の葬送に関する史料等が現存が確認されていない。

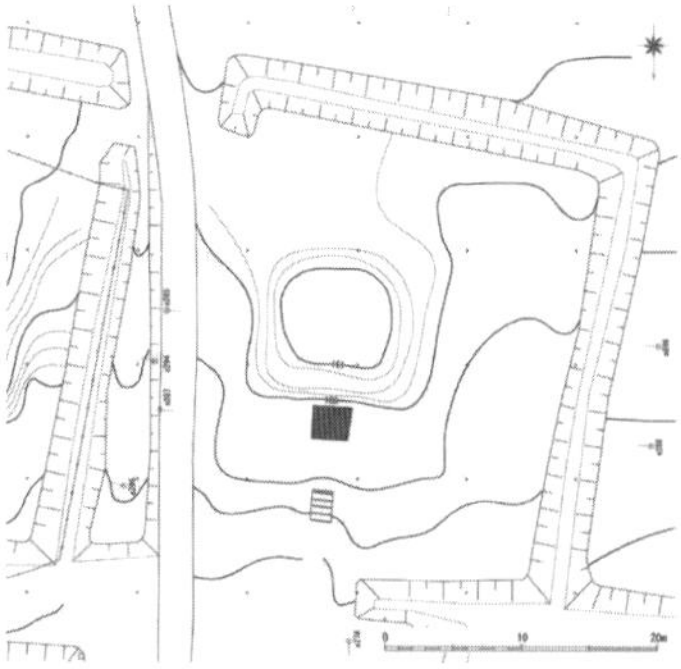

図9　千世墓平面図

（三）千世墓石廟の概要

構造形式　墳丘前面の祭壇部の上に建ち、平屋建て、切妻造り妻入りで北面する。基壇の上に柱が建ち、軒桁、妻壁、母屋、棟木を架け、屋根を葺き、棟石を載せる。内部に宝篋印塔を安置する。母屋、棟木以外は全て石材で組まれるが、木造建築のごとく各部材はほぞ等の仕口を介して接合され、要所をかすがいにて緊結する。本体の石材は笏谷石と呼ばれる福井県産の緑色凝灰岩であるが、後補材として原石（石川県小松市産、凝灰岩）等が見られる。宝篋印塔の石質は鵜川石（石川県小松市産、凝灰岩）と推察されるが定かではない。

基壇　下から地覆石、羽目石、葛石の三段から成る。葛石で囲まれた中心部上端は敷石を伏せる。内部は版築で充填される。

軸部　葛石の上に柱を建て、その間に下から地覆、壁石、小壁が入る。柱と小壁の上に軒桁および妻壁が載る。正面側のみ、左右両脇の壁石の間に敷居石と扉石が入る。

屋根　妻壁の欠込みに母屋、棟木を架け、屋根石を左右八枚（解体前は七枚、後述）ずつ並べる。大棟は棟石を伏せる。

宝篋印塔　反花式基壇の上に建つ。基礎、搭身、笠までほぼぞ等もなく順に重なるだけであるが、相輪の

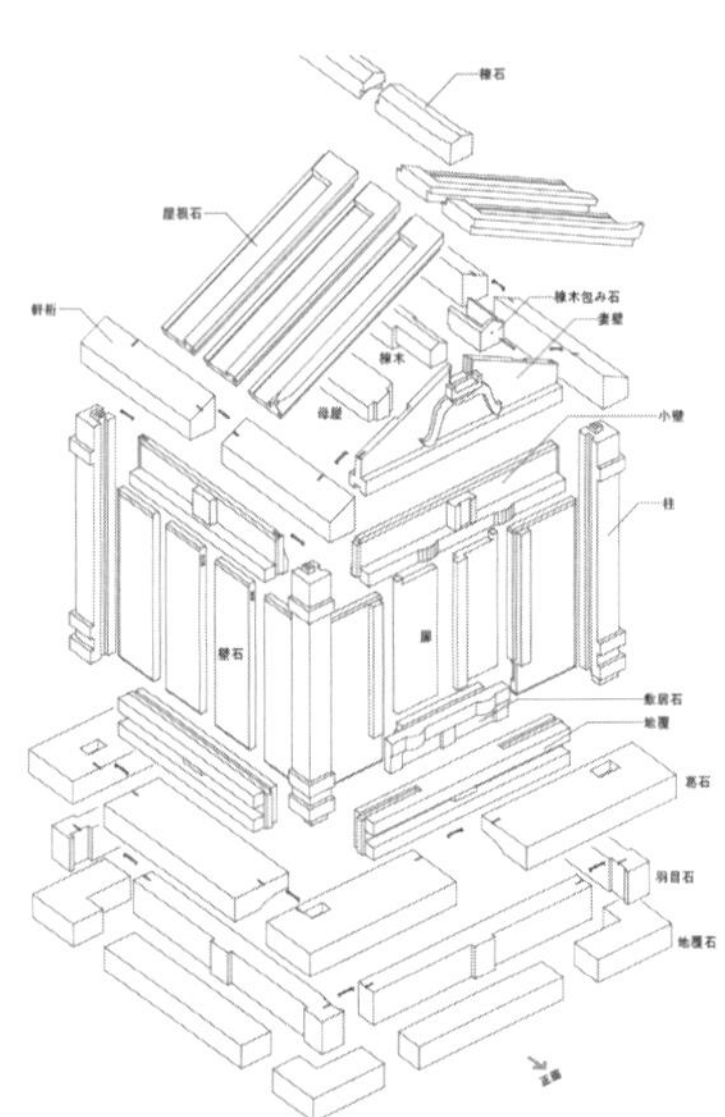

図10　千世墓石廟構造分解図

み笠に丸ほぞ差しで建つ。

装飾　正面の敷居と小壁に蓮華唐草文の線刻、四面の壁石に菩薩像等の浮彫、正面妻壁に蟇股と天女像の浮彫、正面棟石の小口に剣梅鉢文の浮彫、などの装飾が随所に見られ、一部には彩色の痕跡が認められる。

総重量　解体時の石材の総重量は七六八八kgを測る。

（四）石廟の修復・組立

保存処理　解体前の調査で石材自体の劣化による表層剥離や白色析出物などが認められており、この対策として強化剤含浸による石材の劣化進行軽減を図っている（図11）。強化剤はＯＭ－25を用い、これを満たした含浸槽に石材を浸すことで強化剤を含浸させ、石材の表層に吸水防止双を構築させることを目的とする。石廟解体後、一部の不再用材を除き基本的に全ての石材について強化剤の含浸処理を行い、さらに一部の石材には顔料の残存が認められたため、当該箇所には保護材としてシクロドデカンを事前に塗布している（図12）。最終的に含浸処理を行った石材は一八三点を数える。

修復　古材（ほとんどは当初材と思われる）は再用を基本とし、破断したものはできるだけ接合して復旧し（図13）、部分的な欠損は破損形状に合わせて加工した補足材を接合している[11]（図14）。一部に見られる後世の補足材についても石廟の価値を損なわないと判断したものは再用している。やむを得ず取替または新補する材は、材料・形状・仕上げとも従来の仕様に倣う[12]ことを原則とし、見え隠れに修理年号を示す「平成卅」「平卅」の刻印を入れている。なお、笏谷石の長大材は現在入手困難であるため、新材には石川県産の滝ケ原石（たきがはらいし）にて代用している。

組立　基壇は地覆石、羽目石、葛石の順に積み上げると同時に内部に版築を構築。組み上がった基壇の上

図 13　屋根石の接合

図 11　石材の保存処理

図 14　屋根石の繕い

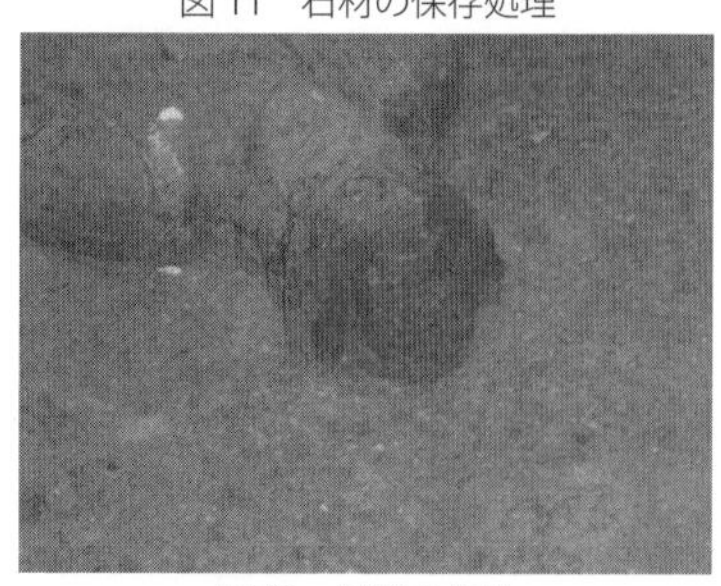
図 12　顔料の痕跡

図 15　修復後の千世墓石廟

に正面側から柱、壁及び扉、敷居、小壁の順に乗せて仮固定し、順次右側面、左側面、背面の順に組み上げた後、軒桁と妻壁を乗せている。この段階で内部に宝篋印塔を積み上げ、母屋、棟木を乗せた上に屋根石を順に並べ、最後に棟石を乗せている（図15）。

（五）石廟各部の詳細

基壇　地覆石は当初材ではない細かな部材が寄せ集められており、構造的に脆弱であるため正面左右のＬ字形隅石二点を除き全て新材に入れ替えている（図16）。Ｌ字形の隅石は前田家由来の建造物によく見ることのできる特徴的なもので、類例では四隅ともＬ字形を用いるので、本石廟においても背面にＬ字形隅石二点を新造して類例に倣っている。羽目石には破断が多く認められ、構造上大きな荷重がかかる箇所であることから、補強材を挿入したうえで破断箇所を接着し、基壇内部に補強のための束石を設置している。

軸部　背面の地覆は破損が甚大でありかつ後補材であったが、修理の歴史を継承するため、折損部を接合し補足材を接着したうえで再用している。壁石は水平または斜め方向に折損するものが数点確認され、補強材を挿入した上で接着。外面の菩薩像には頭部や台座を欠損するものがあるが復元せずそのままとしている。扉石は定規縁の欠損、木製扉軸の後補などが見られ、これらを全て補足石材にて補修している。扉軸には金属を埋め込むことで扉の回転による石材の摩滅防止を図っている[13]。小壁は背面側が中央で折損しかつ後補材であったが、背面地覆と同様の理由により再用している。軸受穴は摩耗により拡がっていたため、ステンレス製の軸受金物を入れて補強。軒桁は左後方の部材が激しく既存し原形を留めていなかったため、新材にて作り替え。妻壁は正背面とも外面に枡形の痕跡があったため新材にて作成、復旧。また、内面の母屋受けを補足材にて復旧している（後述）。

屋根　母屋及び棟石は後補材である花崗岩の部材が用いられていたが、笏谷石製石廟の類例のほとんどに木製の母屋及び棟木が用いられていること、本石廟の妻壁外面の枡形を削平した痕跡[14]、同内面の母屋受けの痕跡[15]、などから、本石廟の当初は木製の棟木と母屋が使用されていたと判断されるため、能登ヒバ[16]を用いたものである。

棟木　母屋に取り替えて旧状に復している。前述した妻壁の枡形及び母屋受けの復旧はこの変更に伴うものである。屋根石は欠失、折損、破損及び風食の激し

図16　Ｌ字形の隅石

いものが多く、全一六枚のうち三枚を新材にて作成。なお、修理前の屋根石は左右七枚の計一四枚で軒桁が屋根より飛び出す格好となっていた。本来は片側八枚の屋根石がいつしか補足されず片側七枚になり、それに合わせて棟石も短く調整したと思われる。今回の修復では屋根石を片側八枚に復し、棟石もそれに合わせて新材一石を追加している。

宝篋印塔　全て古材を再用しているが、一部欠損部分を新材にて補足し形状を整えている。

（六）発掘調査

本石廟を解体修理するに至った劣化原因の一つに不十分な地業と墳丘からの土圧があり、石廟の復原整備にあたりそれらの改善が求められた。その前提として現状の基礎構造を把握する必要が生じたため、平成二三年度に発掘調査が行われた。調査は千世墓墳丘の前面、前年度に解体された石廟の基礎部分を中心に調査区を設定し、人力にて表土掘削、遺構検出、埋め戻しを行った。調査では祭壇部を形成する盛土の上にロ字状の敷石が検出された（図17）。敷石は長辺二〇～四〇㎝の礫を東西約三m×南北二・五mの範囲に敷き詰めており、ちょうど石廟の地覆石の直下に位置する。

図17　敷石検出状況

図18　石廟基礎の層位

これが石廟の基礎構造ということになるが、礫の平坦面を上面に揃えることもなく乱雑に敷いており、総重量八t近くにも及ぶ石廟の重量を支えるには不十分な構造といわざるを得ない。また、石廟基礎の内部には黒褐色土と黄褐色土を交互に敷く（図18）が、下層は叩き締められているものの上層の締まりは弱く、これらが後世の石廟傾斜の遠因の一つと考えられる。そして石廟の傾斜が石材の荷重の不均衡に繋がり、結果石材の折損やひび割れ、欠損に至ったものと思われる。今回の石廟復原にあたっては、基壇内部を版築構造とすることで強度を確保し、石廟傾斜軽減を図っている。

おわりに

以上、本稿では加賀藩主前田家墓所において実施された千世墓石廟の復原整備について概観した。整備内容の報告に終始し新たな知見や研究成果を掲載できなかった点はご容赦願いたい。筆者は加賀藩主前田家墓所の史跡指定以来、同墓所の史跡整備に一貫して携わっているが、千世墓石廟の復原に際しては同様の整備事例に乏しく手探りの中で実施していったこともあり、整備内容についても不備が散見されよう。整備の詳細は『史跡加賀藩主前田家墓所整備工事報告書I』（金沢市　二〇二二年）にて報告されているので、先達諸氏のご意見・ご教授を賜りたいと切に願う。

なお、末筆ではあるが、千世墓石廟の復原整備の施工にあたった公益社団法人金沢職人大学校を始めとした関係者の皆さまには多大なご協力をいただいた。記して謝意を表したい。

註

1　利久没時の記録として「城南野田山隴に葬る」（『加賀藩史料』巻一）、「利家様喪服をめし、泉野御葬送所へ御出被成候へば、御上下恐惑仕候」（「高徳公譜略」）などの史料がある。

2　「一、我等煩弥々爾々共無之候間、近々と存候、相果候者、長持ニ入金沢へ下シ、野田山ニ塚をつかせ、則我等死骸と一所ニ女共加賀との下シ可被申候事」（「利家卿遺書」加越能文庫）。

3　前註2。

4　「利家加賀ニ封セラレシトキ、右野田山ヲ以テ子孫悠久墳墓ノ地ト定メ」（「高徳公墓所改造ノ件」尊経閣文庫）。

5　指定地外の富墓（三代利常四女：宮内庁管理）を含む。また、利久墓（藩祖利家の兄、利家の先代）は藩主・当主墓としてカウントしている。なお、一六代当主利為の墳墓は京都大徳寺芳春院境内に造営されている。

6　一方、明治期以降に造営された藩主・当主墓は明治七年の神式転換に伴い平面八角形の土饅頭形墳墓となっている。

7　この「利家墓の規模を上回らない」という原則は野田山の以外の地に造営された藩主墓にも例外なく適用されており、前田家の造墓原理の大きな特徴の一つとなっている。

8 石廟は前田家が明治七年に葬制を神式としたことにより同一〇年五月九～一〇日に撤去された（『金沢古蹟誌』など）。一方で分家当主や他家に嫁いだ子女など藩主前田家の管理から離れた墳墓は仏式葬のままであるため、石廟や石塔が撤去されないまま現存する。現在、野田山墓地内には前田家墓所内の五基と家臣墓地内の三基が現存している。

9 金沢市文化財紀要二五〇『野田山・加賀藩主前田家墓所調査報告書』（金沢市　二〇〇八）。

10 輪島市で震度六強、金沢市では震度四を観測。

11 接合箇所には必要に応じて補強金物（ステンレスシャフト）を挿入して強度を高めている。

12 表面仕上げは古材と同様、職人の手作業による叩き仕上げとしている。なお、当初材の見え掛かり化粧面及び合場は全てツル斫りのうえ叩き（チョウナ）仕上げ、見え隠れ部分は全てツル斫りのまま。

13 当初材は扉軸及び敷居石・小壁の軸受穴が著しく摩耗していた。

14 過去の修理で当初の棟木を花崗岩製の棟石に取り替えた際、寸法の大きな棟石をはめ込むために枡形を斫り取っており、その痕跡が正面妻壁に残存していた。

15 前註14と同様、母屋を取り替えた際に新材に合わせて母屋受けを拡げており、痕跡が妻壁背面に残っている。

16 加賀藩主前田家墓所内の石廟二基、瑞龍寺（富山県高岡市関）の石廟五基が全てヒバ系の木材を使用していることによる。

Ⅲ 琉球の葬制と習俗

宮城弘樹

墓制から紐解く近世琉球社会

宮城弘樹

はじめに

墓から琉球社会を紐解く試みは各学問分野で行われてきた。民俗学や文化人類学では早くから琉球の個性的な葬墓制に関心が寄せられてきた。島々の多様な墓制が記録・報告され、海外の事例との比較研究も盛んに行われている。文献史学では古文書から葬制に関する史的研究を中心に、特に古文書が多く残る王族や士族階層の墓が取り上げられた。そして、考古学分野では発掘された墓を中心に物質文化を通して近世社会を紐解こうと試みる。(1) 本稿では発掘された近世を中心とする琉球墓研究を概観し、墓制から琉球社会を紐解いていきたい。

一　琉球墓の概要

近世の琉球に完成した墓制を「琉球墓」と仮称する。ここでいう琉球墓は、横穴式の墓室に洗骨した遺骨を厨子に入れる墓制を典型的例とする。近代以前に記録された事例から、死後遺体は墓室内に置かれ骨化した後に、通例一・三・五年後に骨を洗い清めて、厨子に納骨される。明治期に描かれた『琉球風俗図』（図1）にはご遺体を納めた棺箱から、ご遺骨を取り出し洗骨する様子が掲載されている。沖縄では「夫婦の甕の尻は一つ（ミートゥンダヤカーミヌチビティーチ）」という諺がある。実際に、発掘されたヤッチのガマの厨子甕には、夫婦の遺骨が同じ厨子に納められている（図2）。

洗骨がどこまで遡るのかについては不明な点が多いものの断片的な記録や発掘調査例から以下のような記録や痕跡が報告されている。

『海東諸国紀』（一五〇一年）には、国王の墓葬は石棺を造り、山に造営された墓に安置し土葬は行わず、肌を剔り流水し棺に納める。また士族や庶民も同様であるが、石棺は用いないことが記されており、遅くとも一六世紀初頭には洗骨があったことが指摘されている[2]。考古学的には、浦添ようどれの人骨に刃物で受けた傷痕[3]が腐肉を除去したものとして洗骨の痕跡とし一五世紀には出現していたと理解されている。

古琉球（中世並行期）には王族や上級士族でその基本的な構造が見られ、近世琉球（江戸時代並行期）には現在みる形が完成したと考えられている。そして、近代には洗骨から火葬へと変化するが、大きな

図1　『琉球風俗図』より（国立国会図書館）

図2　厨子納骨状況実測図（註23より）

石造りの墓とその墓室内に安置する厨子という基本構成は今もなお維持されている。物理的には火葬を行うが、その葬送の基層には洗骨の名残を今にみることができ、一部には洗骨は現代まで続くと再定義付されている。(4)洗骨後遺骨を納める専用の器を沖縄では「厨子(ジーシ)」と呼んでいる。厨子は御殿(ウドゥン)形と甕形の二形式あって、およそ石や木製家形のものを古式とし、やがて陶器のものが主流となる。この厨子には、しばしば死者の名前と死去年や洗骨年を書記す。これを銘書(ミガチ)という。

琉球の墓制は、洗骨文化に伴い納骨する器、これを並べる墓室などが近世を通して定型化して行く中で形づくられるのだが、現代の私たちはこれに基づき琉球史を紐解く資料として史的研究を可能としている。

（一）ペリー一行も驚いた大きなお墓

黒船で知られるペリー艦隊は浦賀寄港前に琉球に来島したことはよく知られている。琉球に立ち寄った一行は、島内調査を行った。この航海に係わる記録として『日本遠征記』(5)が知られ、そこに琉球墳墓として図入りで次のように紹介している（図3）。

「死者には大いに敬意が払われていて、金に糸目を付けず墓を念入りに造り、敬意の念を証明する。墓は、石で造られ、しばしば風景に異彩を添えている。実際、わが艦隊が最初に琉球に近づいたとき、墓は大きさ、色合い、丘の中腹に占める位置などから、遠くから見ると人家と見間違えるほどだった」

沖縄に訪れたことのある方なら、琉球墓に対しペリー一行と同様の印象

図3　『日本遠征記』に描かれた亀甲墓（註5より）

をもった方も多いと思われる。

この図入りで紹介された琉球墓は亀甲墓という墓である。この亀甲墓は様々な墓の形式の一つであり、これらは地域や階層、歴史的経緯によって様々な形があることが知られている。この亀甲墓の調査例を足掛かりに、琉球墓理解の一助として調査事例を紹介する。

伊是名殿内の亀甲墓は、県内でも最大級の規模を誇り面積は六六〇㎡を測る（図4）。伊是名殿内というのは家の名前である。伊是名・伊平屋両島の総地頭家伊是名家を指し、伊是名朝宜（唐名・向元模）を祖とする士族である。墓の建造は伊是名家創立後で初代死去後と考えられことから一九世紀後半(6)とされるものの、しばしば古い時代の墓を購入することもあることもあり、本墓の形態的特徴も一八世紀の王国時代の特徴がみられるとされている(7)。

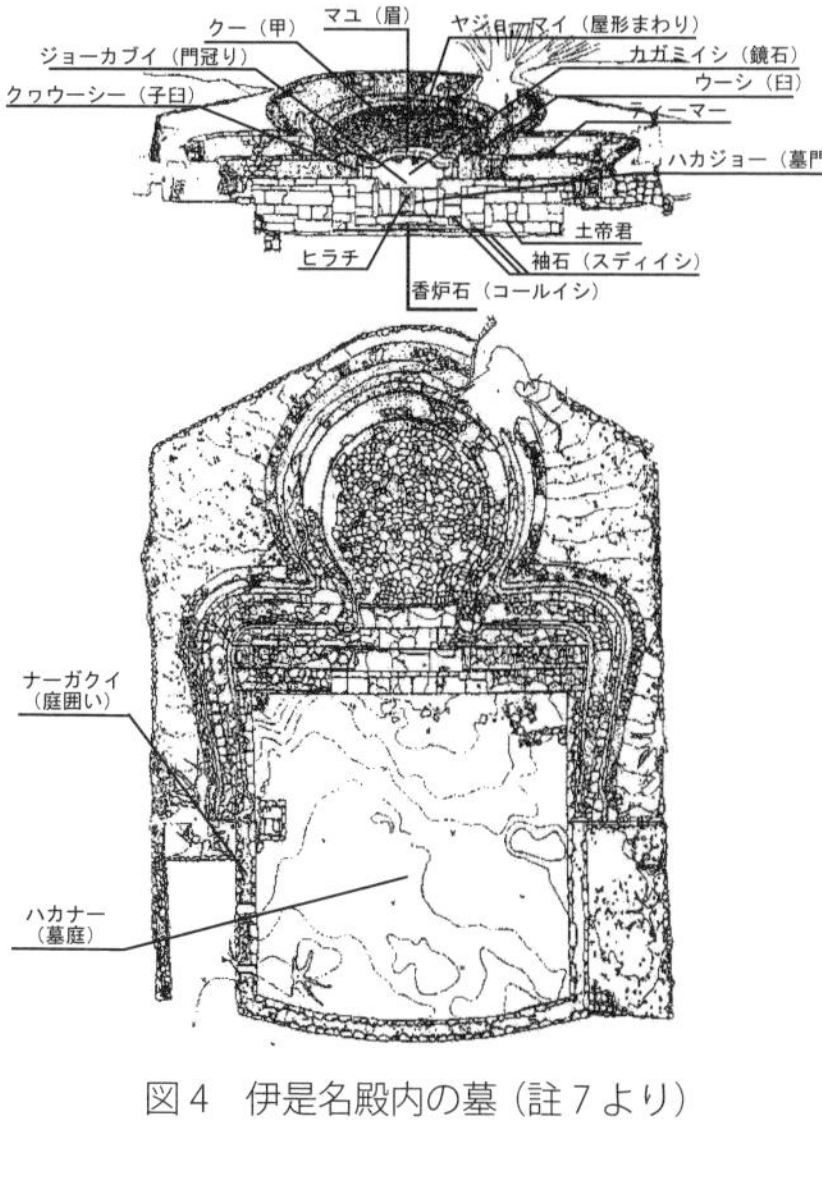

二〇〇四年度に発掘調査が行われているが、墓室内部は沖縄戦やその後の改変によってほとんど現状を保っておらず、本来あったはずの墓室内の厨子などは失われ破片資料が一部回収されている。沖縄古墓調査では、このような改変を受けた墓は珍しくない。特に激戦地となった中南部では、墓が戦中防空壕として利用された。

伊是名殿内の墓の外観は、亀甲形の特徴を持つ墳丘部や正面に特徴的な装飾がある。墓室は横穴形式で一次葬を行うシルヒラシと呼ばれる空間があって、死者を一定期間ここで安置させることができる。

図4　伊是名殿内の墓（註7より）

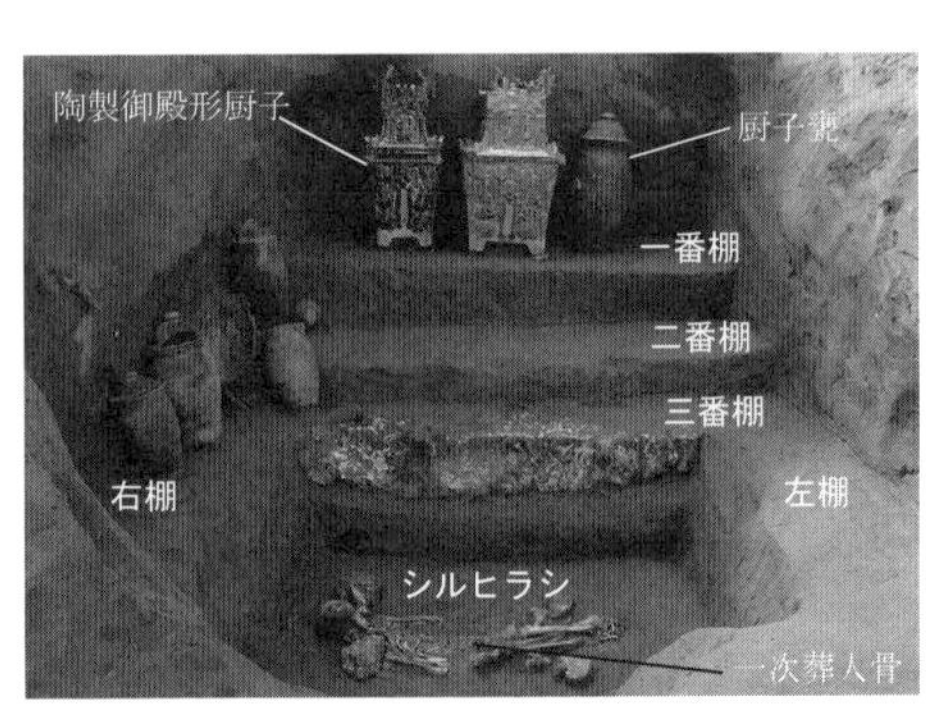

図5　発掘された墓室内の様子（註15より）

伊是名殿内の墓の事例では残念ながら墓室内部厨子配置の様子はわからないので、ここでは浦添市前田経塚近世墓群で発掘された埋没墓の事例から、内部の様子を確認してみたい（図5）。墓室内部は墓口から横穴式になっており、洗骨された骨は厨子に納め墓室正面の奥から霊位の上座で上座から向かって左右に設けられた棚に配置される。厨子の配置は昭穆とし、厨子は祖先を仏壇に祀るよう並べられる。墓口から手前、棚より一段低くなったシルヒラシは一次葬の棺箱を安置する場所となっている。本例は木製の棺箱に納められた一次葬のご遺体が洗骨されずに発掘された事例となる。本来であれば、洗骨されるはずだったのだろうが、洗骨される前に墓室の天井が崩落し埋没したため、ご遺骨がシルヒラシにそのまま発見されている。伊是名家の墓も前田経塚近世墓群の例も正面棚はいずれも三段であるがこの段数にもバリエーションが認められる。

沖縄の亀甲墓は一七世紀の後半になって登場するとされ、一八世紀には墓の身分制度が反映され亀甲墓の範型が確立し、廃琉置県の一八七九年以降は、身分制度の崩壊によって亀甲墓が広く普及するものと理解されている[8]。また、墓の意匠に関する時間的推移の研究によれば、眉の形態の変化[9]、墓の外観[10]、墓室構造の変化[11]に関する研究が行われている。

琉中の亀甲墓の形態を比較した小熊誠は一七世紀末から一八世紀初期のものは、いずれもヤジョーマーイ（屋形まわり）、クー（甲）、マユ（眉）、ティーマー、スディイシ（袖石）といった亀甲墓の基本的な構造はもっているが、ウーシ（臼）という意匠は中国には見られないとする。ウーシ出現やヒンプン登場を琉球独自のものと評価している。(12) 亀甲墓は近世において中国の影響によって登場し、やがて琉球独自の意匠が導入され定着した。

(二) 身分と墓

そもそも琉球社会において社会階層の上位下位でどのような墓の違いがあったのかについて確認しておきたい。琉球の身分制社会は遅くとも一六世紀頃には階層化されていた。例えば、『崇元寺下馬碑』(嘉靖六年〈一五二七〉)には、「按司(あじ)も下司もここにて馬から下りるべし(書き下し)」とあり、王の下に、按司、下司なる身分が存在していたことが碑文からもうかがえる。一七一三年編纂の『琉球国由来記』記載の身分制は図6のように概念化されている。

琉球の身分制が明確化された出来事として、各一族の経歴等をまとめた家譜の編纂事業がある。政治家羽地朝秀(はねじちょうしゅう)の琉球改革の一つとして行われた一六八九年系図座の設置は一つの大きな画期となった。以後、系図を王府に提出させ、身分制度の厳格化が図られた。系図を持つものが士族(系持ち)で支配者層、系図を持たない被支配者層が百姓(無系)と呼ばれた。家譜(系図)は国王印が押され、一部が系図座に一部は各家で保管された。これ以前にも家柄が重視され、祖先を祀ることは行われていたが、家単位で墓が造営され祖先祭祀を行う習慣はこれを機に広く普及していくところになったと考えられる。

近世には家格による墓地面積規定もあった。一八世紀前半の首

系持ち			無系	
身分		位階	位階	身分
王族	御殿	王子		
	殿内	按司		
		親方		
士族		親雲上	親雲上	百姓
		里之子	筑登之	
		筑登之		
		子		
			にや	

図6　近世琉球における身分制概念図(註39より)

里から令達された文書などには、士族が一二間角（約一四四坪）、平民が六間角（約三六坪）と定められていた。しかし実際の遺跡としての墓はそれほど単純ではなく、複雑である。

先に紹介した伊是名殿内は士族で伊是名が采地の名称、殿内は総地頭職にある親方家の士族の尊称である。これに対して国王の親族は御殿と尊称され、その宅地も例えば中城御殿（王世子の邸宅）のように呼ばれた。首里城近くの国王陵墓玉陵（玉御殿または霊御殿）もまた「たまうどぅん」である。琉球の墓として印象的な伊是名殿内のような巨大な亀甲墓は、近世においては基本的には士族層において普及した墓の形式である。亀甲墓が庶民に広く普及するのは近代以降であった。しかし、国王の陵墓は亀甲形ではない。これは建造年が一五〇一年と古体の姿を今に残しているためで、破風屋根を備える形式で築造されている（図7）。その陵の意匠は玉陵建造時の王城首里城を模したものと理解されている。面積はおよそ二四〇〇㎡と、先に紹介した伊是名の約四倍近く、墓庭の外には番所が配置されるなど、格の違いをうかがい知ることができる。

王や士族家以外の百姓の墓はいったいどんな造りだったのかというと、基本的に石造建造物ではなく、自然洞穴や岩陰を利用した風葬墓であったと理解されている。もちろん町方に住む百姓の中には財を成し、出世して墓を造営する者も現れるが、近代初めまでは特に本島北部や離島などの百姓の墓は、地方役人など一部を除けばほとんどが岩陰や洞窟を利用する風葬が行われていた。

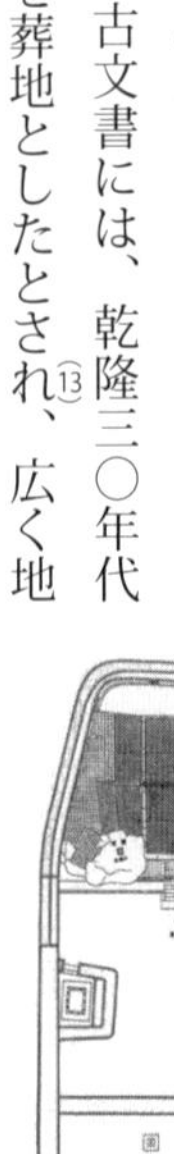

沖縄島の離島渡名喜島に遺る古文書には、乾隆三〇年代（一七六五）まで墓は無く洞穴を葬地としたとされ(13)、広く地

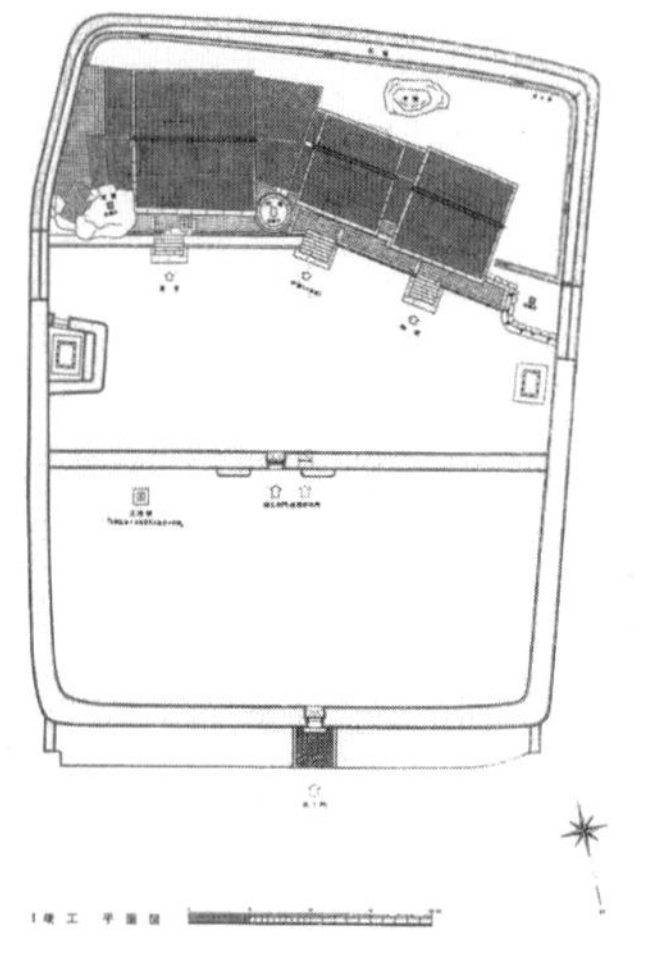

図7　玉陵（註40より）

方に墓建造が普及するのは近世も後半であった。

近世の地方百姓の墓制の様子は、民俗学分野の研究が参考になる。加藤正春は、一八七〇年前後の沖縄本島北部地域の民俗学調査や地方誌などを悉皆的に紹介し、一九世紀の沖縄本島北部の葬墓制は、洗骨積み重ね改葬を基本とし、多様ではあるが素朴な形状の墓に葬るような様相を示していたことを明らかにしている。これらの地域では石造の破風墓・亀甲墓をみることはほとんどなく、墓型は、樹林葬墓や崖葬墓、掘込墓などの、自然環境に依存することの多い質素なものが中心であったとしている。[14]

地下ダム建設に伴って調査された久米島ヤッチのガマは洞穴や岩陰を利用する地方の近世墓の様子をよく示している。洞穴内部をいくつかの区画に分け、そこに集落の人々を葬った墓所として知られている。

士族は家譜を王府に提出したことは先に紹介したが、光緒二〇年（一八九四）にまとめられた『氏集』によれば約三〇〇〇冊の家譜があったとされる。現代に伝わる家譜は沖縄戦などで失われその十分の一程度に過ぎないが、銘書のある場合であれば、記載された名前や位階などから士族か百姓かを類推することができる。首里士族の墓を主とする銘苅古墓群（史跡・銘苅墓跡群）B地区では銘書などから検討された五二の家名から、士族とされるものが二三家あると推定された。逆に百姓の可能性が高い墓も二例あるとされる。おおよそ士族の墓群と理解される地域の中にも、僅かながらも百姓の墓が確認されている点は注目される。

浦添市前田経塚近世墓群（経塚南小島原A丘陵）では、確認された七一基の墓のうち、空き墓になったものを除く二一基の墓に遺された厨子に記される銘書から士族と百姓の別が分析されており、その内訳は士族七基・百姓四基・その別が判然としない不明のものが六基と分析されている。[15]前田経塚の墓庭は大きく改変を受けていて十分な面積比較ができていない可能性もあるものの、墓の大小や厨子の質の大きな違いを見出すことはできない。前田経塚の墓地は地方であり基本百姓の墓地のはずが士族の墓も多くみられる。上級士族では大きな亀甲墓が築かれるものの、一般士族を中心に掘込墓が築かれた。また、百姓の中にも一般士族と同程度の墓を築く者も存在した（図8）。

琉球墓は洗骨と厨子への納骨安置をおおよそ共通にしながら、階層の上位・下位で厨子・銘書などとともに墓の形式や規模が異なっていた。最上位の王家の墓所玉陵は墓敷の面積や石造建造物の壮麗さだけでなく、墓室内厨子は基本全て御殿形である。国王王妃が入る東室はこれが顕著で、一人一つの厨子に納骨されるのを基本とし、厨子正面には個別に香炉が配置されていた。銘書もおおよそ全てに記載がみられ、陶製厨子に記される王名は金字である。

士族では上級の家と一般士族では異なるが、家単位を基本とし、宗主が墓室最上段の正面棚に配置された。その配置は親族関係を示す。墓室利用では大きく二通りある。一つは、イケと呼ばれる改葬空間を持つもので、もう一つは墓室が厨子でいっぱいになると墓を閉じる利用方法である。前者は民俗学的な調査によれば三三年忌を迎えると墓内部の奥にあるイケと呼ばれる墓室奥室に骨をこぼす⑯。これにより個々の記憶のある故人の特定できる親族から、ご先祖様へと昇華することにな

図８　前田・経塚近世墓群（経塚南小島原Ａ丘陵）
『前田・経塚近世墓群５』（浦添市教育委員会 2014）に基づき筆者作図

図８　前田経塚近世墓（註 15 より）

る。しかし、全ての墓にイケが備わっているわけではない。後者のような墓は、墓を閉じ「神御墓（カミウハカ）」（もしくは按司世墓（アジシーバカ））としご先祖様の墓として墓参のみが行われる。このような場合は新しく墓が造られることになるが、近い祖先を葬る墓は、いっぱいになってしまった神御墓に対して「当世墓（トウシーバカ）」と呼び区別される。

百姓は、地域によって様々な墓の形態が認められるが、風葬で自然度の高い岩陰・洞穴墓の利用を基本とした。一部では士族のように、家を基本単位とする配置が認められるものもあるものの、多くは村墓、模合墓と呼ばれる地縁者が一つの墓、あるいは墓地空間に葬られた。

（三）琉球墓の種類

墓の外観形式の分類はいくつかの研究がある。亀甲墓の他に、破風墓・平葺墓・掘込墓・岩陰墓に分類される（図９）。

洞穴墓・岩陰墓（①）は最も原始的なもので、雨をしのげる洞穴や岩陰に遺体を曝露あるいは棺箱に納め葬る墓所である。しばしば、この空間を石で囲い込み墓域空間を造り出すことから、岩陰囲込墓（②）などと呼称される。木槨墓（③）は、百按司墓（ムムジャナバカ）や漢那（かんな）ウェーヌアタイなどで知られるように切妻の木造建築物を岩陰や洞穴に建築しこれを墓所とするものである。掘込墓（④）は崖を掘り込んで墓室を造るもので、後述する破風墓や亀甲墓などにみる外部意匠の無いものを総じて掘込墓と呼ぶ。掘込墓が半自然、半人工のものもあって岩陰墓との別が付きにくいものも少なくない。明確に人工のものは墓室を横長に掘り込み、板（④—1）や竹（④—2）などの材で門を構築するものと、石造りのもの（④—3）がある。また、当初板墓だった墓口を後世に石造に改造したものもしばしばみられる。一方で、同じ掘込墓でも墓口のみを掘り抜き墓室を造るものがある（④—4）。実際には自然地形の凹凸を利用して墓室が建造されるため墓正面の一部に切石積をもつものも少な

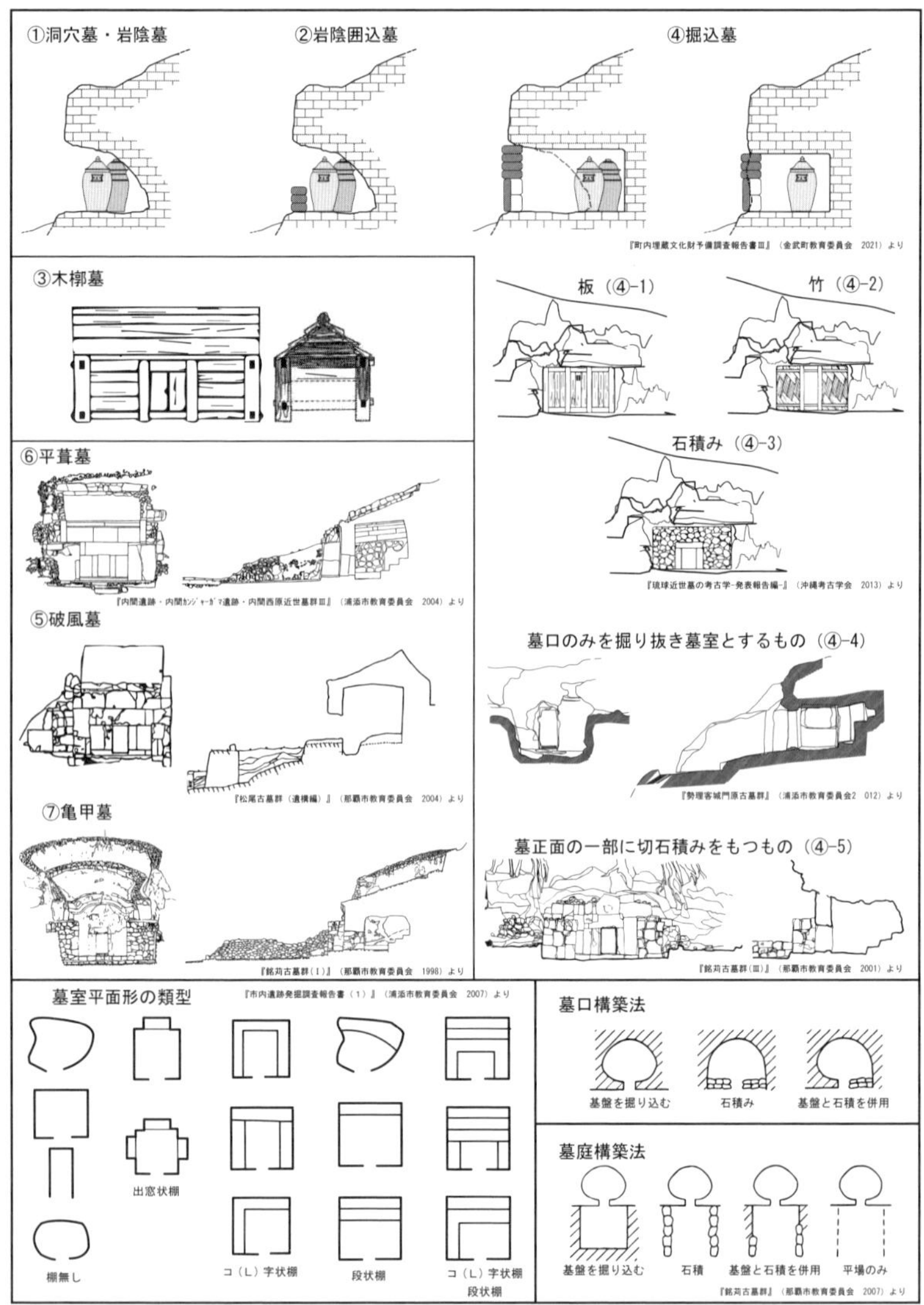
①洞穴墓・岩陰墓
②岩陰囲込墓
④掘込墓
『町内埋蔵文化財予備調査報告書III』（金武町教育委員会　2021）より
③木槨墓
板（④-1）
竹（④-2）
石積み（④-3）
『琉球近世墓の考古学-発表報告編-』（沖縄考古学会　2013）より
⑥平葺墓
『内間遺跡・内間ｶﾝｼﾞｬｰｶﾞﾏ遺跡・内間西原近世墓群III』（浦添市教育委員会　2004）より
⑤破風墓
『松尾古墓群（遺構編）』（那覇市教育委員会　2004）より
墓口のみを掘り抜き墓室とするもの（④-4）
『勢理客城門原古墓群』（浦添市教育委員会2　012）より
⑦亀甲墓
『銘苅古墓群（I）』（那覇市教育委員会　1998）より
墓正面の一部に切石積みをもつもの（④-5）
『銘苅古墓群（III）』（那覇市教育委員会　2001）より
墓室平面形の類型
『市内遺跡発掘調査報告書（1）』（浦添市教育委員会　2007）より
出窓状棚
棚無し
コ（L）字状棚
段状棚
コ（L）字状棚
段状棚
墓口構築法
基盤を掘り込む
石積み
基盤と石積を併用
墓庭構築法
基盤を掘り込む
石積
基盤と石積を併用
平場のみ
『銘苅古墓群』（那覇市教育委員会　2007）より

図9　琉球墓の形態分類

くない（④―5）。

破風墓（⑤）は、屋根意匠が家の破風形に造るもので前出の玉陵や伊是名玉御殿がこれにあたる。平葺墓（⑥）は破風墓や亀甲墓とともに墓群をつくることが多い。亀甲墓（⑦）は、先に紹介した伊是名殿内のように、屋根形状が亀の甲羅型のものを指す。その他に、土坑墓や石積墓などもある。

二　琉球墓の登場とその変遷

前項で紹介したように。亀甲墓が一七世紀の後半になって登場するとするならば、それ以前の琉球墓はどのような形態だったのだろうか。

（一）琉球墓前史

これまでの発掘墓の事例から墓形態を概観してみたい。近世琉球の前史となる十一世紀から十六世紀は考古学ではグスク時代、文献史学では古琉球と時代区分する。この時代の墓制については、発掘調査などからおおよその変化が把握されている。一〇世紀から一二世紀頃は、喜界島の城久遺跡群の調査からⅠ期火葬墓→Ⅱ期焼骨改葬墓、伸展葬木棺墓→Ⅲ期屈葬の推移が想定されている[17]。喜界島Ⅲ期の特徴とされる屈葬姿勢の土坑墓は、十四世紀前後の沖縄、宮古、八重山諸島遺跡調査で多くの事例が報告される。おおよそ未成人を除くと、ほぼ屈葬姿勢で土坑に埋葬されており、この墓制は北から南へと漸次的に琉球列島に定着したと考えられる[18]。

一方で、岩陰に礫を積み、囲い込まれた空間を葬地とする遺跡として、銘苅古墓群B区4号墓（図10）、サキタリ洞穴ＳＸ４・首里城跡右掖門などが知られる。サキタリ洞穴ＳＸ４はグスク時代初期の岩陰囲込墓、右掖門は十五世紀頃創建なのでこれ以前と考えられ、いずれも十六世紀をさかのぼる事例とされる。『成祖実録』（一四七九）には与那国島に漂着した朝鮮人の記録として、葬地の様子を紹介している。それは、崖下に棺を置くだけで土葬をしないとされ、岩陰を利用し木製棺箱が並ぶ景観が想起される。先の銘苅古墓群B区4号墓では鉄釘が数本出土しており、木製の棺があった可能性が高い。ただ、これらの棺がいわゆる洗骨後の専用蔵骨器の厨子か、遺体を一次葬する木製の棺（棺箱）かは判然としない。近代の記録や戦後撮影された風葬地の写真などでもよく知られており直接的に繋がるかは別として沖縄の墓としてイメージするものの原初的な姿となっている。

一方、サンゴや石灰岩などの平石を並べた石棺状の遺構や、土坑に石を配した配石墓などが宮古・八重山諸島に特徴的にみられる。これらの遺構は十六世紀まで存続していると目されており、沖縄諸島とは異なっている。墓に石を多用し、方形に積み上げモニュメント的に露出する墓となっている。野底遺跡、石垣貝塚で発掘され年代的には十五世紀から十六世紀頃とされている。宮古諸島のミャーカ、竹富島の西塘なども類似のものと考えられている。このような石積墓は在地領主的な有力者やノロなどの広い意味で特別な人物の墓制と捉えられる。また、琉球の島々には一六・一七世紀の墓碑として津嘉山森墓碑（一五七三）、安謝西原古墓群出土墓碑（一六一七・図11）の存在も知られ、文献上は火葬の記録もあって、多様な墓が存在していたと考えられる。葬制に関する様々な宗教的背景があって、一六世紀頃の琉球列島は必ずしも一つの墓制が島に普及していたわけではなく、前段はむしろ多様であったと考えられる。更に、民俗学的には、古体として指摘される人里離れ

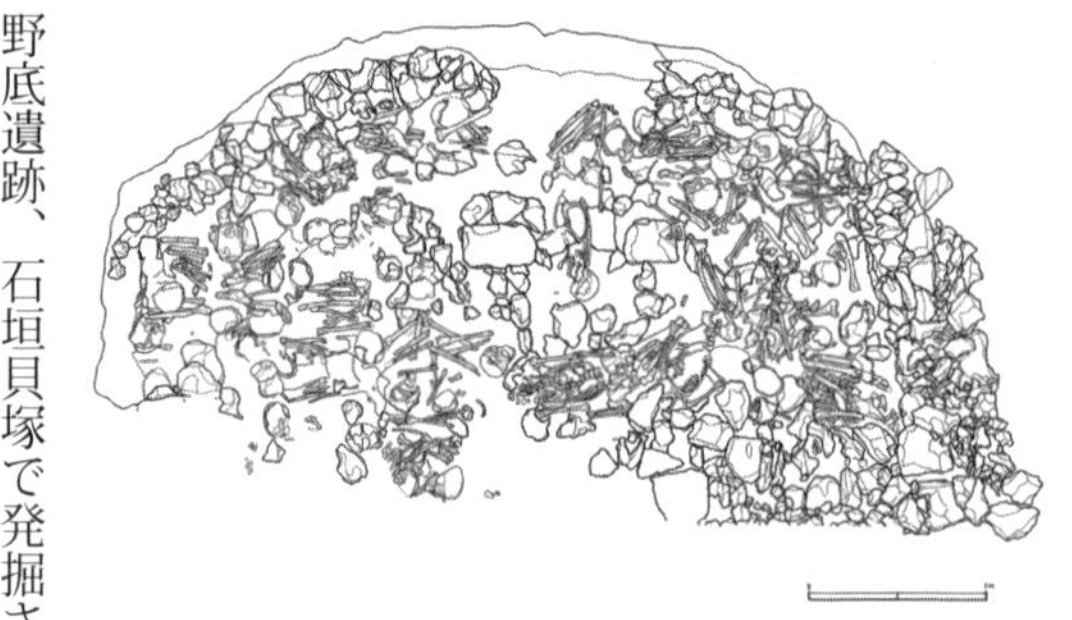
図10　銘苅墓群B区4号墓（註7より）

た山の中に筵や棺に入れて遺体を骨化させる葬方（風葬、空葬）が知られる。近世の文献『球陽』巻八の尚貞(しょうてい)王二八年（一六九八）には山野に散らばっている骨を収骨して雨乞いするよう、王府の指示があったことが記録され。斉一的な墓制前の様子の一例と捉えられる。

グスク時代の葬墓制を分析した瀬戸哲也によれば、土坑墓における屈葬がグスク時代のはじめにあり、その後早ければ一四世紀頃に崖葬が登場するとし、墓口の形成、改葬、蔵骨器納骨という行為はグスク時代にはじまったものと指摘し、後続する琉球墓の系譜の古相の姿とみている。[19] 西銘章は崖葬に積石を行い、入り口とする墓所を始原とし、これを「定形化」と呼称する。[20] 発掘調査報告書でも一般に「近世墓」や「古墓」として現代に繋がる琉球墓の系譜と理解されている。

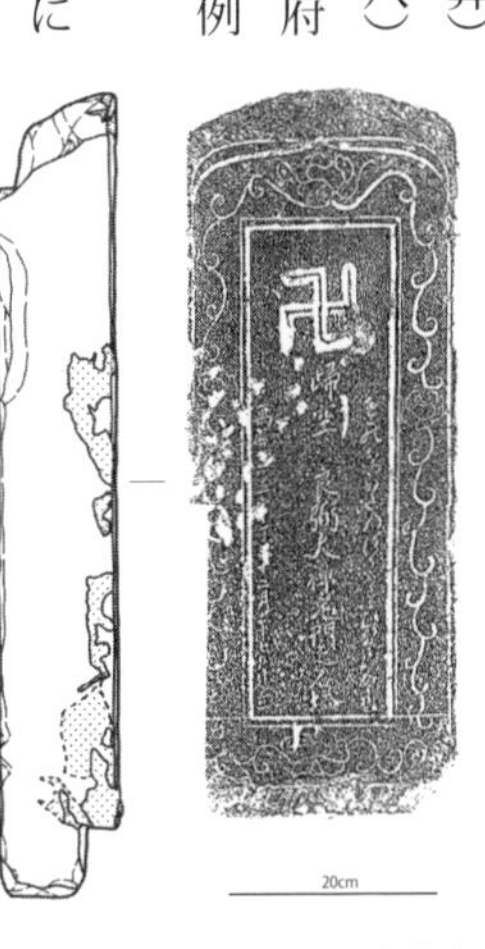

図 11　安謝西原古墓群出土墓碑（註 41 より）

（二）シルヒラシと棚の出現

グスク時代に基層となる自然の岩陰を利用する墓地利用は、王族も同様の場が利用されたが、王陵は手の込んだ細工の石厨子が安置されるとともに、石造の大型墓所を構築するようになる。そして、一次葬された遺体は骨化させた後に洗骨を行い、石厨子に骨を入れ、横穴式の墓室内に配置された。王族あるいは上級士族の墓と伝わる墓として、玉陵（玉御殿）、天山陵、浦添ようどれ、上里墓（沢岻(たくし)親方の墓）・小禄墓・百按司墓・伊是名玉御殿がその代表例になる。いずれも岩山を背に立地し、後に改修された姿も含むため、創建時の旧状については丁寧な検討が必要で、建造と伝わる年代をそのまま採用するには注意が必要である。安里進は、王陵の墓形式から木槨墓↓掘込墓↓破風墓↓平地式破風墓の変遷があったと指摘する（図12）。特にその初期の形態は木造であったとされ、やがて家形を模した石造建造物へと変わり庭が整備されたと理解されている。

厨子には洗骨した骨を納骨するが、既に一六世紀段階には遺体を骨化させるためのシルヒラシが造られるようになる。王族・士族の墓において「棚」出現が重視されている。玉陵は改葬前の遺体安置所とされる空間があるが、これを取り込んだ墓室構造の初出として指摘されているのが、上里墓である。その構造については「納骨室、中室・前室で小部屋があって玉陵三室分と同等の機能を有する。（中略）一六世紀前半には棚やシルヒラシがあって蔵骨器と遺体安置場所を明確に区分していた」[21]と評価されている。墓室構造の分析を行う仁王浩司は棚の形態的分類と編年をとおして、一七〇〇年前後に様々な型式の墓室が登場することから、洗骨や厨子安置に対する考え方がこの時期に大きく変わったのではないかと指摘する[22]。

なお、このような王族・上級士族層の墓で採用された墓の構造がやがて士族層全体、さらに百姓階層でも普及し次第に広まっていったと考えられている。

（三）墓群の形成

琉球墓の墓地景観は日本本州の寺内に墓石をたてる景観とは大きく異なる。銘苅古墓群は大きく一五～一七世紀前半に岩陰を石積みで囲い込んだ墓があり、一七～一八世紀に掘込墓と亀甲墓の構成で現在みる墓地景観は約五〇〇

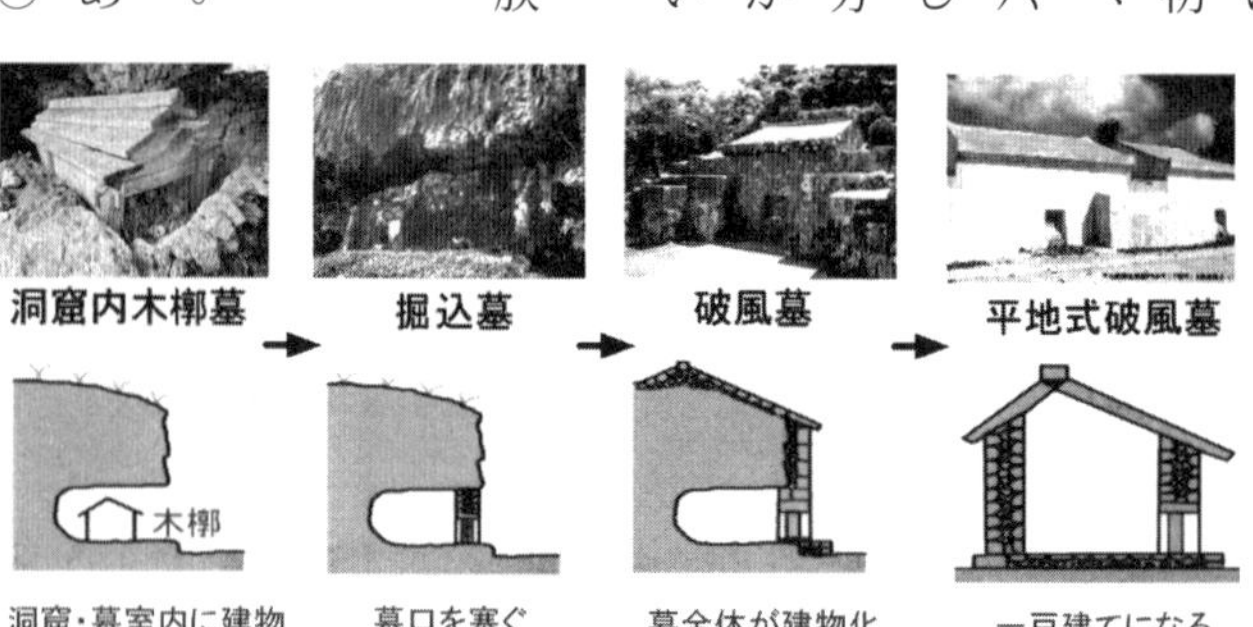

図12　墓の変遷（註1より）

年の時間をかけて形成されたものとされる。

先に紹介したヤッチのガマを含むカンジン原地区の調査ではおよそ一五〇基余りの墓があり、Ⅰ・Ⅱ地区は岩陰利用墓、Ⅲ・Ⅳ地区は破風墓・亀甲墓が多くみられるとし、墓域はまず、Ⅰ地区の中でもヤッチのガマ一帯に形成され、それが次第にⅠ・Ⅱ地区内へ広がり、Ⅲ地区で掘込墓などが混在するようになり、最終的にはⅣ地区に至ったと指摘する。[23] 初期は集落から離れた場所に墓域を設けていたものが、次第に集落近くに墓域を設けるようになったと結論付けている。

沖縄本島北部の運天の古墓群は、石灰岩崖壁に約六〇基の墓が確認され、墓群は集落北側の崖壁に築かれ、6つのグループに分けられると分析され年代的にも上位の百按司墓群→同周辺の墓群→断崖の中腹に穿たれた崖中腹大北墓周辺の墓群からその下位の墓群へと変遷すると考えられている（図13）。

大まかな墓形式の流れとして、岩陰を石積みで区画する囲い込み墓から、掘込墓となり、やがて亀甲墓が登場する。本島中南部では広く掘込墓が定着し、墓室内の棚が多段化する。墓口の部分だけ掘り抜き墓室をつくる形態となり、墓口のサイズもおおよそ縦九〇cm、幅六〇cmを測り定型化する。風水などの影響からこれ

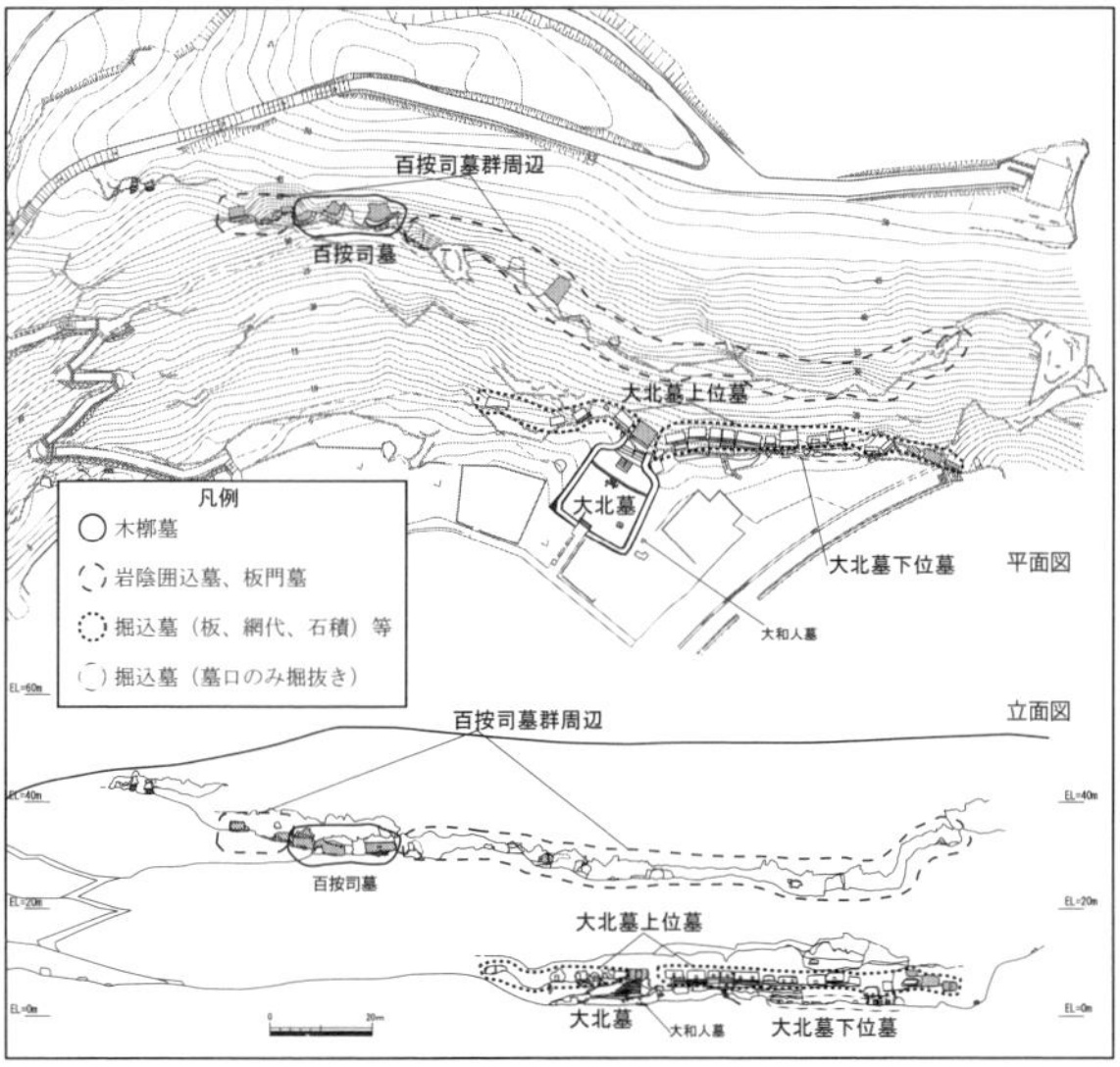

図13　運天古墓群（註24より）

に基づく尺を用いた寸法が採用され、士族層を中心に地方を含めて典型的な琉球墓の築造が行われた。その推移は垂直軸では上位墓から下位墓へ、そして水平軸でも集落から距離のある場所から次第に近くへと墓域が移り変わっていく。

近世には広く地方も含めて掘込墓が普及し、厨子を調達し洗骨改葬行う風習で墓室にこれを安置された。特に近世後半には『四本堂家礼』（一七三六）などのいわば琉球冠婚葬祭マニュアル本があり、士族層を中心に祖先との向き合い方の規範となり、斉一的な葬墓制の一助となった。これもまた士族から百姓へと普及し、集落共同の墓も、家を単位とする利用へと変化していくところとなったと考えられる。

二　厨子の分類とその変遷

洗骨後に納骨する器である厨子は、素材から石製のものは石厨子（イシジーシ）、形から甕形のものは厨子甕（ジーシガーミ）、家形のものは御殿形厨子と呼んでいる。上江洲均が行った民具としての分類研究(25)を端緒とし、考古学における型式学的検討が行われている(26)。

上江洲による分類では、御殿形と甕形の二形式の専用蔵骨器があり、これに土器壺等の転用蔵骨器を加え三形式に大別した上で、御殿形は板厨子・石厨子・赤焼・荒焼・上焼の五形式に分け、素材や形態（屋根形式）、釉薬等の要素によってこれを細分する（図14）。甕形はボージャーとマンガン掛け焼締があって、後者は庇付のものとそうでないものに細分する。

①木製御殿形厨子（板厨子）　百按司墓の記録による弘治一三年（一五〇〇）の紀年銘から一六世紀の厨子とし、『四本堂家礼』に指物厨子として記載されている。漆塗り入母屋屋根と白木の切妻屋根の厨子に大別さ

れ、両者の関係は乏しく、時代的にも後者は相対的に新しい時代と指摘されている。漆塗入母屋屋根木製厨子は、戦前に撮影された古写真の例が知られ、百按司墓の板厨子が修理され、渡喜仁の古墓からも近年遺存例が発見されている（図14①）。白木造切妻屋根木製厨子は、遺跡発掘例ではヤッチのガマの報告例が知られるほか、これまでにもいくつかの遺存例が確認されている。

②石製御殿形厨子（石厨子）　石製は素材からさらに輝緑岩、凝灰岩、石灰岩、サンゴ石灰岩に分類されている。輝緑岩製は形態から屋根に宝珠の付される浦添ようどれの大型の輝緑岩製の型式と、玉陵や小禄墓で見られる入母屋屋根の家形（図14②）に二大別される。(27)

凝灰岩製石厨子は、沖縄県立博物館・美術館等の館蔵品でほぼ占められる。崇禎元年（一六二八）銘を最古とし、一八〇〇年代以降のものは確認されていないとされる。

石灰岩製・サンゴ石灰岩製石厨子は、玉陵の資料や浦添ようどれの資料が石灰岩であることから、石灰岩はその初期に、サンゴ石はやや後続して利用された石材と評価されている。尚真王以後約二〇〇年間石灰岩製石厨子が安置されたことが指摘されているが、尚元王妃（一六〇五年死去）のものを最初期の例と捉えなおし、この頃に登場すると考えている。(28)初期は王族や上級士族で用いられた石厨子も、やがて広く使用されるようになる。系統的には屋根形式は入母屋で全体的に均整のとれた造形となっているもの（図14③）から、屋根が二層で棟に鯱が乗り、身に彫刻を施し龍柱や階段を付すようになるものが新しくなると考えている。新しいタイプのものは特に平安座島や北中城村等本島中部東海岸側でみられ、石厨子製作は昭和初年まで行われている。

③陶製御殿形厨子　陶製の御殿形厨子は釉薬から、素焼きで瓦質の赤焼、マンガン釉を掛けた焼締の荒焼、褐釉やコバルト釉を掛ける上焼に分類される。

赤焼御殿形厨子（図14④）は、瓦質の焼物で、身の装飾は一般的に人物（僧形）像が付され、蓮華文等を沈

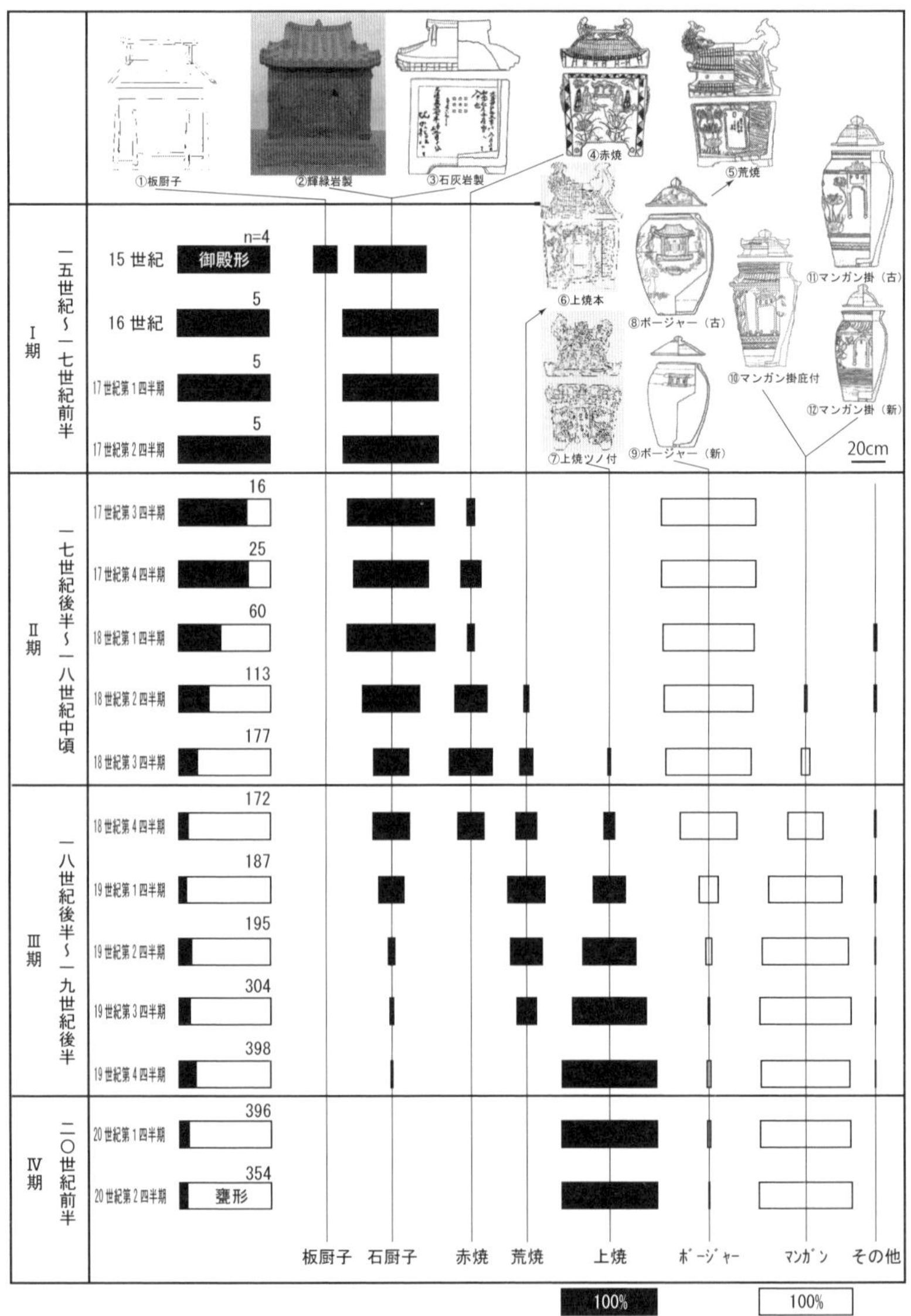

図 14　専用骨蔵器（厨子）のセリエーショングラフ
（関根達人〈註 26〉を筆者改変。紀年銘資料を用いた各形式の頻度をしめした。）

線によって描く。屋根や身にしばしば顔料による文様が施されるものが確認されている。石灰岩塗装（胡粉を塗り）し白色に仕上げることから、御殿形を陶器におきかえた感じであるとして[29]、石厨子をモデルに製作されたと理解されている。屋根形式では入母屋屋根の主棟に鯱が乗り、下り棟に獅子頭の意匠を施す起り屋根状の曲線的な造形となる。数は少ないものの、屋根が二層になるものや、寄棟で直線的な瓦屋根のものも確認されている。康熙元年（一六六二）を最古とし、一八世紀まで使われるが、終期は一七八〇年頃と想定される。紀年銘の多くは一八世紀第２四半期に集中しており、この段階が赤焼の盛期となる。

荒焼御殿形厨子（図14⑤）はマンガン釉を掛ける赤焼と同じ形態の移行期の型式が一八世紀第３四半期に登場し、荒焼の典型的なスタイルである二層の屋根を基本に、鯱が主棟に乗るマンガン掛けの焼締陶器は、一部紀年銘の古いものもあるがおおよそ一八〇〇年頃から登場し若干の形態的変化があり一九世紀第２四半期の紀年銘の資料までみられる。

上焼御殿形厨子は、釉の種類、窯詰めや形態等から上焼本御殿（図14⑥）、ツノ付（図14⑦）、コバルト掛けの三種に大別される。上焼本御殿形厨子は釉薬を掛けて焼成したもので、壺屋、古我知の窯で焼かれたものとされる。棟に鯱を乗せるものは少ないとされる。初期は飴釉を掛けた単色のものが生産され、後半は釉色も多彩になる。一八〇〇年頃から明治期に集中する。上焼ツノ付御殿形厨子は俗にソーベー（商売）と呼ばれる、量産品である。一般に三本一組のツノをたて、その上に碗・皿を乗せて重ね焼きした。道光一二年（一八三二）の紀年銘のものもあるがこれらはむしろ外れ値で、後世に古い年号を記載したことが疑われ、多くは一九世紀第３四半期〜二〇世紀前半に位置づけられる。上焼コバルト掛け御殿形厨子は西洋コバルトが輸入され明治中頃から普及したものとされる。ツノは無いが、形態的には上焼ツノ付御殿形厨子に類する。二〇世紀前半特に大正期に多いとされるとされる。

④素焼塗料彩色御殿形厨子　火葬用骨壺で、素焼の小型御殿形厨子に青色塗料彩色する厨子がある。総じて戦後に製作されたもので本論では紹介するにとどめる。

⑤ボージャー厨子（図14⑧⑨）　口縁が丸縁で最大径は胴上半にある甕形の身に、屋門と呼ばれる意匠が貼り付けられる。俗に装飾のための貼り付けの無い形が禿げ坊主に似ているから付けられた名前とされる。紀年銘資料では、隆武六年（一六五〇）銘の資料が知られ一七世紀中頃には登場し、身は肩がやや張る器形で線彫りによる蓮華文などを描いたり、僧形像を貼り付けたりするものが古式で、時代が下ると、胴部に張りが無く、屋門も簡略化すると理解されている。蓋は笠形で、蓋裏の中心部に孔がある有孔宝珠のものが古式で、時代が下ると無孔宝珠、無宝珠へと変化すると把握されている。古段階から新段階の移行は一八世紀の第2四半期に絞られている。安里進によって7型式に細分編年が行われておりおおよその時代変遷が把握されている。なお、終期は紀年銘資料からは嘉慶二四年（一八一九）銘のものもあるが一八〇〇年頃を境に次型式のマンガン掛の甕形に置きかわっていく。

⑥マンガン掛厨子（図14⑪⑫）　マンガン釉を器外面に掛ける甕形の厨子で、身口縁は直口で口縁端部が平坦となる切口、蓋は鍔状の縁部をもっており、身口縁内側にはまるように作られる点でボージャー厨子の蓋とは形態的に大きく異なっている。胴部正面の屋門は銘書記載のための枠として意匠される。ここに墨書で被葬者名などが記されることから、枠内は無釉とするのが一般的である。身の肩部及び蓋の外面に瓦の意匠で庇状の張出をつくる庇付のものと無庇の二形式ある。安里進の編年ではボージャー厨子身Ⅶとマンガン掛厨子のⅠ期はいわゆる移行型式で、マンガン釉が掛けられていない焼締めで、身は口縁直口で口唇端部は平坦になる形態ながら、銘書面が無ければボージャーⅦ、有るものはマンガンⅠ期として位置づけられている。後者の紀年銘資料として伊祖の入め御拝領墓で乾隆二六年（一七六一）の例がある。一八世紀後半に両型式の交替が次第

に進んだと目される。マンガン釉を掛ける製品はおおよそ一八世紀第４四半期からはじまり、新しいものでは近代まで製作され紀年銘では戦後の銘も認められる。その型式変化は、屋門意匠が瓦葺屋門から次第に略化したアーチ形へ、文様は貼付の蓮華文から線彫りへ、肩部及び胴下部の凸帯文が上から漸次線彫りへ変化する。

⑦マンガン掛庇付厨子（図14⑩）　無庇のマンガン掛けの資料に対して、貼り付けの装飾の多い甕形の厨子で、胴部に屋根の庇をまわし、それに瓦を描き、蓮華や僧形の貼り付け文を施すものである。

本論では、４つの段階に分けて厨子の変化を確認していく（図14）。

（一）Ｉ期（一五世紀から一七世紀前半）

琉球王国で広く受容された墓制の原型はおそらく、このＩ期に登場する有力者の中ではじまったものと考えられる。この段階は基本的に御殿形（家・塔を含む）の建物様の輝緑岩製の石製厨子が主体となる。Ｉ期の遺跡では、墓から鉄釘等が出土することから木製の厨子があった可能性があり、百按司墓の漆塗りの板厨子に弘治年の紀年銘があったとされており、板厨子と輝緑岩石厨子の段階で、陶製の厨子が登場する前の様相になる。

図14のグラフは紀年銘のある厨子を対象としているため、転用蔵骨器に紀年銘例が無いためグラフには現れないが、板厨子と石厨子に転用蔵骨器も使用されたと考えられる。

この段階の石厨子の古い段階は、ほぼ輝緑岩製石厨子に限られ、玉陵でみられる石灰岩製石厨子の紀年銘もこの段階のものとして知られる。石灰岩製石厨子はＩ期も後半段階に登場し、Ⅱ期まで存続したと考えらえるが、事例は少ない。一概にまとめることは難しいものの、基本的には階層上位の身分の墓に石厨子が安置され、前代の風葬から岩陰を囲い込んで墓所とする段階と理解される。専用の厨子が普及する以前で、転用蔵骨器が岩陰墓などに散見される。具体的な事例としては銘苅古墓群のＢ地区四号墓やナカンダカリヤマ古墓七号墓などから、中国産褐釉陶器・宮古式土器・喜名焼の転用蔵骨器等が見られ、専用蔵骨器登場前にこれを用いた納骨習俗があったと考えられる。

（二）Ⅱ期（一七世紀後半から一八世紀中頃）

Ⅱ期は玉陵などでは石灰岩製石厨子が用いられる。輝緑岩製でみられた石彫の装飾はみられず造形は相対的にシンプルになる。玉陵紀年銘資料には、Ⅰ期の年代に遡る資料がみられるものの、石灰岩製石厨子の出現はおおよそこの段階にあると考えている。(31) Ⅰ期段階まで板厨子等に納められていた国王の遺骸は、このⅡ期段階に石厨子を新調した可能性が高いと推定し、シンプルなデザインも板厨子などのデザインを継承したものではないかと想定する。

王族以外の有力者層を中心に石厨子が普及する。Ⅰ期は琉球石灰岩製であったものが、Ⅱ期には相対的に削りやすいサンゴ石灰岩を用い製作されるようになる。初期の事例としては、池城墓（一六六二）、玉城朝薫の墓（一六四六）が知られている。Ⅱ期も後半になるとおおよそ半数が陶製に置きかわる。

一七世紀中頃から後半には石厨子の普及とあわせてボージャー厨子が登場し広く普及する。専用蔵骨器としての厨子甕が用いられるようになる。その初期こそ一部の士族層などで用いられたものと思われるが、銘の無い古式のボージャー厨子が洞穴にも安置されていることから、百姓層も含めて普及したと考えられる。実際の古墓調査ではボージャー厨子とともに転用蔵骨器も認められ、厨子に納められていない暴露した骨が集められた様子もみられる。

厨子に銘書が普及するのは、おおよそ一六六〇年代の紀年銘以降で、それ以前は玉陵などごく一部に限られる。

（三）Ⅲ期（一八世紀後半から一九世紀後半）

一八世紀後半に甕形は、ボージャー厨子からマンガン厨子へと置きかわる。御殿形で占められる玉陵も、尚敬(しょうけい)王（一七五一年死去、一七五九年洗骨[32]）の蔵骨器以降陶製の厨子に変わる（図15）。これは上焼で屋根に鯱が乗り、正面に王名を記す窓枠があり、両脇に貼付により蓮華文を配する。

御殿形は中南部ではおおよそ陶製ものに置きかわるものの、石厨子志向の高い本島中部では浮彫の彫刻の多いタイプのものが用いられる。Ⅰ～Ⅱ期の石灰岩製石厨子は相対的にシンプルなデザインだが、Ⅲ期には蓋が寄棟で鯱などを屋根に乗せ、身正面には階段・龍柱・香炉などを配し、彩色が豊かとなる。陶製のものは赤焼にかわり荒焼・上焼の御殿型が登場する。荒焼、上焼の御殿型の意匠は中央に銘書枠を配し蓮華文を配する。

図15　尚敬王厨子
（沖縄県立博物館・美術館提供）

発色の良い褐色の釉薬を掛けた上焼本御殿形は荒焼に一部併存したと考えられるが出土例は少なく、玉陵や伝世品として博物館等収蔵品に多い。これらはいわば奢侈品で少量生産にとどまったと考えられ、荒焼を排して上焼が広く使われるようになるのは、一八四〇～一八六〇年頃とみられる。上焼は本御殿形が早く、ツノ付のいわゆるソーベーが後続して登場すると考えられる。

（四）Ⅳ期（二〇世紀前半）・Ⅴ期（戦後～現代）

近代以降は本論の主題ではないので、簡単に触れる。琉球王国が解体され近代化の中で、厨子被葬者は夫婦合葬から個人へ、二〇世紀中頃には火葬が定着し、火葬用骨壺に変化する。このため、厨子はその形態的特徴は保持しながらもサイズが小さくなる。具体的には、コバルト掛御殿型厨子＋マンガン厨子へと変化し、火葬骨壺として引き続き厨子が利用された。マンガン掛厨子甕の貼付文はほぼ失われ、全体を線彫りで施文されるものとなる。上焼御殿形は西洋コバルトという新しい原材料を得て厨子の色彩は青色に変化する。ツノ付は上焼の量産品として生産されたもので、Ⅲ期から変わらず大型の厨子もあり、火葬は確かに近代からはじまるがその普及は戦後であった。

　戦後になると御殿形、甕形の小型の火葬用骨壺が普及する。その色は前代の色を引き継ぐように青を地色として釉薬や塗料で彩色される。この頃の銘書資料には紀年銘資料に乏しく、人名のみの記載で紀年銘を施さないといった銘書の変化もあったと思われる。「昭和三〇年以降は素焼きの表面に塗料で彩色した小壺に変わっていった」[33]の所見から、この頃に御殿形の素焼塗料彩色の厨子が登場すると考えられる。ちなみに、青が「ニライカナ

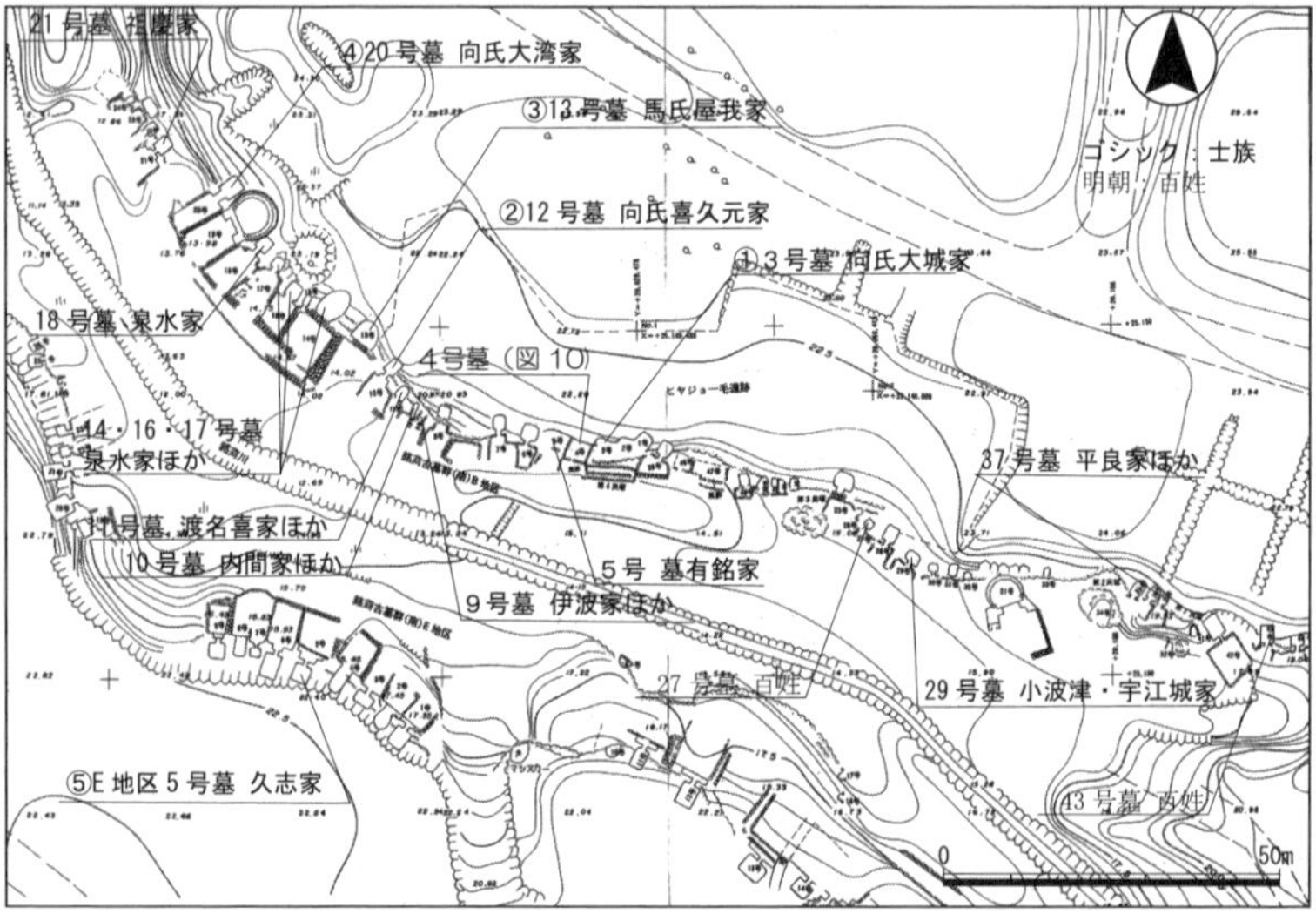

図16　銘苅古墓群南Ｂ地区（註７文献に基づき筆者作図）
〈厨子の出土状況は必ずしも墓室から回収されたものではないため、墓と家の関係は参考として記載。〉

イを象徴する色」として仏具に採用されたのは近代以降と指摘[34]され、厨子編年からみても整合的である。

四　おわりに

ここまで述べてきたように、沖縄の墓は基本一つの墓室・墓域空間の中に複数の被葬者が葬られる。それは洗骨や改葬という行程を経て多くの祖先が子孫の手によって祀られ祖先神として昇華されていく行程にほかならない。冒頭に紹介した、ペリーが驚いたその墓の大きさは、多くの祖先を入れる器としての機能を持つからこそ大きくなければならなかったとも言える。沖縄の墓制史を概観するばかりで、社会を紐解くには程遠いが、最後にいくつかの研究を紹介してまとめとしたい。

（一）葬られた被葬者集団に迫る

遺された家譜との照合から、発掘された墓の所有者が特定された事例がいくつか報告されている。銘苅古墓群では残存する家譜と銘書が照合され①B地区三号墓向氏大城家、②同一二号墓は向氏喜久元家、③同一三号墓は馬氏屋我家、④二〇号墓向氏大湾家と比定されている（図16）。

銘苅古墓群では他に、歴史に名を残した人物を追った例として。一九三二年『婦人公論』に「滅びゆく琉球女の手記」を書いた作家久志芙沙子（一九〇三〜八六）の父や祖父など、久志家の墓が調査報告書刊行後、仲村顕の調査によって銘苅古墓群E地区5号墓であると比定されている。芙沙子の父は久志助保（不詳〜一九一五年）でマンガン掛庇付厨子（図17）に洗骨後妻とともに納骨されており、祖父は久志助法（一八三五〜一九〇〇）で、陶製御殿形厨子にその名が記されている。他に夭折した兄弟や親族が墓に納められていた[35]。

一方で家譜が伝存しないような場合でも、銘書や出土厨子の型式学的検討あるいは、位牌調査や聞き取りといった民俗学的分析、人骨の形質人類学的調査によって被葬者を特定させ、そこから親族関係を復元する作業が行われている。

一九九四年浦添市字伊祖でマンション建設に伴って調査された[36]伊祖入め御拝領墓と名付けられたこの墓は半世紀ほど詣でる者もなく無縁墓となっていた。調査時には墓室内に二一基の厨子甕が配置され、三〇体の人骨が納められていた（図18）。本墓造墓の由来は一七号厨子の蓋裏と身正面に記載があり、ほぼ同様の内容が記載され、蓋には左記のように記されていた。

道光弐年（一八二二）壬午午九月十四日洗骨仕置申候浦添按司御乳母呉勢嘉慶弐拾五年（一八二〇）辰十一月九日死寿七拾壱但かま戸銘苅女子基〔墓カ〕之儀者浦添御殿従入め御拝領。

銘書から、墓は道光二年（一八二二）九月一四日浦添間切の総地頭の浦添按司の乳母として奉公した呉勢(グジー)の洗骨に際して、浦添家の入め（費用）を出して建造されたことが

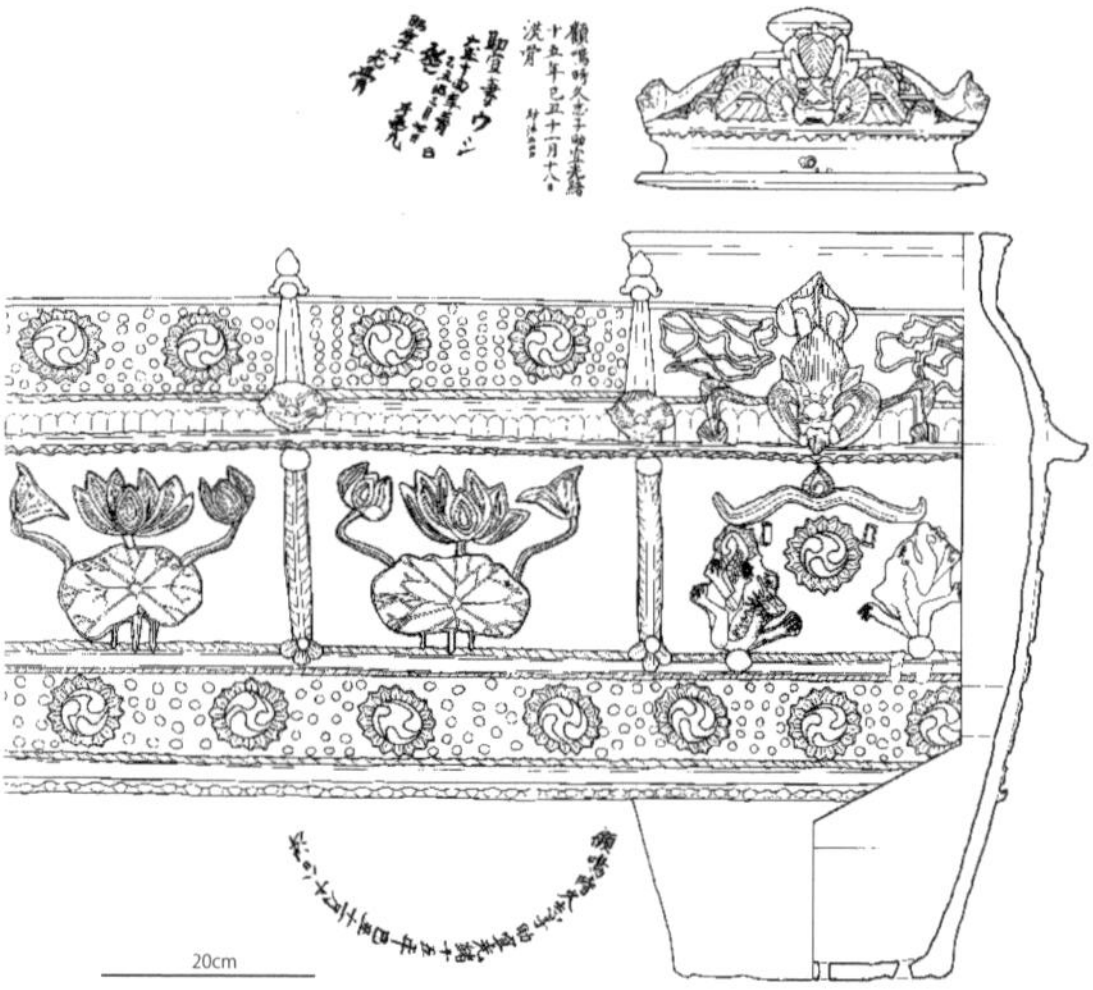

図17　銘苅古墓群E地区5号墓墓室蔵骨器No 2厨子（註7より）

明らかとなった。その呉勢の遺骨が納骨された一七号厨子が最上段の棚中央に安置され、一六号厨子には三歳で夭折した娘かめ、一八号厨子には両親を合葬した厨子、一五号厨子には弟夫婦と呉勢の親戚にあたる親富祖家の人々と近親者が順次並べられた。

浦添市では、三線音楽の工工四を創案した人物として広く知られる人物屋嘉比朝寄の厨子が確認されている。屋嘉比家は士族だが、家譜は現存しておらず。発見された厨子を手掛かりに、その人物像を解明する史料となり、実際に家系図が復元されている。[37]

一方、うるま市具志川のジョー（門）ミーチャー墓は、一二〇基の厨子が納められる墓で銘書は三割に書かれ、他は無銘とされる。具志川間切兼箇段村に属する一〇の屋号があって、他に栄野比村、美里間切の池原村がそれぞれ一つ確認されている。兼箇段村の被葬者は記名から五つの系統に分けられると報告されている。他にうるま市では古我地原内古墓、大門森古墓群がありいずれも複数の屋号が記載されることから、複数の一門（血縁者）が一つの墓に納められる共同墓、もしくは村墓・模合墓的な様相と理解されている。これらの墓に共通するのはいずれも地方役人の役職名を含む点があげられ、村役人を勤めた地域のエリート層が見られる点も特徴的である。おそらく、各地域土着の墓制に首里から位階を叙された位衆を介し、士族的な墓制の導入

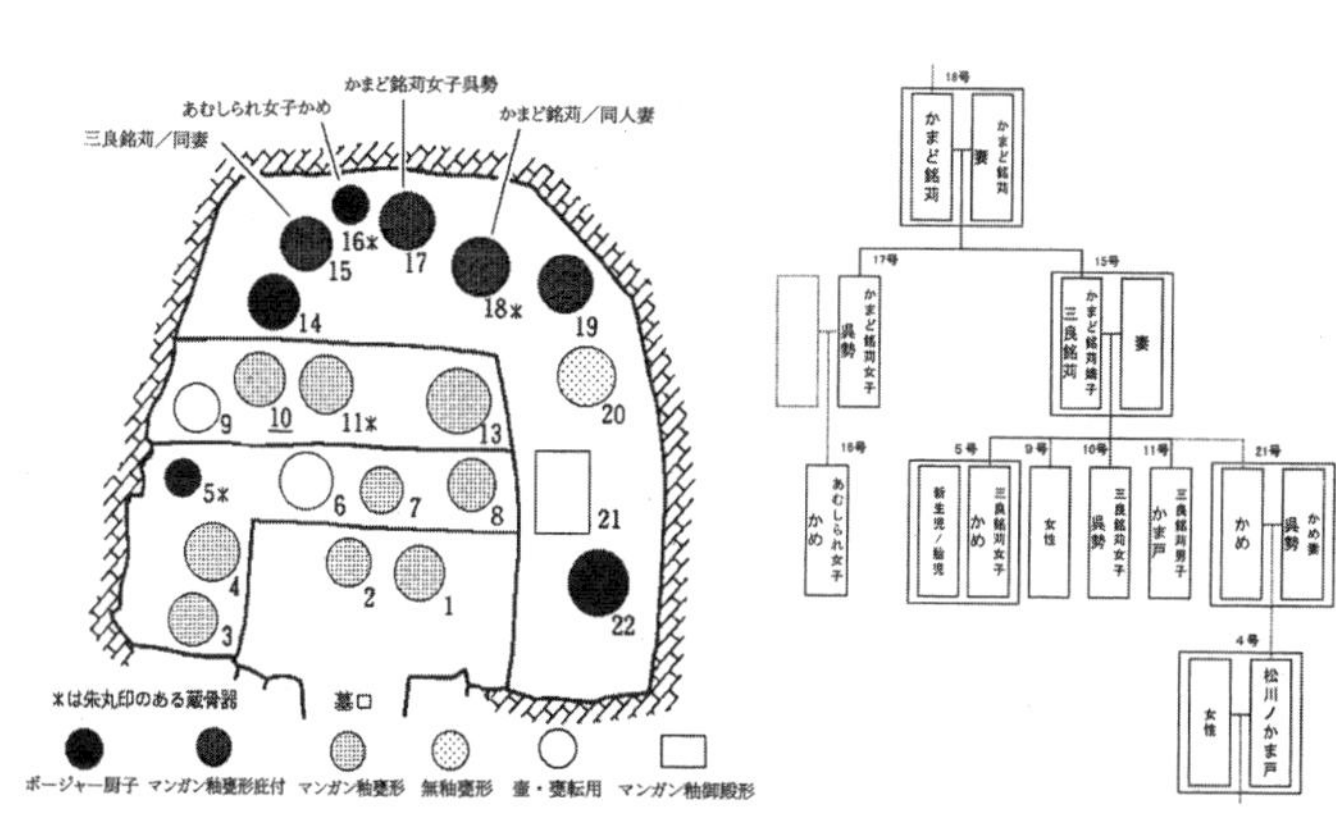

図18　伊祖入め御拝領墓の厨子配置と復元された系図（註36より）

が図られたものと思われる。

（二）銘書を活用した新しいアプローチ

厨子甕に死去年や洗骨年を記載することは先に紹介したが。このような文字資料を、これまでに発掘等が行われた資料の、全データを抜き出し、人口の増減、正確には死亡クライシス年という、平常な死亡者数からの異常な増加、あるいは平常年の死亡者数から著しい上昇が観察される局面について確認することで、王国時代の人口推移について考察を試みたい。

現在までに確認される一四九件の調査報告・研究論文等に掲載された約四五〇〇件の銘書を集成した(38)。この集成作業で、特定できる紀年銘厨子は二六三九件あって、これを対象に銘書に記載された最も古い紀年銘の件数を一〇年単位で数量変化についてみる。一六〇九年以前の厨子はほとんどが玉陵のもので、一六〇九年から一七二〇年代までは件数が少なく、新しい方の年代では沖縄戦後の資料数が大きく減じることがわかった（図19）。一七二〇年代以前は厨子に銘書を書く慣習が普及する前段階で、一九四五年以降資料数が減じるのは、本集成の多くが埋蔵文化財行政による発掘調査資料であり、近代は基本的には埋蔵文化財行政の保護対象の外であったことであるため減じたものと考えられた。そこで、一七三〇年代から一九四五年までを検討対象に死者数の変遷につい

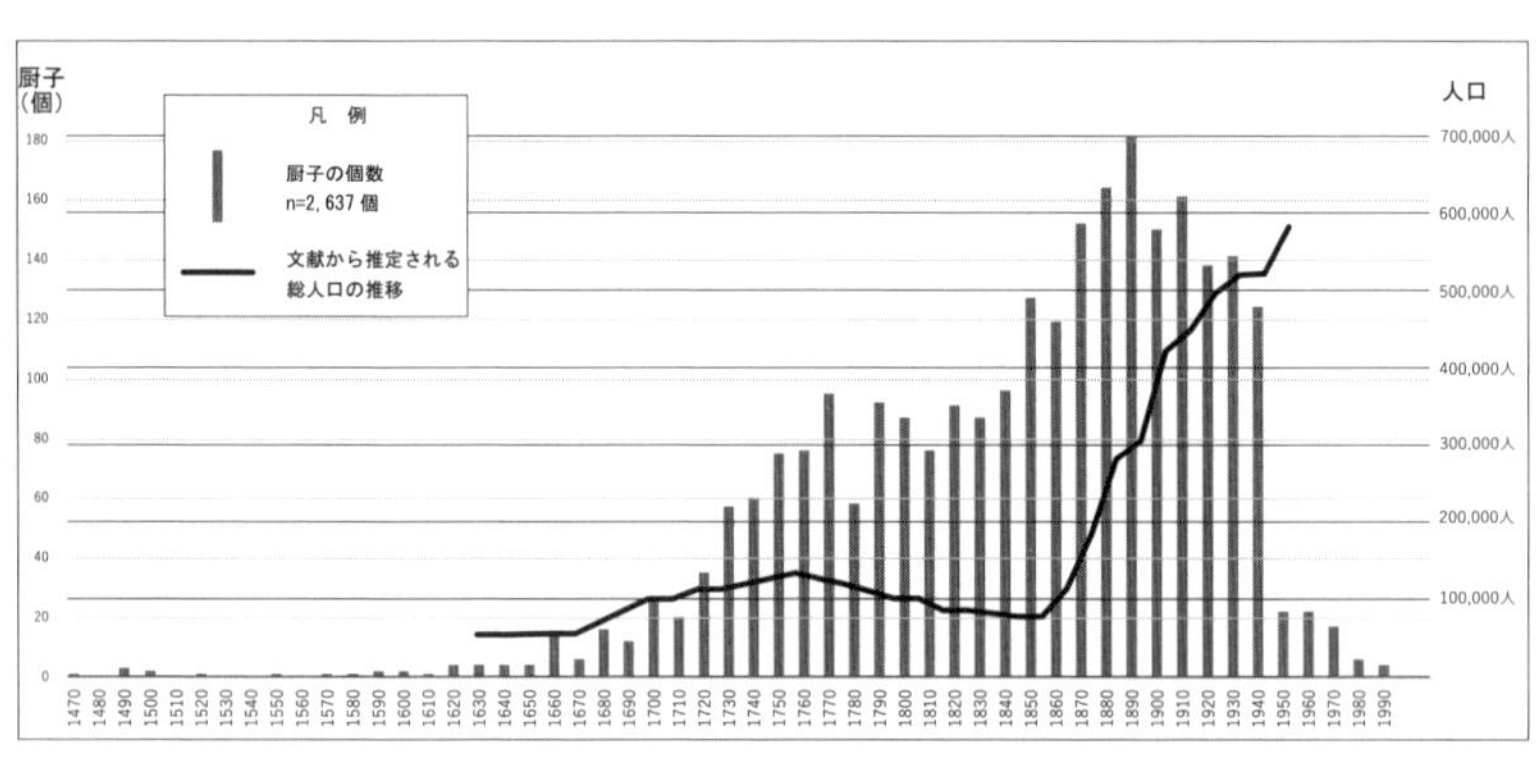

図19　最古紀年銘厨子の個数（10年単位）

て、銘書から通時的に確認することを試みた。一〇年ごとで示した数量は、一つの厨子を一件としてカウントした数的な変化である。しかし厨子には被葬者が一人納骨される場合もあれば複数の場合もあるため、複数人が記載されている場合は厨子一件につき被葬者人数をカウントする必要がある。そこで厨子に記載された内容を、人物と年号を紐づけ検討する。これらのデータを整理し近世琉球の死者数の変遷についてみていきたい。

紀年銘のうち死去年が記載されているのものが六一〇件、洗骨年が記載されているのが一四九二件確認することができた。洗骨は死去後一・三・五年と奇数年で行われるため一定しないので、ここではサンプル数は減ってしまうが、死去年が記載された六一〇件を用い推移をみていきたい。

一年単位で銘書記載の死去年件数と文献記載の飢饉等災害記録を重ねた（図20）。一七三〇年から一九二四年と近世と近代のものを含むが、本論では近世に限って紹介する。死亡クライシスは通常、飢饉や災害といった、人口維持に対し大きなストレスが生じた時に起こると考えられている。王府の記録などに記載されている飢饉災害年と整合的なところとそうでないところをピックアップした。図中に「◎」で示した年は厨子から推定される死亡クライシス年で文献でも飢饉や災害が起こったと記録される年が八件存在した。逆に「×」を付した年

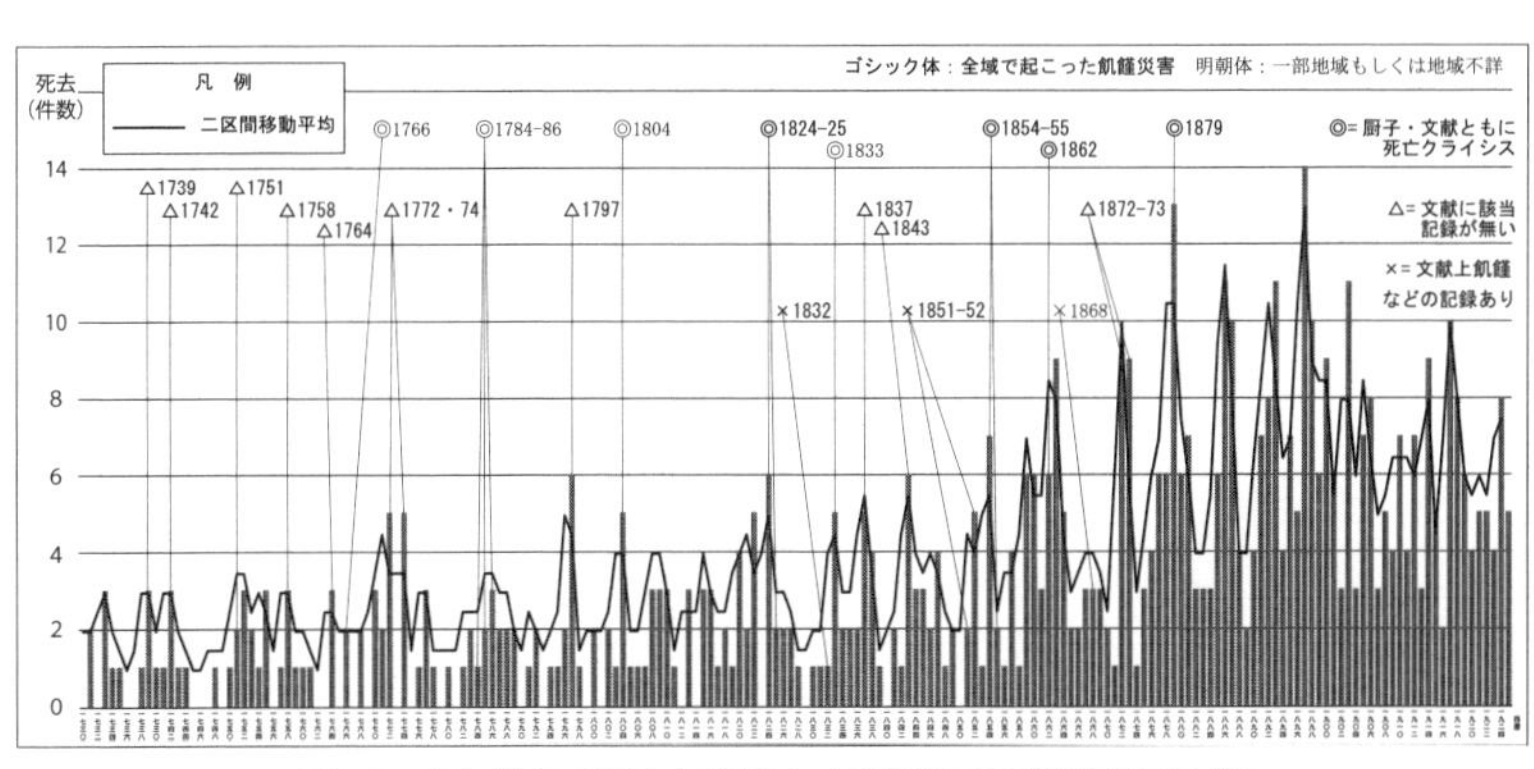

図20　1年単位の死去年件数と文献記載の飢饉等災害記録

は文献では飢饉などの記載はあるが、厨子の死者数の件数からは死亡クライシスにはならない年ということで、これが三件該当する。文献で記録される一一件の飢饉等のうち八件、おおよそ七二％が整合的な結果となった。しかし、「△」で示した年、具体的には一七三九・一七四二・一七五一・一七五八・一七六四・一七七二─七四・一七九七・一八三七・一八四三・一八七二─七三年の一〇件は、厨子記載の銘書からみると死亡クライシスにあたる年だが、文献からは該当する記録がみあたらない年となっている。

もちろんデータの少なさは否めない。銘書を記すのは士族で、士族は飢饉に強かったのではないかという疑問もある。しかし、これまで前近代に遡って歴史人口学の検討を行うことは琉球史において文献のデータも充分ではないという史料的制約のある中において、死者数の推移や人口構成あるいは人口移動などについて、銘書はこれを検討することのできる潜在的な価値を持っていると考えている。

（三）学際的検討の重要性

琉球の墓制は地方においては独自の信仰に基づき地縁・血縁で洞穴に墓所が営まれる。土着の風葬、島に根付いた他界観を基層に多様なあり方を見せる。グスク時代に、王族や士族の人々で行われていた葬墓制が、近世前半に士族へ広がり、やがて後半には庶民の間にも広がった。これらを受容する中で、琉球独自の葬墓制を体系化させていった。

一方で、他府県同様沖縄も少子高齢化や都市開発などによって、各地域に残されていた近世琉球の墓が急速に姿を消しつつある。そこに遺される歴史情報が失われてしまうことは、文化的な損失にほかならず、その保存に対する市民の理解を広げる必要性を痛感する。沖縄は先の大戦で多くの史料が失われた。数の少ない文書史料により前近代の歴史にアプローチしてきた。歴史学分野の研究についてもめざましいものがあるが、社会の実相や生活史の実態についてはまだまだ不明な点も多い。

本稿で紹介したように、墓に保管された厨子（蔵骨器）や骨及び出土文字資料は、人物像や家族史を読み解く事のできる数少ない同時代史料となっている。調査された墓のもつ歴史的特性について、考古学はもとより文献史学・民俗学・自然人類学・保存科学の垣根を越え、熱心に研究が行われてきた。本稿では十分にこれを紹介することはできなかったが、これからもこの分野の研究の深化が期待される。

《付記》
本研究は「葬墓制資料に基づく近世琉球社会史の学際的研究」（基盤研究B、課題番号21H00604、研究代表：宮城弘樹）の成果の一部である。

註

1　葬墓制に関するまとまった研究としは『シンポジウム　南島の墓　沖縄の葬制と墓制』（沖縄出版　一九八九）や『琉球弧の葬墓制―風とサンゴの弔い―』（沖縄県立博物館・美術館　二〇一五）などがある。

2　玉木　一九八六「史料に見る沖縄の葬墓」（『史海』第三号　史海同人）。

3　土肥直美　二〇〇五「浦添ようどれ出土人骨の人類学的調査」（『浦添ようどれの石厨子と遺骨―調査の中間報告―』浦添市教育委員会）。

4　津波一秋　二〇二二「火葬後の洗骨改葬に関する問題の可視化と再定位　那覇市小禄地区の事例研究から」（『国立歴史民俗博物館研究報告』第二三四集　国立歴史民俗博物館）。

5　『ペリー艦隊日本遠征記』（栄光教育文化研究所　一九九七）。

6　朝宜の没年については、『沖縄県史』第一一巻（琉球政府　一九八九年）「上杉県令沖縄県日誌」に、一八八〇年六月六日死去の記述がある（仲村顕私信）。
7　那覇市教育委員会　二〇〇七年『銘苅古墓群』（那覇市文化財調査報告第七二集）。
8　平敷令治　一九八八「沖縄の亀甲墓」（『沖縄の宗教と民俗』第一書房）。
9　『土に埋もれた宜野湾』宜野湾市文化財調査報告書一〇（宜野湾市教育委員会文化課　一九八九）。
10　島弘　二〇〇七「外観より見た亀甲墓の編年」（『銘苅古墓群』那覇市文化財調査報告書第七二集　那覇市教育委員会）。
11　仁王浩司　二〇一五「沖縄の墓の墓室構造について―本島中南部にみる墓室構造の変遷―」（『よのつぢ浦添市文化部紀要』第一一号　浦添市教育委員会）。
12　小熊誠　二〇一三「沖縄と福建における亀甲墓の対比―外部意匠の比較を中心として―」（『国際常民文化研究叢書』三　神奈川大学）。
13　上江洲均　一九八三「渡名喜島の三十三年忌」（『沖縄民俗研究』第四号　沖縄民俗研究会）。
14　加藤正春　二〇二一「一九世紀沖縄の葬墓制とその変容―沖縄本島北部地域の事例を中心に―」（『沖縄文化』四八号　法政大学沖縄文化研究所）。
15　『前田・経塚近世墓群　五』（浦添市教育委員会　二〇一四）。
16　比嘉政夫　一九九九「門中墓と洗骨儀礼―民俗研究映像「沖縄・糸満の門中行事―神年頭と門開き制作から―」（『国立歴史民俗博物館研究報告』八二　国立歴史民俗博物館）。
17　野﨑拓司　二〇一五「遺構・遺物からみた城久遺跡群」（『城久遺跡群：総括報告書』喜界町埋蔵文化財発掘調査報告書一四　喜界町教育委員会）。
18　宮城弘樹　二〇一九「グスク時代初期の土坑墓―喜界島城久遺跡群の土坑墓との比較を中心として―」

（『奄美大島・喜界島調査報告書』地域研究シリーズ№四五　南島文化研究所）。

19 瀬戸哲也　二〇〇九「沖縄・グスク時代の葬墓制」（『日本の中世墓』高志書院）。

20 西銘章　二〇〇四「沖縄における葬墓制の変化―近世墓研究ノート―」（『南島考古』№二三　沖縄考古学会）。

21 安和吉則　二〇一四「総括」（『仲間稲マタ原近世墓群Ⅱ』浦添市文化財調査報告書）。

22 註11に同じ。

23 『ヤッチのガマ・カンジン原古墓群』沖縄県立埋蔵文化財センター調査報告書第六集（沖縄県立埋蔵文化財センター　二〇〇一）。

24 『運天古墓群Ⅰ』今帰仁村文化財調査報告書第三三集（今帰仁村教育委員会　二〇一三）。

25 上江洲均　一九八〇「沖縄の厨子甕」（『日本民族文化とその周辺　歴史・民族編』国分直一博士古希記念論集　新日本教育図書）。

26 代表的な編年研究を以下に示しておく。ボージャー厨子甕は、安里進・ほか二〇〇六「ボージャー厨子の分類と編年」（『比嘉門中の家族史・比嘉門中墓の調査概要』浦添市教育委員会）。マンガン掛厨子甕は、註36文献。陶製御殿形厨子は宮城弘樹二〇一〇「御殿形厨子の研究（2）―赤焼・荒焼御殿形厨子の編年―」（『南島考古』第三九号　沖縄考古学会）と宮城弘樹二〇二〇「御殿形厨子の研究（3）―上焼御殿形厨子の編年―」（『総合学術研究紀要』第二三巻第一号　沖縄国際大学）。石厨子は関根達人二〇二二「石厨子の基礎的研究」（『日本考古学』第五四号　日本考古学協会）と註28文献などがある。

27 輝緑岩製石厨子は、塔／家屋タイプ、浦添ようどれ／玉陵グループ型、基壇宮殿／宮殿形石厨子形、宝形／入母屋造様式と呼称こそ異なるも、各氏ともその特徴から大別する。分類のレビューについては、大堀皓平　二〇一六「沖縄県内に出土する石厨子の分類と編年試案」（『よのつぢ（浦添市文化部紀要）』第一二号　浦添市教育委員会）参照。

28　宮城弘樹　二〇二二「御殿形厨子の研究（5）―石灰岩・サンゴ石製石厨子の編年―」（『総合学術研究紀要』第二三巻第二号　沖縄国際大学）。

29　註25に同じ。

30　池田榮史　二〇〇一「沖縄」（『国立歴史民俗博物館研究報告』第八九集　国立歴史民俗博物館）。

31　註29に同じ。

32　尚敬王厨子の製作年代に関しては、倉成多郎により一八世紀最末期から一八三四年の間と推測した上で、一七九四年に早世した皇太子・尚哲の洗骨のタイミングで本厨子が新調されたものと分析されている。

33　『ずしがめの世界』（沖縄県立博物館・美術館　二〇一八）。

34　稲福政斉　二〇一〇「青い仏具は海の色」（『宜野座村立博物館紀要　ガラマン』一六　宜野座村立博物館）

35　仲村顕私信。

36　安里進　一九九七「伊祖の入め御拝領墓の厨子甕と被葬者―近世墓の考古学的調査による家族復原―」（『伊祖の入め御拝領墓の厨子甕と被葬者』浦添市教育委員会）。

37　鈴木悠　二〇一三「屋嘉比朝寄とその家族について」（『よのつぢ』第九号 浦添市教育委員会）。

38　『琉球葬墓制資料集成（2）―銘書編―』（宮城弘樹（編）・沖縄国際大学　二〇二一）。

39　麻生伸一　二〇一九「系持ちと無系の世界」（『沖縄県史　図説編　前近代』沖縄県教育委員会）をもとに筆者改変。

40　『重要文化財 玉陵復原修理工事報告書』（玉陵復元修理委員会　一九七七）。

41　『安謝西原古墓群』那覇市文化財調査報告書第25集（那覇市教育委員会　一九九三）。

Ⅳ　朝鮮の葬制と習俗

沈　賢容
李　芝賢

朝鮮王室胎室の立地と構造

沈　賢容（李 芝賢 訳）

はじめに

人が生まれると、その胎を聖なるものとして納める風習があり、それを蔵胎文化という。人類の世界普遍的習俗として蔵胎の形式は多様であり、大きく埋胎・燒胎・水胎・乾胎の四つに分類される。日本には「えなづか（胞衣塚・恵那塚）」があり、韓国には胎室を造成する文化があった。

胎室は一般人の胎の処理方法とは異なり、王室では風水地理的に吉地を求めて儀礼を行ない胎室を造成したのであり、胎主の身分によってその造成方法が異なる。このような胎室は、三国時代から始まり朝鮮時代まで続いた。特に朝鮮王室で最も活発に造成され、胎峯図や儀軌を製作するなど、王陵と同等のものと認識され、国が大事に扱う行事であった[1]。

朝鮮胎室に関する研究はこれまでさほど進展がなかったが、近年いくつかの胎室の発掘調査により、考古学的な資料が確保され学界の注目を集め始めた[2]。

本論考では、朝鮮王室の胎室の立地と構造はどのようなものであり、また胎室の遺物や構造、文様にはどのような意味が込められているのか検討する。

一　胎室の風水地理的立地条件

（一）　胎室の立地関連文献記録

胎室が造成された胎峰山の立地条件については、下記の文献記録を通して確認できる。

史料①　陰陽学者の鄭秧が上書して言うには、「唐の一行が著述した『六安胎法』によりますと、『人が生まれてからは最初に胎によって育つことになるものであり、さらにその賢愚や盛衰はすべて胎に関係する。それゆえ男子は一五歳にして蔵胎することになるので、これは学問に志をもち、嫁ぐ年齢になることを待つということである。男子の胎が良い土地に出逢えば、聡明で学問を好み、官職も高く、病もないということである。女子の胎が良い土地に出逢えば、顔は美しく端正となり、人から仰ぎ敬われることとなる。ただし、蔵胎する際に（北斗七星の）度数を過ぎなければ、良い祥瑞が得ることができる。その良い土地とは、すべて端正にして突起しており、上は雲と空に接しているところが吉地となる』と言っております。また王岳の書を見ますと、『満三か月を待ち、高く清らかなところを選び、胎を埋めるならば、寿命が長く知恵を得る』と言っておりますので、嗣王（文宗）の胎は、彼が王位に就くのを待ってその胎を安置することは、古人の安胎法にもとるものであります。願わくば、一行と王岳の蔵胎法に依って吉地を選んで胎を安置し、予てより寿福を養わんことを」と言うので、来年秋に再び啓上せよと命じた。(3)

史料②　上は「胎室の図局のなかに古塚があるならば、吉凶はいかなるか」と仰せられるので、義生が「『安胎書』によると、『胎室は当然、高く清らかなところでなければならない』とありますので、長庚の墓は速やかに撤去することが適当であるかと存じます」と申し上げた。(4)

史料③　かつて宣祖代の万暦三三年（一六〇五）に公主の胎峯は、二百歩に制限するという定奪を礼曹から受け、施行したという記録が現在『観象監謄録』にあがっています。およそ胎峯は、山頂を使うのが例です。元武（玄武）は無く、来脈（来竜）・青竜・白虎・案対（案山）を検討して選ぶものです。(5)今回の王女の胎峯の歩数は、宣祖代の定式どおりに従うことが適当だろうかと存じます（中略）啓上したとおりにせよと允許した。(6)

史料④　また臣は今日、道中に大興胎峯を通りましたが、その胎峯は、向きが西に向かっており、東西が四五尺、南北が二七尺でして、峯の頂の高くそびえている様子がまるで稲束のようでした。(7)

史料⑤　安胎使閔黠が啓上していうには、「（中略）」というので、上はこれにしたがった。安胎する制度は、古礼には見えないものの、我が国の制度は、野中のまるい峰を選び、その頂上に蔵胎して、胎峯とした。そしてそこに標識をおき、耕作や薪を切ることを禁じることは、園陵の制度と同様である。上から王子と公主に至るまですべて胎峯があり、こうした我が国の風俗の弊端について識者は病とする。(8)

史料⑥　昆陽の胎室を奉審した状啓のなかに（中略）刑曹判書尹游が言うには、「臣が（中略）胎室が占有する土地は高く聳え立ったところの頂上にあることが例であるので、民田を測量しても禁標のなかにそのように多くが入っていないようです。（中略）左副承承李匡輔が申し上げるには、「胎室は土山の高く聳え立ったところにあるのが例です。（中略）土地は貴重になっているので、山腹以上はどこであれ開墾しようとします。(9)

史料⑦　観観象監の官員が領事提調の意を啓上して言うには、「醴泉の胎峯を看審するために、相地官李命求を送ったところ、李命求が看審したのち戻って言うことには、『醴泉の龍門寺の裏の胎峯を置標した子坐午向のあとを看審しますと、太白山から小白山となり、小白山から龍門山となり、主山が秀麗で堅固であり、局勢が完全にして堅牢で、峰孔が端雅でそろっており、二つの川の流れが合流するところなので、長寿を享受して聡明になる吉地として胎峯をするのに適合いたします。前後左右数百歩のうちに互いに拘碍となる端緒が一つもありますので、形状を書いて参りました』と申しました。そこで本監謄録に子坐午向と記載しましたが、このたび看審するところ、子坐午向は局勢が左へ偏るのみならず、陰陽家にも合いませんでした。それゆえ壬坐丙向を看審するところ、局勢が平正で陰陽にも吉と出ました。[10]

史料⑧　胎室が深い谷の中の山頂にあり、節気が寒い冬になったので、（中略）胎峯の地勢は四面が削れたように立っており、山頂が高く切り立っています。もし寒い冬に雪が降って（中略）また胎峯の地勢が高く切り立っているので、もし寒い冬に事を進めるのであれば、困難は倍となりましょう。[11]

（二）　胎室の風水地理的立地分析

前述の文献記録は、胎室が設置されるべき立地について簡略に説明したものであり、主に『六安胎法』と『安胎書』などを根拠として、胎が埋められた土地の条件について述べている。

つまり、土地の形状は、まっすぐで高くそびえ、天を支えるような様子である必要があり（好地、皆端正突起、上接雲霄）、そして、高く清らかな場所（高浄處・高尖處）の山頂を吉地とした。特に**史料③**では、「胎室は山頂を使うが、玄武はなく、来脈や左青龍・右白虎や案山を考えて選ぶことが原則である」として吉地について明確に説明している。これは風水地理によって父母山（主山）や四神砂などが胎室の立地において極めて重要であることを示している。

したがって、胎峯山は父母山から主脈が穴処まで来脈の傾斜が下がり、穴の後ろから急速に結咽束気した後、空に高くそびえて半球形または笠形の峰を成してその頂上に胎室の穴場を形成する。その周りには左青龍・右白虎が巡り、前には案山がある場所であり、特に玄武がないのが特徴である。これらの地形は風水地理的に窩・鉗・乳・突の四象の中で突穴の形状に該当するものである。[12] この突穴は位置によって、山の中にある山谷突（蔵風突）と平地にある平洋突に分けられるが、**史料**⑤は平地突穴を、**史料**⑧は山地突穴を説明したものである。

そして前述した**史料**①で胎室の立地を唐の一行（張一行、六八三～七二七）の『六安胎法』と明の王岳（一四八五～一五〇五）の著書[13]を根拠に提示しており、**史料**②では著者は分からないが、『安胎書』を提示している。また、次の**史料**⑨では、吉地を探し出す方法について、『胎蔵経』の土地選定方法に従っていたことが確認できる。

史料⑨　風水学から申し上げるには、『胎蔵教』に言うには、『おおよそ天が万物を生み出し、人をもって貴とし、人が生まれるときは胎によって長成することになるので、ましてその賢愚と盛衰がすべて胎にかかっていることから、胎というのは慎重にしなければならない。概して胎から降りてきて三か月では名称を和正胎といい、五か月では軟蔵胎といい、三か年では壮応胎といい、五か年では中符胎といい、七か年では向陽胎といい、一五年では過陽胎といい、これを六安胎法と称する』といいます。それゆえ、経書に言うには、『男子が一五歳になれば学問に志をもつ年齢であり、女子が一五歳になれば夫に従わなければならない年齢である』といっており、すれば男子はまさしく軟蔵胎・中符胎・向陽胎のうちの年月で蔵胎し、学問を志す年齢まで待たなければならず、女子もまた和正胎・壮応胎・過陽胎の年月で蔵胎し、夫に従う年齢まで待たなければならなりません。男子は、もし良い土地に出逢えば、聡明にして学問を好み、九経に精通し、顔がまるく爽快なものとなり、病にならず、高官に昇進するものです。いま王世子（端宗）の胎室が星州のいくつかの大君胎室の傍らにありますが、横に傾き補土したところにあるので、まことによくありません。『胎経』の土地を選ぶ法によれば、吉地を京畿と下三道から広くお求めになってください」と申し上げたので、そのとおり従った。[14]

史料⑨の『胎蔵経』は胎室が造成可能な吉地を選ぶ風水理論を提示している。この書は高麗の科挙制度の雑科において地理科を選抜する試験科目として、仁宗一四年（一一三六）一一月に採択された[15]。風水官僚の科挙試験に『胎蔵経』が含まれることから、高麗王室で蔵胎儀式が重要視され、蔵胎は風水師の重要業務であったことも分かる。したがって遅くとも『蔵胎経』が試験科目に含まれてからは、風水地理の原則に従って胎室の立地が選定されたと考えられる。前述のような様々な文献が現在まで伝えられていないため明確ではないが、胎室が造成される生気が溜まる場所、すなわち突穴の風水地理的形局を見出す方法は早い時期から適用されていたと推定できる。

現在、調査が行われた胎室の中で最も早いのは、新羅の金庾信（五九五～六七三）と高麗仁宗（一一〇九～一一四六、在位一一二二～一一四六）の胎室である。

金庾信の胎室は、高山峻嶺に位置し、仁宗の胎室は突穴に位置する（図1）。朝鮮時代にはすべての胎室は突穴に造成される。これは胎室立地の時期的変化を示す。すなわち、三国時代には風水地理とは関係なく造成されたが、高麗時代以

図1-1　鎭川胎雲山（金庾信胎室）

図1-2　密陽胎峯山（仁宗胎室）

図1　金庾信と仁宗の胎室の立地

降は風水地理が適用された。したがって風水地理が取り入れられ突穴が胎峯山として活用された時期は、『胎蔵経』が科挙試験科目に採択される時期（一一三六年一一月）や仁宗の胎室が造成される時期（一一一五年二月～一一四六年二月）を勘案すると、一一一五年二月～一一三六年一一月の間と推定される。[16]

これより先立ち太祖一三年（九三〇）に西京に学校を建てて医業・卜業の二つの科目を設け、[17]光宗九年（九五八）に科挙制度を初めて施行した際にも医業・卜業などを選抜していることから、[18]蔵胎に風水地理が取り入れられる時期をさらに早めることができる。それは次の史料からも把握できる。

史料⑩　雪嶽山陳田寺の元寂法師は、西堂の法をつぎ、溟州で育った。禅師の諱は道義、俗姓は王氏である。北漢郡の人である。妊娠する前に、彼の父は、白い虹が伸びて部屋に入り込んでくる夢をみて、母は僧侶と枕をともにする夢をみたところ、目覚めて異様な香りが部屋の中に満ちていた。父母は、ひどく驚いて次のように言った。『このような瑞祥を見るに、かならず聖子を得るだろう。』そののち半月過ぎたころ、胎気があったので、胎中において三九か月あって産まれた。産まれた後、夕方に突然、異僧が錫杖をもって門前に来て、『今日、お産まれになった児胎を川岸の高くそびえた山に置かれよ』といい、忽然と消えた。とうとう僧侶の言に従い、胎をそこに埋めたところ、大きな鹿がやってきて一年中そばを離れず見守り、行き交う人々はそれを見ても狩ろうともしなかった。このような祥瑞によって出家したため、法号を明寂といった。[19]

史料⑪　（中略）大師は法諱が迥微、俗姓が崔氏である。（中略）咸通五年（八六四）四月一〇日に誕生した。大師は、産まれてから余人と異なった姿であって、（中略）翌年（九一九）三月についに門弟子閑俊と化白らを呼び言うには、「開州の五冠山は〇〇[20]の蔵胎処である。この山は、山勢が非常に美しく、地脈が扁平で安定しており、墓をつくるには適した場所であり、かならず尊貴な方の冥福を祈りうる場所である。僧侶と有司は、いちはやく山寺をたて石塔を造成するようにせよ」といった。（中略）塔が完成するや、僧侶たちが泣いて屍身を敬い（新たに）作った墓に移し、葬事を行なった。二年が過ぎると、（上は）詔を下して「（大師の）禅徳をひろく明らかにするためには、当然、美しき名を下すことが適当であろう」と仰せられた[21]。**史料⑩**の記録は、中国の南宗禅を新羅に伝えた道義禅師（七五六年前後～八三〇年前後）の胎を埋納したという記録である。道義禅師が産まれたその夕方に異僧が現れ、胎を川沿いのそびえた山に埋胎するように言われ、その教えに従い胎を埋めると大きい鹿が現れて守ったということである。このように、恵恭王一年（七六五）前後には、水が流れる周辺のそびえ立つ山（臨河之岪）が埋胎場所として選定されているが、これは突穴を指すものと推定される。

また、これより時期は下がるが、**史料⑪**も参考になる。高麗太祖は、無州（今の全羅南道光州）出身の先覚大師・迥微（八六四～九一七）が亡くなると、太祖二年（九一九）、彼の弟子たちに○○の胎が埋められた開州（今の黄海道開城）の五冠山に追慕する寺院を建立して遺骨を奉安する塔を作らせ、太祖四年（九二一）に寺院と塔が完成すると崔彦撝に碑文を詠ませた。ここで五冠山に蔵胎されたことが確認できる。五冠山は、山頂の五つの小峰が冠のように環状であることから名付けられたが[22]、丸い峯（円峯）ということから突穴を指すことと推定される。

これによって、すでに八世紀中半頃には、唐の一行禅師（六八三～七二七）の『六安胎法』（『胎蔵経』）で示した胎室の風水的な立地条件が韓国で適用され、九世紀に道詵（八二七～八九八）によって韓国の風水思想の確立に伴い、一〇世紀初めには一般化されていたことを示すものといえる。

つまり、韓国の胎室が中国の風水地理と融合して突穴に造成され始める時期は八世紀中頃以前に引き上げることができるのであり、これは一行の『六安胎法』が伝来した後のことになる[23]。

胎室が突穴に造成されるというのは、まるで胎児がへその緒で直接に母体と繋がっているように、突穴から長い来脈を通じて父母山につながる万物の形状をかたどっているといえる。山の頂上に気が凝縮された突穴を選び胎を埋めることで、胎神を通じて山川の良い気運が胎主に同気感応していくという風水論理を適用したものと言える。

三　朝鮮王室の胎室構造と象徴

（一）阿只胎室の構造

阿只胎室は、王の正室や後室（継室）から産まれた男女の赤ん坊の胎を胎峯山に蔵胎する際、最初に造成した胎室のことである（図2・3）。地上に半球形の封土をし、その手前に胎室碑を置くのは民墓に似たような姿である。現存する阿只胎室は、殆んど削平または盗掘により封土が残っていないが、江原道江陵所在の慶徽翁主の胎室は、半球形の封土が一部残存しており、慶尚北道蔚珍所在の光海君王女胎室の実測図から立証可能である。また、現在、江原道原州の福蘭胎室、淑静・淑徽公主胎室、清州の仁城君胎室も半球形の封土をし、前方には阿只胎室碑が建てられている構造で復元されている。

阿只胎室を造成するためには、まず胎峯山の頂上部を平らに整地する。その後、穴処に円形（または方形や八角形）の土壙を掘りその内部を整えた後、中央に胎室の石函[25]を安置するが、函身を先に安置する。胎が入った胎壺[26]は、青郷糸を三重に編んだ紐一〇尺で封裹し、朱砂で書かれた木紅牌を吊るす。また、甘湯で胎壺と蓋の隙間に銅粉と朱沙を塗って、青鼎紬三尺で胎壺をよく拭く。胎壺は石函の中央に安置するが、封じた所（紅牌）が前を向くようにする。次に、胎壺の前に胎誌石[27]を建てる際は、文字が書かれた面を壺に向かい合わせる。青・

図 2-1　慶徽翁主の胎室

図 2-2　淑靜・淑徽公主胎室

図 2-3　禪石山胎室

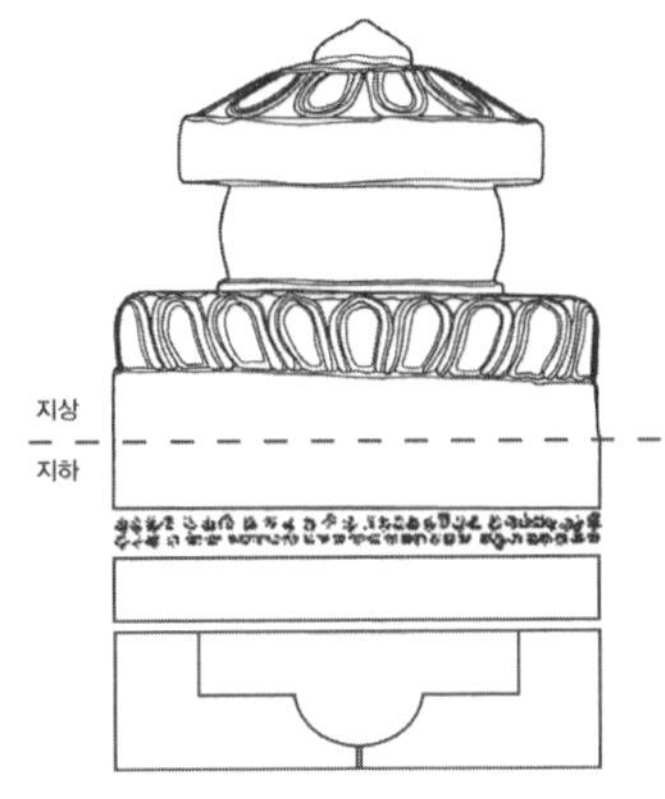

図 2-5　禪石山胎室の構造図（断面）

図 2-4　光海君王女の胎碑図（註 24）

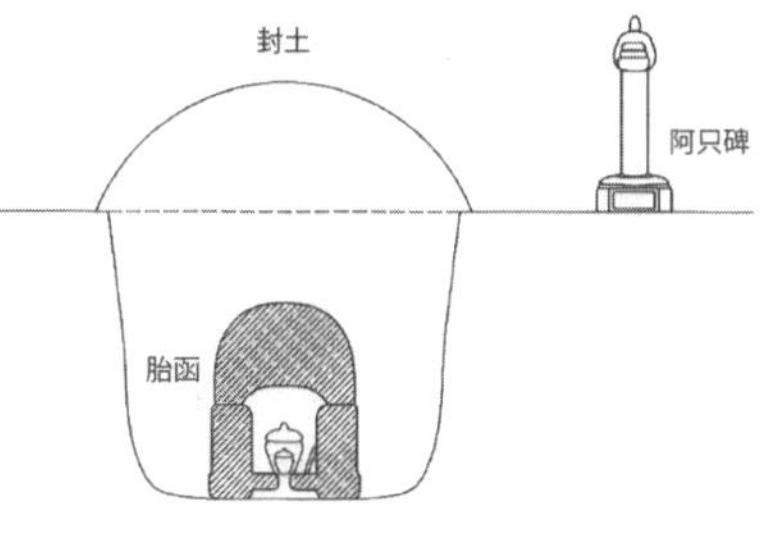

図 2-6　阿只胎室の構造図（断面）

図 2　阿只胎室の全景と構造

黄・赤・白・黒の五色の絹（綃）を各三尺をその色に該当する方位に置き、金・銀六分を中央に置いた後、青鼎紬三尺、甲褓一個、単幅紙一枚を順番に胎壺の上に被せて、朱砂七銭、牛黄二分、龍脳二分、石雄黄二両を混ぜて胎壺の外側の四面に散布する。そして函蓋で被せるが、函身と函蓋の内面には磊緑を塗り、函蓋の隙間を油灰で塗った後、良質の黄土で土壙をしっかり固めて平にする。[28] 地上には沙土で高さ三尺、直径一〇尺、円周三〇尺の半球形の封土を積み上げる。[29] 封土の正面から三尺離れたところに阿只胎室碑[30]を建てる。最後に、墳丘と周辺に芝生を植えて胎室を完成させる。

胎峯山の周辺は、胎室を保護するために一般の出入を禁止し、耕作や伐木、伐採および家畜放牧などが禁じられ、禁標区域や火巣地域という統制区域が設定される。

特に禁標区域は、胎主の身分によって三等級に区分され、王・元子・元孫は三百歩、大君・公主は二百歩、王子・翁主は百歩以内という規制があった。[31] 従って、胎室を基点として東西南北の四方に禁標碑を建てた（図2-6・5-6）。この区域の外側には樹木などを除去し、雑草地帯のような何もない空間として残し、火災が起きた際に胎室まで来れるように火巣地域を設定して火巣碑を建てた（図5-7）。また、禁標区域と火巣地域の間には山火事から胎室を保護するために、土を掘り坅字を作ったり、石を積んで境界を定めた痕跡が残っている。[32]

阿只胎室がひとつ造成されると単胎室、二つ造成されると双胎室、三つ以上は多胎室と区分される。なお、配列方法によって、上下に配置した前後胎室、横に配置した左右胎室と区分される。

図 3-1　胎壺と銅銭

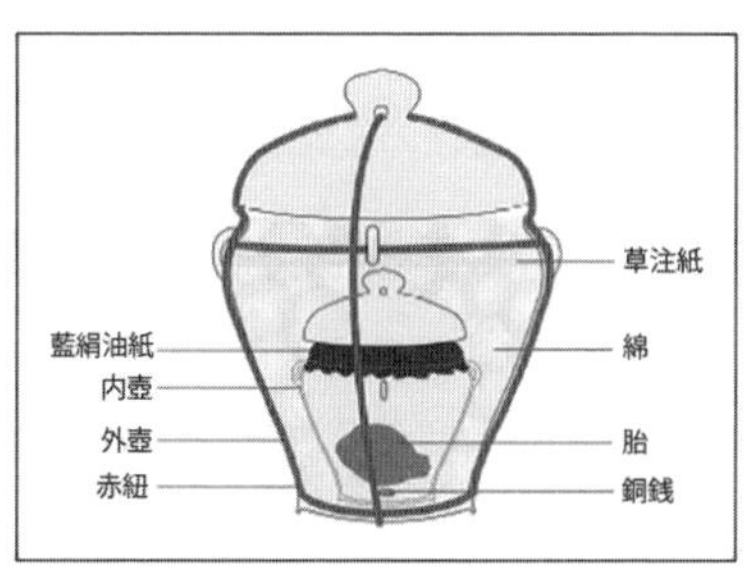

図 3-2　胎壺の構成図

図 3-3　胎誌石

図 3-5　阿只碑

図 3-4　胎函

図 3-6　禁標碑

図 3　阿只胎室の石造物と遺物

（二）　加封胎室の構造

阿只胎室の胎主が王に即位すると、既存の阿只胎室に豪華な石物を治粧するが、これを加封胎室という（図4・5）。例外的に王以外にも王妃や追尊王も加封胎室を造成する場合がある。加封胎室は、現在二九基が調査され、孝宗・哲宗・高宗を除く二四名の王胎室[33]と昭憲王后沈氏、貞熹王后尹氏、廢妃尹氏など三名の王妃胎室、そして荘祖、文祖など二名の追尊王の胎室が伝えられている。

加封胎室は地台石、中央胎石、欄干石に区分されるが、その前には加封胎室碑を建てる。地台石は再び裳石と磚石[34]、中央胎石は四方石・中童石・蓋簷石[35]、欄干石は再び柱石・童子石・竹石[36]に分けられる。現在、加封胎室が原状のまま保存されているものは少なく、元の位置から移されたり復元されていても原型を失ったものがほとんどである。加封胎室は、既存の阿只胎室の地下構造を残して地上の構造だけを整備するため、地下構造は阿只太室の地下構造と変わらない（図2-6・図4-3）。

胎室を加封する順序は、まず、地上にある阿只胎室の封土を削平して、敷地を平らに整えた後、地表面を黄土と灰を混ぜた土（三物）で固める。その上に欄干のある平面八角形の石造物を排設するが、まず一番外郭に磚石を安置し、次に中央に四方石を置いて内側に裳石を配置する。また、四方石の上に中童石を載せ、臨時に蓋簷石を安置する。そして磚石の上に柱石と童子石を建てた後、その上に竹石をのせる。そして、もう一度蓋簷石を調整して完全に安置する。加封胎室の正面の一歩手前に加封胎室碑[37]を建てるが、八角欄干の角と加峰碑が一直線になるよう配置する。そして周辺には、莎草をかけて補土する。そして、既存の阿只碑は胎室から一〇歩ほど離れたところ、または周辺の浄潔なところを選んで埋める。それから、阿只胎室の時に四方に設置した火巣碑と禁標碑の位置を規式に合わせて再配置したら加封胎室が完成する。また既存の禁標碑も距離を拡

図 4-1　成宗の加封胎室（正面）

図 4-2　成宗の加封胎室（側面）

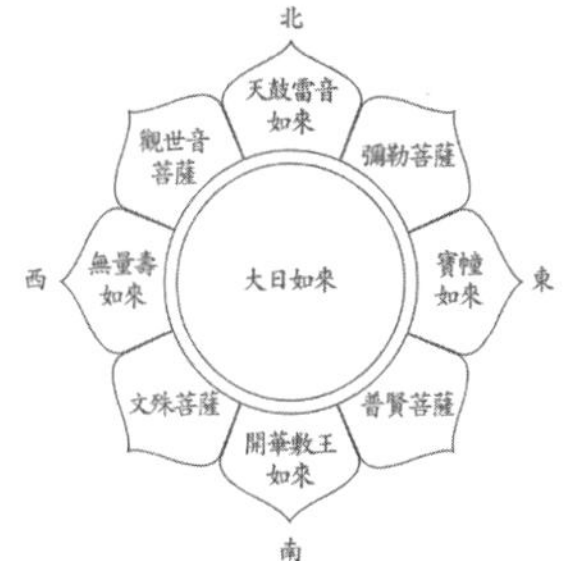

図 4-4　密教の胎藏界 中台八葉院 概念図

図 4　加封胎室の全景と構造（1）

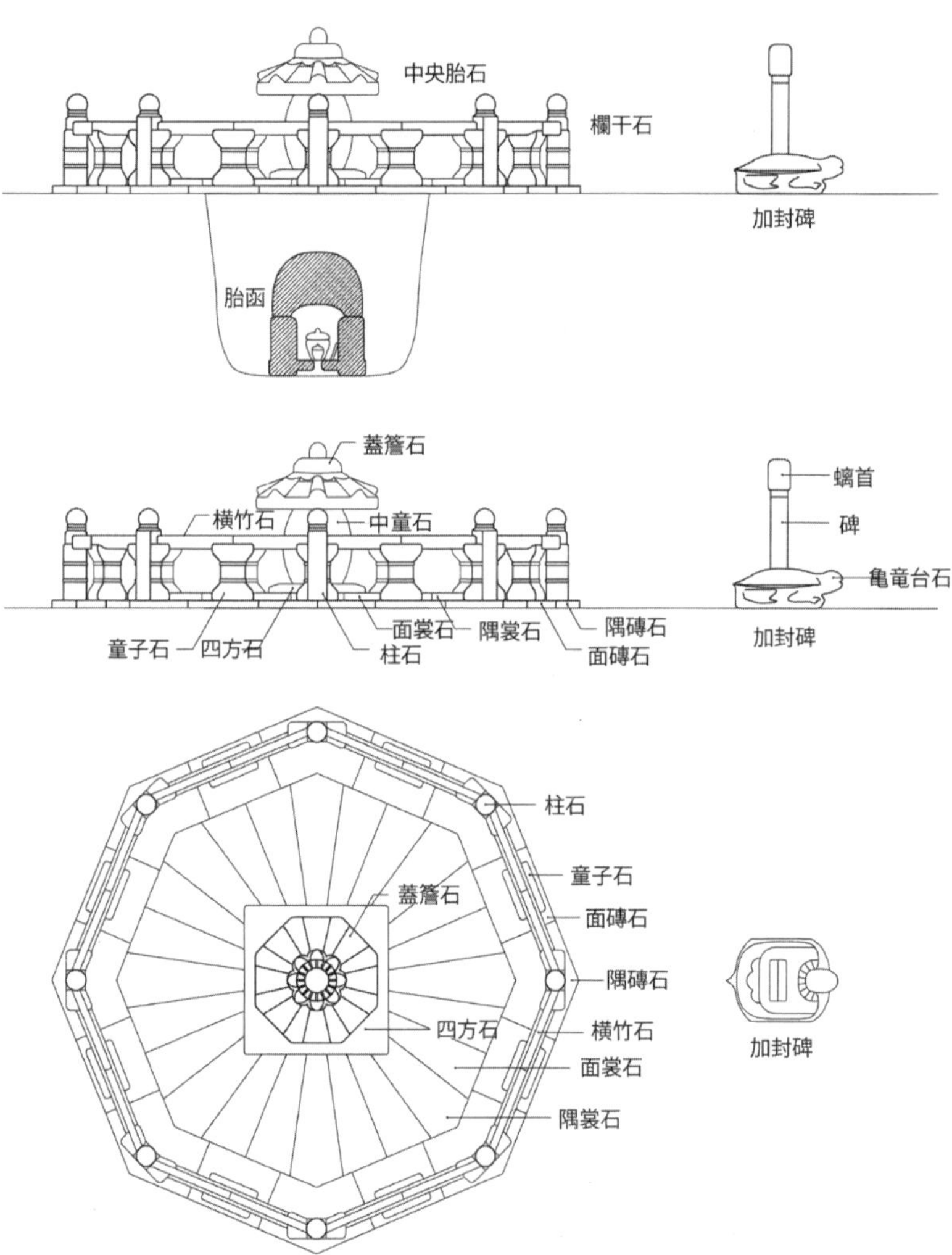

図 4-3　加封胎室の構造図（平・断面）

図 4　加封胎室の全景と構造（2）

図 5-2　中央胎石

図 5-1　加封碑

図 5-4　欄干石

図 5-3　裳石と磚石

図 5　加封胎室の石造物と遺物（1）

張し、三百歩のところに移す。特に、胎室の近くに下馬碑を建てるのは、胎室区域が聖なる場所であるため、ここに到着したら馬から降りて歩いて行くようにという意味が込められている。

（三）胎室に含まれた象徴

胎室は基本的に胎を保護するために堅固な材料と構造で造成され、このような胎室を構成する遺物や構造、装飾された文様にも多くの象徴や思想が含まれる[38]。

特に加封胎室の形式は、円形・方形・八角形を基本とする。中央胎石の四方石は八角形または方形であり、中童石と蓋簷石は八角形または円形であり、これを囲む欄干も八角形である（図4）。これは、密教で女性の出産原理を図形化した胎蔵界の中台八葉院の理論によるものである。加封胎室の円形は中台八葉院の中央にある円を表現して胎蔵を象徴し、加封胎室の八角形は中台八葉院の中央にある円の周辺の八つの花びらを表現しているが、これは王室では阿只の寿命長寿を祈り、誕生の宝庫を現したものである[39]（図4-4）。また、八角は宇宙を、円は天を、四角は地を象徴し、天円地方、天地人や陰陽五行などの思想も含まれている。このような形式は、胎室が風水地理と結合してあらわれたものであり、風水地理は古代中国で発生した陰陽五行説が漢代の

図5-7　火巣碑

図5-6　禁標碑

図5-5　下馬碑

図5　加封胎室の石造物と遺物（2）

天人應応説と融合して発展しながら生まれた学問であり、陰陽と五行を基礎とする。そのため、胎室の造営には密教、陰陽学や風水学の理論が習合されている。

『説文解字』[40]によると、王の語源について説明されている。東洋思想で宇宙万物を構成する三つの要素（三元）は天地人だが、三はこの天地人を表し、上の天（一）と中の人（一）と下の地（一）を貫き（丨）治める支配者を「王」と呼ぶ。したがって王は、三劃の中央を繋ぐものとしての天地人を指し、このような意味が中央泰石にも表現された。すなわち、蓋簷石は上の天、中童石は真ん中の人、四方石は下の地を象徴し、中央胎石は王を表すため、加封胎室だけに中央胎石が造成される。

また、中央胎石の形を見ると、四方石は方形で地を象徴するが、蓋簷石と中童石は二つを合わせなければ完全な円形にならないため、天をあらわすことになる。ここで天円地方の概念が見られるが、この場合、天・地はあるが、人がいないので、地中に安置された胎が、まさに人を現し、天地人思想を完成させる。このように加封胎室には天円地方と天地人思想が複合的に具現され、王を象徴している。星州郡の禅石山胎室に収められた胎壺は内・外から成る胎壺とは異なり、下の台座と中央の胎壺と上の蓋で構成されているが、これも天地人思想を表現するためのものと見られる。

また、胎室の地下土壙の平面は、円形、方形、八角形が見られるが、これも天円地方と宇宙を象徴するものと思われる。つまり、円形は天を、方形は地を象徴している。ただし、八角形は『周易』の八卦で方位を表現したものと考えられる。胎函の上部をなす蓋石は半球形、下部の函身は円筒形の組み合わせであるが、これも天円地方の概念が適用されている。

また、加封胎室の造成時、阿只碑を撤去し、亀趺と螭首がある加封碑を設置することもこれと関連がある。加封碑に亀を設置して長寿を祈願し、螭首に龍を装飾し亀頭を龍として形象化したことは、龍がまさに王を象徴するからである。このように、加封胎室と阿只胎室の構造が異なるのは、王を表すためと推定される。

一方、胎室には五方色が活用されている。五方色とは、黄・青・白・赤・黒の五色で、陰陽五行の方位になった色である。この色はすべての万物が、陰と陽によって生長、また消滅し、木・火・土・金・水の五行の作用によって吉凶と禍福が入り組むという陰陽五行思想に基づいている。

五行には黄・青・白・赤・黒の五色と東・西・南・北・中央の五方位によるものであるが、この五色は陽の色として、次のような意味が込められている。黄色は中央を意味し、宇宙の中心として最も高貴な色として神聖視された。青色は万物が生成する春の色として創造・生命・神聖を象徴し、雑鬼を防ぎ福を祈願する際に活用される。白色は潔白・生・純粋・純潔などを意味する。赤色は雑鬼と病気を防ぎ陽気旺盛で、万物が茂り生命を産み、守る力を象徴して、呪術的意味で最も多く使われた。黒色は人間の知恵を司ると考えられた。特に胎壺にこのような意味がよく反映され、胎壺の中に黄金色の銅銭を置くのは中央の黄色を象徴し、青い布で胎壺を巻くのは東側の青色を、胎壺に結ぶ赤いひもと紅牌を吊るのは南側の赤色を表しながらも不浄を防ぐためだった。

そして胎壺を胎函に捧安し、青・黄・赤・白・黒の五色の絹（絹）をその色の該当する方向に置き、金・銀を中央に置いた後に青鼎紬、甲褓、単幅紙を順番に胎壺の上にかぶせ、また朱砂、牛黄、龍脳、石雄黄を混ぜて胎壺の外側の四面に散布するのは、中心と四方位が明確な五行的な儀式を反映したものである。このように胎室造成時、随所に五色を用いて万物の調和と誕生と永遠なる生命、豊かさ、子孫繁栄を祈り、厄を避けて福を祈る願いが込められた。また、胎函の内部に赤色または緑青色を塗ることや土壙の中に黄土を入れることもこのような意味と共に悪鬼を追い払い不浄を防止するための壁邪的意味が含まれている。また、銅銭や金・銀を入れるのも胎主にお金や金・銀などの財物豊かで、富貴栄華を享受するよう祈願するものである。

それだけでなく、胎室に装飾された様々な文様にも念願が込められている。文様は蓮葉文が最も多く使われ、胎壺、阿只碑、中央胎石、柱石、童子石に主に装飾され、卍字文、雲文、方勝文、連環文も中央胎石、柱石や童子石に装飾された。

蓮葉文は豊かさと多産及び子孫繁栄を象徴する。卍字文や雲文は、吉祥と万福が集結されたとされ、無限長久を表し、方勝文は心を共にして互いに離れないという意味を、連環文は良いことが続き、永遠に断絶しないという象徴を内包する。(41) つまり、これから胎主に良きことだけが起こり、永久に持続することを願う想いから吉祥文様を装飾したのである。

このように胎室には、所々に重ね重ねで象徴が含まれている。胎室の構造や遺物、色彩には、天円地方と天地人、陰陽五行など東洋の宇宙認識と思想体系の中心原理を内包している。また、吉祥文様まで施して誕生と永遠なる生命、無病長寿、豊かさ、多産、子孫繁栄などを祈願した。

そのため、胎室の造成は胎主個人だけでなく、王室全体の無窮の安寧と繁栄、永遠性を強調するためのものであり、より一層の国家の安寧と発展を祈願するためのものであった。

おわりに

以上、朝鮮王室が造成した胎室の立地や構造について検討した。

韓国において蔵胎風習は新羅金庾信の胎を忠北鎭川の胎靈山に埋めたという記録(42)が最初である。その後、高麗、朝鮮を経て蔵胎文化が王室では胎室文化として発展し、世界唯一の韓国固有の伝統文化として定着した。

韓国の胎室は最初、風水地理とは関係なく高山峻嶺に造成されたが、遅くとも八世紀中頃からは中国の風水地理が融合し、突穴という風水的吉地に立地する。風水では陰陽と五行の気運が地中に運行して気が発生するため、最も強い気が凝縮された突穴を選択して胎を埋納することで、山川の良い気が胎神を通じて胎主に同気感応して良い影響が及ぶようにという風水論理が適用されたのである。よって、統一新羅時代に蔵胎文化と風水地理が融合し、高麗時代には王室で胎室を造成する儀礼が実施され、朝鮮時代に入ってからは政治的目的と符合して胎室が最も発展するようになった。

また、胎室は阿只胎室と加封胎室に区分される。阿只胎室は最初に造成される胎室で、阿只碑と封土で構成されており、加封胎室は八角形の華麗な石物と加封碑で治粧した胎室である。ふたつの胎室の身分的位階が異なるため、構造や構造、そして象徴においても大きな違いが見られる。

朝鮮時代には胎室を造成するに際し、臨時で胎室都監を設置し観象監から突穴に当る吉地を調べる。繕工監で物資を準備し、胎峯山周辺の地形を描いた胎峯図と胎室造成の全過程を記録した儀軌も製作するなど多くの人的、物的資源を要する。また、始役（石材を確保して工事を始める）→告后土祭（開基の黎明に土地神に告げる祭祀）→開基（つぼ堀工事）→発胎（胎を運搬）→蔵胎（胎を安置）→封土（胎を埋めて封土する）→胎神安慰祭（胎神に捧げる祭祀）→畢役（石物の設置など工事を終える）→謝后土祭（土地神に謝礼を捧げる祭祀）などの手続き（節次）や様々な祭祀が行われる。この時朝廷では胎室証考使・地官・安胎使・監役官など多くの官員を地方に派遣する。胎室の修理時も先告事由祭（事由を告げる祭祀）→始役・告后土祭→畢役→謝后土祭などの手続き（節次）や様々な祭祀が行われた。このように複雑な手続き（節次）や儀礼は、実に長期間にわたる変化を経て確立された。

これはすべて誕生・生命・無病長寿・豊かさ・子孫繁栄などを祈願するためのものであり、胎主のみならず王室、さらには国家の安寧と発展が胎にかかっていると信じていたためである。

註

1　沈賢容　二〇二一「朝鮮時代 胎室制度」『醴泉の胎室と朝鮮時代の胎室文化』（民俗苑）。

2　沈賢容　二〇一五「朝鮮時代胎室に関する考古学的研究」江原大学博士学位論文：沈賢容　二〇一六『韓国胎室研究』景仁文化社。

3　『世宗実録』世宗十八年（一四三六）八月八日（辛未）。

4　『世宗実録』世宗二六年（一四四四）一月五日（乙卯）「上曰胎室図局之内有古塚 則吉凶何如?、義生啓曰《安胎書》云胎室當於高淨處。則長庚墓當速撤去。」。

5　原文は「凡胎峯例用於山頂元無來脉龍虎案對看擇之事云」であり、風水条件の核心内容である。これまでの先行研究者らが「元無」を「元々〜はない」と訳し、ほとんどが「およそ胎峯は、山の頂上を使うのが典礼であり、来脈や左青龍右白虎や案山は見ないのが原則だと言います」と誤訳していた。つまり「来脈がなく、龍虎が向き合う場所」、「来脈がなく左青龍・右白虎・案山が向き合う場所もあってはいけない」、「来脈や左青龍・右白虎・案山は重視しない」とし、風水論理と背馳する説を主張していた。しかし、閔丙三（二〇二一、「醴泉地域胎室の風水的特徴―文宗・莊祖・廢妃尹氏・文孝世子・五美峰胎室を中心に―」『醴泉の胎室と朝鮮時代の胎室文化』民俗苑一三〇〜一三三頁）が、「元無」の「元」は「元武」であり、現在の「玄武」であるということを明らかにし、風水論理に相応しい正しい翻訳（凡胎峯例用於山頂・元無・來脉龍虎案對看擇之事云）を完成させた。これは胎峯の立地条件として父母山はあるが玄武はなく、来龍がへその緒のように長く続いて降りてきて、結咽束気、飛龍昇天し、来脈が天へ立ち上る穴場を作る現象を正確に説明したのである。

6　『胎峯謄録』顕宗朝 壬寅（一六六二・顕宗三）二月初一日。

7 『胎峯謄録』顕宗朝 壬寅（一六六二・顕宗三）八月初四日。

8 『顕宗改修実録』顕宗一一年（一六七〇）三月一九日（丙子）安胎使閔點啓曰：「兩公主安胎時　民田若干入於禁標之内自今年廢耕。請以官屯田償給。「上從之。安胎之制不見於古禮而国制必擇野中圓峰蔵胎於其上謂之胎峰封植禁耕柴如園陵之制。自上躬以至王子、公主・皆有胎峰。国俗之弊・識者病之。

9 『胎峯謄録』英宗朝 辛亥（一七三一・英祖七）三月二七日。

10 『元子阿只氏安胎謄録』（一七八三）。

11 『正宗大王胎室加封儀軌（正宗大王胎室石欄干造排儀軌）』（一七八六～一八〇一）。

12 沈賢容　二〇一五「朝鮮時代胎室の立地に対する再検討」『大丘史学』一一八（大丘史学会）。

13 王嶽が著述した『王嶽産書』に記録された蔵胎衣法は、世宗一六年（一四三四）内医院で盧重礼（?～一四五二）が編纂した『胎産要録』（一四三四）下巻の蔵胞衣法に引用される。「『王嶽産書』に胎盤を埋納する方法については、まず、胎盤を清水で洗い、なお清酒で洗った後、銅銭一枚を文様を上向きにして胎盤の中に入れる。新しく作った沙器壺の中に納めて、絹でその壺口を密封して静かな場所に置く。満三ヵ月を待ち、採光がよく、高く、静かな吉地のところに三尺ほどの土を掘り、壺を納めて、壺の上に一尺七寸ほどの土を押し固める。こうすることによって子供が長生きし智慧深くなるとした。

14 『文宗実録』文宗 卽位年（一四五〇）九月八日（己酉）。

15 『高麗史』（一四五一）巻七三 志二七「選挙一 科目一」仁宗一四年（一一三六）一一月。

16 沈賢容　二〇一五「高麗時代胎室に関する考古学的試論」『江原史学』二七、江原史学会。

17 『高麗史』（一四五一）巻七四志二八　選挙二学校国学。

18 『高麗史』（一四五一）巻七三志二七 選挙一科目一 光宗九年（九五八）五月。

19 『祖堂集』（九五二）巻一七雪嶽陳田寺圓寂禪師。

20 「眞人」と判読（崔鉛植 二〇一一「無爲寺 先覺大師碑」『韓国金石文集成（一九）—高麗三 碑文三（解說篇）—』韓国国学振興院・青溟文化財團 二五頁）することもあるが、毀損がひどく判読が困難である。

21 「高麗国故無爲岬寺先覺大師遍光靈塔碑銘」（九二一）。

22 『新增東国輿地勝覽』（一五三〇）巻一二長湍都護府 山川。「五冠山 在府西三十里 山頂有五小峯 團圓如冠 因名」丁若鏞（一七六二〜一八三六）『與猶堂全書』（一九三四〜一九三八）第六集 地理集 第八巻 ○大東水経（一八一四）／大東水経 其四 浿水三。
「五冠山 在京畿長湍府西三十里 山頂有五峯 團圓如冠故名」。

23 宋初『太平御覧』（九八三）巻七二二 方術部三、医二には「張仲景（一五〇〜二一九）『方序』にいわく、衛汜は医術に興味があり、幼い頃から仲景を師匠としたが才能と識見があった。『四逆三部厥経』『婦人胎蔵経』『小兒顱囟方』三巻などを著述したがいずれも世に施された【張仲景 方序曰 衛汜好醫術少師仲景 有才識 撰 四逆三部厥経 及 婦人胎蔵経 小兒顱囟方 三巻 皆行于世】という記録がある。ここにある『婦人胎蔵経』からみて後漢末の二・三世紀の『胎蔵経』の意味が取れる資料である。また、仁宗一四年（一一三六）科擧試驗科目として『胎蔵経』が採択されることから、その時点にはすでに伝来されていたことがわかる（沈賢容 二〇一五「朝鮮時代胎室に関する考古学的研究」江原大学博士学位論文、八一頁、沈賢容 二〇一六『韓国胎室研究』景仁文化社、一六六〜一六七頁）そして、一行の『六安胎法』は『胎蔵経』を意味し一行が著述した『胎蔵経』は後漢代衛汜が『婦人胎蔵経』より持ってきたこととみられる（閔丙三 二〇一六「胎室の風水的生命思想研究」『嶺南学』三一、慶北大学校 嶺南文化研究院、二五九頁）。

24 朝鮮総督府「朝鮮総督府 新羅王女 胎碑調査報告書」（一九一七年 一二月 四日）。

25 胎室の石函（以下、胎函と称する、図2—5・6、3—4）は、胎壺を保護するための石室である。胎函は下部の胴体である函身と上部の蓋で構成される。函蓋の内側は浅く掘り壺の空間を確報した。函身は円筒形が多く胎壺と胎誌石を埋葬するために内部に平面方形や円形または上方下円形の龕室を造成し、その底に細い穴を貫通させてあるのが多い。穴がない場合もある。

26 胎壺（図3—1・2）は、胎を収める壺である。胎壺は小型の内壺と内壺を入れた外壺に分けられまた各胴体と蓋に構成される。まず、内壺の底の真ん中に銘文がある面を上向きにした銅銭（図3—①）を一枚入れる。そして胎を綺麗に洗いその上に入れて、壺の口は油紙と藍絹で塞ぎ、赤い紐で縛ってふたをする。外壺は、中に綿を敷き、内壺を入れる。そして、外壺と内壺の間の隙間を綿で充填して動かないようにするが、綿を外壺の口縁のすぐ下まで至ると上端を整えて紙（草注紙）で蓋をする。また綿で厚く紙の上を覆い飴（甘糖）で入口を密封して蓋をする。そして赤紐で外壺の四つの耳と蓋にある四つの穴を貫通させ、互いに結び固定する。最後に外壺の蓋に紅牌を吊るす。このような一般的な胎壺の構成方法（図3—2）がある一方、星州禅石山の胎室のように、外壺の中に鉢を置きその中に胎を入れた壺を入れた後、再び鉢で壺を閉じた例もある。

27 胎誌石（図3—3）には、胎主の生年日時と蔵胎の日時が記録される。黒・青・白の石で作られ、平面形態は長方形または方形をし、表面は滑らかに整えた。胎誌石には胎主の身分や児名、生年日時、蔵胎日時などが縦に陰刻される。表面のみまたは表と裏まで文字が陰刻される。陰刻の上にさらに朱漆や白漆をかけることも確認できる。

28　土壙を埋め固める際は、黄土・砂・灰を混ぜた三物を用いる。風水で明堂の土は、きな粉のようにきめ細かいシルキーな黄土があることを最高の吉地とされる。陰陽五行説によると、黄色は中央を表し、民間で赤色は悪鬼を退け予防する呪術的・壁邪的意味を含む。このような理由から胎室で赤色や黄色が使われた。

29　封土を造成するにおいても星州禅石山の胎室（図2—3・5）は一般的な阿只胎室とは異なり中央に胎石を設置される。また、ソウルの月山大君の胎室は、地上に函蓋と函身の上部を露出させ、中央胎石のように見えるようにしましたが、これは阿只胎室の形式が定立されていく過渡期の現象と考えられる。

30　阿只胎室碑（以下阿只碑図3—5）は、胎主と蔵胎時期および建立時期を知らせるもので、素材は石製、構成は碑台と碑身および碑首に区分される。碑身には胎主の身分、児名、生没年、蔵胎日時などが陰刻で刻まれる。これらはまた前面に胎主の生没年と蔵胎日時が記録されるものと前面に胎主の生没年、裏面に立碑日を記録する二種類に分けられる。

31　『文宗実録』文宗一年（一四五一）三月六日（乙巳）には、端宗が東宮に居る時の胎室の四方境界は、東と南を各九六〇〇歩、西を九、五九〇歩、北を四七〇〇歩と定め標式を建てたもので、『宣祖実録』宣祖三五年年（一六〇二）六月二五日（乙卯）には元子・元孫は一等、大君・公主は二等、王子・翁主は三等に区分した。また『胎峯謄録』（一六四三〜一七四〇）の序文には天啓 五年 甲子（一六二四）大君胎峯謄録に、大王 一等 胎峯は 三〇〇歩、大君 二等 胎峯 は二〇〇歩、王子 三等 胎峯 は一 〇〇歩とし、『大典会通』（一八六五）巻三 礼典 雑令には、大王胎室は三〇〇歩、大君胎室は二〇〇歩、王子胎室は一〇〇歩と定めていることがわかる。従って、禁標区域は朝鮮の初期にはが一定ではなく、後のある時期に大王・元子・元孫は三〇〇歩、大君・公主は二〇〇歩、王子・翁主は一〇〇歩に定められる。

32 『胎峯謄録』粛宗朝癸巳（一七一三、粛宗三九）閏五月初五日。

33 燕山君の胎室はこれまで発見されていなかったが『新増東国輿地勝覧』（一五三〇）第六　廣州牧山川（梨嶺 在州南三十里 安今上御胎）から確認され京畿道廣州市木峴洞六九七、六九七―八、六九七―一一番地の山一帯と推定されている。（金鍾憲・沈賢容　二〇一二「廣州市 木峴洞 胎峯」『京畿道 胎峰 胎室』京畿文化財研究院一七〇～一七一頁）。

34 裳石と磚石（図4―3・図5―3）は、加封胎室の底に放斜形で敷く石である。裳石は中央胎石の周辺の内側に敷き、裳石は裳石の外郭の外側に敷くものである。これらの組み立てが完成したらその平面図は八角形である。裳石はその位置によって隅裳石と面裳石に分けられ、磚石も隅磚石と面磚石に区分される。

35 四方石・中童石・蓋簷石すべてを合わせた名称が史料にはないため、筆者が中央胎石（図4・5―②）と命名した。中央胎石は加封胎室の真ん中に位置し、地下にある胎函の上部に飾られる。すべて石で作る。四方石は地台石の役割で、八角形と方形がある。中童石は身石の役割をするもので、円筒形、偏球形、楕円形、または八角形がある。蓋簷石は屋根の役割をする石で、円形、六角形、八角形があり、上部の頂上に露盤と覆鉢を模倣した形や宝珠を装飾して相輪部を成す。

36 欄干石（図4・図5―4）は柱石・童子石・竹石で構成される。柱石は隅磚石の外側上面の溝に差し込んで立てる柱で、上部は蓮峰型の宝珠があり、柱の左右には竹石を支える台がある。童子石は柱石と柱石の間の面裳石に立てて竹石を支える役割をする。竹石は柱石と柱石の間を横にまたがる欄干で、断面八角形の長い棒状である。

37　加封胎室碑（以下、加封碑、図4・図5―1）は加封胎室の胎主と建立時期が書かれた標石である。加封碑は石造であり、龜趺碑、碑身および螭首で構成される。

38　沈賢容　二〇二一「朝鮮時代胎室研究の現況と課題」『京畿道 胎峯・胎室価値の再発見』京畿文化財研究院　三六～三九頁。

39　釋智賢　一九七九『密教』（玄岩社　二〇〇～二〇四頁）。金栄振　一九九四「忠州景宗胎室小巧―変作と復元を中心に―」『清州大学校 博物館報』七（清州大学校博物館、一四頁）。

40　許愼（五八～一四七）『説文解字』（一〇〇～一二一）巻一 王部。王、天下所歸往也。董仲舒曰「古之造文者、三畫而連其中謂之王。三者、天地、人也 而參通之者王也。」、孔子曰「一貫三爲王。凡王之属皆從王。」。

41　林永周『韓国の傳統文様』大圓社　二〇一三）。

42　『三国史記』（一一四五）巻四一、列傳一、金庾信上。

朝鮮王室凶礼における明器・服玩について

李　芝賢

はじめに

朝鮮王朝は、仏教国家であった高麗と理念的差別性を持つために統治理念として儒教を採択し、国初から冠婚葬祭の礼制の整備に励んだ。『経国大典』のような法典の編纂とほぼ同時に、高麗末に導入された朱子『家礼』の吉礼・嘉礼・賓礼・軍礼・凶礼の五礼を参考にして『国朝五礼儀』『国朝続五礼儀』といった国家典礼書の編纂が成し遂げられた。五礼の礼制は国家を維持・統治するため、法律と同等の役割を持ち、法律ほどの統制力と強制力を持つ実践的規例である。

凶礼においては、王室と士大夫、王室の中でも身分によって国葬・礼葬の礼制の範囲が分けられ、墓所も陵・園・墓が区別され、副葬品の内容にも相違があった。国葬において壙中に埋納されたものとしては、諡冊・諡宝・贈玉・誌石・明器・服玩などがある。本稿では明器、服玩を中心に、国家典礼書の該当条項の儀礼や製作、副葬節次、安置方式について確認する。また、国葬儀式の事後総報告書ともいえる記録である『国葬都鑑儀軌』

二房儀軌の中で、主に明器秩を中心に考察し、明器の種類と規模・変遷などについても触れる。最後にいくつかの陵墓遺跡の明器出土例から、朝鮮王朝の副葬品は如何なるものであったかについて紹介する。

一　国家典礼書における副葬品規定

（一）　国家典礼書中の明器と服玩の性格

朝鮮朝の五礼は『世宗実録』[①]「五礼」（一四五一年）の編纂によってその基礎が築かれた。成宗五年（一四七四年）には『国朝五礼序例』と『国朝五礼儀』（一四七四年）が編纂され、『国朝五礼儀』は『世宗実録』「五礼」よりも国家典礼書としての面貌を備え、朝鮮王朝の数百年間国家典礼の経典となった。

五礼の中で特に喪礼は、非常に複雑で変例が多発したため多くの論争が呼び起こされたが、このような変則を解決するための特別法として「受教」[②]が継続して下ることになった。[③]英祖代に至ってからは多くの国喪が発生したこともきっかけとなり、喪礼における整備の必要性が提起された。英祖はこれまでの修交などを反映して、一七五二年（英祖二八）と一七五八年（英祖三四）の二度にわたって『国朝喪礼補編』を改めて編纂した。[④]つまり『世宗実録』「五礼」、『国朝五礼儀』『国朝喪礼補編』は、朝鮮王朝の主たる国家典礼書と言える。表1では、こちらの三つの典礼書に示されている明器、服玩条の内容をまとめた。後期になるにつれ、古礼の上に朝鮮に合わせた礼制を調整していく流れが読み取れる。

一方、明器の他に、壙中に一緒に副葬されるものとして服玩がある。これは衣服および装身具類として冕圭・冕・衣・裳・帯・中単・佩玉などがある。『国朝五礼儀序例』では、服玩の物品は生前に使用するものの半分の大きさで作り、ある時は生前に使用したものを入れることもある」という。(5)『国朝五礼序例』では、「受教によって平素着ていたものを使う。その他、新しく作るものは普段の制度の二割の大きさにする」とある。贈玉・贈帛は服玩に含まれていたが『国葬都鑑儀軌』では、諡冊・諡宝・哀冊・贈玉・贈帛は明器、服玩とは別途の機関で製作が担当された。(6)

『世宗実録』「五礼」と『国朝五礼序例』は、朱子『家礼』や『礼記』の古礼を根拠に、いくつかの国喪から得た経験を踏まえ、諸侯礼に合わせながら作成された。(7) いずれも「明器は神明のことである」という『礼記』檀弓編の箇所を引用するが、ここに明器という副葬品がどういったものなのかが現れている。『礼記』檀弓上では、「孔子曰く、死に之て之を死せりとするを致すは、不仁にして為すべからざるなり。死に之て之を生けりとするを致すのは、不知にして為すべからざるなり。この故に竹は用をなさず、瓦は味をなさず、木は斲(たく)を成さず、琴瑟(きんしつ)は張れども平かならず、竽笙(うしょう)は備ふれど和せず、鐘磬(しょうけい)有れども簨簴(しゅんきょ)無し。其の明器と曰ふは、之を神明にするなり。(8)」と述べられている。すなわち、過不及無く敬を尽くすのが最良の手段となるというこ

表1　朝鮮国家典礼書における明器・服玩についての記述（原文の引用にあたっては、正字をそのまま用いた。以下も同様である。）

典拠	掲載箇所	明器	服玩
『世宗実録』「五礼」巻一三五（一四五一年）	凶礼儀式 遷奠儀	明器【明器、神明之也。象似平時而作、麤惡而小耳。】	服玩贈帛【玄六纁四、各長十八尺、尺用造礼器尺、玉圭同。】
『国朝五礼儀序礼』（一四七四年）	巻之五 凶礼 「明器図説」 「服玩図説」	明器、象似生時而作但麤惡而小耳。其曰明器、神明是也。其圖形、見於吉礼及嘉礼・軍礼者、或易知者、今皆略之。其說著于後。○尺用周尺。○內喪則無羽・籥・干・戚・楯・戈・甲・冑・弓・矢・笮器。	體制半於平時。其圖形見於吉礼者 或易知者今皆略之。其說著于後。○衣襨用布帛尺、木器用周尺。
『国朝喪礼補編』巻四（一七五二・一七五八年）	受教分類上 治葬	傳曰、治葬諸具條…明器・櫃函・制度、一切從小、載錄。…明器・楽器・服玩、大喪從大喪、小喪從小喪、而昨冬今春、特命減除者、勿論大・小喪、編輯時、勿錄。	服玩用平日所御者。外新造者、用常制五分之一。○冕服諸具、已見於大斂條。珮見小斂條。圖說竝略之。只於制樣之稍異者、錄識之。

とである。つまり、生前に使っていた物を埋納する一般的な副葬品は明器の位相とは異なるもので、死者のために備えられた、粗悪で小さく作られた器物を明器と呼ぶ。

（二）国家典礼書の副葬品規定

『世宗実録』「五礼」は、「序礼」と「儀式」で構成されている。[9]「凶礼序礼」には喪服・明器・服玩・車輿・吉儀仗・凶儀仗・執事官の項目があり、各名称・図解・材料などについて註釈が添えられている。このうち喪服、車輿、吉仗・凶仗は、出棺や喪礼儀式を行うにあたって必要なものである。それらは儀式が終われば廃棄または焼却、借りたものは貸し手に返却するものであり、[10]壙中に入れられるのは明器と服玩であった。

『世宗実録』「五礼」の明器は、材質別では磁器・瓦器・漆器・沙器に分けられ、種類別では食器・楽器・武器・木奴婢に大きく大別される。その中で最も多い器種を占めるのは壺、匙楪といった日常器皿と祭器類であり、約三〇種類の品物が詳細な図解と共に註釈され、材質・形態などが示されている。

『国朝五礼序例』の明器図説には各項目の名称、材質に加えて、数量及び法量・容器の種類と量までが註釈に追加され、内容がさらに詳細になり、

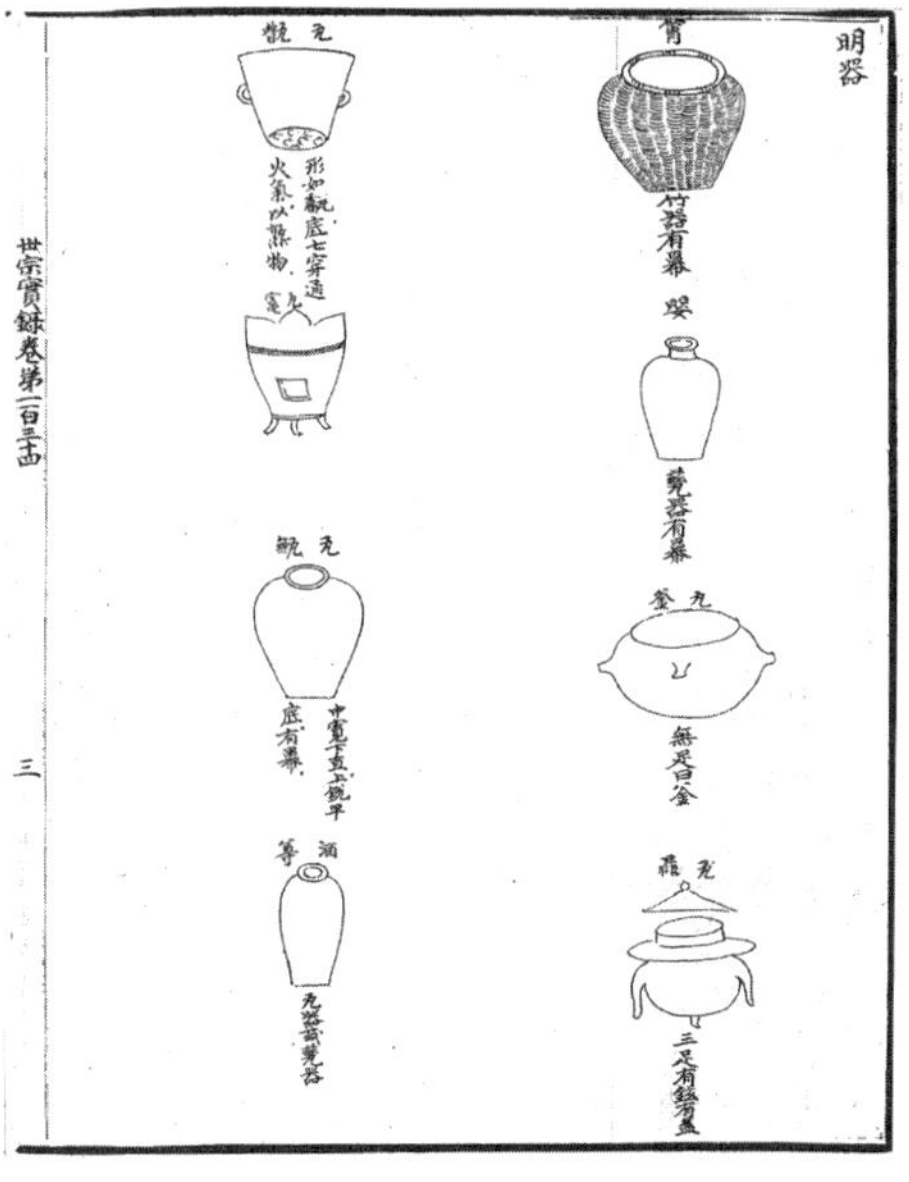

図1『世宗実録』「五礼序礼」明器条

器物の種類も七五種に達している。

一方、『国朝喪礼補編』での明器に関する言及は、「受教」の部分の治葬条にある。そこでは「治葬諸具を減らすようにする。昨冬と今年の春に特別に減除を命じたことは、大・小喪を選ばず編集する際に収録しないこと」という受教があった。「昨冬に命じたこと」については、英祖二七年（一七五一）に木人と楽人の使用を禁止し、すべての人の形状を模したものを永遠に除去するようにという記録であろう。[11] また、同一二月には、瓦器、籩・豆以外は意味がないとし、木奴婢類と服玩の数量もそれぞれ削減され、受教にも記録するように命じている。[12]

補編にはこれ以上の品目の提示はないが、『国朝喪礼補編』が編纂された時期以降の国葬都鑑儀軌史料に現れる明器の器種と数量は格段に減っている。一七五二年本が刊行された後となる貞聖王后国葬では、初めて明器の種類が七〇個から六五個に、三〇〇個に至る数量は一六一個へと半分に減り、主に国王と王后の喪礼が整備された一七五八年本が頒布された後、英祖自身の国葬における明器の数は、三八種七〇個となった。最も多かった粛宗の国葬では八三種三四〇個であったことと比べると、種類は半分に減り、数は五分の一ほどとなっている（表4参照）。

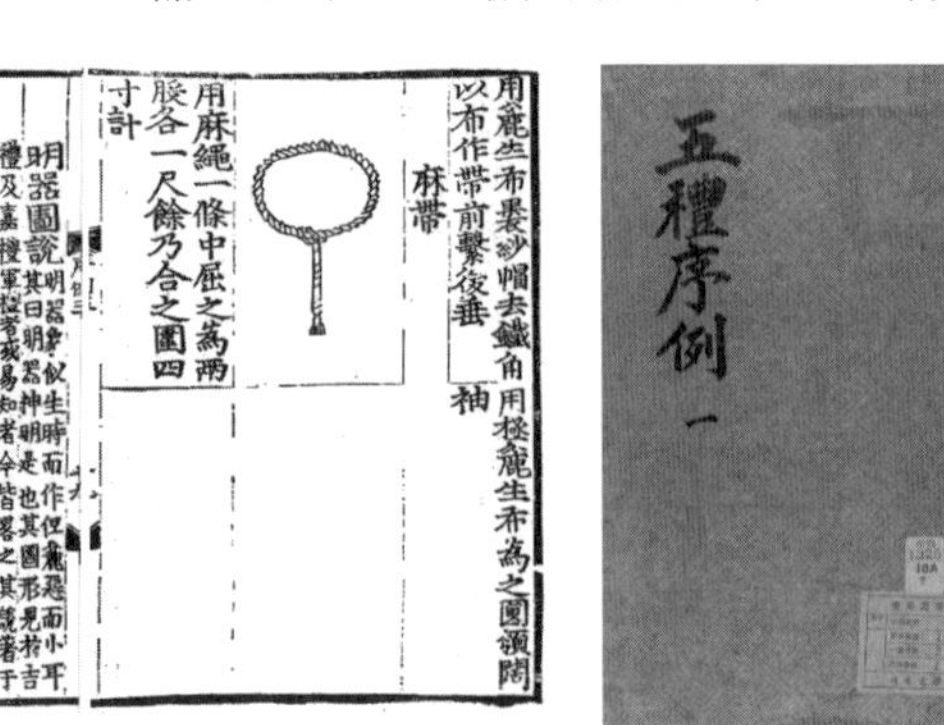

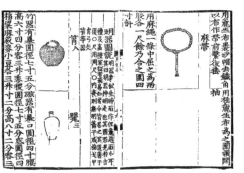

図2『国朝五礼儀序礼』表紙と内容

表2　国家典礼書に見られる明器・服玩の品目と数量

書名	掲載箇所	明器品目／註釈	服玩品目／註釈
『世宗実録』「五礼」巻一二八	凶礼序礼 明器・服玩	筲 竹器有冪。罌甆器有冪。瓦釜 無足曰釜。瓦鼎 三足有鉉有蓋。瓦甑 形如甗七穿通火氣以熟物 瓦竈。瓦甒。酒尊 瓦器或甆器。酒瓶 甆器。匏勺。盞甆器有臺。香爐甆器兩耳有蓋。香合 以木爲之黑漆。几。杖 黑漆。食案 黑漆。飯鉢甆器有蓋。匙楪甆器。羹楪 甆器。饌楪 甆器。炙楪 甆器。蔬菜脯醢楪甆器。食托以木爲之 黑漆。匙以木爲之。匙以木爲之。盥盤以木爲之 匜以木爲之 汲水器也。唾盂 以木爲之 有蓋黑漆。瓶 以木爲之黑漆。溲器 以木爲之 有蓋黑漆。	苔衣 用白細苧布連三幅袷造。手巾 用白細苧布。鏡 鑄以銅以紫綃爲帶。梳函 以木爲質 施螺鈿而漆以紅綾塗其內。土藤箱 用紅白皮竹相間製進以鹿皮裹其邊黑漆。竿子 横竿 別用木刻龍頭 冒於兩端。柱二皆有趺 竝朱漆。
『国朝五礼儀』序礼 巻之五	凶礼条「明器図説」「服玩図説」	筲八。竹器有冪。圓徑七寸五分、高六寸四分容三升。黍・稷・稻・梁・麻・菽・麥・小豆各三升。罌三。磁器有冪。口圓徑四寸 腰圓徑七寸五分 底圓徑 四寸二分 高八寸二分 容三升。醯三升 醢三升 薑屑一升五合 桂屑一升五合。瓦甒二。中寛下直 上鋭有冪。口圓徑三寸四分 高八寸 腰圓徑七寸五分 底圓徑五寸五分 容三升。醴三升 酒三升。瓢勺三圓徑二寸五分 長幷柄六寸。瓦釜二瓦鼎十二瓦甑一瓦竈一 名風爐。酒尊四磁器。酒瓶一磁器。盞三磁器 有臺。香爐一 磁器。香合一 以木爲之黑漆。几一以木爲之朱漆。杖一以木爲之黑漆。食卓一以木爲之黑漆。飯鉢一磁器。匙楪一磁器。羹鉢一磁器。饌楪九磁器。炙楪一磁器。蔬菜・脯・醢楪十二磁器。食托一以木爲之黑漆。筯一以木爲之黑漆。匙一以木爲之。黑漆。盥盤一以木爲之。黑漆。盥匜一以木爲之黑漆。唾盂一以木爲之黑漆。溷瓶一以木爲之黑漆。溲器一以木爲之黑漆爵一磁器。簠二磁器。簋二磁器。籩十二豆十二木奴婢各五十加彩飾。木散馬・木鞍馬各二加彩飾。蓋一以紅綃爲之竹柄。瓦鍾十六瓦磬十六瓦特鍾一瓦特磬一瓦壎一瓦方響十六綃一管一唐笛一籥一羽一以雉尾爲之有竿。洞簫一唐觱篥一鄕觱篥一大笒一唐琵琶一鄕琵琶一玄琴一伽耶琴一拍一笙一竽一和一琴一瑟一大箏一牙箏一節鼓一杖鼓一干一朱漆黑畫。戚一柄黑漆刃白漆。柷一敔一木工人三十三歌人八加彩飾。楯一朱漆黑畫。戈一柄黑漆刃白漆。甲一九續用紙。冑一彤弓一彤矢八笮一。	苔衣一用白細紵布。長一尺五寸 連三幅袷袷造。有纓。草綠羅頂子方三寸。竿子一横竿別用木刻龍頭、於兩端。柱二有趺朱漆。長龍頭幷一尺四寸高一尺。手巾一 用白細苧布。鏡一鑄以銅用紫綃爲帶 朱漆匣臺具。梳函 以木爲質施螺鈿而漆。以紅綾塗其內。眞木梳各二具。藤箱一用紅白皮竹 相間制造 以鹿皮裹 其邊 黑漆。冕冠 裏皂毛羅 覆板外皂羅內紅羅 前後各九旒 旒各九玉 五色珠相間。圭用碧玉。囊用青紵絲 裏纁綃。衣用青綃。畫龍・火・山・華蟲・宗彝五章。裳用紅綃。繡藻・粉・米・黼黻四章。中單用白綃。繡黼領 青綠袖欄。蔽膝用紅綃。繡藻・粉・米・黼黻四章。佩玉粧花線。綬內外紅綃。大帶表裏白羅 紅綠緣。赤舃用紅紵絲。紅襪用紅綃。〇內喪無冕服 有首飾一 紅綾裌長衫一 粉紅紵絲繡甫老一 紅紵絲衣一 藍羅裳一 白綾裌襪裙一 青羅帶一 白襪一 青履一手衣一 副同靴一 溫鞋一 高飛籠一 脂粉筒一 木簪一。贈玉一段 長尺二寸 廣三寸 厚三寸。　用碧玉 裏以紅綃巾。匣及鏁鑰具 匣用木爲之而朱其色。贈帛玄六 纁四各長十八尺。用造禮器尺。　上玉圭同。

（三）法量について

明器・服玩は、朱子『家礼』と同様に平時より小さく作るとの定めがある。磁器や木器は周尺を用いるが、周尺は朱子『家礼』の基準尺で朝鮮でも礼制の基準尺となった。朝鮮初期の度量衡は高麗時代の基準を継承しているため、一四四四年（世宗二六）に制定された工法で適用された周尺は二〇・七九五㎝に当たる。[13] 表は「五礼」の吉礼の祭器と『国葬都鑑儀軌』の明器の法量を比較したものである。これを見ると、明器は祭器の約二・三割程度に縮小されていることがわかる（表3）。例えば、一尺は一〇寸なので、明器籩の大きさは高さ約五・五㎝程度になる。

表3　祭器と明器の法量比較表（単位：周尺）

出典＼種類	籩	豆	簠	簋
『五礼儀』祭器図説	口径四寸九分 高五寸九分	口径四寸九分 高五寸九分	口径四寸九分 高五寸九分	総高六寸七分 深さ二寸八分
『国葬都鑑儀軌』明器秩	口円径一寸六分 通足高二寸	口円径一寸六分 通足高二寸五分	口円径一寸六分 通足高二寸五分	口円径二寸五分 腹円径二寸七分 通足高三寸

二　国葬都鑑儀軌から見る王室副葬品

（一）国葬都鑑儀軌の明器・服玩の種類と数量

朝鮮王室の喪礼の有様を知らしめる記録として『国葬都鑑儀軌』が挙げられる。『国葬都鑑儀軌』[14]は儀式を行うために用いられた人的、物的資源の詳細な記録で、実際の行用を窺える記録として意味がある。国葬は王と王妃の喪礼のことで、[15]王が崩御すると、賓殿魂殿都鑑・国葬都鑑・山陵都鑑の凶礼三都鑑が設置される。[16]

発引から梓宮を山陵に安置した後、位牌を宗廟に祀り終了となるまで、この過程におよそ二七ヶ月がかかり、七〇段階を超える節次を踏まなければならない。これらの一切の準備と移行を各都鑑で分担し、その記録を図解と共に整理してまとめた。

国葬都鑑は、本房所掌の下に一房・二房・三房などがあり、各房の儀軌には、各房の所掌内容と諸員名簿、往復文書や所掌物の製作に関する数量・所用物資・規格・所用物資の所入・用還・稟目・工匠具など詳細な細目が記載されている。一房では喪輿をはじめとする硯・方相氏などの品物製作を担当し、二房では、吉儀仗・凶儀仗・服玩・明器などの製作を、三房は諡冊・諡宝・哀冊・贈玉などの製作を担当した[17]。

本章では『国葬都鑑儀軌』を通して明器と服玩の規礼とその実践的様相をみていく。表4は、現存する『国葬都鑑儀軌』を年度順に並べ、そこに記録された明器の器種と数量を整理したものである。

概ね一七世紀までの明器の種類は約七〇～八三種、数量は三〇〇～三四〇個に達する。内喪の場合は、役器が除外されるため器種と数が多少減るが、光海君朝（一六〇八～一六二三）から英祖年間（一七二四～一七七六）に至るまでは、ある程度変化なく続いており、英祖年間に入る直前の一七二〇年に行われた粛宗と景宗の国葬で最も大量の明器が製作された。なぜなら、前述のように一七五二年、一七五八年に『国朝喪礼補編』が編纂されたことで、朝鮮喪礼は実情に合わせて規礼を改めたからである。一七七六年英祖の国葬からは国朝喪礼補編の儀礼が完全に定着したことが窺える。

国初の典礼書に従い、明器の数量が最も多かった粛宗の国葬の際の儀軌記録から明器の所入物を把握することができる。（表5）明器は材質別に脊・沙器・楽器・木奴婢類に分類される。沙器類は磁器と瓦器に分けられ、磁器は白磁で司饔院[18]から進排し、瓦器は工曹[19]から進排されるなど、器物別に各所で製作・進排された[20]。

木器は楸木・山柚子木・梧桐木や栗木を各目的に合わせて使い分ける[21]。籩・脊・彤弓・彤矢は竹・海長竹を、

表4　朝鮮王朝の『国葬都鑑儀軌』内　明器の器種・数量

編纂年度	書名	冊数	性別	器種	数量	ソウル大学奎章閣 No.
1608年(光海君即位)	[宣祖大王]国葬都監都庁儀軌	1-4冊	王	75	338	奎13551
1649年（孝宗即位）	[仁祖]国葬都監儀軌	1-4冊	王	82	337	奎13516
1659年（顕宗即位）	[孝宗]国葬都監都庁儀軌	1-4冊	王	82	337	奎13527
1674年（粛宗即位）	[顕宗]国葬都監都庁儀軌	1-4冊	王	82	337	奎13539
1674年（粛宗即位）	[仁宣王后]国葬都監都庁儀軌	3巻3冊	王后	71	324	奎13534
1681年（粛宗7）	[仁敬王后]国葬都監都庁儀軌	1-5冊	王后	71	324	奎13553
1684年（粛宗1）	[明聖皇后]国葬都監儀軌	1-5冊	王后	71	324	奎13879
1688年（粛宗14）	[仁祖荘烈后]国葬都監都庁儀軌	1冊	王后	71	324	奎14867
1720年（景宗即位）	[粛宗]国葬都監都庁儀軌	1-2冊	王	83	340	奎13548
1724年（英祖即位）	[景宗]国葬都監儀軌	1-2冊	王	82	341	奎13566
1730年（英祖6）	[宣懿王后]国葬都監儀軌	1-2冊	王后	70	300	奎13579
1757年（英祖33）	[貞聖王后]国葬都監儀軌	1-2冊	王后	65	161	奎13589
1776年（正祖即位）	[英祖]国葬都監都庁儀軌	1-2冊	王	38	73	奎13581
1800年（純祖即位）	[正宗大王]国葬都監儀軌	1-4冊	王	38	73	奎13634
1805年（純祖5）	[貞純王后]国葬都監儀軌	1-4冊	王后	31	55	奎13593
1821年（純祖21）	[孝懿王后]国葬都監儀軌	1-4冊	王后	32	60	奎13648
1834年（憲宗即位）	[純祖大王]国葬都監儀軌	1-4冊	王	38	66	奎13668
1843年（憲宗9）	[孝顕王后]国葬都監儀軌	1-4冊	王后	32	60	奎13803
1849年（哲宗即位）	[憲宗大王]国葬都監儀軌	1-4冊	王	38	73	奎13784
1857年（哲宗8）	[純元王后]国葬都監儀軌	1-4冊	王后	32	61	奎13684
1863年（高宗即位）	[哲宗大王]国葬都監儀軌	1-4冊	王	38	73	奎13843
1878年（高宗15）	[哲仁王后]国葬都監儀軌	1-4冊	王后	32	61	奎13859
1890年（高宗27）	[神貞王后]国葬都監儀軌	1-4冊	王后	32	61	奎13736
1903年（光武7）	[孝定王后]国葬都監儀軌	1-4冊	王后	32	61	奎13814
1904年（光武8）	[純明王后]国葬都監儀軌	1-4冊	王后	32	61	奎13900

表5　粛宗国葬都鑑儀軌に見られる明器の所入物と槓・材質・進排処

槓名称	槓の法量 用禮器尺	所入物	進排処／材質（制作）	備考
筲槓一	長二尺四分／廣二尺一寸七分／高七寸五分	筲八 罌三 甒二	海長竹／磁器／瓦器	筲‐八種の穀物、罌‐鹿醢・醓醢、甒‐醴酒をよそる
沙器筲一	長一尺八／廣一尺六寸／高四寸五分／竝以魚膠付接長一	酒尊四 酒瓶一 盞臺具三 香爐一 飯鉢里一 匙貼一 羹鉢一 饌貼九 灸貼一 蔬菜脯醢貼十二 爵一 簠二 簋二 瓦竈一 瓦甑一 瓦釜二 瓦鼎十二	司饔院／工曹（燔造）	
木奴婢槓	尺九寸四分／廣一尺二寸五分／高五寸五分	木奴五十 木婢五十 木鞍馬二匹 木散馬二疋		長三寸五分
楽器槓一	長一尺八寸四分／廣一尺二寸五分／高一尺	瓦鍾一 瓦磬一 瓦特鍾一 瓦方響一 瓦特磬一 瑟一 琴一 玄琴一 伽倻琴一 大箏一 牙箏一 唐琵琶一 鄉琵琶一 笙一 和一 竽大琴一 唐笛一 籥一 瓦壎一 洞簫一 鄉觱篥一 唐觱篥一 祝一 敔一 管一 節鼓一 杖鼓一 拍一 甲一 冑一 彤弓一 彤矢八 笮一 羽一 干一 戚一 楯一 戈一 篪一 小蓋一 木工人三十三 木歌人八	瓦器／細細烏竹／山柚子木／梧桐木／椵木、椵版（造作）	
木器槓一	長一尺七寸三分／廣一尺二寸八分／高四寸五分	瓢勺三 香盒一 几一 杖一 食托一 匙一 食卓一 盥盤一 盥盤一 唾盂一 溷瓶一 溲器一 筋一 豆十二 籩十二	楸木／山柚子木／海長竹	黒漆／朱漆

管・唐笛・篪、笙・竿は細烏竹・細細烏竹製作された。木器の中で豆、香盒と役器の彤弓と弓矢・笮・楽器器の琴・瑟・笙などには黒漆、朱漆、白漆・倭朱漆が使われ楽器の装飾には螺鈿が施された例もある。材質とともに焼成・造作・磨造・編結・鋳造などの製作方法についても記録されている。

筲は、竹器で高さ八寸の立壺の形をしており、口縁には黒真漆をして八個を準備する。筲と罌の中には、黍・稷・稲・粟・麻子・菽・小豆・麦を各三升ずつ八種類の穀物をよそう。罌は白磁で高さ七寸の立壺の形をしており、鹿醢と醓醢を各三升、姜桂粉を入れるとされている。冪は口縁を覆う蓋で、細苧布で作るが、表は黒く、裏は纁色とされている。

英祖の国葬都鑑儀軌以降から朝鮮後期にかけては、器物の図解も行間を利用して忠実に掲載され、これを通じて各種の器物の様相が窺える。

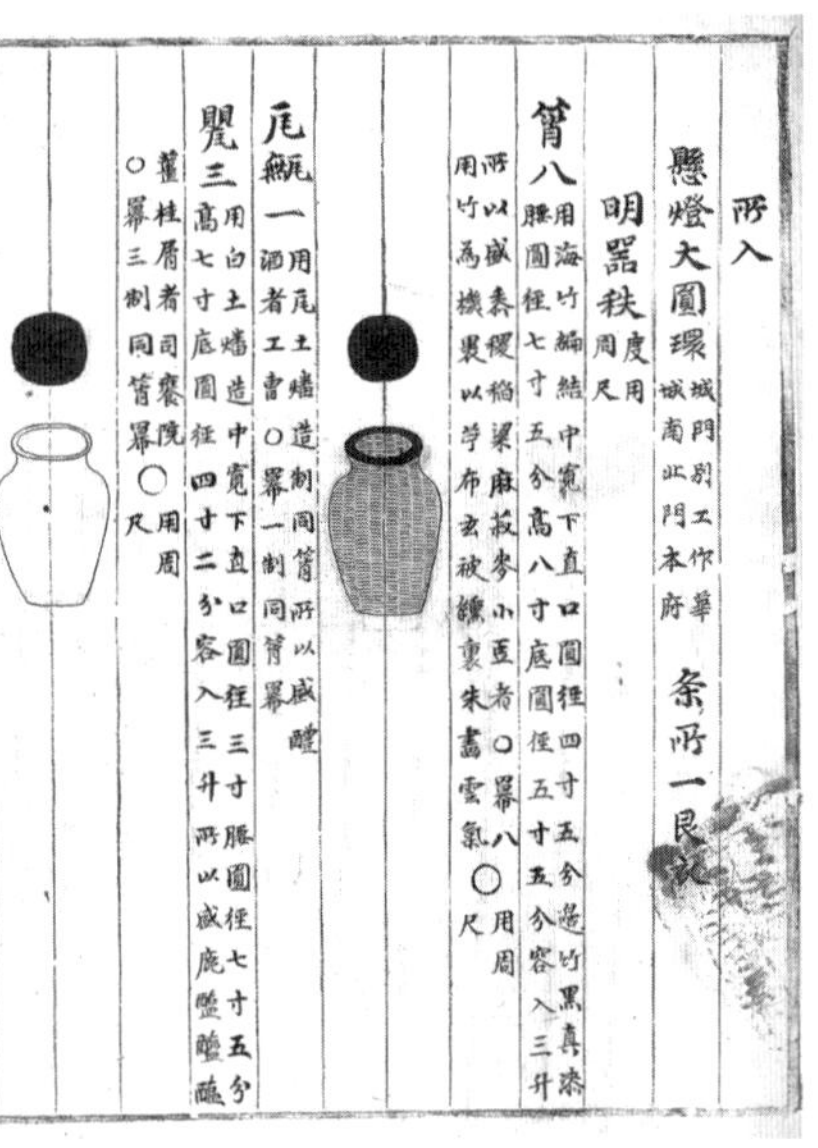

図3『正祖国葬都鑑儀軌』二房儀軌「明器秩」

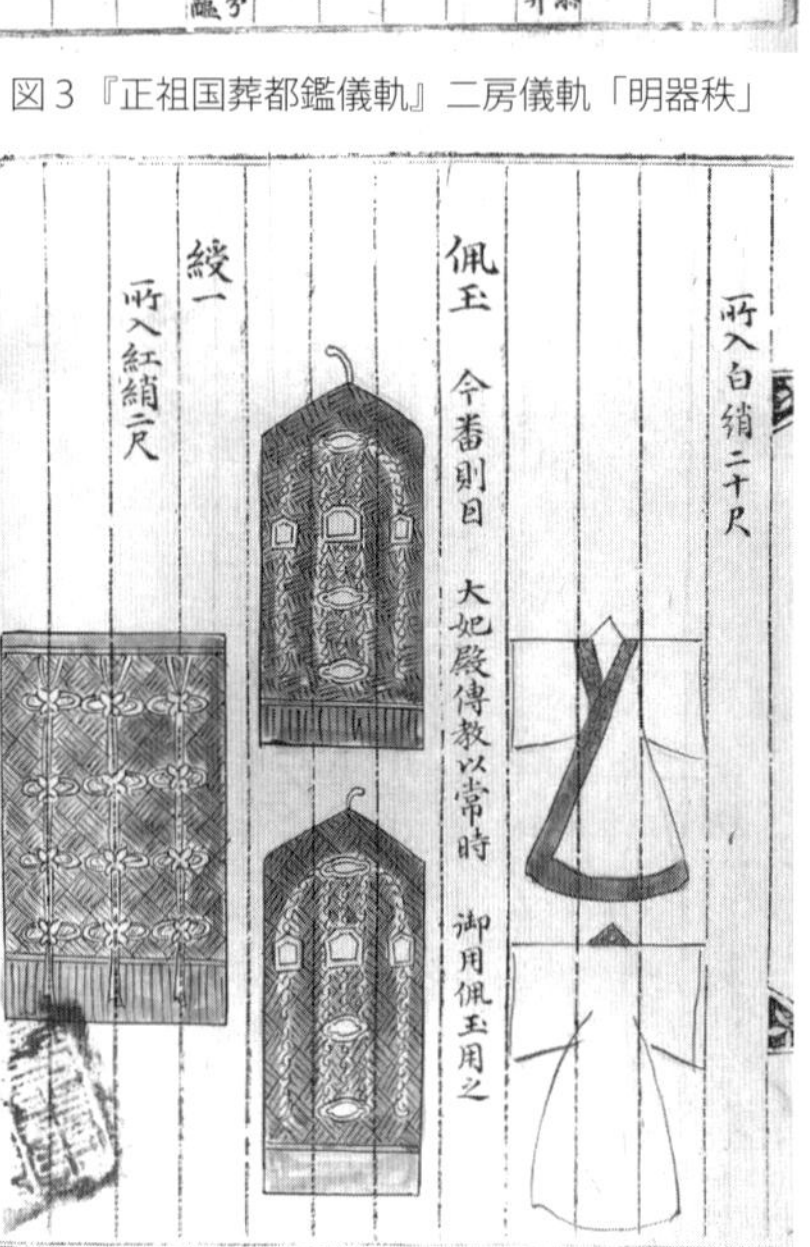

図4『粛宗大王国葬都監都庁儀軌』二房儀軌「服玩秩」

服玩も明器と同様に、都鑑内の二房で用意する。[22]製作された服玩は漆函で保管し、出棺の際に国葬都鑑一房が製作した服玩腰輿で山陵まで運ばれる。そして梓宮を玄宮に安置する際、領議政が哀冊・贈玉・贈帛・誌石と共に納められた。

（二）副葬節次と安置方式

発引の際、明器と服玩は材質別に脊櫃・木奴婢櫃・楽器櫃・沙器櫃・木器櫃に分け入れ、その櫃をまたそれぞれ明器彩輿五台（脊櫃彩輿・木奴婢櫃彩輿・楽器櫃彩輿・沙器櫃彩輿・木器櫃彩輿）に分けて山陵に移動する。[23]明器を櫃に入れる際は、安器板を置き、その上に器物を図案通りに列を合わせて設置する。明器服玩彩輿は、明器、服玩の数量によって変化するが、史料からみると最も多く明器腰輿が使われたのは朝鮮初期の世宗年間である。世宗年間には、世宗一年の大行上王（定宗）の発引、そして翌年の世宗二年の元敬王后閔氏の葬儀の際に明器腰輿が用いられた。明器腰輿はおよそ六つもあったという[24]。また、国葬都鑑儀軌には各櫃の周尺法量と所入物の種類と数量が記録されている（表5参照）。　英祖年間の『国朝喪礼補編』の編纂を期に、次第に朝鮮後期になるにつれ規模が減り、一九〇四年純明王后の発引行列図では、筲櫃彩輿楽器櫃同載彩輿、

図5 『粛宗大王国葬都監儀軌（一）』班次図 彩輿部分

図7 「退壙排設図」『正祖健陵山陵都監儀軌』（下）
奎章閣，韓国学研究院

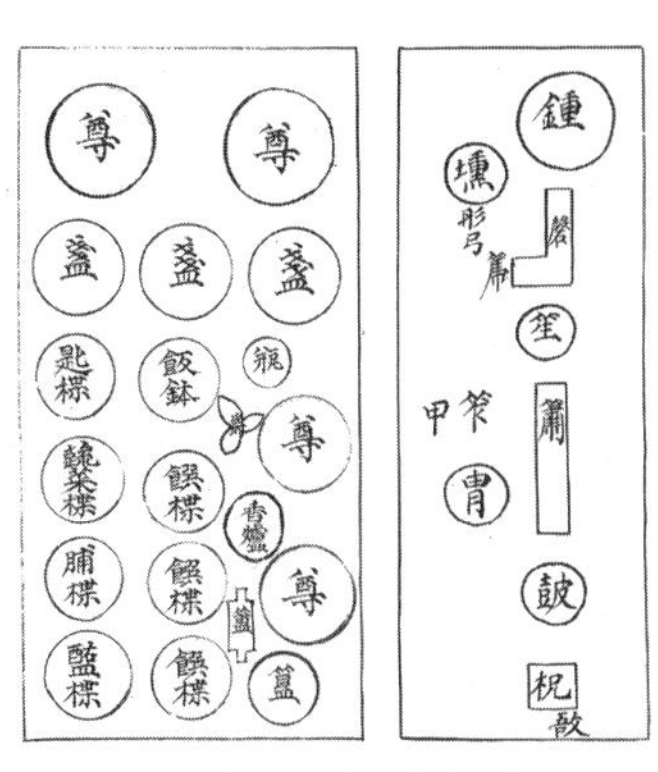

図6「磁器櫃楽器櫃安器板」
『純祖国葬都監儀軌』（二）1835年

磁器横楽器横同載彩輿二つの腰輿が使用された。

山陵に至り、梓宮を玄宮に安置し、退壙内に明器などを入れる際の節次と副葬位置は以下の通りである。まず、発引の行列が山陵に至る時、方相氏が先に玄室に至り、四方の角を矛で打つ。明器等々が着けば、玄室の扉外の東南側に北側を上にして陳設する。后土祭などの儀式を終え、輪輿に梓宮を奉じて玄宮に安置した後（頭は北側）、奉礼郎が領議政を導いて哀冊と玉冊などを捧げるが、右議政が哀冊を持って梓宮の西側に捧げ、贈玉と贈帛函を哀冊の南側に捧げる。国葬都鑑の提調がその所属を率いて黼翣・黻翣・畫翣を梓宮の両脇に差し込んだ後、明器と服玩を奉じて玄宮に入り、それぞれ順番に適当に設置して行と列を揃える。入り切らない場合は門扉石の外に別の偏房を作って納入する。[25]つまり、玄宮内に一部が入り、一部は偏房に分けて副葬される。また、偏房は石室として造成されたことが分かっているが、偏房の位置は玄宮の門扉石を閉じて門倚石を加えたその外に作られた。石函には鍊石を使い、四つの片を四方に配置して四角郭を作り、蓋石で覆う。服玩と明器のいくつかの樻函を込めて退壙に安置するが、木樻・函の数量を合わせる。山陵都鑑から進排する。[26]そして、退壙に器物を排設する際に「退壙排設図」のように納める。

三　陵園墓の出土品から見る王室副葬品

（一）　正祖草葬址出土の明器

王室所用明器が発掘調査や伝世品から確認される例は多くないが、二〇一一年に正祖の草葬址、即ち今の健陵に遷奉する前に造成された陵墓の遺跡から明器などが出土した。[27]陵域は長軸約五六m、短軸二三mの細長い凸形である（図８）。多数の遺物が出土した地点は、凸形の土壙北側の狭い区間で、前述した文献記録で「退壙」と称され、遺物を埋納するための副葬空間であると推定される。ここから明器と漆器函、贈玉などが出土したが、明器は一六件三七点に至る。

肩は張り、下部は締めた形の立壺が七点あり、三点は蓋がないことから冪で覆われた罍三点と酒尊四点と推定される。他に白磁明器として、饌楪三・蔬菜脯醢楪三・飯鉢・匙貼・盞臺具三・酒瓶・香炉・簠・簋・爵・磬、そのほか瓦器として瓦鼎・瓦釜・瓦壎・銅器として鐘などがある。正祖の葬礼を記した一八二一年『健陵遷奉都監儀軌』巻四「造成部」の記録では、「新しく作ったもの、先に進排したもの、修理して再使用したものがあり、服玩は改めて用意し、銅鏡などは既存のものを使った」とされ、それに関する詳細な明器目録が書かれている。それらを出土明器の沙器・瓦器・銅器と比較してみると正確に一致しており、また器物の様式は『正祖国葬都鑑儀軌』の明器図説とも一致している。器高約一四㎝前後の有蓋立壺は、高さ七寸の法

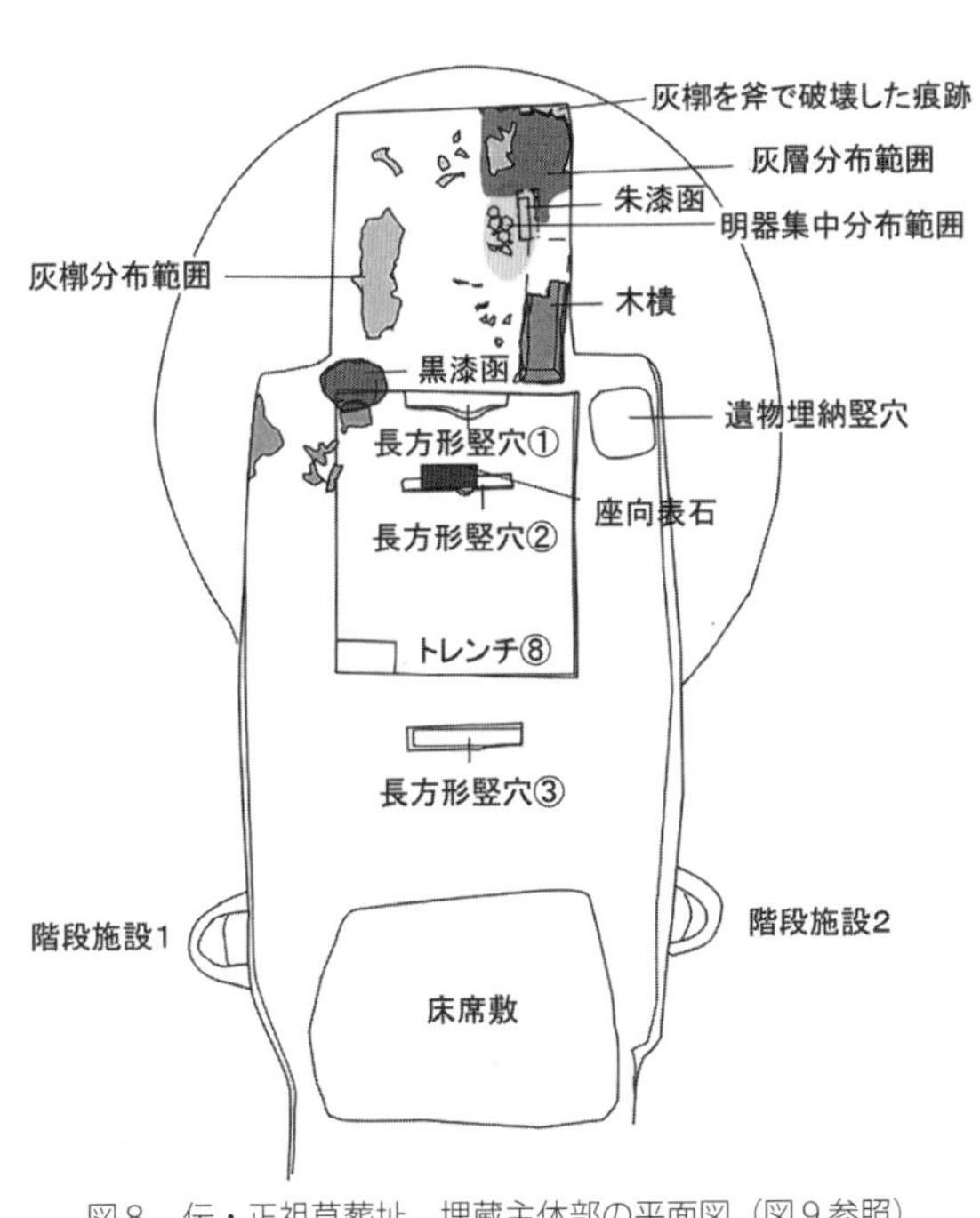

図８　伝・正祖草葬址　埋蔵主体部の平面図（図９参照）

図9　伝・正祖草葬址　埋蔵主体部の全景

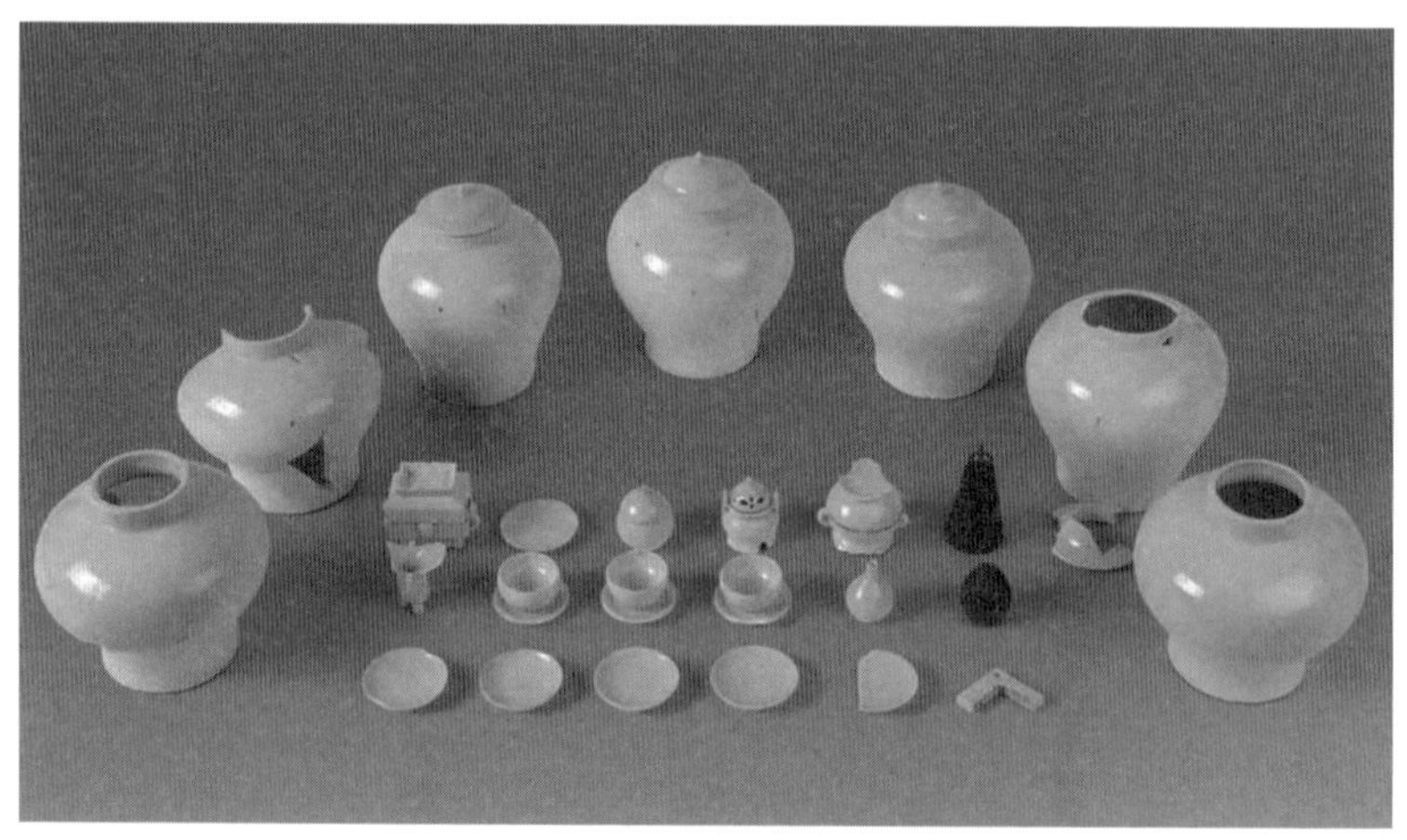

図10　伝・正祖草葬址出土の各種明器
（国立文化財研究所所蔵。右上壺高 13.5cm）

量記録とも一致する。簠、簋も高さ二・五㎝のミニアチュアであるが、祭器の獣面装飾や陰刻の雷文、波状文などが丁寧に施されている。白磁類は釉胎色が青味がかった白色で、一八世紀分院生産の官窯製品の典型的な釉胎色を呈し、非常に精巧である（図10）。朱漆函も出土したが、贈玉を入れた倭朱漆の内函と推定される。

一部の明器の外面には木質痕が確認され、漆器函の中で木漆器の明器と重ねた状態で副葬されたものと推定される。他に服玩類と木器や竹器類は出土してないが、健陵に遷奉する際、良好なものは持って行かれた状況であることを勘案しても、服玩、木器、竹器は腐食飛散し、残存していないことと推測する。

（二）園所[30]出土の明器考察

一八世紀の園所の出土品として、一群の華やかな明器一括品が確認されている。一七五二年の懿昭世孫の懿寧園、一七五二年の和協翁主墓、一七七七年和柔翁主の墓、一七七九年元嬪洪氏の仁明園、一七八六年文孝世子の孝昌園の出土明器などがそれである。これらの一括明器は、染付文様や品物の構成が非常に華やかであり、正祖と血縁関係がある宗親という共通点があり、出土経緯としては二〇世紀以降、改葬によるものが殆んどである。この中で儀軌資料と比

図11　伝・止祖草葬址出土の朱漆函片
（国立文化財研究所所蔵）

較可能な資料である懿昭世孫、そして近年に発掘調査が行われた和協翁主墓の二件の出土明器について紹介したい。

懿昭世孫[31]（一七五〇～一七五二年）園所の懿寧園出土とされる華やかな染付の明器一式が伝わっている（図12）。懿昭世孫の喪礼当時の典礼書には、世孫の喪葬に対する規定がなく、本来世孫は礼葬[32]の範囲ではなかったが、英祖が下した受教によって礼葬節次が行われた[33]。一七五二年に英祖により『国朝喪礼補編』が発刊されたきっかけは懿昭世孫の喪礼だったとも言えよう。まさに補編の付録には、懿昭世孫の喪礼に際する受教が反映されている。受教の骨子は各所用の儀物と石物だけでなく節次全般に対しても減縮を命じていることが確認できる。『懿昭世孫礼葬都鑑儀軌』に収録された明器は、六〇種類を超え[34]、非常に手厚い儀礼が行われたものと見えるが、それでも櫃の数は前例より減り、服玩木器櫃を設けるために木器櫃に入れる瓦器と沙器匙楪の種類は減縮すると記録されている。現存する遺品にはセットが失われているが、受教に言及された瓦甁・瓦竈・匙楪が含まれない点で、このような変化を反映したものと考えられる[35]。

図12　懿昭世孫懿寧園出土明器
（1752年、左簋高4.2cm、国立中央博物館所蔵）

韓国国立中央博物館所蔵の懿昭世孫明器の特徴として、典礼書や儀軌には記載がない器物が含まれていることが挙げられる。無文の素白磁ではなく、寿字文、萬福文、七宝文などの染付有蓋盒と有蓋壺類が多く含まれているが、このうち二点は染付の上に釉上彩の赤絵と金彩で藤文が装飾された肥前磁器とされる。さらに、これらの盒類の中からは共通して、化粧品と推定される白粉・密納・植物性染料などが入れられたまま出土した[36]。このように一八世紀後半の和柔翁主・和協翁主・元嬪洪氏の園所出土の明器からも朝鮮白磁と染付・日本の肥前磁器の組み合わせが見られる。

次に、和協翁主[37]（一七三三〜一七五二）墓は二〇一九年に発掘調査され、華やかな明器が出土されただけでなく、墓制や副葬位置などの情報もわかる資料となる[38]。一七七六年に夫君申光綏の死後に遷葬された合葬墓である。翁主であるが士大夫家に下家したため、礼葬の範囲ではないが、『度支五礼考』の記録により「翁主及蔚礼葬」とあり、英宗二八年壬申十一月に礼葬されたことがわかる[39]。これに伴い、王室から箋文九百兩、石灰三百石、また内司からは様々な祭器など所用器物が入った函や金一千両などが下賜された記録があり、身分は士大夫家の喪礼に従わないと

図 14　和協翁主墓灰槨函出土明器一括（〈上 - 化粧用器類・下 - 漆器明器〉高麗文化財研究院所蔵）

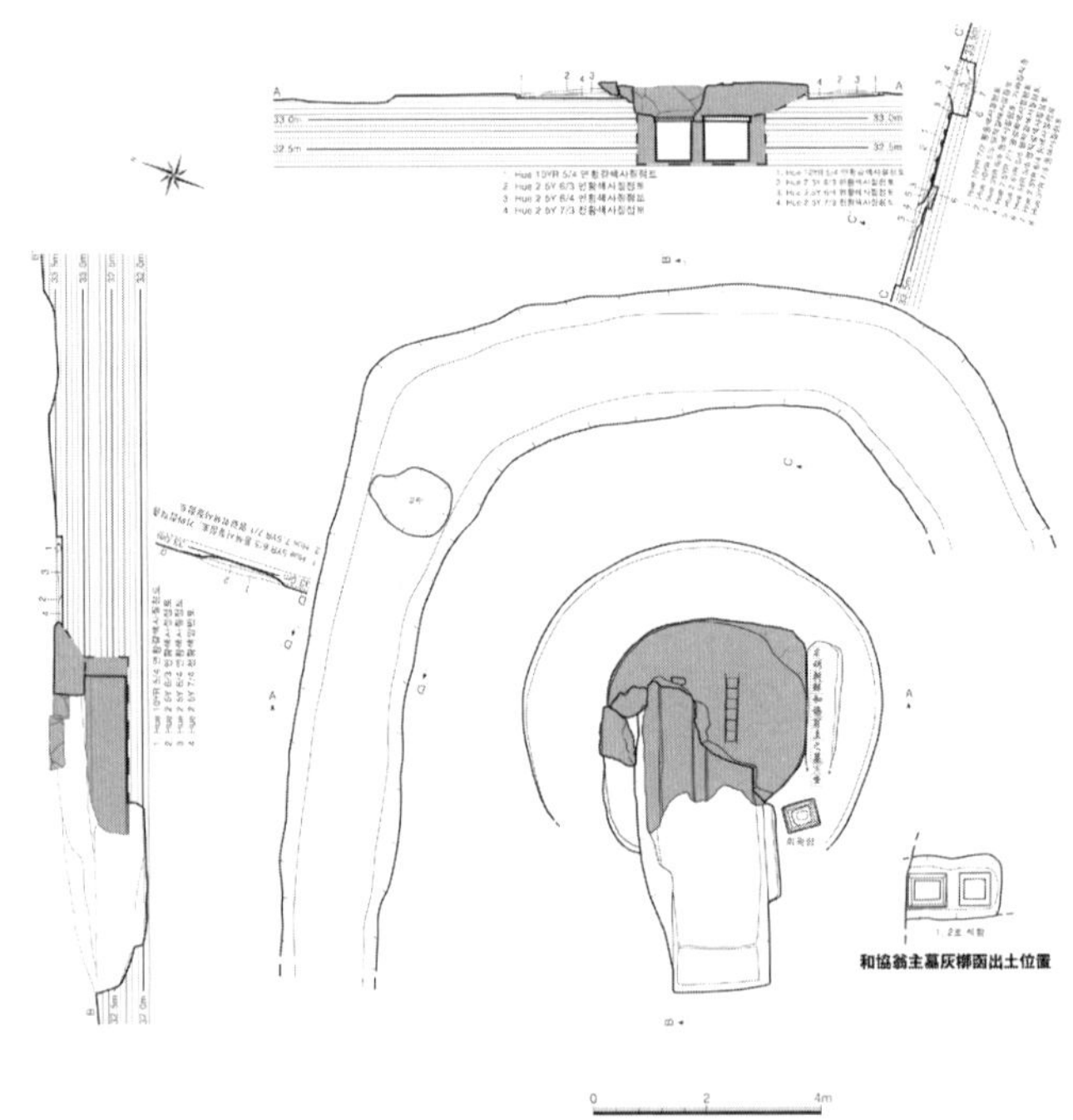

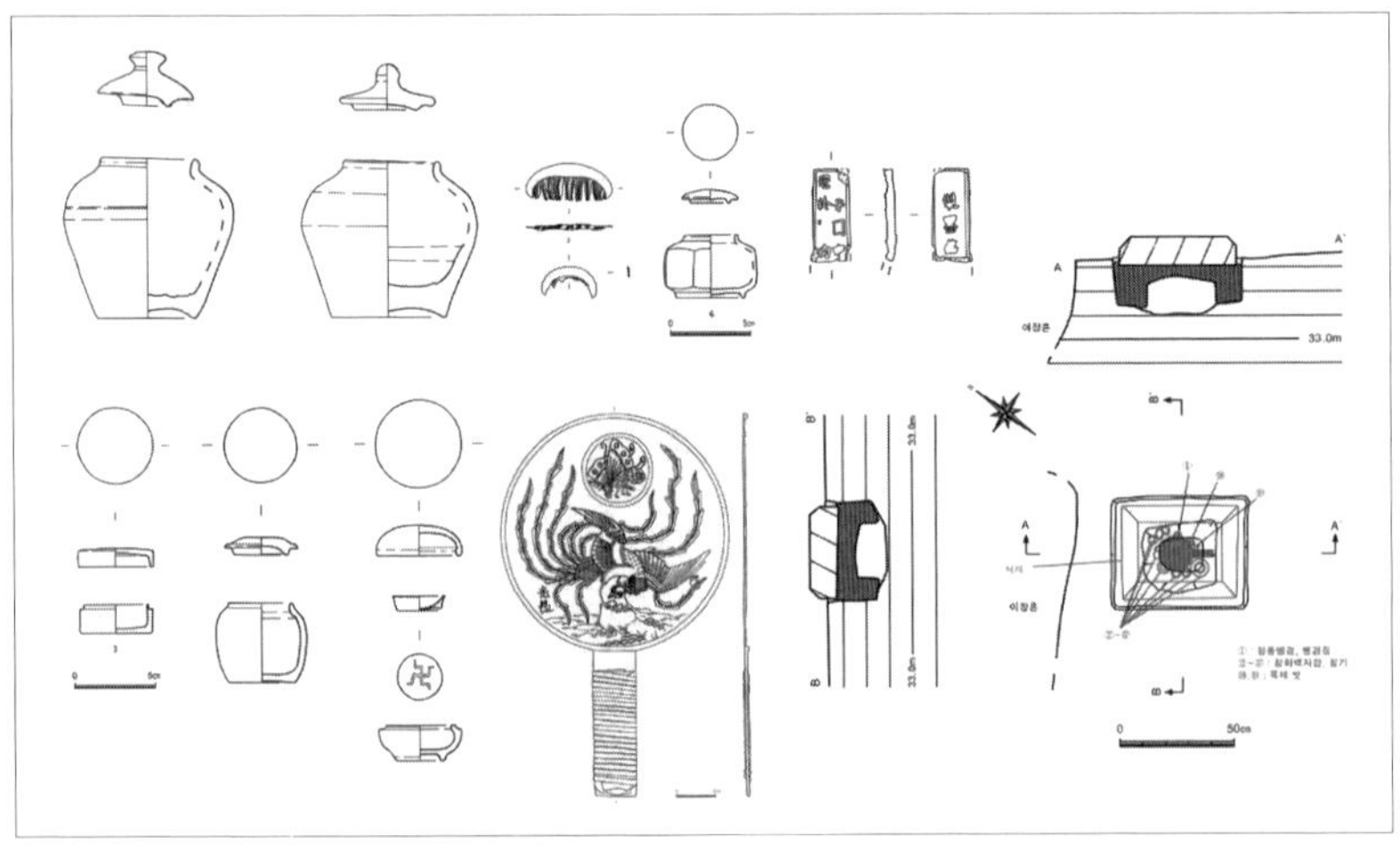

図13　和協翁主墓平面図（上）と出土の明器・灰槨函平断面図（下）

いけなかったが、王室から礼葬の格で葬礼が行うに必要な物資が下賜されたことが分かる。

合葬墓の副葬遺物は二基の石函と一基の灰槨函から出土したが、いずれも埋葬主体部から右側に適度に離れた場所に埋納され、石蓋で覆われていた（図13）。明器類は灰槨函の内部から出土した。白磁類は罍（有蓋壺）三点を除いては、すべて陵園墓の礼制から外れた青花磁器の他、銅製柄鏡（図14）、朱漆櫛、墨などの化粧用器と化粧用具で構成されている。このうち、盒と皿一点は懿昭世孫墓出土の肥前磁器と同様式の金彩が施された肥前磁器である。また、景徳鎮民窯産と推定される「大明成化年製」の款識がある青花雲龍文盒をはじめ宝相唐草文、七宝文が施された染付盒類など、様々な国籍のもので構成されている。さらに青銅柄鏡は江戸の家紋が刻まれていて中心に鳳凰文と鳳蝶（織田蝶？）文がある。そのほかミニチュアの漆器皿類と墨・櫛など一式が黒漆櫃内に積み上がり、再び灰槨函に収めて入れられていた。

特に肥前磁器がどのような経緯で園所の副葬品として埋納されていたかについては、儀軌資料がなく正確な記録は見当たらないが、朝鮮後期の通信使行により日本磁器に対する肯定的な評価に基づき、朝鮮内の日本磁器に対する認識に変化があった上に、一七世紀後半頃からの中国の貿易解禁令の解除の余波により公式な海外輸出の困難に直面した日本が代替貿易市場として積極的に朝鮮市場を開拓し、一八世紀半ば頃に貿易商品として朝鮮に流入したものとみられる(40)。また、英・正祖期は鎖国期だったにもかかわらず文物の復興と経済的豊かさを享受した時代背景を考慮すると、王室宗親や経済力のある士大夫家の婦人たちの好みによって非公式の貿易ルートでこのような輸入品が流行し、青花・五彩磁器などの化粧用器や和鏡などは、官窯磁器に匹敵する高級器物として用いられたと推測される。厳しい礼制規範からは少し緩められた礼葬以下の喪礼に際しては、このように明器以外にも明器に似たような生前に愛用した品物を副葬することも行われたと考えられる。

おわりに

以上、朝鮮王室喪礼の副葬品として用いられた明器と服玩を中心に、『実録』と国家典礼書や『国葬都鑑儀軌』を通じて、所入物の品目・数量・法量・形態・壙中の埋納形式・副葬儀礼の考察を試みた。儀軌史料は実際に行われた記録であり、典礼書より実質的な流れを把握するために緊要である。

国葬という国家行事は多くの時間や物資、手間がかかる大イベントであり、朝廷の指揮力を発揮する儀礼の一つである。また、宮闕から山陵までの移動礼が含まれた儀式で、それを眺める民衆たちにはその班次行列から儒教国家としての王室の威厳と堅固さを示す効果が期待されたと考えられる。

朝鮮王室では、『家礼』『礼記』のような古礼に基づいて作られた礼制が、このように国家の正統性を構築する手段としての役割を果たしながらも、朝鮮の国内事情に合わせて修正・改革が続けられた。『世宗実録』「五礼儀」で副葬品の儀礼が決まった後、文宗顕陵から一七世紀まで大きな変化はなかったが、一八世紀には英祖年間に『国朝喪礼補編』が刊行をきっかけに必要ない品目や個数が大幅に縮小すると共に、明器の場合は規定以外の副葬品を入れる逸脱も起きた。しかし、このような変化の中でも礼制の実践と行容においては、国の威信をかけて勝手に変更したり省略してはならないという認識のもと臨んだことが、朝鮮全体を貫く特徴といえる。

朝鮮の儒教儀礼、喪葬礼に関する史料や考古学資料は情報の量が膨大で、一編の小論でまとめることは力不足であった。今後、陵園墓の埋蔵部および石造物についても史料と遺跡の検討を行いたい。また、士大夫の礼制は別途の研究が必要であるが、出土服玩・服飾についても階層別に考古学資料を調べつつ考察していきたい。合わせて、儒礼を中心とする日本との交流や儒葬の検討も必要である。小テーマが山積しているが、一歩一歩誠実に考察を続けていくことを目標としたい。

【謝辞】
「第Ⅲ章　韓国の葬制」の韓国語原稿の史料翻訳に植田喜平成智氏、校閲には上山由里香氏・宮澤大氏のご協力をいただきました。この紙面を借りて感謝申し上げます。

註

1　太宗代から整備が始まり、世宗代一四五一年に集大成された国家儀礼書で、『世宗実録』巻一二八〜一三五巻に付録のように刊行された。『世宗実録』「五礼」を基で一四七四年（成宗五）に『国朝五礼儀』が編纂された。李賢珍二〇一一「正祖初英祖の国葬節次と意味」『泰東古典研究』第二七集（翰林大学校 泰東古典研究所）一六四〜一六八頁。

2　特定事案に対し、国王の決定、判断に基づく個別法令。礼曹と司憲府で法案を検討し、当を得ると法令が完成する。受教は後日立法の源となる（ウィキ実録辞典「受教」）。

3　李賢珍『朝鮮王室の喪葬礼』（新旧文化社　二〇一七）四七〜五一頁。

4　『国朝喪礼補編』は凶礼のみを別途編纂した国家典礼書で、全六巻六冊（本文五冊、図説一冊）である。一七五二年本『国朝喪礼補編』（五巻四冊）が世子の礼葬を、一七五八年本は国王と王后の喪礼を中心に構成されている。このように喪礼だけの補編が編纂された理由としては、英祖代には孝純賢嬪（一七一五〜一七五一）、懿昭世孫（一七五〇〜一七五二）のほか、王、王侯に至る国恤が多く発生し、位格が異なる国葬が行われるに当り、より実際の行用に準拠できるより細かい規礼が必要となったことが背景とされている。（宋ジウォン　二〇〇九「国王英祖の国葬節次と国葬喪礼補編」『韓国時代史学報』五一号）一七三～一七八頁。

5 『国朝五礼儀序礼』巻之五「服玩図説」
「體制半於平時。其圖形見於吉礼者　或易知者今皆略之。其説著于後　○衣襨用布帛尺、木器用周尺。」。

6 『国朝喪礼補編』「服玩」。
「用平日所御者。外新造者、用常制五分之一。○冕服諸具、已見於大斂条。珮見小斂條。圖説、竝略之。只於制様之稍異者、録識之。」

7 『朱子家礼』巻五 喪葬
「造明器：刻木爲車馬僕従侍女各執奉養之物象平生而小 五品六品三十事七品八品二十事其餘十五事泥塑亦可」。

8 『礼記』第三篇 檀弓上
「孔子曰 之死而致死之 不仁而不可爲也 之死而致生之 不知而不可爲也 是故竹不成用 瓦不成味 木不成斲琴瑟張而不平 竽笙備而不和 有鐘磬而無簨簴 其曰明器 神明之也）
『朱子家礼』巻之五 喪葬
「（檀弓）孔子曰 之死而致死之不仁而不可爲也（之往也以礼往送死者而極以死者之礼待之是無愛物之仁）之死而致生之不知而不可爲也（往送死者而以生者之礼待之是無燭理之明）是故竹不成用（竹器）瓦不成味（瓦器不成黒柒之光）木不成斲其曰明器神明之也（以神明之道待之也）その他、朝鮮の礼書の中でも、鄭逑『五先生礼設分類』巻之四（後集）喪礼三 治葬条　宋翼弼『龜峯集』巻之八　兪棨『家礼源流』巻之九 造明器条　李衡祥『瓶窩全書』巻二、『家礼便考』巻之九 喪礼二 造明器条にも同内容の応用箇所が掲載されている。

9 序礼は儀礼を行う際に認識備えるべき規範や註解を図解を収録し、儀式は儀式の様々な手続きの順序と方式について戒める。

10 『国葬都鑑儀軌』「用還」「前排用還」「還下」「返虞後還下戶曹」。

11 『英祖実録』七四巻、二七年（一七五一）一一月
「束芻爲俑、其弊至於殉葬。故孔聖非之。頃者除木奴婢、意蓋此也、而今聞又有樂人云、故又爲除之。大抵木奴婢、樂工、俱是木人。禁用木人、即載《續大典》、今番不當稟而稟也。此後凡諸人形者、幷爲永除。仍命書于《礼葬儀軌》巻首、永久遵行。又教曰、国之大、小喪靈寢諸具、前以緞者代以紬、此亦書於《墓所都監儀軌》巻首。」

12 『英祖実録』七四巻、二七年（一七五一）一二月
「教曰、瓦缶、瓦亭、籩豆之屬、即古礼所載 而其餘本無意義。明器中木奴婢各五十、木散馬・木鞍馬各二、木工人三十三、歌人八、服玩中內喪紅紵絲衣、粉紅紵絲繡甫羅、白綾裌・襪・裙・手衣、白練布襪・苔衣・青履・溫鞋竝減、以此載於喪礼受教。」

13 ウィキ実録辞典「周尺」参照。

14 一六〇八年宣祖の国葬から一九二六年純祖の国葬までの儀軌が奎章閣に所蔵されている。

15 王と王后の葬礼は国葬、その次は礼葬とする。太宗五年（一四〇五）に初めて定められたが、その後、王妃の父母・嬪・貴人・大君・王子君及び夫人・公主・翁主・儀嬪と従二品以上の宗親までと礼葬の範囲が拡大された。『経国大典』「礼典」礼葬条（韓国精神文化研究院、一九九七）四三二頁参照。

16 殯殿魂殿都監は、襲から衣服、喪服の物品の準備及び王の屍身に関する仕事を担当する。国葬都監は国葬を行うに必要な物品と文書を作成し、虞祭が終わるまで約五ヶ月間存続する。山陵都監は王陵を造

成する仕事を引き受けた機関で、陵墓の選定から壙の造営、石造物の製作、亭子閣の建築など多くの人力が要求された。（文化財庁宮陵遺跡本部「一目で見る朝鮮王陵」https://royaltombs.cha.go.kr 参照。）

17　宗ジウォン「朝鮮時代の明器楽器の時代的変遷研究」『韓国音楽研究』三九、（韓国国楽学会、二〇〇六）一五〇頁参照。

18　王と宮内の食膳の宴会などを管掌する官庁で、一四六七年（世祖一三）、司饔房から改編され、朝鮮末期まで続いた。

19　工曹は高麗の六部の中で工部を継承し設置された官庁である。營造司・攻治司・山澤司の三つの部署に整備され、その中で攻治司は各種工芸品の製作・金銀・珠玉・銅鉛鉄の冶鋳・陶器・瓦および度量衡を管理した。

20　『粛宗大王国葬都監都庁儀軌』一七二〇、二房儀軌。

21　楸木を用いる器物は、豆（磨造）・香盒（磨造・黒眞漆）・几・盥盤・盥匜・唾盂・溷瓶・溲器、山柚子木を用いる器物は、杖・匙・筋・拍・鄉琵琶・唐琵琶などである。琴・瑟は、梧桐木を用いて、節鼓・杖鼓・敔・柷の制作には椴木・椴板を用いるとする。（『粛宗国葬都監都庁儀軌』一巻　一房儀軌を参照）

22　王と王妃の棺のこと。梓木を用いるため梓宮と呼ぶ。ウィキ実録事典「梓宮」。

23　前掲書『粛宗国葬都監都庁儀軌』一巻（奎 13548）。

24　『世宗実録』六巻一年一二月己丑日条、『世宗実録』九巻二年九月辛己日条。

25　『世宗実録』「五礼儀」　遷奠儀条『世祖実録』八年二月庚寅日条。

26　『国朝喪礼補編』（巻之二）遷奠儀。

27　『伝正祖大王草葬址発掘調査報告書』（国立文化財研究所二〇一五）。

28 『健陵山陵都監儀軌』下、一八二一年　辛巳六月二十九日「舊壙所藏物件中可用者移奉於新陵其他腐破及不用之舊件納于一器藏于舊壙中矣」。

29 『健陵遷奉都監儀軌』巻四「造成部」
「明器 甖三 甒釜鼎以上工曹進排 簠 簋 酒尊四 酒瓶 盞三 爵 飯鉢 匙楪 饌楪三 蔬菜脯醢楪三 香爐以上司饔院進排 筲八 籩六 豆六 匙箸 香盒以上幷都監造成 楽器／鍾新備磬司饔院進排 壎篪琴瑟笙簫鼓柷敔 干甲冑彤弓彤矢笮以上幷都監造成」

30 王室喪礼では位階によって陵、園、墓に区分される。王と王妃および追尊された王と王妃墓域を陵といい、世子・世子嬪、王位に就いた息子を産んだ後宮の墓は園と称する。

31 懿昭世孫は、思悼世子と恵嬪洪氏の嫡長子で正祖の兄である。一七五一年（英祖二七）に世孫に冊封されたが、翌年一七五二年に三歳の幼さで亡くなった。

32 礼葬の範囲は、従一品以上と王妃の父母、嬪、貴人、大君、王子君および夫人、公州、翁主、儀嬪と従二品以上の宗親も礼装させた。『訳註経国大典』註釈編、韓国精神文化研究院、一九九二年　四三二頁。

33 李賢珍、前掲書、二八～二九頁

34 『懿昭世孫禮葬都監儀軌』下「明器秩」（外奎-182）
「筲五、甖三 酒樽三 香爐一 飯鉢一 饌楪三 灸炙楪一 簋一 酒瓶一 匙貼一 蘇菜脯醢楪十三 盞三臺具 羹楪一 簠一 以上磁器／司饔院燔造看品進排。瓦甒二 瓦釜一 瓦鼎十三 瓦甑一 瓢勺一 香盒一 食卓一 匙一 食托一 盥槃一 盥匜一 唾盂一 溷瓶一 溲器一 筯一 筄十　籩十 瓦鍾四 瓦特鍾一 瓦特磬逸 瓦方響一 瓦壎一 篪一 管一 唐笛一 洞簫一 唐觱篥一 鄉觱篥一 大琴一 唐琵琶一 鄉琵琶一 玄琴一 伽倻琴一 拍一 笙一 竽一 和一 琴一 瑟一 大箏一 牙箏一 節鼓一 杖鼓一 敔一 柷一 黑弓一 黑矢五 笮一。」

35　『国朝喪礼補編』巻六【附】「懿昭世孫喪受教」
傳曰、退壙、凡五礼儀應入者外 標信·遺書等物 不過一時擧行者 而作一匱子 又造石匣 其亦浮費 服玩木器匱 前期入之則匱内有裕 自可容入。今番依此 日後陵墓 一遵此例擧行。木器匱中瓦器 則同入於脊畟匱 其中瓦竈、瓦甒、減除。砂器中、饌楪存三 蔬菜脯醢楪存三。以此釐正。追因戶曹判書金尙星筵稟、瓦甒一造用。」

36　ユ・ヘソン　二〇一〇「朝鮮時代の白磁明器には何が入っている?」(『白磁壺　朝鮮の仁と礼を抱く』国立中央博物館)七二~七五頁。

37　和協翁主は英祖の庶七女で、母親は暎嬪李氏で思悼世子の姉。

38　『永成尉 申光綏・和協翁主墓』(高麗文化財研究院、二〇一九)。

39　高麗文化財研究院　二〇一九、前掲書から再引用。

40　崔敬和　二〇〇九「十八~一九世紀日本磁器の流入と展開様相」(『美術史論壇』二九号　時空社)。

V

大名墓研究と学際的研究の連携

黒崎久仁彦・水野文月

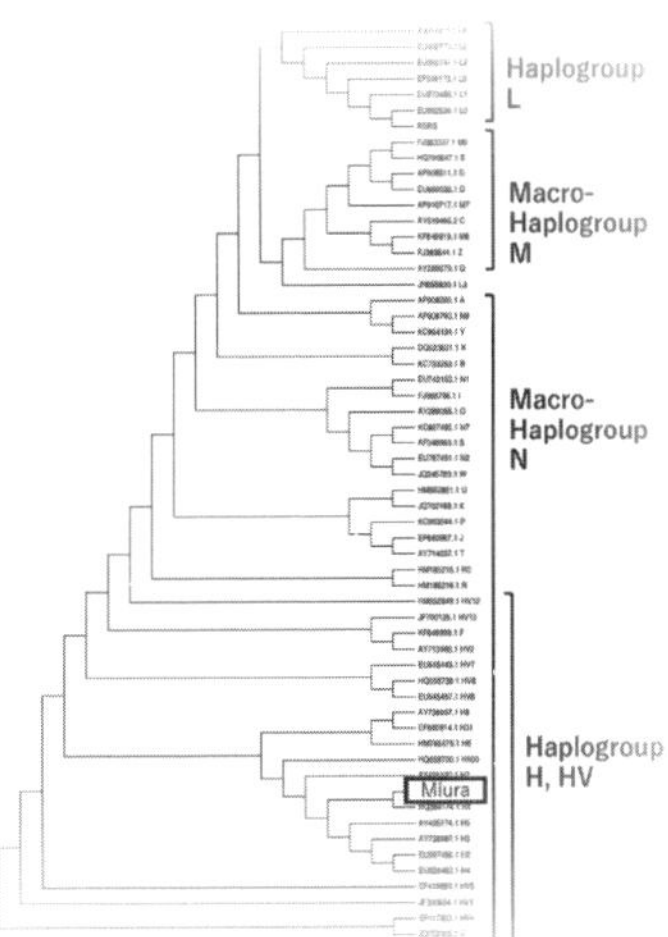

遺骸と科学分析―三浦按針の遺骨分析から―

黒崎久仁彦・水野文月

はじめに

近世大名墓の研究は考古学的視点が中心であり、大名家墓所の発掘調査が行われる場合も埋葬の状況や形式、副葬品などが興味の対象になるものの、遺骸そのものについては人類学の専門家による形態学的な評価を行うのみで、従来ＤＮＡ分析などの科学的な検討はほとんど行われてこなかった。しかし、最近の分析技術の進歩により、遺骸に関する多方面からの科学的アプローチが可能になってきている。

筆者は大学医学部で法医学の研究・教育に携わっているが、法医学では白骨死体などの身元確認を目的とした「個人識別」が重要な仕事（法医実務）の一つである。近年その「個人識別」の方法としてＤＮＡ型鑑定が利用されていることは、一般的にも良く知られてきている。ところで、このような人骨由来のＤＮＡを分析する手法は、古い時代の遺骸を分析する方法としても応用可能であり、筆者の研究室ではこれまで旧石器時代から近世に至る国内外の様々な遺跡等から出土した人骨（古人骨）のＤＮＡを抽出し、それらの人骨の時代的または地域的な系統分析などを行うことにより、分子人類学や古代ゲノム学の領域に資する多くの知見を得てきた。

本稿では、近年格段の進歩を遂げているこの研究領域におけるこれまでの成果および現状を紹介するとともに、科学分析により遺骸から何がわかるのかについて、大名墓関連の事例ではないが、筆者らが最近取り組んだ「伝・三浦按針墓」に埋葬されていた遺骸の分析例を中心に解説を試みる。

一　近世大名遺骸のＤＮＡ分析

法医学で「個人識別」の分析対象となる白骨死体の多くは、死後せいぜい数年から数十年程度であるのに対し、古い時代の遺骸については、総じて死後数百年から場合によっては数千年もの年月が経過している。このような古代の遺骸の人体組織中では、古いものであればあるほど含まれているＤＮＡが漸減するため、結果として抽出されるＤＮＡも極めて微量になってしまうことが多い。さらに、本邦における夏場の高温多湿の気候や、火山地帯であることに基づく土壌の酸性化など、ＤＮＡの保存の観点から見てもその環境は劣悪である。このような環境条件下では、ＤＮＡの断片化（低分子化）が進んでしまうことから古代の遺骸における分析はたいへん困難となる。

昭和五八年（一九八三）、米国のキャリー・マリスがＤＮＡポリメラーゼという生体内酵素を用いて、微量のＤＮＡから特定の領域を指数関数的（ねずみ算的）に大量に増幅できるＰＣＲ法（ポリメラーゼ連鎖反応：図１）を開発した（彼はその功績により一〇年後にノーベル化学賞を受賞）。この手法[1][2]は、その後の生物学や医学などＤＮＡの分析に関わるあらゆる研究分野に画期的な成果をもたらしたが、古代の遺骸のＤＮＡ分析にも役に立つどころか、この分野においてそれまでまったく「不可能」であったことを「可能」にしたと言っても良い大偉業であった。

平成七年（一九九五）、このＰＣＲ法の応用により仙台藩伊達家三藩主（初代政宗、二代忠宗、三代綱宗）の遺骸のＤＮＡ分析が実施され、その三代にわたる生物学的血縁関係に矛盾がないことを名古屋大学医学部法医学教室（勝又義直教授：当時）の研究グループが報告した(3)。

三藩主はそれぞれ瑞鳳殿（政宗）・感仙殿（忠宗）・善応殿（綱宗）の各霊廟（御霊屋）に埋葬されていたものであるが、昭和二〇年（一九四五）七月一〇日の米軍による仙台空襲ですべての御霊屋の地上部は焼失してしまった。その後、瑞鳳殿は昭和五四年（一九七九）、感仙殿と善応殿は昭和六〇年（一九八五）に再建されることになるが、それに先立って昭和四九年（一九七四）瑞鳳殿、昭和五六年（一九八一）感仙殿、昭和五六年から昭和五八年（一九八三）にかけて善応殿の発掘調査が行われた(4)(5)。

瑞鳳殿の地下墓室は四七個の凝灰岩の切石で区画化され、その内部に三〇点余りの武具、文具、装身具などの副葬品、および楕円形の木製座棺（墓室内部が崩落していたため推定）に納められた政宗の遺骸が発見された。この政宗の遺骸、そして感

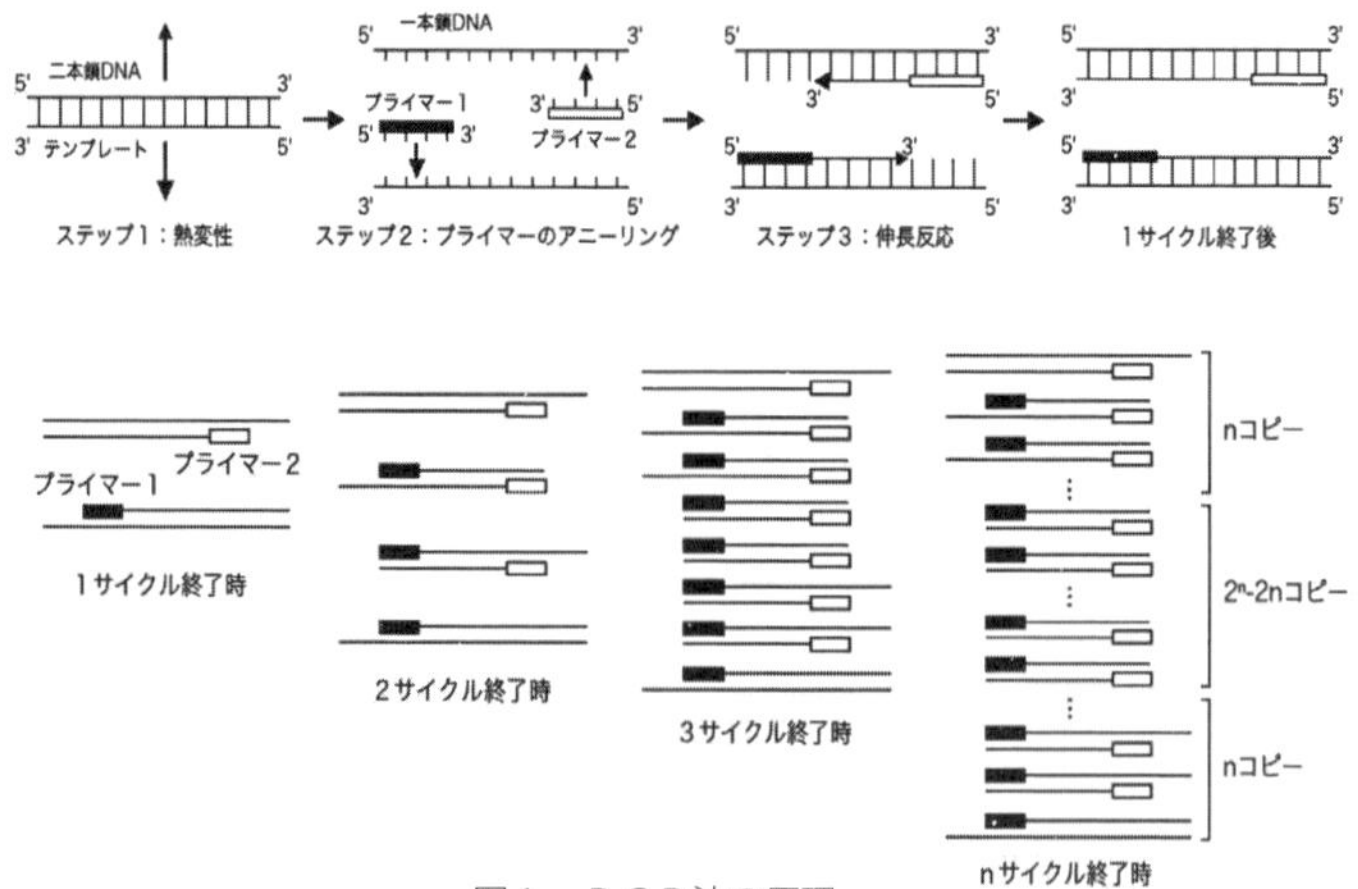

図１　ＰＣＲ法の原理

仙殿の忠宗、善応殿の綱宗の遺骸は、いずれもその周囲に石灰が詰められていた。ところで、人骨の主成分はハイドロキシアパタイトなどのリン酸カルシウム類であるが、この成分がもっとも溶解しない、すなわち骨の保存性が高い条件はpH８程度の弱アルカリ性環境とされており[6]、また酸性環境下よりＤＮＡ自体の保存性も高いことが知られている。石灰はアルカリ性物質であり、三藩主の埋葬時にこれが使用されていたことにより良い状態で遺骸が保存され、後にＤＮＡ分析を行う上でも有利に働いたと考えられる。政宗のＤＮＡ分析用の試料としては、石室内の副葬品である衣装箱と考えられる箱から発見された頭髪が用いられた。

感仙殿の墓室は、南北朝時代の供養碑と考えられる複数枚の板碑を蓋石とし、底部に玉石が敷き詰められた石室であり、忠宗の遺骸はその中に太刀、脇差、具足などの副葬品とともに納められていた。忠宗の埋葬状況について特筆すべきこととして、政宗や綱宗の遺骸がほぼ白骨化していたのに対し、忠宗においては遺骸の胸郭内に肺および胸膜と考えられる軟部組織が残存していたことが挙げられる。この胸郭内の収集物を分析したところ多量の水銀が検出されたことから[5]、水銀の殺菌防腐作用により腐敗菌の繁殖が抑えられた結果組織が残存したのであろう。忠宗のＤＮＡ分析用試料としてはこの胸腔内組織を利用した。

善応殿の墓室は、石室の内側に板材を組み込んで木室とし、その間に石灰を詰めた二重構造となっており、綱宗の遺骸は常滑焼の甕棺に納められていた。甕棺の内部からは小判、文具、化粧道具など、周囲の墓室内からは眼鏡、煙管、打刀などの副葬品が発見されている。綱宗のＤＮＡ分析用試料としては、遺骸と共に出土した褌の断片に付着していた陰毛と考えられる体毛が用いられた。

こうして伊達家三藩主のＤＮＡ分析は、毛髪（政宗・綱宗）や軟部組織（忠宗）から抽出したＤＮＡを用いて実施された。特に毛髪試料については、含まれているメラニン色素がＰＣＲ法におけるＤＮＡポリメラーゼの増幅反応を阻害するため、当時ＤＮＡ抽出の際に用いられていた臭化トリメチルアンモニウム（ＣＴＡＢ）

によるメラニンの精製除去を行った上で分析が進められた。ちなみに、古代の遺骸は土中に埋葬されていることが多いが、土壌に含まれている色素成分もＰＣＲ法における酵素反応の阻害を起こす上に、これが人骨の内部に浸透してしまうとＤＮＡ抽出の際に完全に除去することはなかなか難しく、結果的に分析自体が不可能となってしまうことも少なくないのである。

伊達家三藩主の血縁関係の検証に用いられたのはＨＬＡクラスⅡ遺伝子である。ＨＬＡはヒト白血球抗原、すなわち白血球の血液型として知られているが、実際は白血球だけではなくほぼすべての細胞や体液に存在し、「組織適合性抗原」と呼ばれるヒトの免疫に関わる重要な分子として働いている。ＨＬＡはＡ・Ｂ・Ｃ・ＤＰ・ＤＱ・ＤＲなどの複数の抗原の組み合わせで構成されており、これらの抗原にはいずれも数十種類の異なる型（対立遺伝子）が存在するので、ヒト一人における各抗原型の組み合わせ（ハプロタイプ）は数万通りにも及ぶ。ところで、ヒトでは父親および母親からそれぞれ一つずつ、併せて二つのＨＬＡハプロタイプを受け継いでいるが、各ＨＬＡ抗原がどの型であるかはＰＣＲ法を用いることにより判定可能であり、これを調べることにより親子など血縁関係の有無を評価することができる。

表1　伊達家三藩主のＨＬＡクラスⅡ遺伝子型

HLA遺伝子型	初代政宗	２代忠宗	３代綱宗
DQA1	*0301/*0301	*0101/*0301	*0301/*0301
DPB1	*0402/*0402	*0402/*0501	*0402/*0501

ＨＬＡクラスⅡにはＤＰ・ＤＱ・ＤＲの各抗原が存在しているが、名古屋大学の研究グループが解析したのはＤＱＡ1とＤＰＢ1という二つの遺伝子型であった（表1）。この結果を見ると、初代政宗と二代忠宗ではＤＱＡ1で*0301、ＤＰＢ1で*0402の対立遺伝子が共通している。さらに、二代忠宗と三代綱宗ではＤＱＡ1で*0301、ＤＰＢ1で*0402と*0501が共通しており、いずれも生物学的父子関係に矛盾がないこと

が確認された。すなわち、政宗から子の忠宗、さらには孫の綱宗にDQA1*0301、DPB1*0402の二つの対立遺伝子が受け継がれていることが明らかになったのである。ちなみに、DQA1とDPB1の遺伝子型には、それぞれ七二通りおよび一八二通りの対立遺伝子が存在しており、例え同族間でも簡単に一致するものではないと考えられる。伊達家三藩主の遺骸から採取されたDNAを分析することにより、その「父‐子‐孫」関係に矛盾がないことが科学的に立証されたことは、この分野の研究に先鞭をつけた画期的な成果として高く評価されている。

二　考古学と科学分析

しかし、伊達家三藩主の遺骸におけるDNA分析以降、四半世紀以上経過した現在に至るまで、残念ながら近世大名墓からの出土遺骸に関する科学分析を行った報告例は見当たらないのが実状である。本邦においては、これまでも考古学者と自然人類学者など科学者との間の学術的交流は盛んに行われて来たが、その主たる分析の対象は縄文・弥生時代や古墳時代などの古代遺跡出土人骨に偏っている。これらの遺跡は日本全国に数多分布しており、さらに出土する人骨集団の規模も大きいものが多いこと、また時代間および地域間の系統関係を解明する集団遺伝学的な研究対象となり易いことなどがその理由と考えられるが、実はPCR法によるDNA増幅法およびこれを応用した分析法が開発されるまで、考古学の研究領域に科学が介入する機会は、遺物関連の化学的分析や年代推定などを除けば極めて限られていたのである。

自然科学者が、古代遺跡に埋葬されている遺骸（古人骨）のDNAを分析すれば、古代の埋葬様式や古代人の系統に関する新たな知見が得られると考え、具体的な分析の機会を求めて活動を始めたのは、今を遡ること三十数年前のことである。しかし、当初は「よそ者」の科学者が考古学の領域に介入することへの抵抗が強く、またその有用性について懐疑的な目で見られていたこともあり、考古学者の方に何とか頼み込んで「試行」させてもらうことにより、科学的な分析により何ができるのかを少しずつアピールしていくしかない状況であった。

平成五年（一九九三）、筆者らは二つの古代遺跡から出土した古人骨について、ＤＮＡを用いた親子鑑定を行う機会を得た(7)。一つは宮崎県の古墳時代の遺跡である広畑遺跡、もう一つは佐賀県の弥生時代の遺跡である花浦遺跡である。広畑遺跡では同一の地下式横穴墓に合葬されていた、花浦遺跡では同じ塚において近接した二基の甕棺にそれぞれ埋葬されていた（図2）、いずれも成人と子供の遺骸が分析の対象になった。

これらの古人骨の親子関係の検証にはＳＴＲ（ショートタンデムリピート）というＤＮＡ領域を用いた。ＳＴＲはマイクロサテライトとも呼ばれるが、核ＤＮＡに存在している二～五塩基程度を基本単位とする直列型反復配列、すなわち同じ配列が何回も繰り返し連続している領域である（図３）。

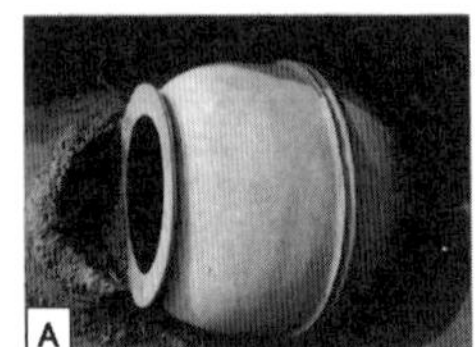

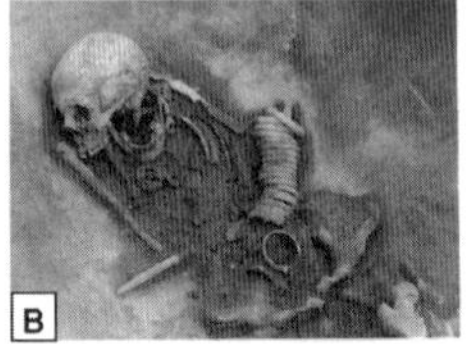

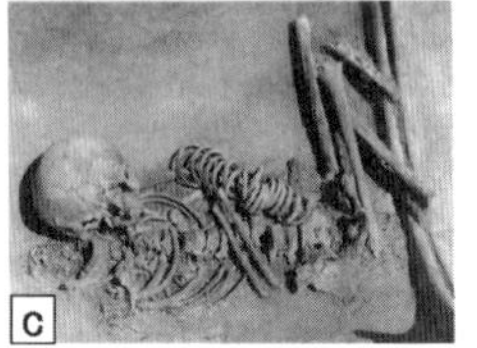

図２　A：花浦遺跡出土の甕棺、B・C：甕棺内の被葬者、SJ4（B）およびSJ5（C）
〈松下孝幸氏・植田信太郎氏提供〉

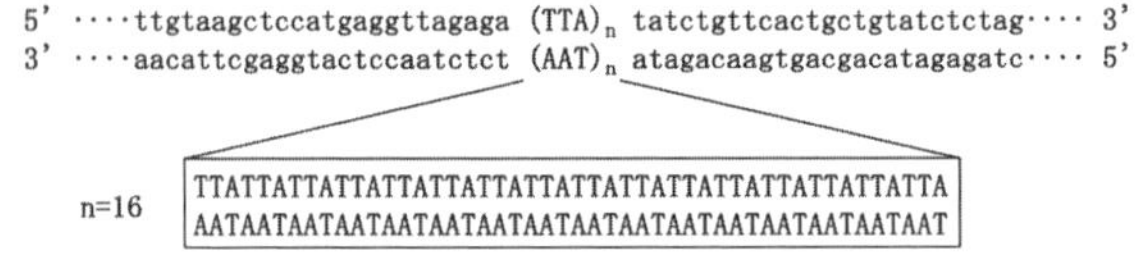

図３　多型性を示すＳＴＲの例
（ヒト膵ホスホリパーゼ A2 遺伝子〈PLA2〉における基本単位３塩基の反復配列）

ヒトのＤＮＡの中にはこのような繰り返し配列が数十万種類以上も存在しており、その多くは繰り返し回数の違いによる個人差（多型性）を有している。このＳＴＲの多型性は、伊達家三藩主のＤＮＡ分析で用いられたＨＬＡクラスⅡ遺伝子における抗原型と同様、メンデル遺伝形式により父親と母親の双方から子供に伝えられるため、これに基づいて親子など血縁関係の評価に用いることができる。ちなみに、現在世界の犯罪捜査においてＤＮＡ型鑑定の際にもっとも汎用されているのが、このＳＴＲによる個人識別の手法である。

広畑遺跡の二体「ＳＴ16‐１（成人男性）およびＳＴ16‐２（子供）」と花浦遺跡の二体「ＳＪ４（子供）およびＳＪ５（成人女性）」のＤＮＡ分析に当たっては、一〇箇所のＳＴＲについて検討した（表２）。その結果を見ると、広畑遺跡の場合、ＳＴ16‐１とＳＴ16‐２の二体でいずれも検出が可能であった九箇所のＳＴＲのすべてについて、少なくとも一つの対立遺伝子が共有されていた。これは、この二体が親子であると考えて矛盾しないことを意味している。一

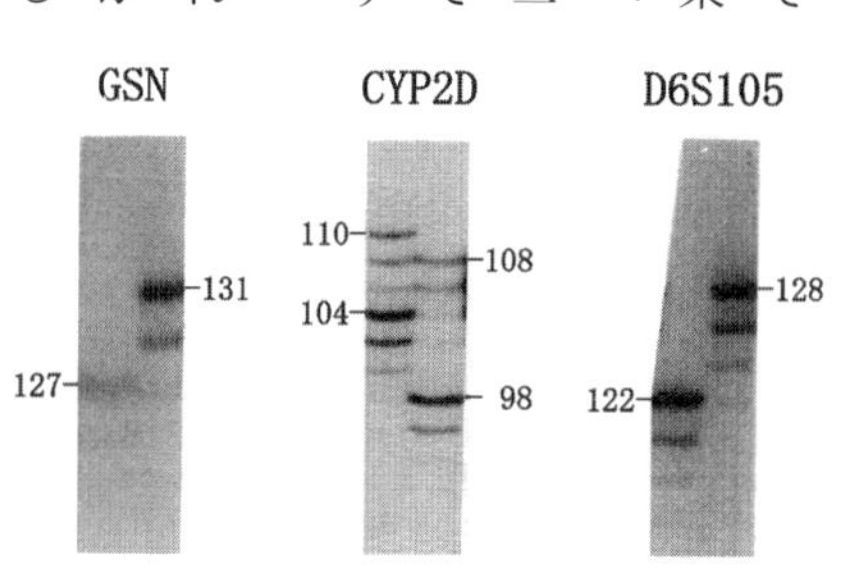

図４　SJ4（左レーン）とSJ5（右レーン）のＳＴＲ型電気泳動像（数値は塩基長）（Kurosaki et al., 1997 [7] より抜粋）

表２　遺跡出土人骨の近縁性判定

	広畑遺跡（古墳時代）		花浦遺跡（弥生時代）	
STR遺伝子座	ST16-1	ST16-2	SJ4	SJ5
APOA2	131/133	131/133	131/133	131/137
GSN	127/127	111/127	127/127	131/131
CYP2D	-	-	104/110	98/108
HMG14	189/193	189/189	189/189	189/193
D6S105	128/134	128/128	122/122	128/128
D15S87	174/176	170/176	-	-
D16S266	166/168	168/168	-	-
D18S34	130/130	130/132	-	-
PLA2	122/131	122/131	134/137	134/137
CD4	108/108	108/108	108/108	108/108

ハイフン（-）：判定不能
下線　：２個体の間に対立遺伝子の共有がなかった座位

方、花浦遺跡の場合、ＳＪ４とＳＪ５の二体で検出が可能であった七箇所のＳＴＲのうち、三箇所（ＧＳＮ・ＣＹＰ２Ｄ・Ｄ６Ｓ１０５）で双方が共有する対立遺伝子が認められなかった（図４）。

　さらに、この花浦遺跡のＳＪ４とＳＪ５の二体については、ミトコンドリアＤＮＡ（Ｄループ領域）の分析も行なっている。ミトコンドリアは核と同様に細胞の中に存在している小器官の一つであり、独自に全長一六五六九塩基の環状ＤＮＡを有している。このミトコンドリアＤＮＡは、両親の双方からその子供に遺伝子が伝達される核のＤＮＡと違い、両親のうち母親のみから子供に遺伝する「母系遺伝」を特徴としている。したがって、母親とその子供などの同じ母系であれば、原則としてミトコンドリアＤＮＡの塩基配列は一致するはずである。ところで、ＳＪ５はその骨形態から成人女性と推定されており、ＳＪ４がその子供であれば母子関係ということになるが、二体のミトコンドリアＤＮＡを比較したところ、その塩基配列には複数箇所の異なる部分があり、ＳＴＲの分析結果と同様に母子関係（を含む母系の血縁関係）の否定を支持する結果が得られたのである（図５）。

　広畑遺跡の二体については、同じ墓室内に合葬されていたことから当初より親子であることが確実視されており、実際に親子関係に矛盾のない結果が得られた。しかし、花浦遺跡の二体について、ＤＮＡ分析によりその親子関係が完全に否定されたことは、当時この二体の埋葬状況から親子であろうと「推断」していた考古学者の間で、驚きを持って受け止められた。この頃より、特に古代の考古学を専門とする研究者の間で、そ

```
      187                       212
SJ4   GAAC-ATACTTACTAAAGTGTGTTAAT
SJ5   ····A···T····C··G····A·····
```

図５　SJ4 と SJ5 のミトコンドリア DNA（一部）の塩基配列比較
SJ5 に示した塩基が SJ4 のものと異なっている（1 箇所の塩基付加および 4 箇所の塩基置換）.
塩基の番号はミトコンドリア DNA のケンブリッジ参照配列（CRS）[28] に準ずる .
（Kurosaki et al., 1993 [7] より抜粋）

の葬制や地域的交流など古代人の文化的側面を解明するための補助手段として、遺跡から出土した古人骨のＤＮＡ分析を積極的に導入しようとする考え方が普及してきた。こうして、考古学領域への科学的介入が徐々に認められた結果、我々自然科学者もこの分野でようやく市民権を得るに至ったのである。

しかし、これまで出土遺骸についてのＤＮＡをはじめとする科学分析の対象は、ほぼ古墳時代以前の古代に限られており、残念ながら近世の大名墓関連はもちろん、中世以降の遺骸についての分析例が報告される機会はほとんどないというのが現状である。確かに中世以降の出土遺骸は、古代の事例とは違って集団遺伝学的な研究対象になりにくい面があるのは事実であるが、近年の科学分析手法の進歩とそれらを複数組み合わせて多角的に検討することにより、新たに重要な知見を得ることができるようになってきた。

次に、その好例として最近筆者らが取り組んだ「伝・三浦按針墓」のケースを紹介する。

三　「伝・三浦按針墓」埋葬遺骸の個人識別

（一）三浦按針とは

三浦按針ことウィリアム・アダムスは英国人であり、永禄七年（一五六四）、イングランド南東部のケント州ジリンガムで生まれた。船大工や海軍の航海士などを経て北方やアフリカ航路の船長となり、慶長三年（一五九八）、オランダから極東を目指す五隻の船団の航海に志願し、旗艦ホープ号の航海士としてロッテルダムを出航した。しかしこの航海は極めて困難なものとなり、船の拿捕や沈没、海賊やインディオの襲撃、疫病などで次々と船員を失い、航海中の配置転換でアダムスが乗船していたリーフデ号一隻のみが慶長五年

（一六〇〇）三月、豊後国臼杵の黒島に漂着した。その後、アダムスは徳川家康に重用され、彼の外交顧問としてのみならず、数学・幾何学や航海術の指南、そして大型船の建造などの多岐にわたる功績から苗字・帯刀を許され二五〇石（一説では二二〇石）取りの旗本に取り立てられた。ちなみに、アダムスの日本名である「三浦」は領地である相模国三浦郡逸見（現在の横須賀市）に由来しており、「按針」は水先案内人を意味している。

アダムスは慶長一四年（一六〇九）肥前国平戸のイギリス商館開設にも尽力したが、本人の悲願であった母国への帰国も叶わないまま元和二年（一六一六）の家康の死去以降、跡を継いだ徳川秀忠や幕府に冷遇され、元和六年（一六二〇）失意のうちに平戸の地で没したと伝えられている（享年五五）。

（二）「伝・三浦按針墓」とその発掘調査

アダムスの遺骸は同地の外人墓地に葬られたが、寛永一四年（一六三七）の島原の乱以後、平戸藩主松浦重信（のち鎮信）によるキリスト教徒弾圧の過程で外人墓地は破却され消失してしまい、今ではその所在地すらわからなくなっている。しかし、平戸地内の民家においてアダムスの遺骸を譲り受けて埋葬したという言い伝えが残されており、実際に「貴人の墓（按針墓）」として密かに守られて来た墓が存在していた。昭和六年（一九三一）にこの墓が発掘され、多数の人骨片（頭骨・歯・肩骨・脊椎骨・肋骨・大腿骨など）が出土したという(8)。この遺骨は発掘場所に埋め戻されたとされており、その場所が後日「伝・三浦按針墓」として整備されて現在に至っている（図6）。

図6　長崎県平戸市崎方公園内の「伝・三浦按針墓」

図７　「伝・三浦按針墓」人骨出土状況　(A：墓坑全容　B：人骨が納められた壷)
〈松下孝幸氏提供〉

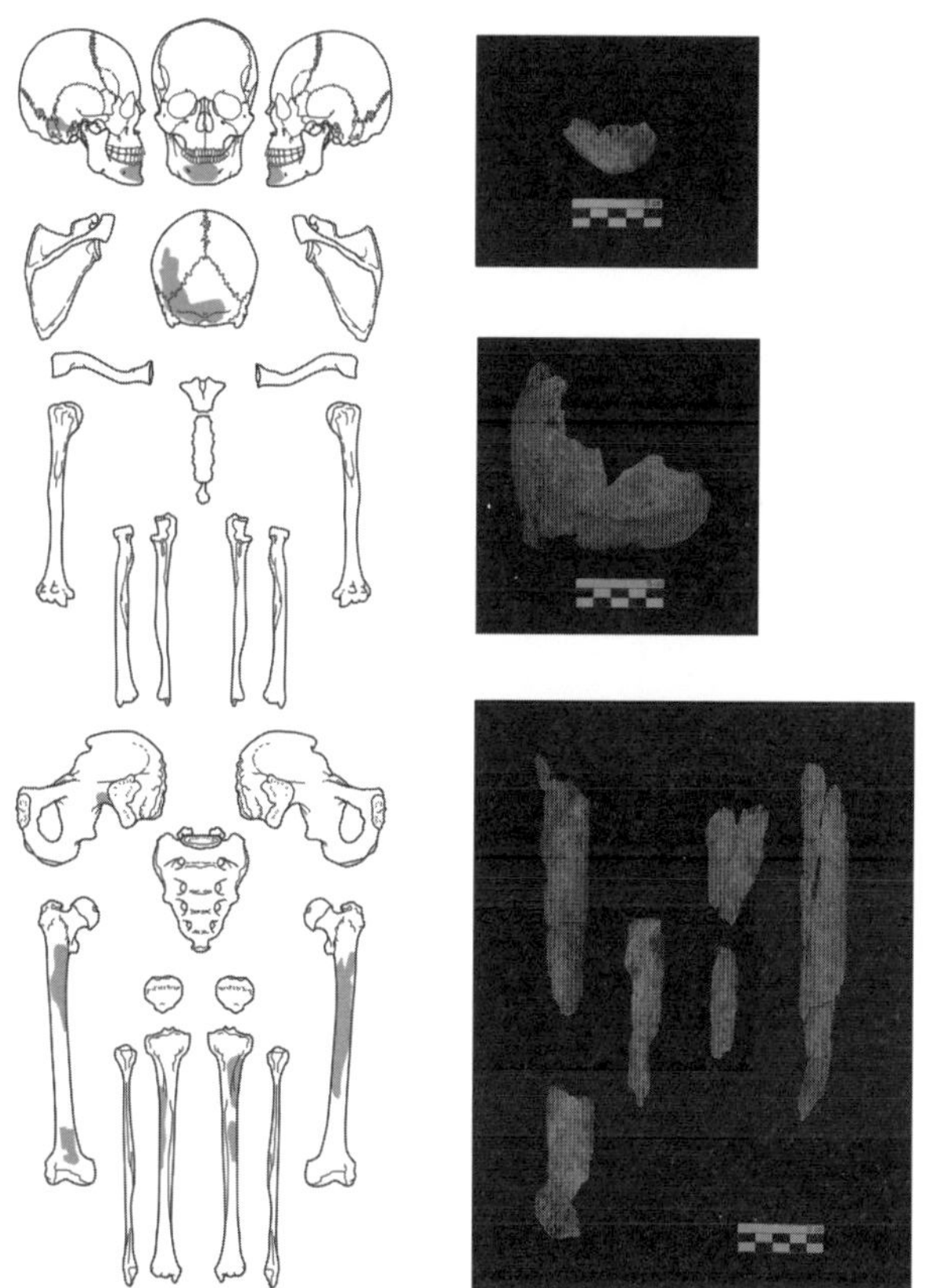

図８　「伝・三浦按針墓」から出土した人骨とその部位 (Mizuno et al., 2020 [29] より抜粋)

平成二九年（二〇一七）、平戸市教育委員会によりこの墓の再発掘が行われた。調査を担当した松下孝幸（土井ヶ浜遺跡・人類学ミュージアム館長）らの報告[9][10]によれば、「伝・三浦按針墓」の下は長方形を呈する墓坑となっており、その下層から磁器製の壺が一個出土し、中から人骨が検出されている（図7）。残存していた人骨は、頭蓋骨・下顎骨・大腿骨・脛骨などの骨片（部分骨）のみであった（図8）が、その形態を見ると外後頭隆起の発達が良好、大腿骨の径が大きい、粗線や殿筋粗面の発達が良好であるなどの特徴から性別は男性、また頭蓋縫合の所見（冠状縫合・矢状縫合が内板・外板とも癒合、ラムダ縫合が内板のみ閉鎖し外板は開離）から年齢は熟年（四〇歳〜五九歳）と推定された。さらに、この人骨が本当にアダムスの遺骸であるかを検証する上で、日本人と西洋人の形態的判別の可能性について検討されたが、近世日本人（武家層）には極めて珍しい所見が、後頭骨（外後頭隆起から走る最上項線が端麗で明瞭）や大腿骨（骨体の径が大きく柱状性を呈する）に認められたものの、限られた一部の骨の所見からこの人骨が西洋人のものと断定することは困難とされた。ただ、墓坑の形態が長方形であったこと、また同じ場所から釘が発見されたことから、被葬者は寝棺内に伸展葬形式で埋葬されていた可能性が高く、この当時日本のキリスト教徒の埋葬は伸展葬が多かったことと考え併せると、遺構の形態と人骨形質から西洋人の可能性が高いと結論づけている。

（三）アダムスの遺骸であることを証明できるか

ところで、「伝・三浦按針墓」から出土した人骨が、本当にアダムスの遺骸であるかをDNA分析で直接証明することは可能であろうか。

実は、それを試みようとすると二つの大きな問題が立ちはだかることになる。その一つは、DNA型の比較検討ができる血縁者がいないという点である。先に述べた仙台藩伊達家や広畑・花浦遺跡の事例では、いずれも二体または三体の遺骸間の血縁（親子）関係を、それぞれの塩基配列やＤＮＡ型の比較で証明することが可能であったが、「伝・三浦按針墓」の遺骸は一体単独であり、アダムスの血縁者のものとされる別の遺骸も見つかってはいない。アダムス研究の第一人者である森良和（元玉川大学教授）によれば、アダムスは日本人妻との間に息子ジョゼフと娘スザンナという二人の子を儲けており、その死後ジョゼフには逸見の采地が安堵され、一六三〇年代半ばまで朱印船貿易に従事したとされているが、それ以後の痕跡は途絶えている。また、スザンナの消息も元和八年（一六二二）で途切れている。さらに、アダムスには平戸にも愛人との間に子供（おそらく男児）がいたとされているが、この女性の素性や母子のその後もわかってはいないようである。[11]

では、アダムスの生地であるイギリスの方はどうであろうか。アダムスは来日前、二四歳の時に出身地であるジリンガム近郊でメアリー・ハインという女性と結婚し、娘デリヴァレンスと息子ジョンという二人の子を儲けたと伝えられている。[12] 妻メアリーについては、昭和三九年（一九六四）アダムスの生誕四〇〇年に際し、イギリスの墓地から小石を取り寄せ「伝・三浦按針墓」の墓碑の脇に合葬して夫婦塚を建立したとのことであり、墓地が存在しているようだが、事前確認によってもイギリスの二人の子供やその子孫がどうなったかについての情報は得られなかった。一方、アダムスが受洗した教会の記録によれば、アダムスには姉または妹がいたとされている。[13] 仮に、その姉妹の母系血脈が続いて現代にも子孫が生き残っていれば、ミトコンドリアＤＮＡの分析による検証の可能性が出てくるが、姉妹に関する情報も皆無でありこちらも現状では不可能である。

このように、日本でもイギリスでも当時のアダムスの血縁者（の遺骸）の所在や直系の子孫の存在は確認できず、したがってＤＮＡ型の直接比較により、遺骸がアダムスのものか否かを証明するという方法は使えないということになる。

もう一つの問題は、従来のＤＮＡ分析手法によるアプローチでは、「伝・三浦按針墓」から出土した遺骨がアダムスのものか否かを証明することが難しいということである。仙台藩伊達家および広畑・花浦遺跡の事例では、ＰＣＲ法によるＤＮＡ増幅法を応用することでＤＮＡの分析が可能になったわけであるが、前者の場合はＨＬＡクラスⅡ遺伝子、後者の場合はＳＴＲおよびミトコンドリアＤＮＡ（Ｄループ領域）という限られたＤＮＡ領域を選択的に増幅し、その塩基配列やＤＮＡ型を比較することで生物学的親子鑑定を行った。しかし、アダムスの遺骸の証明にあたっては、血縁者との比較という方法がとれないことから、仮にＤＮＡを部分的に増幅できたとしてもほとんど意味はなく、さらに広い範囲のＤＮＡを網羅的に分析することが絶対的に必要になるのである。

古い時代の遺骸から抽出されるＤＮＡは元々極めて微量である上に、本邦では夏場の高温多湿および酸性化した土壌に長期間晒されることでＤＮＡの断片化が進んでしまうため、その分析が困難であることは先にも述べた通りである。さらに、土中に埋葬された遺骸（古人骨）の場合、抽出ＤＮＡに含まれる「本人由来のＤＮＡ」の割合は一％にも満たないことが多く、九九％以上は骨の内部に混入したヒト以外の土壌菌などに由来するＤＮＡ（外来ＤＮＡ）である。したがって、保存状態の悪い遺骸から抽出したＤＮＡについては、たとえＰＣＲ法を用いたとしても、目的のＤＮＡ領域の増幅に成功しその塩基配列やＤＮＡ型の検出ができる可能性は、非常に低くなってしまう。一〇〇体近くの古人骨について分析して、わずか数体分の結果しか得られないことも珍しくない。伊達家三藩主や広畑・花浦遺跡の出土遺骸で分析結果が得られたのは、その中でも貴重かつ希少なケースだったとも言えるのである。「伝・三浦按針墓」の出土人骨は、アダムス本人であるならば江戸時代初期のものということになるが、その保存状態は非常に悪く、従来法を用いただけではその検証はかなり困難なものになると考えられた。

（四）最新のＤＮＡ分析手法

従来、ＤＮＡの塩基配列を決定する際には、ＰＣＲ法で増幅された長さ数百塩基程度のＤＮＡ領域を、サンガー法によるダイレクトシーケンスと呼ばれる方法を用いて、各々の領域ごとに個別に解読する方法が用いられてきた。しかし、保存状態の悪い古人骨由来のＤＮＡの場合、数百塩基どころか数十塩基以下の長さに断片化が進んでいるものも少なくなく、その場合ＰＣＲ法を行ってもＤＮＡの増幅ができず分析結果を得ることは不可能となってしまう。

ＤＮＡの塩基配列を解読する装置はシーケンサーと呼ばれるが、一〇数年前に次世代シーケンサー（ＮＧＳ）という画期的な機器（分析システム）が開発された。このシステムを用いると、数千万から最大数億個というＤＮＡ断片を大量並列に処理することで、広範囲の塩基配列を決定することができる。具体的には、先ず抽出ＤＮＡに含まれる全てのＤＮＡ断片の末端をマーキング（アダプターライゲーション）するライブラリー化という処理を行ったのち、ＰＣＲ法の原理を応用して四種類の塩基（アデニン・グアニン・シトシン・チミン）のそれぞれに標識された蛍光色素の発光を検出することで、一気に大量のＤＮＡ断片の塩基配列を読み取る。次に、目的とするＤＮＡ領域における既知の塩基配列（参照配列）を手がかりに、読み取られた各ＤＮ

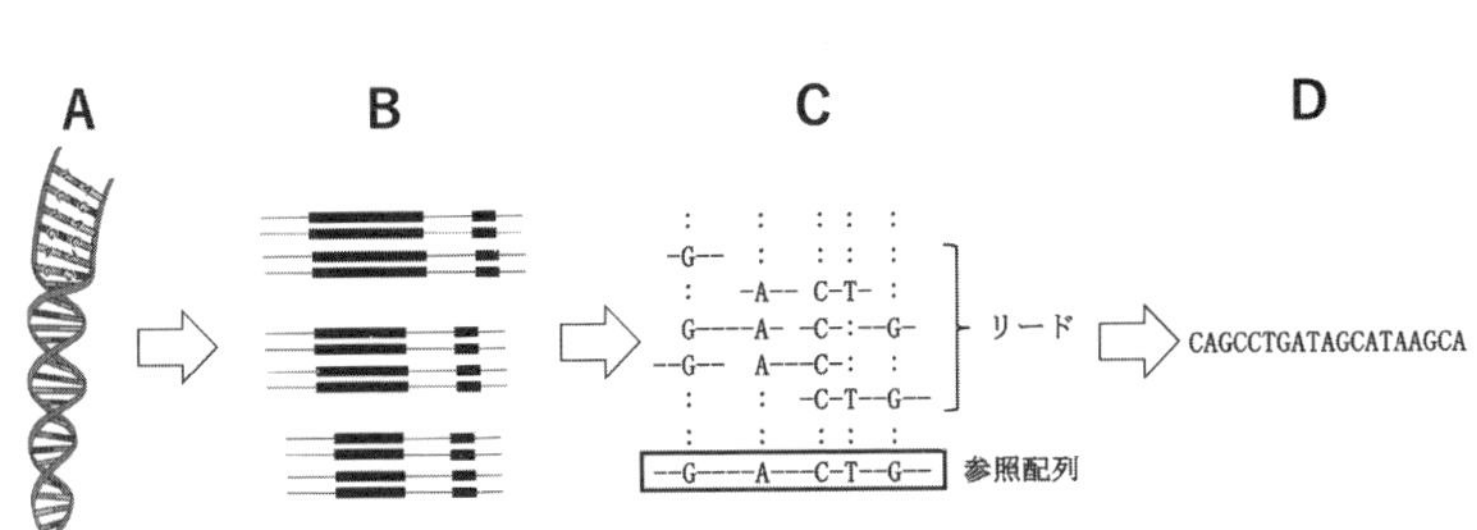

図９　次世代シーケンサーによるリシーケンスの概要
（A：DNA 抽出　B：アダプター配列の付加とライブラリー化
C：各リードを参照配列にマッピング　D：リードの共通配列から塩基配列を決定）

Ａ断片の塩基配列（リード）を比較対象となる該当部位に当てはめる「マッピング」を行う。目的とするＤＮＡ領域の（抽出ＤＮＡにおける）塩基配列は、マッピングされたリードの共通配列の形で解読（ターゲットリシーケンス）される（図９）。

この次世代シーケンサーによる分析システムを応用すれば、微小断片化された古人骨ＤＮＡの場合でも、各断片の塩基配列を「繋ぎ合わせる」ことで、長い領域に渡る塩基配列の解読が可能になると考えられる。筆者らは、「伝・三浦按針墓」から出土した人骨がアダムスのものであるか否かの検証にも有効であると考え、このシステムの利用による分析を試みた。

（五）人骨のミトコンドリアＤＮＡにおけるハプログループ分析

ミトコンドリアＤＮＡは「母系遺伝」を特徴としており、同じ母系であればミトコンドリアＤＮＡの塩基配列は一致するのが原則である。筆者らは、花浦遺跡における二体の出土人骨の事例において、ミトコンドリアＤＮＡの塩基配列を直接比較することで母子関係の有無を判定したが、「伝・三浦按針墓」のケースでは、同じ方法をとることができないことから別のアプローチが必要となる。

ミトコンドリアＤＮＡの塩基配列は、核のＤＮＡと比べて個体間で大きな違い（多様性）を有しており、また世界各地の人類集団における地域間・時代間の集団データが蓄積されていることから、それらの集団遺伝学的な比較が容易である。これまでに、世界中の多様なミトコンドリアＤＮＡ塩基配列データをもとにハプログループが決定され、そのグループ間の「相違度」を利用して集団間の系統分析が行われている。ハプログループとは、ヒトのミトコンドリアＤＮＡ塩基配列の違いに基づいた分類であり、アルファベットと数字の組み合わせを用いて命名されている。ちなみに、現代日本列島人集団で観察されるハプログループは、出現頻度が高いものからD・M7・B・F・G・A・N9・M8・Z・Y・U・Cの順になっている。さらに、ハプログループDはD4a 1b・D4b2b1・D4c 1aなどのサブハプログループに分類されるという具合に、日本列島人集団内に限ってもその種類と頻度は極めて多様である。これらのハプログループの中には、他の人類集団と重なって観察されるものが多いが、特定の集団内に特徴的に認められるものもある。例えば、M7aやN9bなどのハプログループは、日本列島人集団に特徴的に認められることから、仮にある個体のミトコンドリアDNAの塩基配列がこれらのハプログループに属していれば、この個体は日本列島人の可能性が高いと推測できる。

もし「伝・三浦按針墓」からの出土人骨がアダムス本人のものであれば、ヨーロッパ人に特徴的なミトコンドリアDNAの塩基配列を有しているかも知れない。そこで筆者らは、次世代シーケンサーにより、この人骨がどのハプログループに属しているかを検証してみることにした。

古人骨のDNA分析は歴史的にも貴重な試料を破壊して行われるものであり、形態学的分析などにできるだけ影響が少なく、DNA量が多く採取できる部位として歯牙が利用されることが多いが、歯牙が残存していなかったり損壊しているなどの理由で使えない場合、近年では頭蓋骨底部（側頭骨）で骨構造が緻密な錐体部を用いることが多くなっている。「伝・三浦按針墓」からの出土人骨の場合も、残存していた頭蓋骨の錐体部（図10）からDNAを抽出した。しかし、抽出されたDNAの状態がかなり悪かったため、次世代シーケンサーによる分析の際に、ターゲットエンリッチメントという特定のDNA領域を選択的に濃縮する実験手法を組み合わせて実施した。その結果、核DNAに関する遺伝情報は得られ

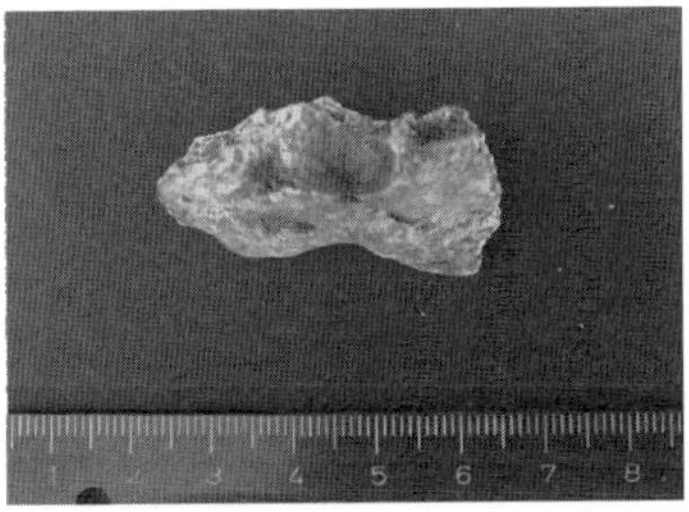

図10　DNA抽出に利用した頭蓋骨錐体部

なかったが、ミトコンドリアＤＮＡについては、全長一六五六九塩基のうち九六・四％を決定することができた。解読された塩基配列を、世界中に多様に分布している五七種類のハプログループと比較するために系統樹を作成すると、「伝・三浦按針墓」からの出土人骨はハプログループＨに属するＨ1e 2b（サブハプログループ）と推定された（図11）。

ハプログループＨは、古代の縄文・弥生時代から現代に至る日本列島人ではまったく観察されない系統である一方、ヨーロッパではたいへん高頻度に観察されており、西ユーラシアの多くの地域で四〇％以上の割合を占めている。[14] すなわち、イギリスを含む北および西ヨーロッパ集団の特徴的ハプログループであり、「伝・三浦按針墓」から出土した遺骸はヨーロッパを出自とすることが判明したのである。

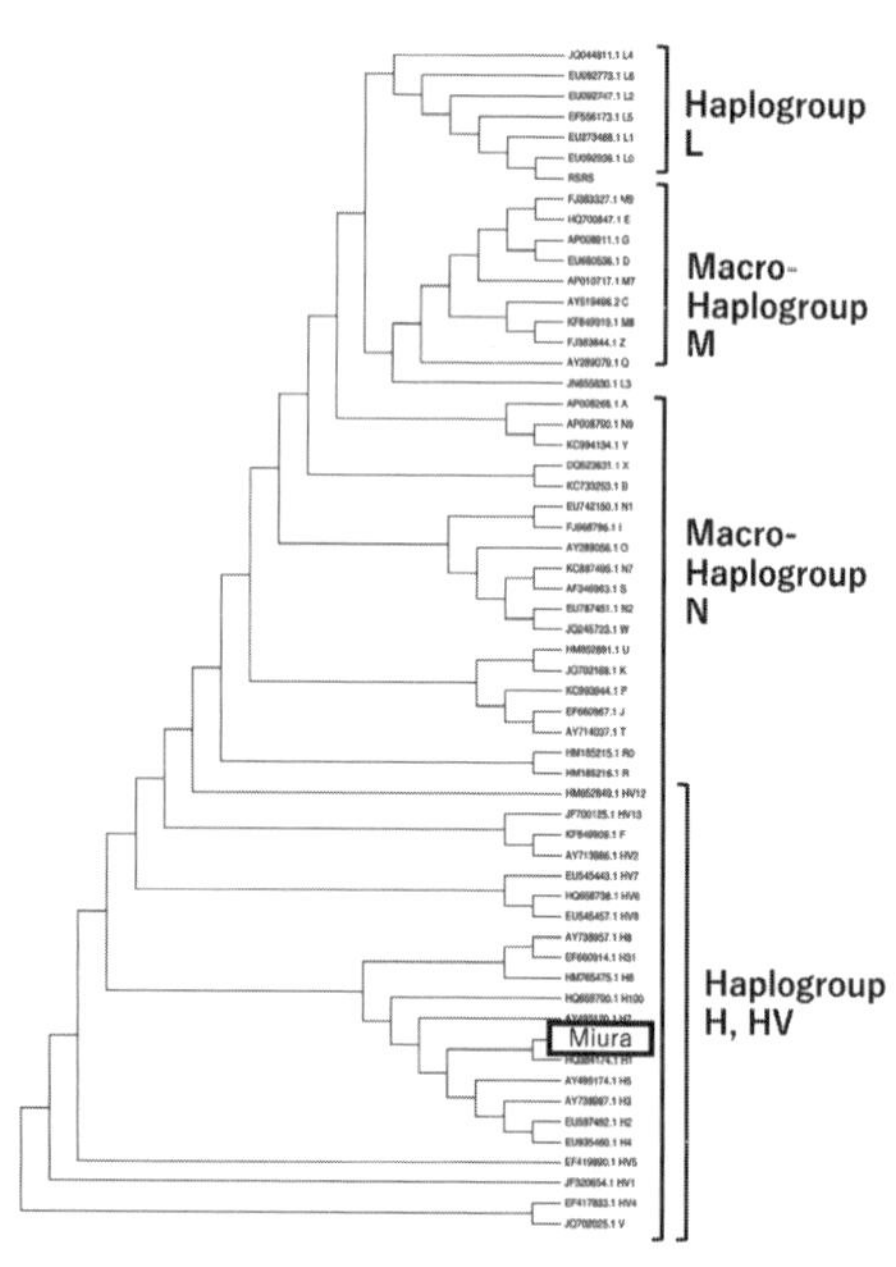

図11　ミトコンドリアDNA塩基配列に基づく系統樹
「伝・三浦按針墓」出土人骨（「Miura」）と世界中の多様なハプログループ（57配列）を合せて最大節約法で作成
（Mizuno et al., 2020 [29] より抜粋）

（六）人骨の年代測定と食性分析

こうしてミトコンドリアDNAのハプログループ分析により、「伝・三浦按針墓」から出土した人骨がヨーロッパ人で矛盾しないという結果が得られたわけであるが、もちろんそれだけでこの人骨をアダムスのものと決めつけることはできない。

ところで、骨の含有成分で繊維状のタンパク質の一種である骨コラーゲンに含まれる放射性炭素（^{14}C）の量を測定し、国際的に使用されている標準物質と比較すれば、その年代の推定が可能となることが知られている。[15][16]そこで、「伝・三浦按針墓」出土人骨から骨コラーゲンを抽出し、年代測定を行ったところ四一〇±三〇ＢＰという結果が得られた。このＢＰとはBefore Presentの略であり、放射性炭素年代測定では一九五〇年が基点（ＢＰ０）となる。ただし、大気中の放射性炭素の減衰は理論値からずれる上に、海に近いエリアでは海洋リザーバー効果の影響で、実際の年代よりも古い値が出ることがわかっており、ＢＰ年代はそのままでは暦年代と対応させることはできない。暦年代とは、実際の年代を推定するために様々な較正を行って得られた補正後の年代であり、「伝・三浦按針墓」の出土人骨について算出された暦年代は一四六六〜一八一九年と幅のある推定値となってしまったが、その中央にあたる年代はアダムスの死亡年である元和六年（一六二〇）と近似しており、アダムスの遺骸と考えても矛盾しな

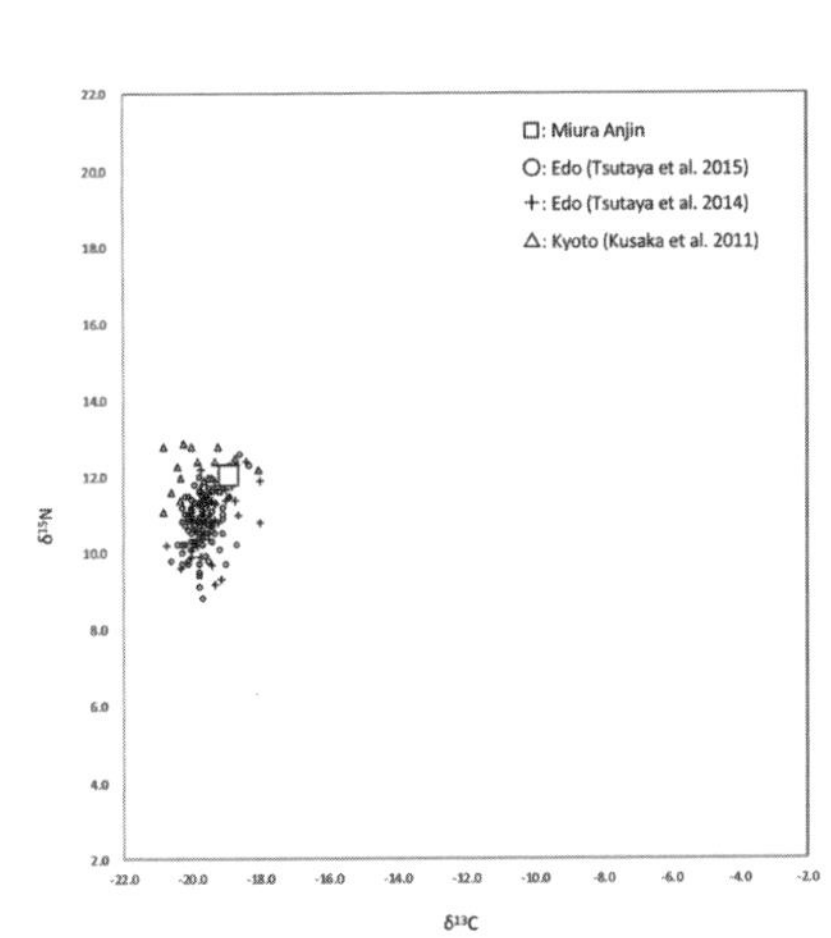

図12　「伝・三浦按針墓」出土人骨と
江戸時代の人骨（170個体）から求めた炭素・窒素同位体比（δ値）
（Mizuno et al., 2020 [29] より抜粋）

い結果となった。

骨コラーゲンについては、そこに含まれる炭素と窒素の安定同位体比が、生前にその個体が摂取したタンパク質の同位体比を反映することから、この比を求めることにより生前の食性分析が可能である。[17] さらに、成人の骨の置換速度は一〇年以上とされており、すなわち一〇年以上の長期間にわたる平均的な食性を知ることができる。[18] これまでに報告されている江戸時代人骨（江戸および京都）の一七〇個体のデータ[19][20][21]をもとに炭素・窒素安定同位体比を図化したところ、「伝・三浦按針墓」出土人骨の値は江戸時代日本人のクラスターに完全に含まれていた（図12）。ちなみに、欧米人や現代日本人など、穀類や植物資源に比べて肉類や乳製品などの動物性タンパク質を摂取する割合が高まると、図12のグラフ上のプロットの位置は「右上がり」の傾向を示すことになる。[22] 以上の結果より、「伝・三浦按針墓」の被葬者は少なくとも死亡する一〇年前以降、当時の日本人と同じ食生活をしていたことが判明したのである。

（七）「伝・三浦按針墓」からの出土人骨はアダムスの遺骸と言えるか

「伝・三浦按針墓」の再発掘調査において、出土した人骨の埋葬状況、形態学的分析、DNA分析、年代測定、食性分析の結果から以下のことが明らかになった。

①墓坑の形態が長方形で寝棺が用いられており、近世では西洋人かキリスト教徒に限られる「伸展葬」で埋葬されている。

②形態学的所見より、熟年の男性骨であり、アダムスの死亡年齢に合致する。また、頭蓋骨や大腿骨の形態は西洋人と考えても矛盾しない。

③ミトコンドリアDNAの塩基配列のタイプは、古代から現代に至る日本列島人では観察されず、ヨーロッ

パ系集団に特徴的なハプログループHに属する。
④骨コラーゲンを用いた推定放射性炭素年代は、アダムスの死亡年と矛盾がない。
⑤骨コラーゲンを用いた炭素・窒素安定同位体比から、一〇年以上当時の日本人と同じ食生活をしていた。
これらの知見のうち、①②③よりこの人骨が西洋人のものであることは確定して良いと考えられるが、残る④⑤から生じる疑問として、当時アダムス以外に「一〇年以上日本人と同じ食生活をしており、熟年で死亡し平戸に埋葬された西洋人男性」の該当者がいるかという問題がある。

平戸における南蛮貿易の開始当初は、カトリック国であるポルトガルやスペインが相手であった。そのため、両国の宣教師やキリスト教徒が数多く来日し、中には異国の地で不慮の死を遂げた者もいるが、その多くは教会の専用墓地に埋葬されたと考えられる。特に、宣教師には日本人信徒たちの人望を集めていた聖人もいたようだが、島原の乱後の寛永一七年（一六四〇）には、平戸の教会墓地が徹底的に破壊された上に、遺体の多くは海中に投棄され、または三箇所に分葬され土中深く埋められたという[23]。当時のこのような激しいキリスト教弾圧を考えると、特定の外国人宣教師やキリスト教徒の遺骸が後々まで残される余地は、ほとんどなかったと考えるのが妥当であろう。

一方、アダムスの母国イギリスやオランダなどのプロテスタント国については、カトリック国のように布教と貿易を一体化するのではなく、「布教を伴わない貿易も可能」とする考え方であったことから、幕府の強い弾圧から逃れていたということもあり、この両国人の墓や遺骸は比較的残存しやすい条件であったと考えられる。では、アダムス以外のイギリス人やオランダ人の中に、先の条件に適合する人物はいるのであろうか。

森良和は当時のイギリス商館とオランダ商館の関係者について、その可能性を検討している[13]。まず、平戸で死去したイギリス商館の関係者が、記録で確認できる限りアダムスを除いては一四人いる。その中で、「日本で一〇年以上の食生活」および「死亡時の年齢が熟年（四〇～五〇歳代）」の条件に該当するのは、アダムスと共にリーフデ号で来日したオランダ人のギスベルト・デ・コニングのみである。彼は日本で一五年間過ごしたが、アダムスのように家康に重用されたわけでもなく、商館の一従業員であり特別扱いされたとは考えにくい。次に平戸で死没したオランダ商館の関係者については、史料によるとイギリス商館の場合と同じ一四人が確認されている。そのうち条件に該当する者として、来日以来一〇年間商館長を務め在任中に死亡したコルネリウス・ファン・ナイエンローデがいる。要職者の彼が特別に埋葬されたと考えるのは不自然ではないが、その詳しい埋葬状況は不明のようである。

ところで、このように当時の平戸で死亡した西洋人の中でも、先の条件に適う者は非常に限られていたわけであるが、彼等がこの地で常食にしていたのは肉料理を中心とする西洋食であったことが広く知られている。もし、「伝・三浦按針墓」の遺骸が平戸で「西洋式の生活」を送っていた人物であるなら、仮に一〇年以上にわたり日本に滞在していたとしても、炭素・窒素安定同位体比による食性分析の結果が、当時の日本人集団のクラスターに完全に含まれるようなことにはならないと考えられる。「日本人に極めて近い生活」を送っていたアダムスの遺骸であるからこそ、このような結果になったと見ても矛盾はないであろう。

今回筆者らが行った多角的な科学分析により、「伝・三浦按針墓」からの出土人骨がアダムスのものである確率はかなり高まったが、残念ながらその事実を確定するまでには至らなかった。今後それを確定できる可能性については、アダムスの母国イギリスにいたとされる姉妹に母系で辿ることのできる子孫が存在していることが前提であるが、その人物を探し出してミトコンドリアＤＮＡ分析への協力を得ることができれば、かなり有望と考えられる。イギリスでは、これまでミトコンドリアＤＮＡの分析により、一五世紀イングランド王リチャード三世の遺骸の個人識別（実姉の一九代および二一代目現存母系子孫との比較により確定）[24]、帝政ロシア最後の皇帝ニコライ二世一家の遺骸の個人識別（皇后アレクサンドラの姉の孫である故エディンバラ公フィリップがＤＮＡを提供[25]）などを行ってきた実績がある。王統ではないが、「伝・三浦按針墓」の遺骸がアダムスのものであることが確定すれば、改めて日英関係や日欧関係を問い直す手がかりになるであろう。今後のさらなる研究の進展に大いに期待したいところである。

おわりに

以上、「伝・三浦按針墓」からの出土人骨の例を中心に、ＤＮＡ分析をはじめとする遺骸の科学分析の現状およびその成果について紹介した。これまで近世大名墓の研究においては、その被葬者の遺骸に対してこのような科学分析はほとんど行われてこなかったが、実際の分析によりどのようなアプローチが可能か、最後に筆者の考えを述べておきたい。

大名家の墓所は、江戸や領国等の複数箇所に選定・建墓される場合が多いが、歴代当主やその妻子などの複数の近縁者が、ある程度まとまった場所に埋葬されていることが通常であろう。墓所の発掘調査等においてこれらの遺骸が取り上げられる場合、先ずそこからＤＮＡを抽出し、家系図に基づいた血縁関係の検証を行うことができる。

また大名家においては、後嗣がいない場合に宗家と分家や支藩との間で養子を取り交わして対処することがあるが、もしそれぞれの墓所の遺骸の調査が可能であれば、さらに範囲を広げた形で系統分析を行うことができる。例えば、先に取り上げた仙台藩伊達家は分家である宇和島藩に、そして宇和島藩からはその支藩である伊予吉田藩に、宗家初代政宗から連綿と続く父系の後嗣を送り込んでいることが家系図より明らかになっている。母系の血縁関係を検証する場合には、ミトコンドリアＤＮＡの塩基配列やハプログループ分析を利用するが、父系の場合にはＹ染色体上の遺伝子（Ｙ‐ＳＴＲなど）を利用すればその検証が可能である。既に宗家三藩主のＤＮＡ分析については実施されているところであり、近年菩提寺である大乗寺の墓所の発掘と整備[26]が行われた吉田藩伊達家について、その際に取り上げられた藩主などの遺骸からＤＮＡを抽出し、ＰＣＲ法や次世代シーケンサーによるＹ‐ＳＴＲの分析を行うことができれば、同系他家との父系血縁関係の立証が可能となり、考古学的にも遺伝学的にも極めて重要な知見が得られると考えられる。ただし、これを実践するに当たっては、現存子孫の方々など関係者に研究内容に関する十分な説明をした上で、確実な了承を得るという倫理的手続きが必須であることは言うまでもない。

「伝・三浦按針墓」からの出土人骨については、江戸時代の日本人集団との間で食生活の傾向を比較するために、骨コラーゲンの炭素・窒素安定同位体比を用いた食性分析を実施した。しかし、大名墓からの出土遺骸をこの方法で分析してもあまり意味はなく、むしろ有用と考えられるのは、歯牙に付着した歯石から抽出したＤＮＡを用いて行う食性分析である。歯石に含まれるＤＮＡの約九九％は口内バクテリア由来であるが、僅かながら「食べかす」に由来する動物・植物・菌類のＤＮＡが含まれており、これを分析すれば食べられていた動物・植物の属・種の同定から、場合によっては具体的な「食物の品目」の復元まで個人レベルで行うことができる。

令和二年（二〇二〇）、琉球大学の澤藤らの研究グループが、江戸時代庶民の人骨から採取した歯石をＰＣＲ法やＤＮＡメタバーコーディング法という手法を用いて分析し、コメや野菜など複数（七科一〇属）の食材に由来するＤＮＡの検出に成功した[27]。さらにこの研究では、嗜好品であるタバコや熱帯にしか生息していないフタバガキ科植物のＤＮＡも検出されている。後者については、当時この植物から得られる樹脂（龍脳）を庶民が歯磨き粉の原料として利用していたとのことであり、おそらく交易によりフタバガキ科の植物が大量に輸入されていたことを裏付けるものと考えられている。このように歯石のＤＮＡ分析は、食性だけではなく当時の生活文化を明らかにするためにも有用な手法であり、これを大名墓の被葬者の遺骸に応用することができれば、この階層の生活の実態を解明するために大いに役立つと考えられる。

さらに遺骸の保存状況が良ければ、ＤＮＡ分析により例えば生前に罹患していた疾患（感染症、遺伝病など）や古病理学的検索も含めた死因の究明も可能であろう。それ以外にも、多角的な科学分析を駆使することにより、個別のケースに応じた様々なアプローチができると考えられることから、今後大名墓の改葬や発掘調査に携わる考古学者の諸氏におかれては、遺骸への科学分析の活用についても検討していただければ幸甚である。筆者としても、可能な限り考古学と自然科学の橋渡し的役割を果たしていく所存である。

最後に、執筆の機会を与えていただいた松原典明氏に心からの感謝を申し上げて本稿を終える。

参考文献

１　「バイオ実験イラストレーテッド３　新版／本当にふえるＰＣＲ」学研メディカル秀潤社　一九九八年。
２　田村隆明編「遺伝子工学実験ノート（上）改訂第3版／ＤＮＡ実験の基本をマスターする」羊土社　二〇〇九年。
３　打樋利英子 他「ＨＬＡクラスⅡ遺伝子型タイピングによる伊達家三藩主のＤＮＡ解析」『ＤＮＡ多型３巻』二〇九～二一三頁　ＤＮＡ多型学会編　一九九五年。
４　鈴木尚、葉山杉夫「Ｘ．遺骨」『瑞鳳殿伊達政宗の墓とその遺品』伊藤信雄編　瑞鳳殿再建期成会（仙台）一九八五年。

5　鈴木尚、山田格「XIII・遺骨」『感仙殿伊達忠宗、善応殿伊達綱宗の墓とその遺品』伊藤信雄編　財団法人瑞鳳殿（仙台）一九八五年。

6　富岡直人、沖田絵麻、江川達也「土壌pH分析から見た明石人骨の保存性」『半田山地理考古4号』一二五〜一三七頁　岡山理科大学生物地球学部生物地球学科地理考古学研究室　二〇一六年。

7　Kurosaki, K., et al. Individual DNA identification from ancient human remains. American Journal of Human Genetics, Vol. 53, 638-643, 1993.

8　宮永孝「ウィリアム・アダムズの埋葬地は平戸か」『社会労働研究』四三巻三・四号　八七〜一一五頁　法政大学社会学部学会　一九九七年。

9　松下真実、塩塚浩一、松下孝幸「長崎県平戸市伝・三浦按針墓出土の人骨」『土井ヶ浜遺跡人類学ミュージアム研究紀要』第一六号　二〇二一年。

10　松下孝幸、松下真実「第9章　伝三浦按針墓出土の人骨を鑑定して」『三浦按針の謎に迫る - 家康を支えたイギリス人臣下の実像』森良和、フレデリック・クレインス、小川秀樹編　玉川大学出版部　二〇二一年。

11　森良和「終章　等身大のアダムス像を求めて」『三浦按針の謎に迫る - 家康を支えたイギリス人臣下の実像』森良和、フレデリック・クレインス、小川秀樹編　玉川大学出版部　二〇二一年。

12　Farrington, A., The English factory in Japan, 1613-1623. British Library, London, 1991.

13　森良和「第12章　伝按針墓の歴史学的考察」『三浦按針の謎に迫る - 家康を支えたイギリス人臣下の実像』森良和、フレデリック・クレインス、小川秀樹編　玉川大学出版部　二〇二一年。

14　Richards, M. et al. Tracing European founder lineages in the Near Eastern mtDNA pool. American Journal of Human Genetics, Vol. 67, 1251-1276, 2000.

15 齋藤努「6 年代測定」『考古調査ハンドブック2 必携 考古資料の自然科学調査法』ニューサイエンス 二〇一〇年。

16 板橋悠「入門講座 分析試料の正しい取り扱いかた／考古資料」『ぶんせき』8月号 二七六〜二八一 日本分析化学会 二〇二〇年。

17 米田穣「古人骨の化学分析による先史人類学 - コラーゲンの同位体分析を中心に」Anthropological Science (Japanese Series), Vol. 114, 5-15, 2006.

18 Stenhouse, M. J. and Baxter, M. S., The uptake of bomb ^{14}C in humans. Berkeley, R. and Suess, H. (eds.), Radiocarbon dating, 324-341, University of California Press, 1979.

19 Tsutaya, T. et al. Stable isotopic reconstructions of adult diets and infant feeding practices during urbanization of the city of Edo in 17th century Japan. American Journal of Physical Anthropology, Vol. 153, 559–569, 2006.

20 Tsutaya, T. et al. The diet of townspeople in the city of Edo: Carbon and nitrogen stable isotope analyses of human skeletons from the Ikenohata-Shichikencho site. Anthropological Science, Vol. 124, 17-27, 2016

21 日下宗一郎 他「伏見城跡遺跡から出土した江戸時代人骨の安定同位体による食性分析」Anthropological Science (Japanese Series), Vol. 119, 9-17, 2011.

22 南川雅男「炭素窒素安定同位体による食性分析の今後の展開」Radioisotopes, Vol. 66, 355-366, 2017.

23 加藤三吾「第九章 オランダの獨占貿易」『三浦の安針』明誠館書店 一九一七年。

24 King, T. E., et al. Identification of the remains of King Richard III. Nature Communications, Vol. 5(1),

1-8, 2014.
25 Gill, P. et al. Identification of the remains of the Romanov family by DNA analysis. Nature Genetics, Vol. 6, 130-135, 1994.
26 石造文化財調査研究所　二〇二一「愛媛県宇和島市大乗寺・伊達家墓所修復調査覚書」（『石造文化財』一三号）。
27 Sawafuji, R. et al. Ancient DNA analysis of food remains in human dental calculus from the Edo period, Japan. PLOS ONE, Vol. 15(3), e0226654.https://doi.org/10.1371/journal.pone.0226654, 2020.
28 Anderson, S. et al. Sequence and organization of the human mitochondrial genome. Nature, Vol. 290, 457-465, 1981.
29 Mizuno, F. et al. A biomolecular anthropological investigation of William Adams, the first SAMURAI from England. Scientific Reports, Vol. 10(1), 1-7, 2020.

あとがき

これまでの大名墓研究会の活発な活動は、地域に残る武家の墓の歴史的価値を再認識させてくれた。しかし、一〇年間の活動では取り上げることが出来なかった墓所も多数あることも判明した。そこで、組織的ではないにしても大名墓の研究の継続と保護への働きかけを続けることが重要であるという認識に至った。二〇二〇年、コロナ禍ではあったが、改めて地域の文化財を担当する方々にお声掛けを行い、多くの方々のご尽力により『墓からみた近世社会』と題する一冊を纏めることが出来た。このことは、大名墓研究会の研究の継承とまでいかないまでも、継続の重要性だけは喚起出来たものと思う。そして、そのためにも各地の取り組みや研究成果を周知していただくために、本書をシリーズ化し、全国の未だ紹介できていない武家の墓に視点を向けたいと思う。今回の『近世大名墓の葬制と社会』は、その第二弾として大名墓や家臣の墓から近世社会を読み解くための新たな方法論と活用へのアプローチを提示できたのではないかと思っている。

Ⅱは、「大名墓の保全・保護と活用」と題して整備や文化財の活用に関する最新の成果を示していただいた。

中野光将先生は、日々、清瀬市で文化財保護に携わっておられる中、増上寺徳川家墓所所縁の石塔類の内、御台所に関連する宝塔が市内に所在する事から、今回はそれらの石造物の保護と活用などに視点を当てていただいた。多くの増上寺徳川家墓所所縁の石造物は、所沢方面に移設されたほか、多数が各地に運び出され散在している状況下にあるが、改めて増上寺の徳川家葬制の歴史的意義を再考するとともに、今後の保全と保護・活用の在り方を考える切っ掛けとなればと私かに思っている。筆者も、某市の調査で増上寺徳川家所縁の石塔類を確認している。それは、増上寺で最初に埋葬された秀忠の嫡男・秋徳院長丸（慶長七年〈一六〇二〉没）宝篋印塔の部品（笠）の可能性が高い（拙編著二〇一八『近世大名葬制の基礎的研究』二三二頁）。また、二〇一四年に山梨県恵林寺で発見された崇源院（お江さん）の宝篋印塔基礎部分のニュースを見て驚いたことは記憶に新しい。これら散在した徳川家所縁の石造物の文化財的な今後の保護措置や保全への視点となればと思う。

続いて豊田徹士先生は、一九九七年国の指定史跡になった岡藩中川家墓所の保存と活用について、最新の保存整備並びにそれに伴う追加調査の結果を踏まえて纏めて頂いた。岡藩歴代藩主家墓所は、城下（竹田市）の碧雲寺にある。但し、三代藩主久清は、大船山、八代藩主久貞は豊後大野市の小富士山に墓所を築いた。今回は、竹田市内の菩提寺・碧雲寺の墓所ではなく、大船山に構えた久清墓所の整備調査と活用と、それに伴って新たに確認された墓所構築関連の施設である「番所跡」（墓守）や墓所構築に伴う石丁場関連施設の跡を紹介していただいた。大船山の久清墓所は、標高一四〇〇mの日本一高い場所にある大名墓でもある。この特殊な条件下における大名墓の保存整備調査では、一九九七年の国指定のための調査時には明確ではなかった盗掘の痕跡や旧墓碑片の発見・焼土層の検出などのトレンチ調査による新知見があった。この結果は、我々が普段各地で目にする墓所の現状と旧状には、経年による何らかの不可抗力も含めて改変の可能性を示唆するものであった。同時に、今後、指定時における詳細な調査の重要性をも喚起する結果ではなかろうか。五年間にわたる竹田市の取り組みには、熱意を感じたところでもあった。

谷口明伸先生は、保存管理計画ならびに整備基本計画に基づいた史跡整備について、前田利家とまつの末娘の墓所整備、特に加賀藩特有の石廟の復元整備についての詳細なご報告である。整備は進行中であり、今後の新たな知見や研究成果を期待したいと思う。

Ⅲは、東アジア文化圏の中にあって、地政学的にも最も重要な国として、琉球王国を真っ先に挙げれられるが、近世期の琉球については沖縄大学の安里進、田名真之・当真嗣一・上江洲均先生らの大な成果があった。今回は、現在、琉球墓制研究の推進役である宮城弘樹先生に、最新の琉球墓制の考古学的な成果や習俗なども含めて、近世琉球社会を読み解いていただいた。近世琉球の独自の墓制と習俗が、地政学的な大きな優位性と独自性の保持に直結していた事が提示されている。

Ⅳは、同じ東アジア文化圏における最も近い隣国である韓国における朝鮮王朝に関連した葬制ならびに習俗を示して頂いた。

編者は、儒教文化圏の末端に位置する日本と、儒教を国教とした韓国の葬制や胎室の埋納習俗の異同に関心があった。今回は、李芝賢先生（東京芸術大学）にコーディネートいただき、韓国における胎室研究の第一人者である沈賢容先生（韓国胎室研究所所長・蔚珍鳳坪里新羅碑展示館館長）をご紹介頂いた。韓国の儒葬・胎室が、日本の近世の葬制への影響の有無を考える点では、重要な視点を披瀝していただいたと考えている。関西大学の篠原啓方先生に読み解いていただいた「朝鮮王朝の碑の文化と社会」（松原典明編著『近世大名の考古学』二〇二〇・勉誠社）と併せて参照いただきたい。一方、李先生は、韓国の王室並びに士大夫の葬制が国教として実践された内実を国家典礼書の記録から読み解いていただいた。特に墓に埋納される明器と服玩に着目され、その実践の厳密・堅固さが、国家のアイデンティティー形成の一端を担っている事を読み解いた論考である。日本における『家礼』実践との違いが歴然と明示されたと思う。

なお、編者は、沈・李先生の論考を拝読するに当たり、インターネット上で韓国考古学科関係のホームページを閲覧したが、韓国における最新の考古学的研究・文献研究の現状を知り、充実した情報インフラの整備に伴う高度な情報のデーターベース化に驚かされた。国境を越えた情報の共有性が多くの成果を生む可能性を感じた。今後、益々の交流を継続させ、大いに学びたいところである。また、韓国語論文の翻訳について、李先生を通じて多くの方々のご協力を得られたことに、謝意を表します。

さて、二〇二〇年のノーベル医学生理学賞が先日発表された。スウェーデン人遺伝学者のスバンテ・ペーボ氏の「絶滅したヒト族のゲノムや人類の進化に関する発見」という研究に授与されたようである。この研究は、初めてネアンデルタール人のゲノムを解析し、現生人類のホモ・サピエンスがネアンデルタール人と交配していたことを発見した。今回、Ⅴ章にご寄稿頂いた黒崎久仁彦・水野文月先生の論考は、まさに遺伝子レベルの研究によって被葬者を読み解こうという研究である。これまでの大名家墓研究ならびに、大名墓の調査方法に対して新たな視点といえ、学際的研究の必要性と重要性を喚起する論考で、ＤＮＡによる遺伝子レベル研究の必要性とその可能性を広げた。三浦按針という歴史上に名が遺る人物のＤＮＡ研究結果を事例として示していただいたことは、各界に大きな刺激を与える論考と言える。拙者が二〇一八年後半、港区済海寺において携わった某大名家墓所の調査や二〇二〇年、四国の伊予吉田藩藩主家である伊達家墓所の調査と整備に関わった折に、確認した遺骸からは、様々な情報が得られることを東邦大学の黒崎久仁彦先生にご教示いただいた。このことが切っ掛けとなり、今回改めて黒崎先生と水野文月先生に「遺骸と科学分析～三浦按針の遺骨分析から～」と題して纏めていただいた。考古学的な視点以外の新たな学際的研究の必要性と重要性が忌憚なく示しており、今後の大名墓研究の可能性が提示されている。考古学の調査においては、とかく遺物にとらわれがちであるが、論考に示された遺伝子レベル研究による新た情報量は膨大であり、当時の食性や罹患や血縁関係の解明におよび、今後、考古学研究における科学分野との連携研究の必要性が改めて示されており、研究促進から得られる可能性に、認識を新たにしたところである。

最後になりますが、監修頂きました坂詰秀一博士には、終始、研究のご助言・ご指導を賜り、また本書の全体の構成においても監修頂きましたこと記して感謝申し上げます。また、本書の刊行に当たり、桑門智亜紀氏・宮田哲男様にはご高配賜りましたこと記して感謝申し上げます。

令和四年拾月識　編者

執筆者紹介（各章順）

刊行にあたって

坂詰秀一（さかづめひでいち）（立正大学特別栄誉教授）

Ⅰ　各地の大名葬制と親族形成

北脇義友（きたわきよしとも）（備前市立伊里中学校非常勤講師）

清水慎也（しみずしんや）（周南市教育委員会生涯学習課）

水澤幸一（みずさわこういち）（胎内市役所）

関口慶久（せきぐちよしひさ）（水戸市教育委員会歴史文化財課）

村上達哉（むらかみたつや）（飯能市役所）

松原典明（まつばらのりあき）（石造文化財調査研究所）

Ⅱ　大名墓の保全・保護と活用

中野光将（なかのみつまさ）（清瀬市郷土博物館）

豊田徹士（とよたてつし）（豊後大野市役所）

谷口明伸（たにぐちあきのぶ）（金沢市文化スポーツ局 文化財保護課・埋蔵文化財センター）

Ⅲ　琉球の葬制と習俗

宮城弘樹（みやぎひろき）（沖縄国際大学総合文化学部社会文化学科）

Ⅳ　韓国の葬制と習俗

沈賢容（しむひょんよん）（韓国胎室研究所所長・蔚珍鳳坪里新羅碑展示館館長）

李芝賢（いじひょん）（東京藝術大学教育研究助手）

Ⅴ　大名墓研究と学際的研究の連携

黒崎久仁彦（くろさきくにひこ）（東邦大学医学部法医学講座）

水野文月（みずのふづき）（東邦大学医学部法医学講座）

■監修者紹介

坂詰秀一（さかづめひでいち）

立正大学特別栄誉教授。

1936年東京都生まれ。

立正大学大学院文学研究科（国史学専攻）修了。文学博士。

立正大学文学部教授、立正大学名誉教授。

主要編著書に『歴史考古学の視角と実践』（1990、雄山閣出版）、『太平洋戦争と考古学』（1997、吉川弘文館）、『釈迦釈の故郷を掘る』（編著、2015、北隆館）、『日本歴史考古学を学ぶ』〈3巻〉（共著編、1983～'86、有斐閣）、『論争学説日本の考古学』〈7巻〉（共編著、1986～'88、雄山閣出版）、『仏教考古学事典』（編著、2003、雄山閣、2018新装版）、『新日本考古学辞典』（共編著、2020、ニューサイエンス社）、『転換期の日本考古学 - 1945～1965文献解題 - 』（雄山閣、2021）、『仏教の考古学』上・下巻（2021、雄山閣）など。

■編者紹介

松原典明（まつばらのりあき）

石造文化財調査研究所代表。

1960年京都府生まれ。

立正大学大学院文学研究科博士後期課程中退。

主要編著書に『近世宗教考古学の研究』（2009、雄山閣出版）、『石造文化財への招待』（共著、2011、ニューサイエンス社）、『近世大名葬制の考古学的研究』（2012、雄山閣）、『別冊季刊考古学20 近世大名墓の世界』（共編著、2013、雄山閣）、『近世大名葬制の基礎的研究』（編著、2018、雄山閣）、『近世大名墓の考古学 - 東アジア文化圏における思想と祭祀』（編著、2020、勉誠出版）など。

2022年11月25日初版発行 《検印省略》

近世大名の葬制と社会（きんせいだいみょうのそうせいとしゃかい）

監　修　坂詰秀一
編　者　松原典明（石造文化財調査研究所代表）
発行者　宮田哲男
発行所　株式会社　雄山閣
〒102-0071 東京都千代田区富士見2-6-9
TEL 03-3262-3231 FAX 03-3262-6938
振替 00130-5-1685
http://www.yuzankaku.co.jp
印刷・製本　ティーケー印刷株式会社

N.D.C. 210 332p 21cm
ISBN978-4-639-02875-8 C0021